Fiscalité
du patrimoine culturel immobilier

Droit du patrimoine culturel et naturel

Collection dirigée par Marie Cornu et Jérôme Fromageau

Cette collection initiée par le groupe de recherches « Droit du patrimoine culturel et naturel » a pour but de développer et enrichir la réflexion sur les objets et modes de protection dans le domaine du patrimoine culturel et naturel. Les questions que soulèvent la conservation, la circulation, la valorisation du patrimoine sollicitent, en effet, ces deux disciplines. Le contexte d'un monument historique, son environnement, le paysage dans lequel il s'inscrit sont souvent essentiels à sa mise en valeur. Le droit de la culture et le droit de l'environnement développent cependant des concepts propres. Ils ne sont pas toujours en accord sur les méthodes et les moyens de protection, d'où l'intérêt de la confrontation et de la comparaison des ressources tirées de ces deux dispositifs.

C'est pourquoi la réflexion doit se renouveler sur les concepts fondamentaux du patrimoine sur la délimitation des éléments qui méritent protection, des outils qu'il faut nécessairement adapter. Dans la compréhension des différents mécanismes et l'ouverture vers de nouveaux modèles, le droit comparé est essentiel, ainsi que le droit international.

Dernières parutions

Géraldine GOFFAUX CALLEBAUT et Armelle VERJAT (dir.), *Transmettre les monuments historiques. Enjeux, outils et perspectives*, 2024.

Emma TRAN VAN NHIEU, *L'appropriation culturelle et le droit. Sauvegarder le patrimoine culturel immatériel des communautés*, 2024.

Géraldine GOFFAUX CALLEBAUT et Armelle VERJAT (dir.), *Bail emphytéotique & monuments historiques*, 2024

Raphaël BRETT et Jérôme FROMAGEAU (dir.), *La protection juridique des forêts. Perspectives nationales et internationales*, 2024.

Jean-Raphaël Pellas

Fiscalité du patrimoine culturel immobilier

Contribution à la financiarisation des biens culturels et naturels

L'Harmattan

5-7, rue de l'École-Polytechnique - 75005 Paris
www.editions-harmattan.fr
ISBN : 978-2-336-53883-9
EAN : 9782336538839

J'adresse mes plus vifs remerciements à madame la Professeure Géraldine Goffaux Callebaut, avec qui une ébauche de plan avait été élaborée, ainsi qu'à sa précieuse aide pour la relecture de ce manuscrit.

Je tiens également à remercier Madame Caroline S[illegible]ettler

Introduction : Les mutations financières du patrimoine monumental

Le questionnement patrimonial

1— Louis-Aubin Millin semble utiliser pour la première fois le terme de « monument historique » devant la Constituante en 1790, à l'occasion de la présentation des antiquités nationales (ou recueil des monuments pour servir à l'histoire générale et particulière de l'empire français), pour s'opposer à la vente des biens ecclésiastiques, il n'en demeure pas moins que selon la professeure Françoise Choay l'idée de monument historique doit « être recherchée bien avant l'apparition du terme qui le désigne. Pour suivre la genèse, il faut remonter au moment où naît le projet, jusqu'alors impensable, d'étudier et de conserver un édifice pour la seule raison qu'il est un témoin de l'histoire et une œuvre d'art »[1]. Pour Aloïs Riegl « Par monument, au sens le plus ancien et véritablement originel du terme, on entend une œuvre créée de la main de I'homme et édifiée dans le but précis de conserver toujours présent et vivant dans la conscience des générations futures, le souvenir de telle action ou telle destinée »[2]. L'intentionnalité qui se manifeste dès la conception joue donc un rôle tout à fait essentiel dans le statut de monument dont les bâtiments sont investis. Le regard nouveau porté par les humanistes sur les traces du passé atteste, en quelque sorte, d'une prise de conscience patrimoniale[3]. Jean-Pierre Bady souligne également l'apparition de la notion de monument historique dès le début du XVIIIe siècle[4]. Selon madame la Professeure Jacqueline Morand-Deviller, le dictionnaire de l'Académie française de 1814 définit le monument historique comme « une œuvre publique destinée à transmettre à la postérité, la mémoire de quelque personne illustre ou d'action célèbre »[5]. En France, c'est après la Révolution que la conservation d'un patrimoine a été promue et est devenue affaire d'État. La « nation » devient enjeu de patrimoine. Comme le souligne la professeure Françoise Choay, à l'occasion de la création de la Commission des monuments historiques, les nouvelles élites, animées par un sentiment nationaliste, fournissent alors un nouveau cadre d'interprétation, en transformant la notion de monument remarquable ou historique en un patrimoine de la Nation[6]. Titulaires d'un patrimoine collectif, par lequel s'inscrit une matérialité du passé, la Nation

---

[1] F. Choay, *L'allégorie du patrimoine*, *édition du seuil*, 1996, p. 24

[2] Aloïs Riegel, *op.cit.* p.35

[3] Voir Aloïs Riegel, *Le culte moderne des monuments, son essence et sa genèse*, Vienne 1903, *éd. du seuil*, 1984.

[4] J- P. Bady, *Les monuments historiques en France*, PUF, 1998

[5] J. Morand-Deviller, *Patrimoine architectural et urbain : Monuments historiques. Mesures de protection*, JurisClasseur environnement et développement durable , fasc. n°3620, 25 octobre 2022, paragraphe 8

[6] F. Choay , *L'allégorie du patrimoine*, éd du *Seuil* ,1996

puis l'État ont construit un droit du patrimoine culturel mobilisé autour d'une propriété publique et de la consécration de servitudes administratives[7]. Le questionnement patrimonial traduit à la fois une mutualisation des compétences héritées de la monarchie et la prise de conscience face aux désordres liés à la nationalisation des biens de l'Église et de la noblesse. Ainsi, à la question traditionnelle du patrimoine familial et de sa transmission s'adjoint celle d'une double interrogation relative à la gestion de la propriété collective et à son devenir. Le patrimoine de la Nation devient un « signifiant » dans un environnement dominé par les enjeux de la propriété privée. Au cours du XIXe siècle, la protection du patrimoine culturel est devenue une préoccupation juridique de l'État-nation, alors qu'elle relevait initialement d'une élite politique et religieuse qui se posait en protectrice de la culture « universelle ». Progressivement, le lien d'appartenance a glissé vers l'État, passant de la « propriété nationale » à la « propriété publique ». Le professeur Noé Wagener démontre d'ailleurs « au terme de ces différents déplacements, le renversement opéré : l'accès au public est totalement déconnecté des droits dont il dispose sur les choses auxquelles il accède »[8]. L'État devient ainsi tributaire d'une charge de conservation des biens d'un patrimoine collectif prenant appui sur une doctrine civiliste du patrimoine que Raymond Saleilles avait théorisé, à la fin du XIXe siècle, à propos du domaine national artistique du peuple romain. Bien avant la promulgation du Code du patrimoine par l'ordonnance n° 2004-178 du 20 février 2004, le professeur Pierre-Laurent Frier identifiait la notion de patrimoine culturel comme recouvrant « l'ensemble des traces des activités humaines qu'une société considère comme essentielles pour son identité et sa mémoire collective et qu'elle souhaite préserver afin de les transmettre aux générations futures »[9]. Dans le cadre de cette politique patrimoniale, le monument historique fait figure d'étalon d'une protection du patrimoine[10]. Dès l'origine, pour identifier ces édifices remarquables, les critères esthétiques, d'art et d'histoire, constituent les éléments cardinaux, aptes à personnifier l'identité de la Nation française. Cet intérêt national défini par la loi du 30 mars 1887 laisse place à l'intérêt public avec la loi du 31 décembre 1913. Selon les professeurs Marie Cornu et Jean-Michel Leniaud, « cette notion d'intérêt d'art et d'histoire deviendra le concept clé à contenu variable caractérisant les objets protégés, diffusant au-

---

[7] M. Cornu , N. Wagener , « L'objet patrimoine, une construction juridique et politique », **XXe** *siècle* 2018/1, n° 137, p. 33 à 47

[8] N. Wagener, *Les prestations publiques en faveur de la protection du patrimoine culturel,* thèse Paris Saclay 2014, p. 299

[9] P-L. Frier , *Droit du patrimoine culturel*, 1997, PUF, Droit fondamental, p. 13. Voir également, M. Cornu , J. Fromageau et C. Wallaert (dir.), *Dictionnaire comparé du droit du patrimoine culturel*, 2018, CNRS Éd., p. 740.

[10] Voir Ph. Tanchoux « Le monument historique, modèle étalon de la politique patrimoniale française du **XIXe** siècle », *AJDA* 2013, p. 2076

delà des monuments historiques, dans l'ensemble du corpus du droit du patrimoine »[11]. Enchâssés dans des catégories juridiques qui soulignent la prééminence d'un droit de propriété et l'enracinement d'un droit du patrimoine, les usages sociaux du monument historique conduisent le législateur à introduire des limitations au droit de propriété. Désormais, une définition légale atteste de l'étendue du patrimoine culturel. Aux termes de l'article 1er du Code du patrimoine modifié par la relative à la liberté de la création, à l'architecture et au patrimoine, le patrimoine est constitué : « de l'ensemble des biens, immobiliers ou mobiliers, relevant de la propriété publique ou privée, qui présente un intérêt historique, artistique, archéologique, esthétique, scientifique ou technique. Il s'entend également des éléments du patrimoine culturel immatériel, au sens de l'article 2 de la convention internationale pour la sauvegarde du patrimoine culturel immatériel, adoptée à Paris le 17 octobre 2003 ». Dans cette veine, il n'est pas contestable que l'intérêt général cristallise le « devoir-être » de l'administration[12]. La conservation de ce patrimoine monumental est donc une charge de l'État qu'il convient d'articuler à la rationalisation des propriétés publiques. L'intérêt patrimonial des personnes publiques doit ainsi cohabiter avec la permanence d'un intérêt collectif à restaurer l'intégrité matérielle de ces édifices, intérêt indifférent à l'identité du propriétaire. Le législateur doit ainsi concilier des objectifs contradictoires entre l'intérêt culturel des monuments, l'intérêt « public » de mettre à disposition des citoyens, un patrimoine emblématique et des logiques économiques de nature à rationaliser les usages des monuments historiques. Œuvrant en ce sens, l'action patrimoniale des personnes publiques s'appuie désormais sur des rationalités managériales. L'intérêt patrimonial est alors contraint par des logiques financières

Paragraphe 1 : l'émergence du soutien financier de l'État au patrimoine monumental.

2— Au cours du XIXe siècle, le soutien financier de l'État s'étoffe à partir des dépenses budgétaires[13] alors que l'interventionnisme fiscal au titre du

---

[11] M. Cornu ,J-M. Leniaud , « La notion de monument historique »,in J-P. Bady., M. Cornu,J. Fromageau, J-M. Leniaud.,V.Negri,*1913, Genèse d'une loi sur les monuments historiques*, *Doc. fr,* 2013, p. 158 ; id., « L'évolution des critères de patrimonialité : la notion plastique d'intérêt d'art ou d'histoire », in *de 1913 au Code du patrimoine, Doc. fr.* 2018, p. 86 à 99.

[12] Voir F. Rangeon, *L'idéologie de l'intérêt général*, Economica, 1986, p. 19

[13] Voir A. Auduc, « Le budget des monuments historiques 1830-1920 : les moyens d'une politique de protection », Livraisons d'histoire de l'architecture, n°3, 1er semestre 2002. pp. 75-102; A. Auduc, *Quand les monuments construisaient la nation. Le service des monuments historiques de 1830 à 1940*, Paris, Comité d'histoire du ministère de la Culture, 2008 ; M-C. Genet-Delacroix, *Art et État sous la IIIe*

patrimoine monumental se développe au XXe siècle[14]. L'exaltation du patrimoine monumental durant la première moitié du XXe siècle fut déterminante au regard des politiques publiques du patrimoine[15]. Bien avant la création d'une administration spécifique aux monuments historiques[16], une ligne budgétaire dédiée à la conservation d'anciens monuments est créée au sein du budget du ministère de l'Intérieur[17]. La rationalité de cette inscription budgétaire tient à la conjonction de plusieurs facteurs, patrimoniaux, institutionnels et budgétaires. Sur un plan patrimonial, dans la veine des travaux de la Révolution française, l'essor d'une politique patrimoniale se poursuit sur le terrain de la restauration des édifices endommagés par un vandalisme exacerbé. Le développement des sociétés savantes dédiées à l'histoire et à l'archéologie après la monarchie de Juillet fait pleinement partie de ce mouvement patrimonial et témoigne de l'intérêt croissant pour le patrimoine dans l'opinion publique française tout en contribuant à l'évolution des doctrines du patrimoine durant cette période[18]. Sur un plan institutionnel, le ministère des Finances, dans son acception classique, c'est-à-dire celle d'un ministère assurant d'une part la direction des opérations de recette et de dépense et d'autre part la mise en œuvre des moyens pour obtenir l'équilibre, a disparu avec la Révolution. Il est alors réduit à un simple ministère des contributions, amputé des services du Trésor. Sous la restauration, le bras financier de l'État retrouve une toute-puissance dans la mesure où le ministère des Finances agrège les différentes directions. En contrepoids d'une toute-puissance de l'exécutif, le vote des dépenses budgétaires devient un objet de

république. Le système des beaux-arts : 1870-1940, éd. La Sorbonne, 1992.En particulier le chapitre 6 consacré à l'évolution budgétaire du système administratif des beaux-arts, p.257-319.

[14] Voir C. Delivré-Gilg, *Finances publiques et protection du patrimoine culturel*, thèse Lyon III, 2004, en particulier l'évolution historique des instruments financiers et fiscaux relatifs au patrimoine culturel p.37-183.

[15] Voir le remarquable article du professeur Xavier Perrot « L'administration législateur. Le cas de l'administration des beaux-arts et de la production normative patrimoniale et culturelle (1907-1944) », Revue d'histoire des facultés de droit et de la science juridique, 2011, pp. 269-386 ; « La production normative de l'administration des Beaux-Arts durant l'entre-deux-guerres. Vers une « administrativisation » des règles de droit », Droit et société 2011/3 (n° 79), p. 591-609.

[16] C'est à partir de 1830 qu'une administration des monuments historiques se met en place. Le ministre de l'Intérieur François Guizot crée le poste d'inspecteur des monuments historiques qu'il attribue à Ludovic Vitet, puis en 1834 à Prosper Mérimée.

[17] Voir C. Delivré-Gilg, *op. cit.*, p. 53

[18] Voir A. Héritier, « Le rôle des sociétés savantes » in J-P. Bady, M.Cornu , J. Fromageau , J-M. Leniaud, V. Negri ,*1913, Genèse d'une loi sur les monuments historiques*, *Doc. fr*, 2013, p. 147.

controverses entre les royalistes et les libéraux à propos du rôle du Parlement dans l'élaboration de la loi de finances[19]. Un des enjeux est relatif à la question du pouvoir de contrôle parlementaire sur les dépenses de l'État. En effet, sur un plan budgétaire, la conquête d'un tel pouvoir passe par l'abandon du système de l'abonnement[20] au profit de celui de la spécialité[21]. En effet, l'article 151 de la loi du 25 mars 1817 inaugure la spécialité des dépenses par ministère et par suite le vote des parlementaires sur des lignes budgétaires plus précises[22]. Certes, après des années de tâtonnements, le vote par chapitres est définitivement acquis à l'occasion du sénatus-consulte du 8 septembre 1869, confirmé après la chute du Second Empire par la loi du 19 septembre 1871. De cette triple conjonction, la protection des monuments anciens est désormais annuellement documentée dans le budget de l'État, jusqu'en 1836, selon une logique de moyens et non pas de résultats. De plus, la professeure Cendrine Delivré-Gilg expose une cause juridique substantielle à l'apparition de cette ligne budgétaire en 1819 qui tient « à la concentration ministérielle des dépenses de restauration des monuments anciens. Auparavant supportées par les départements, ces dépenses sont désormais effectuées directement par le budget du ministère de l'Intérieur »[23]. La naissance d'une administration des monuments historiques en 1830 rend indispensable l'essor des dépenses relatives à la protection des monuments historiques, indépendamment des dépenses de gestion[24]. Du point de vue de la nomenclature budgétaire, la professeure Cendrine Delivré-Gilg souligne « l'année 1836 marque une date importante dans l'histoire du financement de la protection du patrimoine culturel : la ligne de conservation d'anciens monuments est transformée en un chapitre distinct du budget du ministère de l'Intérieur, intitulé « monuments historiques »[25]. La préoccupation patrimoniale de l'État au titre des

---

[19] Voir A. Laquièze, *Les origines du régime parlementaire en France, 1814-1848,* PUF, 2002, en particulier le chapitre IV consacré à la collaboration des organes politiques dans l'exercice des fonctions étatiques.

[20] Le système de l'abonnement consiste en ce que les chambres accordent en bloc l'ensemble des dépenses, à charge pour le gouvernement de répartir à son gré ces dépenses aux différents ministères.

[21] Selon ce principe budgétaire, l'exécutif doit utiliser les crédits ouverts, de manière en principe limitative, selon leur destination telle qu'elle résulte du budget voté par le Parlement

[22] Voir R. Stourm, *Cours de finances. Le budget,* Paris, Félix Alcan, 6e éd., 1909, voir en particulier le chapitre consacré à l'histoire de la spécialité budgétaire p.286-295.

[23] C. Delivré-Gilg, *op. cit.* p. 54.

[24] Le 28 septembre 1837, la commission des monuments historiques est créée par François Guizot. Elle est composée de sept bénévoles et dirigée jusqu'en 1848 par Louis Vitet. Elle est chargée d'effectuer un travail d'inventaire, de classement et de répartir les fonds destinés à la sauvegarde des monuments, et ce en fonction de leur intérêt.

[25] C. Delivré-Gilg, *op. cit.* p. 63.

monuments historiques est désormais attestée par cette administration « épigone » et par un levier financier consacré dans le budget de l'État.

3— Parallèlement à l'accroissement des crédits, la protection juridique des biens patrimoniaux s'affirme par voie de circulaires bien avant le vote de la loi du 30 mars 1887[26]. Cette loi apparaît comme un compromis entre les défenseurs du patrimoine et ceux de la propriété privée, c'est-à-dire entre l'intérêt général lié à la protection du patrimoine monumental et la volonté particulière des propriétaires. En somme, elle règle essentiellement la question des rapports entre l'État et les propriétaires publics[27]. Cette première loi de protection des monuments historiques ne se traduit pas par un essor des crédits destinés au patrimoine monumental[28]. Entre 1886 et 1900, « les Monuments historiques perdent près de 500 000 francs, sans compter la hausse des prix : dans un contexte de crise économique et financière, les anciens monuments ne sont pas prioritaires »[29]. Un rééquilibrage des crédits semble s'opérer au profit de l'action d'éducation artistique, du moins au début de la IIIe République[30]. Toutefois, l'insuffisance récurrente des crédits nécessaires à la restauration des monuments historiques conduit les parlementaires à réfléchir à l'instauration de nouvelles ressources. Ainsi, le sénateur Jean-Honoré Audiffred propose dès 1912[31] la création d'une caisse nationale des monuments historiques dotée de la personnalité civile[32]. L'état inquiétant des monuments menacés de ruine conduit le sénateur à proposer un établissement public afin de contourner le principe d'unité budgétaire et partant des contraintes de la nomenclature budgétaire[33]. La deuxième proposition de loi

---

[26] Voir A. Auduc, « L'héritage du *XIXe* siècle dans la conservation des monuments historiques », in J-P. Bady, M. Cornu, J. Fromageau, J-M. Leniaud, V. Negri *1913, Genèse d'une loi sur les monuments historiques*, *Doc. fr*, 2013, p. 32.

[27] A. Auduc et M. Cornu, « Bilan critique de la loi du 30 mars 1887 » in J-P.Bady, M. Cornu, J. Fromageau , J-M. Leniaud, V. Negri,*1913, Genèse d'une loi sur les monuments historiques*, *Doc. fr,* 2013, p. 47.

[28] C. Delivré-Gilg, *op. cit.* p 72.

[29] A. Auduc, « Le budget des monuments historiques 1830-1920 : les moyens d'une politique de protection », *op.cit.* p. 84.

[30]Voir M-C. Genet-Delacroix, *Art et État sous la IIIe république. Le système des beaux-arts : 1870-1940*, éd. La Sorbonne, 1992 ; « État et patrimoine sous la *IIIe* République » in D.J. Gange et D. Poulot (dir) *L'esprit des lieux . Le patrimoine et la cité* , PUG, 2013.

[31] Sénat Documents parlementaires, Proposition de loi présentée en séance du 21 juin 1912, annexe n° 216, , JO 21 septembre 1912, p.823

[32] Sénat, Rapport n° 214, Proposition tendant à la création d'une caisse nationale des monuments historiques, documents parlementaires, annexé au procès-verbal de la séance du 17 juin 1913, JO 17 juin 1913, p.1025

[33] Voir C. Delivré-Gilg qui précise que les chapitres budgétaires relatifs aux monuments historiques ne permettent pas de répartir correctement les crédits nécessaires à la restauration des monuments appartenant ou non à l'État. *op. cit.* p. 89

relative à la création de la caisse nationale des monuments historiques en 1913 détermine les ressources affectées à l'établissement public[34]. En premier lieu, le transfert des crédits du budget de l'État consacré aux monuments historiques au profit de la caisse constitue sa ressource principale. En second lieu, les dons et legs affectés à la caisse, sans autorisation particulière des autorités de tutelle, matérialisent une capacité de jouissance étendue. En troisième lieu, le sénateur propose de percevoir des ressources propres dans les termes suivants « Sans régler la question si controversée des droits d'entrée dans les monuments et sans déterminer ceux de ces monuments qui pourront bénéficier d'un droit d'entrée, ce qui nécessiterait une énumération assez délicate, nous vous proposons de décider que lorsque le ministre de l'Instruction publique croira devoir confier la garde d'un monument historique à une société des amis des arts sérieusement constituée, il pourra, par le bail qu'il lui consentira, l'autoriser à percevoir un droit d'entrée dont une partie sera affectée à l'entretien de l'édifice »[35]. Enfin, l'article 3 de la proposition de loi détermine une affectation d'un prélèvement sur les jeux de hasard au profit de la Caisse « La troisième ressource sera une allocation demandée à la caisse des jeux de hasard créée en vertu de la loi du 15 juin 1907. Elle ne pourra être inférieure à 300 000 francs et pourra être portée à un chiffre supérieur sur la demande du ministre de l'Instruction publique et des Beaux-Arts par la Commission chargée de répartir les ressources de cette caisse des jeux entre les œuvres d'intérêt public »[36]. Il s'agit en somme de l'ancêtre du « loto du patrimoine ». La IIIe République hérite en effet d'un important patrimoine artistique, à la fois national, monarchique, et religieux provenant du domaine de la Couronne (les Palais nationaux), du domaine de l'État (les bâtiments civils) et du transfert des églises et cathédrales au profit de l'État[37]. Toutefois, cette extension du patrimoine digne d'être sauvegardé par l'État ne provient pas de la seule propriété publique. Elle se construit en tension avec l'accroissement d'une demande de protection de la société civile. Dans le cadre d'une politique interventionniste et par le biais de fonds de concours, l'État s'engage dès 1918, à participer annuellement, aux travaux d'entretien sur les monuments historiques classés, à proportion égale avec le propriétaire

---

[34] La caisse sera finalement adoptée par la loi du 10 juillet 1914, JO 12 juillet 1914, Rec Duvergier 1914, p.330. Voir V. Carpentier-Vanhaverbeke, *La vie des monuments de l'État : histoire de la Caisse nationale des monuments historiques (1912-1978)*, thèse EPHE 2014.

[35] Sénat, Rapport n° 214, *op.cit*, p 27-28.

[36] Sénat, Rapport n° 214, *op.cit*, p 25.

[37] Voir A. Fornerod, « Les prémices d'une réforme de la protection des monuments historiques : la loi du 9 décembre 1905 » in J-P. Bady, M. Cornu, J. Fromageau , J-M Leniaud., V. Negri ,*1913, Genèse d'une loi sur les monuments historiques*, *Doc. fr,* 2013, p. 70.

du bien[38]. Cet engagement de l'État provoque selon la professeure Cendrine Delivré-Gilg : « une augmentation considérable des crédits alloués par les collectivités locales aux monuments historiques classés leur appartenant »[39]. La portée des fonds de concours en matière d'entretien des monuments historiques est ainsi précisée et explique l'augmentation des crédits alloués à des édifices qui n'appartiennent pas à l'État. Par ailleurs, l'accroissement des crédits budgétaires observé entre 1925 et 1931 s'explique notamment par une augmentation des monuments classés, mais aussi par une extension du patrimoine protégé[40]. La loi du 23 juillet 1927 instaure un deuxième mécanisme de protection des monuments historiques et la loi du 2 mai 1930 étend la protection des monuments historiques à celle des sites, de caractère légendaire, historique, pittoresque ou artistique. Le financement de la protection du patrimoine culturel, par des crédits budgétaires, devient insuffisant à raison notamment de la crise économique qui entraîne à partir de 1932, une diminution générale des dépenses publiques[41].

4— Au-delà des subventions pour travaux, l'État a mis en place des dispositifs fiscaux pour encourager et favoriser la conservation du patrimoine ainsi que sa transmission. Le législateur a considéré que les contraintes relatives à la propriété et à la conservation d'un monument historique justifient un régime fiscal favorable. La recherche de ressources nouvelles, et particulièrement fiscales, pour l'entretien du patrimoine culturel,.devient un objectif prioritaire du ministère des Finances, concomitamment avec la création en 1917 d'un impôt sur les objets de luxe puis d'une taxe sur le chiffre d'affaires en 1920[42]. Cependant, au début du XXe siècle, la fiscalité immobilière, balbutiante et articulée autour d'une cédule de revenus fonciers en 1914 et des droits d'enregistrement hérités du XIXe siècle, demeure indifférente au caractère historique des monuments protégés[43]. À partir du décret-loi du 30 octobre 1935 relatif à la législation sur les monuments historiques et aux conditions d'exonération de l'impôt général sur le revenu, le législateur prend en charge des préoccupations patrimoniales, rendant ainsi désirable aux yeux de propriétaires privés, la préservation de l'intégrité et de la mise en valeur des monuments historiques. La compensation financière des servitudes imposées à la restauration d'un monument historique prend ainsi la forme directe de

---

[38] Circulaire du ministre de l'instruction publique et des beaux-arts, aux préfets, en date du 29 avril 1918.

[39] C.Delivré-Gilg, *Finances publiques et protection du patrimoine culturel*, Thèse Lyon III, 2004, p. 97

[40] C.Delivré-Gilg, *Finances publiques et protection du patrimoine culturel*, Thèse Lyon III, 2004, p. 97-100

[41] M-C Genet-Delacroix, *Art et État sous la IIIe République*, *op.cit.*p. 286-287

[42] Voir J-R. Pellas, *Fiscalité du patrimoine culturel mobilier. Contribution à une étude de la doctrine fiscale relative aux biens culturels*, l'Harmattan, 2024, p. 14-27

[43] Voir C. Delivré-Gilg, *op. cit.*, p.113-118.

subventions allouées par des personnes publiques et une contrepartie indirecte par le biais de dépenses fiscales. En premier lieu, aux termes de l'article 1er du règlement d'administration publique du 1er juin 1938[44], les revenus de l'immeuble classé sont exonérés de l'impôt sur le revenu à concurrence d'une partie des dépenses supportées pour l'entretien des monuments par les propriétaires privés, ainsi qu'à due concurrence du montant de la cotisation versée dans le cadre du fonds de concours et dont le montant de la cotisation annuelle est versé par le propriétaire pour l'entretien des monuments. En second lieu, le règlement détermine une casuistique pour l'occupation et l'exploitation du monument classé, générateur d'une déduction des revenus fonciers au titre des travaux d'entretien et de réparation[45]. Les évolutions ultérieures tiennent pour l'essentiel d'une part à la refonte de l'impôt sur le revenu et d'autre part au caractère incitatif au titre de la transmission des monuments. La création d'un impôt unique sur le revenu des personnes physiques en 1959 modifie le mode d'imputation, des déficits fonciers sur le revenu global, mais corrélativement, les propriétaires de monuments historiques ne peuvent plus déduire de leur revenu imposable les travaux de restauration et d'entretien des immeubles qu'ils occupent[46]. L'extension de règles favorables au patrimoine culturel se poursuit dans le cadre d'une économie en expansion. L'article 11 de la loi de finances pour 1965 crée une nouvelle catégorie de monuments non protégés, mais présentant un intérêt culturel. En contrepartie d'un engagement d'ouverture au public, des avantages fiscaux sont accordés aux propriétaires privés. Il s'agit « des immeubles faisant partie du patrimoine national en raison de leur caractère historique ou artistique particulier et qui aura été agréé à cet effet par le ministère des Finances et des Affaires économiques ». Enfin, sur le terrain des droits de succession ou de donation, le législateur encourage les propriétaires privés à transmettre leur monument classé ou inscrit sous réserve de respecter plusieurs conditions. La loi de programme relative au patrimoine monumental adopté en 1988[47] autorise, au titre des seuls monuments classés ou inscrits et

---

[44] Règlement d'administration publique du 1er juin 1938, pour l'exécution du décret-loi du 30 octobre 1935, JO, 28 juin 1938, p. 7375.

[45] L'article 3 du règlement d'administration publique dispose que le propriétaire privé qui se réserve la jouissance du monument et qui a contribué à un fonds de concours au titre des travaux d'entretien et de réparation, peut déduire de son revenu net foncier, 50% du montant de sa part contributive.

[46] Jusqu'en 1965, les revenus des logements, dont le propriétaire se réservait la jouissance, étaient pleinement taxables. Toutefois par exception à cette règle, l'alinéa 4 de l'article 11 de la loi du 28 décembre 1959 disposait que : *« De même, n'est pas autorisée jusqu'à une date qui sera fixée par décret, l'imputation des déficits provenant d'immeubles de plaisance, ou de villégiature, à l'exception des immeubles classés monuments historiques ou inscrits à l'inventaire supplémentaire ». (L. n° 59.1472 : JO 29 décembre 1959)*

[47] Loi n° 88-12 du 5/1/1988, JO 6 Février/1988 p 207

sous réserve d'un respect par les propriétaires des mesures liées à la protection, une exonération des droits de mutation à titre gratuit, dès lors que le donataire ou le légataire a signé une convention à durée indéterminée avec les ministères de la Culture et des Finances. La transmission des édifices concernés au profit des générations futures par ce mécanisme semble néanmoins trop contraignante pour convaincre les propriétaires de s'engager dans cette voie.

Paragraphe 2 : La reconversion du patrimoine monumental public

5— L'État et ses opérateurs occupent un parc immobilier de 94 433 197 m² SUB[48], réparti en France et à l'étranger, soit 56 379 763 m² occupés par l'État (60 %) et 32 701 465 m² (34 %) occupés par ses opérateurs. Au 31 décembre 2019, le parc immobilier valorisé à l'actif du bilan de l'État pour 65,7 milliards d'euros correspond à l'ensemble des biens contrôlés au sens comptable. Il comprend des biens domaniaux (55,8 Mds €) et des biens non domaniaux mis à disposition de l'État qui assume les charges du propriétaire (9,9 Mds €)[49]. Cette valorisation du patrimoine immobilier a évolué dans le temps. Au 31 décembre 2022, le député Mohamed Laqhila fait état, pour les seuls opérateurs d'État, d'une évaluation, selon la comptabilité d'État de 68,6 milliards d'euros[50]. Dans le document de politique transversale, la valeur comptable du patrimoine immobilier contrôlé par l'État est de 73,3 milliards d'euros au 31 décembre 2022[51]. La valorisation comptable ne peut être retenue comme une valeur de négociation sur le marché, mais d'avantage comme une valeur d'usage, souvent inférieure à un prix de marché[52]. À y regarder de plus près, l'inventaire du patrimoine immobilier de l'État demeure parcellaire. Selon un document de politique transversale annexée au projet de loi de finances pour 2024[53], la ventilation de l'immobilier est prioritairement présentée en fonction de l'occupation par les administrations et les opérateurs

---

[48] Les informations relatives aux surfaces brutes (SUB) sont issues de l'inventaire immobilier et leur traitement s'intègre au dispositif de maîtrise des risques prévu par le décret du 7 novembre 2012 relatif à la gestion budgétaire et comptable publique.
[49] Avis n° 2021-01 du Conseil de l'immobilier de l'État, Rapport d'activité 2020-2021 p. 121.
[50] Rapport n° 1745, annexe au PLF 2024, *Gestion du patrimoine immobilier de l'État*, p. 28
[51] Document de politique transversale , annexe au PLF 2014, *Politique immobilière de l'État,* p. 14.
[52] CIE, *op. cit.* p.122 : « La valeur vénale dont il est question dans le cadre de la comptabilité de l'État est une valeur « en poursuite d'usage » n'intégrant pas le potentiel de valorisation du bien. En cela, elle s'écarte du prix auquel le droit de propriété pourrait raisonnablement être vendu sur le marché. Elle présente donc un intérêt très relatif pour le gestionnaire d'actifs ».
[53] Cette annexe au projet de loi de finances est prévue par l'article 128 de la loi n° 2005-1720 du 30 décembre 2005 de finances rectificative pour 2005.

ainsi que par leur répartition géographique. Toutefois, l'inventaire du parc immobilier en fonction d'une nature de bâtiments nous permet d'apprécier sommairement le « patrimoine monumental de l'État » qui représente à peine 3 % des surfaces occupées par l'État propriétaire, sans description des « bâtiments culturels » identifiés[54]. En ce qui concerne les opérateurs de l'État, ce patrimoine monumental représente 6 % des propriétés publiques[55]. Cette présentation elliptique d'un patrimoine emblématique au titre des propriétés publiques contraste avec le soutien de l'État au titre des monuments historiques, mais également avec l'érosion de ce patrimoine monumental à l'occasion des cessions de biens immobiliers exceptionnels au cours des 20 dernières années[56].

6— Le soutien de l'État au patrimoine monumental est significatif. Selon la Cour des comptes, la dépense publique, centrée sur la conservation des monuments et allouée au patrimoine monumental s'établissait, avant la crise sanitaire, à plus de 1,3 Md€ et se répartissait à égalité de parts entre l'État et les collectivités territoriales[57]. En 2020, on comptait 44 540 monuments historiques inscrits ou classés dont 55 % sont des propriétés publiques et 45 % des propriétés privées. Selon le sénateur Jean-François Husson « Le programme 175 devrait être doté à ces fins de 1,48 milliard d'euros en autorisations de programme (Æ) et 1,19 milliard d'euros en crédits de paiement (CP) en 2024, soit une progression de 364,5 millions d'euros en autorisations de programme (Æ) (+ 32,8 %) et 90,6 millions d'euros en crédits de paiement (CP) (+ 8,2 %) par rapport à la loi de finances pour 2023 »[58]. Dans le projet de loi de finances pour 2024, le montant des crédits consacrés à l'action n° 1 (Monuments historiques et patrimoine monumental) du programme Patrimoines 175 est de 507,66 millions € en crédits de paiement (CP), contre 466,63 millions en 2023 et 433,17 millions en 2022. Au sein de cette enveloppe qui a augmenté, le budget alloué à l'entretien et la restauration des monuments historiques n'appartenant pas à l'État sont de 177,70 millions € (contre 174,71 millions en 2023 et 171,71 millions en 2022). Ce dernier est ventilé comme suit. Les crédits d'entretien s'établissent à 25,1 millions € (contre 24,11 millions en 2023 et 23,12 millions en 2022). Cette augmentation des crédits d'entretien est relative dès lors que l'effort de 2 millions en 2024 (et de 1 million en 2023) est entièrement fléché en faveur

[54] Document de politique transversale , annexe au PLF 2014, *Politique immobilière de l'État,* p. 12

[55] Document de politique transversale , annexe au PLF 2014, *Politique immobilière de l'État*, p. 240

[56] Voir notamment M. Le Roux, *La reconversion du patrimoine public monumental*, L'Harmattan, 2020

[57] Cour des comptes, *La politique de l'État en faveur du patrimoine monumental*, juin 2022.

[58] Rapport Sénat n° 128, PLF 2024 annexe 8 Culture, p. 41.

du domaine de Chantilly qui appartient à l'Institut de France. Les crédits d'investissement représentent 152,60 millions € (contre 150,6 millions en 2023 et 148,59 millions en 2022). Il s'agit de financer les restaurations du patrimoine monumental. Ce montant a augmenté du fait de la hausse de la dotation du fonds incitatif pour le patrimoine (FIP) qui a doublé en 4 ans (2024 : 20 millions contre 10 millions en 2020 en CP). Pour rappel, ce fonds permet, dans les collectivités à faibles ressources et dès lors que la collectivité régionale s'engage, de bonifier les interventions de l'État au-delà des taux habituels, et jusqu'à 80 % pour les monuments classés. Toutefois, le 21 février 2024, l'État a annulé par décret 10 milliards d'euros d'autorisations d'engagement (Æ) et 10,176 milliards d'euros en crédits de paiement (CP) sur ce qui avait été voté dans la loi de finances pour 2024[59]. Cela se traduit pour la « mission culture », et notamment pour le programme n° 175 « Patrimoines », par une annulation de 99, 5 millions d'euros en Æ et en CP[60]. Le rapporteur spécial à la commission des finances du Sénat souligne par ailleurs que les crédits du programme budgétaire n° 175 ne résument pas l'effort de l'État en faveur du patrimoine[61]. Plusieurs autres dépenses existent. Les dépenses fiscales associées à ce programme budgétaire n° 175 représentent tout d'abord un coût additionnel estimé à 218 millions d'euros. D'autres ministères participent par ailleurs à l'entretien de leur propre patrimoine. Selon le rapport de la Cour des comptes, sur les 2 103 monuments historiques appartenant à l'État, affectés à des ministères, seuls 873 relèvent du ministère de la Culture et 1 230 sont affectés à d'autres ministères qui consacrent environ 60 millions d'euros par an à leur entretien[62]. Ce millefeuille institutionnel et financier conduit à un brouillage des données et à une absence de lisibilité au titre de l'action publique dédiée au soutien du patrimoine monumental. Pour l'essentiel, les crédits budgétaires sont affectés à la restauration des monuments, notamment au titre des grands projets[63], à leur conservation, mais trop peu à leur mise en valeur. Enfin, dans le cadre des domaines nationaux, la loi relative à la liberté de la création, à l'architecture et au patrimoine (LCAP) du 7 juillet 2016[64] introduit un nouveau régime de

[59] Décret n° 2024-124 du 21 février 2024 portant annulation de crédits, JO 22 février 2024.

[60] Décret n° 2024-124 du 21 février 2024 portant annulation de crédits, voir annexe , JO 22 février 2024.

[61] Rapport Sénat n° 128, PLF 2024 annexe 8 Culture, p. 16

[62] Cour des comptes, *La politique de l'État en faveur du patrimoine monumental*, juin 2022, p. 21 et 112

[63] Ces dernières années, sont notamment concernés par des crédits de restauration, la restauration du château de Villers-Cotterêts et l'ouverture en son sein de la Cité internationale de la langue française ainsi que selon le plan de relance du patrimoine cultuel, l'abbaye de Clairvaux et la cathédrale Saint-Étienne et Saint-Paul de Nantes.

[64] Loi n° 2016-925 du 7 juillet 2016 relative à la liberté de la création, à l'architecture et au patrimoine

protection afin de « garantir l'intangibilité, foncière, historique et paysagère de ces domaines, héritage du peuple français depuis des siècles »[65]. Au-delà de ces statistiques et de l'effort public, « des innovations budgétaires » ont été enregistrées. La création du Fonds incitatif patrimonial (FIP) et l'intégration de la mission patrimoine en péril (MPP dite mission Bern) à la stratégie ministérielle ont été des réponses à la faiblesse des moyens des petites communes. Mis en place en 2018, le Fonds Incitatif Patrimonial permet la majoration du taux de participation de l'État quand la région s'engage à hauteur de 15 % minimum. Doté d'une enveloppe de 18 millions en 2023, il peut être actionné dans le cadre de travaux de restauration de monuments historiques privés ou publics, situés sur les communes dotées de faibles ressources et de moins de 10 000 habitants (prioritairement aux communes de moins de 2 000 habitants)[66]. Pour la restauration des monuments historiques sélectionnés par la mission Bern, les financements des DRAC sont majorés à due concurrence des recettes fiscales du Loto du Patrimoine. Les fonds récoltés par la Française des jeux (20 M€ en moyenne par an) ont été reversés à la Fondation du patrimoine. Cela étant, ces instruments de financement n'ont pas le caractère novateur mentionné dans les documents parlementaires. D'une part, le fonds incitatif patrimonial est un instrument de « péréquation financière » de nature à compenser les faibles ressources de certaines collectivités territoriales. Ce type de solidarité financière institutionnalisée existe par exemple dans le cadre de l'archéologie préventive avec la création d'un fonds national d'archéologie préventive[67]. D'autre part, après des années

[65] Une première liste, établie par un décret du 2 mai 2017 , inclut les domaines de Chambord, du Louvre et des Tuileries, et de Pau, le château d'Angers, les palais de l'Élysée et du Rhin à Strasbourg. Cette première liste vise les sites les plus « simples », ceux dont les périmètres sont clos ou dont les limites ne font pas débat. Une deuxième liste de domaines nationaux a été établie par décret du 10 septembre 2021. Elle comprend le Palais de la Cité, le domaine du Palais-Royal, le château de Coucy, le château de Pierrefonds et le château de Vincennes.

[66] L'éligibilité des subventions est soumise aux conditions suivantes : le projet ne doit pas avoir commencé ; le monument doit être protégé au titre des Monuments historiques ; le monument doit appartenir à la commune (s'il est privé, il doit participer à l'attractivité économique et touristique de la commune éligible) ; le projet porte sur une restauration (exceptionnellement sur de l'entretien, une étude ou un diagnostic, mais toujours en vue d'une restauration) ; le monument est en péril ou dans une situation de besoins sanitaires avérée.

[67] Le Fonds national pour l'archéologie préventive (FNAP) a été créé par la loi n° 2003-707 du 1er août 2003 (loi modifiant la loi n° 2001-44 du 17 janvier 2001) afin de financer, en totalité ou en partie, certaines opérations de fouilles préventives au moyen de prises en charge ou de subventions. Cette disposition est codifiée à l'article L. 524-14 du code du patrimoine. Depuis la loi de finances pour 2016, à raison de la budgétisation de la redevance, le FNAP est désormais alimenté par des subventions de l'État.

d'hésitation, l'article 90 de la loi de finances rectificative pour 2017 n° 2017-1 775 du 28 décembre 2017 dispose « Une fraction du prélèvement prévu à l'article 88 de la loi n° 2012-1 510 du 29 décembre 2012 de finances pour 2012 est affectée à la Fondation du patrimoine pour l'exercice des missions prévues à l'article L. 143-2 du code du patrimoine ». La création d'un « Loto pour le patrimoine » avait été annoncée le 17 novembre 2017 par la ministre de la Culture, Françoise Nyssen, dans le cadre de la présentation de la stratégie pluriannuelle en faveur du patrimoine. Un prélèvement sur la caisse des jeux de hasard, créée en vertu de la loi du 15 juin 1907, avait déjà été organisé au profit de la caisse nationale des monuments historiques en 1914. Le loto du patrimoine constitue ainsi une ressource existante dans plusieurs pays, dont le Royaume-Uni avec la création en 1994 de l'Heritage Lottery Fund[68]. L'affectation d'une partie des produits de la Française des jeux à des actions publiques fait florès. Après un prélèvement au profit du fonds national de développement du sport institué dans le cadre du loto sportif[69], puis du loto du patrimoine, l'article 115 de la loi n° 2022-1 726 du 30 décembre 2022 de finances pour 2023 a autorisé qu'une partie des prélèvements assis sur les jeux de la biodiversité organisés par l'Agence nationale des jeux soit affectée à l'Office français de la biodiversité (OFB)[70]. Financement d'origine extrabudgétaire, la pérennité du loto du patrimoine n'est pas garantie, même si elle semble cette fois assurée d'une durée minimale. De plus, une première évaluation du loto du patrimoine laisse paraître de nombreuses critiques. Ainsi, pour la demeure historique, « Malgré l'intervention volontaire des directions régionales des services culturels dans l'identification des dossiers relevant de leur compétence territoriale, aucun avis des services de l'État n'était requis dans le processus de sélection des dossiers, processus défini pour l'essentiel par la Fondation du patrimoine »[71].

---

[68] Selon cette fondation britannique – qui finance ses actions en prélevant un pourcentage des paris des joueurs à la loterie nationale – quelque « 7,7 milliards de livres » ont pu être levés, depuis sa création en 1994, permettant notamment la restauration de près de 20 000 monuments et bâtiments historiques.

[69] L'article 1609 *novocies* du code général des impôts prévoit également un prélèvement sur le produit brut des jeux de loterie de 5,1 %, dont le résultat est affecté à l'Agence nationale du sport, dans la limite du plafond fixé au I de l'article 46 de la loi n° 2011-1977 du 29 septembre 2011 de finances pour 2012.

[70] À travers l'article 115 de la loi n° 2022-1726 du 30 décembre 2022 de finances pour 2023, le législateur a souhaité créer un jeu « Mission nature » de promotion de la biodiversité. Sur le fondement de la loi de finances pour 2024, le législateur a ensuite prolongé le jeu pour les années 2024 et 2025.

[71] Assemblée nationale, communication de madame Sophie Mette et de monsieur Michel Larive, *Mission flash sur une première évaluation du loto du patrimoine*, 2019, p.48.

7— Selon le ministère de la Culture : « Quelque 15 000 édifices religieux classés ou inscrits, parmi lesquels on compte plus de 10 000 églises, représentent plus de 34 % de l'ensemble du patrimoine protégé. Ils ont bénéficié, en 2017, d'une dotation globale de 116 M€ du ministère de la Culture pour assurer leur entretien et leur restauration, sur les 320 M€ consacrés aux monuments historiques. Cette dotation comprend, outre les crédits destinés à financer l'entretien et la restauration des 87 cathédrales, propriétés de l'État, les subventions versées par les directions régionales des affaires culturelles (DRAC) aux propriétaires d'édifices religieux protégés au titre des monuments historiques »[72]. Dans cette enveloppe subsistante, le ministère de la Culture consacre chaque année 40 millions d'euros aux travaux sur les cathédrales, ce qui représente environ 30 % des dépenses liées aux monuments, propriétés de l'État. La politique suivie par le ministère de la Culture est affectée de fragilités persistantes relatives à la programmation des grands travaux et à l'absence de crédits favorisant l'extension du plan « sécurité cathédrale » aux cathédrales appartenant aux collectivités territoriales. Engagé en 2019 dans le prolongement de l'incendie de la cathédrale Notre-Dame de Paris, le plan « sécurité cathédrales » vise à améliorer la sécurité, notamment l'incendie, des 87 cathédrales appartenant à l'État. Le ministère de la Culture a mobilisé plus de 167 millions à cet effet dont 25 millions d'euros pour la sécurisation de ces sites. Ces fragilités doivent être soulignées à l'instar de l'incendie de Notre-Dame de Paris en 2019. Compte tenu de l'urgence et des besoins existants, le projet de loi de finances pour 2021 a créé un « plan cathédrales ». Doté de 40 millions d'euros, ce plan bénéficie par ailleurs de 80 millions d'euros supplémentaires en AE et 30 millions d'euros supplémentaires en CP au titre de la mission « Plan de relance ». Ces moyens supplémentaires permettent ainsi de poursuivre le plan de mise en sécurité des cathédrales (+10 M€ en AE et +5 M€ en CP), soit un budget annuel dédié aux cathédrales de 50 M€. Selon le rapporteur au Sénat, « Les crédits affectés à l'entretien courant et aux travaux de restauration des 87 cathédrales se sont élevés à 286 millions d'euros entre 2012 et 2018, soit une moyenne de 41 millions d'euros par an. Les dépenses concernant la sécurité des cathédrales (sécurité incendie, mise aux normes électriques, accessibilité) se sont élevées durant cette période à 17 millions d'euros »[73]. L'insuffisance des crédits tant pour la conservation que pour la restauration est maintes fois soulignée dans le cadre de rapports publics. Bien plus, l'incendie de Notre-Dame de Paris le 15 avril 2019 souligne les difficultés financières pour l'entretien des cathédrales, propriétés publiques. L'État doit garantir l'intégrité matérielle des cathédrales dont il a la charge en vertu de

---

[72] Réponse ministérielle, Julien Aubert n° 15331, J.OAN. 26 février 2019. p.1897.

[73] Sénat, Rapport n° 519, 22 mai 2019, « *Avis relatif à la conservation et la restauration de la cathédrale Notre-Dame de Paris et instituant une souscription nationale à cet effet* », p.10.

l'article L 621-29-1 du code du patrimoine qui dispose « le propriétaire ou l'affectataire domanial a la responsabilité de la conservation du monument historique classé ou inscrit qui lui appartient ou lui est affecté ». Cette police spéciale de la conservation est assumée par l'État[74]. Un premier rapport de la Cour des comptes mentionne les dégradations de la cathédrale Notre-Dame de Paris nonobstant les travaux de restauration et d'entretien du bâtiment : « L'État assurait chaque année, par ailleurs, un montant annuel d'environ 600 000 € de travaux d'entretien (hors mise en sécurité), concernant, outre de nombreuses réparations courantes, l'accessibilité, la rénovation du réseau primaire, l'orgue, les cloches du beffroi et les études relatives à la flèche, la croisée et la couverture en plomb »[75]. La défaillance de l'État est relevée par la Cour des comptes qui constate bien avant l'incendie : « Deux documents permettent de disposer d'une vue exhaustive de l'état dégradé de la cathédrale en 2014-2015 après plusieurs années de sous-investissement, des travaux nécessaires et des enjeux financiers »[76]. En juillet 2014 et en juillet 2015, les architectes, en chef des monuments historiques, recensent les dégradations constatées et les désordres qui affectent la cathédrale selon leur gravité et le degré d'urgence des interventions à réaliser, en vue d'alimenter la programmation des années à venir. « Ces documents mettent en évidence un besoin total de travaux chiffré à 86,99 M€ en valeur en septembre 2014, dont 12,84 M€ pour remédier à des dégradations avec un caractère d'urgence à court terme et 46,71 M€ pour des restaurations d'urgence de moyen terme »[77]. La cathédrale a bénéficié d'un programme de travaux limité de 16 M€ au total entre 2000 et 2016, très insuffisant au regard de l'état dégradé de la cathédrale. Le chantier de restauration qui débute en 2017 est financé par le biais d'un mécénat alors que l'engagement budgétaire de l'État est annuellement plafonné à 2 millions d'euros[78]. En somme, bien avant l'incendie, la fragilité

[74] Voir M. Cornu et N. Cornu-Thénard, « Notre-Dame de Paris : discussion avec Marie Cornu », Thibonien 2019 n° 3, p. 78-93

[75] Cour des comptes, *La conservation et restauration de la cathédrale Notre-Dame de Paris, premier bilan*, septembre 2020, p.35

[76] Cour des comptes, *La conservation et restauration de la cathédrale Notre-Dame de Paris, premier bilan*, septembre 2020, p.36

[77] Cour des comptes, *La conservation et restauration de la cathédrale Notre-Dame de Paris, premier bilan*, septembre 2020, p.36

[78] En 2017, la Fondation Avenir du patrimoine à Paris (FAPP), fondation abritée au sein de la Fondation reconnue d'utilité publique Notre-Dame, qui gère notamment un fonds spécifiquement affecté au soutien des projets de restauration de la cathédrale Notre-Dame de Paris. Un accord-cadre de mécénat financier « en vue de l'accélération de la restauration de la cathédrale Notre-Dame de Paris » a été conclu à cet effet le 9 mai 2017 entre le ministère de la Culture, la FAPP et sa fondation abritant, la Fondation Notre-Dame. L'accord-cadre prévoit notamment un engagement budgétaire de État, en faveur de la restauration de la cathédrale à un niveau annuel

du patrimoine monumental est soulignée à l'épreuve des crédits budgétaires. Au demeurant, lors du dernier bilan sanitaire conduit en 2018, le ministère de la Culture a classé les monuments protégés selon quatre états sanitaires différents « bon », « moyen », « mauvais », « en péril »). Selon ce bilan, ce sont au total 23,3 % des monuments historiques qui sont classés en mauvais état ou en péril[79]. En d'autres termes, l'État manquait déjà à ses obligations d'entretien du bâtiment, à sa police spéciale de conservation. Au lendemain de l'incendie, compte tenu de ces contraintes budgétaires, le recours à la générosité publique semblait s'imposer. Alors que le projet initial envisageait une habilitation du Gouvernement à agir à ce sujet par ordonnance, la loi crée elle-même un établissement public de l'État à caractère administratif, placé sous la tutelle du ministre chargé de la Culture, chargé « d'assurer la conduite, la coordination et la réalisation des études et des opérations concourant à la conservation et à la restauration de la cathédrale Notre-Dame de Paris ». À ces difficultés budgétaires s'ajoute un ultime questionnement relatif à un dogme financier, celui d'un État qui est son propre assureur. Par une décision du ministère des Finances du 23 septembre 1889[80], l'État est devenu son propre assureur, étant ainsi le seul à décider de la gestion des sinistres, de leur calcul et de l'indemnisation. La reconnaissance du principe d'autoassurance envers l'État n'est pas pour autant exempte de critiques. Sous le Second Empire, concomitamment aux grands travaux impériaux à l'origine des palais nationaux et à l'enrichissement des musées, l'assurance de l'incendie des biens immeubles et meubles devient excessive. C'est pourquoi à la fin du XIXe siècle, germe l'idée d'une caisse spéciale d'assurance[81]. Cette idée n'est pas concrétisée, mais le ministre des Finances dans la décision du 23 septembre 1889 met fin au recours à l'assurance privée : l'État supporte désormais la charge du risque-incendie. Cette autoassurance de l'État ne résulte d'aucune obligation légale et constitue une simple faculté[82]. Présentée sous les atours d'une règle de bonne administration, il ne s'agit en fait que d'une règle d'opportunité financière, dommageable à la conservation du patrimoine monumental dans la mesure où la responsabilité des entreprises intervenant sur le chantier de la restauration est certainement limitée en montant[83]. Dans ce contexte financier, plusieurs collectivités territoriales ont

minimum de 2 M€, et annuellement corrélatif à celui de la FAPP, dans la limite de 2 M€.

[79] Ministère de la Culture, Direction générale des patrimoines, *État sanitaire des immeubles inscrits et classés au titre des monuments historiques*, mars 2019.

[80] Instruction du ministre des Finances, 23 sept. 1889, rapportée par F.-P. Franc-Valluet, « De la règle "L'État est son propre assureur" », RGAT 1978.596.

[81] Voir E. H. Perreau, « De la maxime "L'État est son propre assureur" », RGAT 1932. 981

[82] Voir L. Bahougne, « Le principe selon lequel l'État est son propre assureur », RFDA 2014, p. 1167.

[83] Voir L. Mayaux, « Notre-Dame et l'assurance », JCP G, 2019, p. 853.

déjà voté l'ouverture de crédits dont les montants cumulés atteindraient 85,5 millions d'euros pour une souscription nationale de 830 794 699 millions d'euros, soit un total de 10 %[84]. 50 millions d'euros seraient versés par la seule ville de Paris et 10 millions d'euros par le Conseil régional d'Île-de-France. Les dons collectés des collectivités territoriales se sont élevés au 31 décembre 2019 à 13 271 494 € sur un total de 184 398 287 €[85]. Au 31 août 2020, ces dons s'élèvent à 15,60 M€ sur un total de 221 M€ de dons encaissés[86]. L'importance des promesses de dons auprès des organismes collecteurs et auprès de l'établissement public, dont le versement se concrétise à mesure de l'avancement du chantier et de ses besoins de financement, constitue une singularité juridique et financière de la restauration de la cathédrale[87]. Au défaut d'entretien du patrimoine monumental s'ajoute un phénomène récurrent depuis plusieurs années, celui d'une rétraction du patrimoine monumental.

8— Sans qu'il soit besoin d'y revenir, la valorisation économique du domaine public de l'État est ancienne[88]. À partir des années quatre-vingt, la valorisation économique des propriétés publiques supplante l'idée d'une simple exploitation[89]. Dès lors, une bifurcation managériale s'établit à partir de la loi n° 88-13 du 5 janvier 1988 relative à l'amélioration de la décentralisation et de la loi n° 94-631 du 25 juillet 1994 relative à la constitution de droits réels sur le domaine public qui autorisent, respectivement, la conclusion de baux emphytéotiques sur le domaine des collectivités territoriales et la constitution de droits réels sur le domaine public de l'État. Une rationalisation du patrimoine immobilier de l'État s'impose en raison d'une insuffisante « valorisation ». La circulaire du 2 février 1992 relative à la réforme de la gestion du patrimoine immobilier de l'État définit le cadre d'une valorisation

[84] Fin 2021, les dons totalisent (hors frais de gestion) 841,5 M€, voir Cour des comptes *Le chantier de la cathédrale de Paris, deuxième bilan,* octobre 2022, p. 46

[85] Voir Cour des comptes, *op. cit.* p. 66.

[86] Voir Rapport de l'établissement public chargé de la conservation et de la restauration de la cathédrale Notre-Dame de Paris, du 8 décembre 2020, BO Culture n° 310, décembre 2020, page 95.

[87] L'article 4 de la loi n° 2019-803 du 29 juillet 2019 consacre la possibilité pour toute collectivité de procéder à un versement auprès du Trésor public en ces termes : « Les collectivités territoriales et leurs groupements peuvent également opérer des versements au titre de la souscription nationale auprès de l'État ou de l'établissement public chargé de la conservation et de la restauration de la cathédrale Notre-Dame de Paris ».

[88] Voir J-P. Brouant, *Le régime domanial à l'épreuve de la valorisation économique*, thèse, Paris I, 1995.

[89] Voir J. De La Porte des Vaux, *La valorisation des biens publics mobiliers*, thèse Paris-Saclay, 2022 et R. Masson, *La valorisation des biens publics*, thèse université Paris-Nanterre, 2018 .

du patrimoine « La définition d'un mode de valorisation du patrimoine immobilier est destinée à permettre aux administrations d'optimiser la gestion de leur parc. Pour être efficace, cet effort de valorisation devra être complété par la mise en place généralisée d'une politique de maintenance préventive déconcentrée au niveau local. Sur cette base, chaque département ministériel doit prendre en charge, sur son budget propre, l'entretien de l'ensemble du patrimoine qu'il occupe »[90]. Cependant, il faut attendre les années 2000 pour que les pouvoirs publics prennent pleinement en compte la valorisation immobilière, ainsi que l'illustre la mission donnée par le Premier ministre à Monsieur Olivier Debains concernant « l'immobilier public » rendue le 1er décembre 2003 et qui analyse la politique immobilière de l'État à l'aune de la valorisation[91]. La valorisation économique du patrimoine immobilier ne se limite pas à une maximisation du profit, mais selon un groupe de travail relatif à la valorisation des propriétés publiques, « La valorisation des biens publics s'entend d'une valorisation au service de l'utilité publique »[92]. Il s'agit notamment de rationaliser l'utilisation des bureaux et partant à la suite de l'ordonnance n° 2004-825 du 19 août 2004, de classer les immeubles à usage de bureaux dans le domaine privé de l'État[93]. Le gouvernement se lance dans une politique de cession immobilière en vue de réduire le coût des dépenses publiques. Bien plus, une réforme institutionnelle accompagne cette mutation : l'ancien service des domaines qui était placé auprès de la Direction générale des impôts a été remplacé, à compter du 1er janvier 2007, par une nouvelle administration, France Domaine, placée auprès de la direction générale des finances publiques (DGFIP). Selon une approche comptable, la nouvelle gestion managériale du patrimoine de l'État implique de dresser un inventaire de ce patrimoine dans le cadre d'un document de politique transversale, annexé au projet de loi de finances : « Politique immobilière de l'État ». En raison d'un contexte budgétaire tendu, les personnes publiques sont ainsi engagées, dans une politique de « valorisation patrimoniale »[94], principalement orientée vers la vente de biens appartenant au domaine privé

[90] Circulaire du 21 février 1992 relative à la réforme de la gestion du patrimoine immobilier de l'État, JO 5 avril 1992, p. 5107.

[91] O. Debains, *Rapport Mission immobilier public*, 1er décembre 2003, La documentation française.

[92] L. Deruy, D. Mandelkern, Y. Gaudemet, « Valorisation des propriétés publiques », LPA 23 juillet. 2004, p. 44

[93] Voir Y. Gaudemet, « À propos de la valorisation économique des propriétés publiques », RDP 5/2012, p. 1223.

[94] Voir Ph. Yolka, « Les ventes immobilières de l'État », RDP 2009, p. 1037 ; J-D Dreyfus, « Privatisation du patrimoine et des monuments historiques : l'exemple de l'Hôtel de la Marine », AJCT, 2013, p. 405 ; J-D Dreyfus, « La valorisation à la Française du patrimoine monumental », juris tourisme 2010, n°121, p.27

ou d'immeubles déclassés à cette fin[95]. Pourtant, le contrôle de ces transactions par France Domaine apparaît lacunaire et le dispositif juridique encadrant les cessions immobilières de l'État demeure insuffisant selon la Cour des comptes[96]. Il s'agit en réalité de dénoncer la dilapidation de trésors nationaux soit par cession directe soit par l'usage de baux de longue durée qui privent les citoyens français du bénéfice d'immeubles historiques « témoins majeurs de l'histoire de l'État et de la Nation » sur l'autel de difficultés budgétaires. Au cours des 15 dernières années, le rythme des mutations de monuments historiques ne s'est pas tari. En 2012, France Domaine décide de mettre en vente les bâtiments de la Documentation française, c'est-à-dire de l'hôtel Mailly-Nesle bâti à partir de 1633 par le maître maçon Étienne Goussault pour le compte de Jean de Monchy, marquis de Montcavrel. Dès 2016, le musée d'Orsay négocie un rachat partiel de l'hôtel pour y installer le centre d'études des nabis et du symbolisme. En 2016, la cession de l'hôtel de Broglie est réalisée à hauteur de 63 millions d'euros au profit de l'Assemblée nationale, pour permettre l'aménagement de nouveaux bureaux, plus grands et de logements pour les députés[97]. La même année, François Pinault a fait l'acquisition pour 52 millions d'euros du sublime hôtel de Clermont-Tonnerre, situé rue du Bac, dans le 7e arrondissement de Paris. Le bâtiment témoigne par son intégrité d'une architecture de style Régence du début du XVIIIe siècle[98]. L'État a cédé, le 23 décembre 2016, l'Hôtel de l'artillerie, place Saint Thomas d'Aquin dans le 7e arrondissement, à la Fondation nationale des sciences politiques (FNSP), pour un montant de 87 M€ hors droits. La Cour des comptes fustige les cessions de gré à gré, sans mise en concurrence, « particulièrement défavorables à l'État », au premier rang desquelles figure cette dernière vente. En 2013, le bien avait été réévalué à 120 M€ dans le cadre de la comptabilité patrimoniale de l'État, puis à 117 M€. Selon la Cour des comptes « Si la négociation a permis à l'État de faire passer l'offre de la FNSP de 70 M€ à 85 M€ puis d'obtenir un accord sur un prix de cession de 87 M€, ce prix reflète davantage le résultat d'une âpre

---

[95] Le code général de la propriété des personnes publiques (CGPPP) donne une définition du domaine public immobilier qui rassemble selon l'article L.2111-1 « des biens lui appartenant qui sont soient affectés à l'usage direct du public, soient affectés à un service public pourvu qu'en ce cas ils fassent l'objet d'un aménagement indispensable à l'exécution des missions de ce service public ».Le domaine immobilier privé est défini de manière résiduelle, des biens des personnes publiques qui ne relèvent pas du domaine public.

[96] Cour des comptes, Rapport public annuel *Les cessions de biens immobiliers de prestige par France Domaine*, 2009, p. 83.

[97] L'édifice fait l'objet d'une inscription partielle aux monuments historiques en date du 29 novembre 1993.

[98] L'intérieur de l'hôtel est inscrit au titre des monuments historiques depuis le 19 novembre 1991 tandis que les façades et les toitures, le vestibule, le grand escalier et le sol de la parcelle font l'objet d'une mesure de classement depuis le 25 avril 1997

discussion qu'un véritable prix de marché. Demeurant inférieure à celle des experts privés, la dernière évaluation de France Domaine a été effectuée selon une seule méthode qui, de surcroît, reposait sur un compte à rebours promoteur établi spécifiquement à partir des caractéristiques du projet de Sciences Po et en prenant en compte la majeure partie des hypothèses retenues par la FNSP. Alors qu'une première offre formalisée, mais restée au stade de l'intention, avait été initialement présentée à 130 M€ par l'acquéreur, le prix de cession finalement accepté par l'État apparaît comme une quasi-subvention de 43 M€ accordée à la FNSP, qui n'est pas retracée dans les comptes de l'État ». Cette vente au profit d'une personne privée interpelle dans la mesure où l'interdiction d'aliéner à vil prix rejoint la prohibition plus générale des libéralités qui est traditionnelle en droit public[99]. L'incessibilité à vil prix est au demeurant un principe à valeur constitutionnelle[100]. Indépendamment de cette mutation, les autres ventes de monuments historiques ont été pour l'essentiel réalisées sur la base de valeurs de marché. Ainsi, en 2019, l'hôtel de Seignelay[101] est cédé pour 61 millions d'euros alors que son évaluation comptable ressortait pour 35 millions d'euros. L'hôtel du timbre, édifice construit de 1846 à 1852 par Victor Baltard et destiné initialement à la fabrication et à la vente du papier timbré fiscal, accueillait jusqu'en 2023 les bureaux de la Direction régionale de la Comptabilité des Finances publiques. Covéa immobilier, filiale d'un groupe d'assurances mutuelles (MAAF, MMA et GMF) l'a acquis pour 79 millions d'euros. Les cessions emblématiques ne se limitent pas à l'horizon parisien. Désaffecté depuis décembre 2014, l'ancien hôtel d'artillerie de Rennes est cédé en novembre 2023 à un groupe immobilier. Édifié au XVe siècle sur les remparts de la première enceinte médiévale de la ville, ce site emblématique, situé au 28 rue de la Monnaie, appartenait à l'État depuis 1836[102]. Il s'agit certes de désendetter l'État dont les finances ne permettent pas d'entretenir ces joyaux de la république, mais également d'apporter des ressources financières qui font l'objet d'une « mutualisation » dans un compte d'affectation spéciale. C'est en 2005 qu'a été instauré le compte d'affectation spéciale « Gestion du patrimoine immobilier de l'État », recueillant et isolant les produits des cessions immobilières afin de financer la modernisation du parc immobilier étatique.

---

[99] CE, 17 mars 1893, *Chemins de fer de l'est*, D. 1894, p. 119, concl. Romieu

[100] Cons. const., Décision n° 86-207 DC du 26 juin 1986, Loi autorisant le Gouvernement à prendre diverses mesures d'ordre économique et social, JORF du 27 juin 1986, p. 7978, Rec., p. 61.

[101] L'arrêté de classement du 31 mai 2018 se substitue à l'arrêté de classement du 3 novembre 1952 : les boiseries Louis XV du grand salon et la décoration Louis XVI peinte du boudoir au premier étage sur jardin demeurent un joyau du **XVIIIe** siècle

[102] La Tour Duchesne partie intégrante de l'Hôtel d'artillerie est inscrite à l'inventaire des Monuments historiques par l'arrêté du 13 mars 1944 et l'enceinte fortifiée (rempart) soutenant l'ensemble a été classée le 15 octobre 2018.

En redistribuant les revenus des ventes immobilières et des redevances, ce fonds sert de canal pour financer des projets d'infrastructures. En 2024, les recettes de ce compte d'affectation spéciale sont estimées à 340 millions d'euros, composées principalement de 230 millions d'euros provenant des cessions et de 110 millions d'euros de redevances et loyers. Face au parc immobilier existant, la commission des finances du Sénat estime « Ainsi, au regard de ce patrimoine très étendu, le CAS "Gestion du patrimoine de l'immobilier de l'État" représente un instrument marginal, un support d'appoint pour la politique immobilière de l'État »[103]. En d'autres termes, l'intérêt de ce compte d'affectation spéciale doit être relativisé, d'autant que les cessions de monuments emblématiques alimentent un compte qui concerne l'ensemble du parc immobilier public.

Paragraphe 3 : L'usage privatif des édifices, fer de lance d'une politique du patrimoine monumental

9— La valorisation économique du patrimoine s'est muée en un impératif de gestion au cours des vingt dernières années[104]. Certes, l'intérêt domanial justifie la rentabilité des conventions d'occupations du domaine public et partant la conception d'une valorisation économique des biens publics[105]. La doctrine contemporaine plaide au demeurant pour l'adoption d'une échelle des utilisations domaniales qui satisferait davantage le dessein de valorisation des biens publics désormais conçus comme une « richesse collective »[106]. Dans le cadre d'un contentieux relatif à l'image des domaines nationaux[107], le Conseil constitutionnel a relevé que le législateur

avait poursuivi un objectif d'intérêt général en permettant la valorisation économique du patrimoine que constituent ces domaines sur lesquels les collectivités exercent un droit patrimonial[108]. Toutefois, la valorisation

[103] Sénat, PLF 2024, Rapport général n° 128 (2023-2024), tome III, annexe 15, volume 2, note de présentation du CAS « gestion du patrimoine immobilier de l'État », p. 21.

[104] Dans sa conception traditionnelle, la valorisation économique d'un bien repose sur une estimation de la valeur ajoutée que l'exploitation de ce bien est susceptible de dégager sur le long terme. De manière extensive, la valorisation économique conduit à apprécier une réduction des coûts liés à la propriété des biens.

[105] Voir J. Morand-Deviller, « La valorisation économique du patrimoine public » in Mélanges R. Drago, Economica, 1996, p.27

[106] Voir Y. Gaudemet, *Traité de droit administratif*, tome 2, *Droit administratif des biens*, 15e éd., LGDJ, 2015, parag.370.

[107] L'article L. 621-42 du code du patrimoine, introduit par la loi n° 2016-925 du 7 juillet 2016 relative à la liberté de la création, à l'architecture et au patrimoine, institue un droit subjectif sur l'exploitation de l'image des domaines nationaux.

[108] Cons. const., 2 février 2018, n° 2017-687, QPC, *Assoc. Wikimédia France et a.*, JO 6 février.; AJDA 2018. 247; D. 2018. 297; AJCT 2018. 155, obs. J-D. Dreyfus ;

économique du patrimoine attaché aux propriétés publiques s'est développée dans un cadre managérial appuyé[109]. À ce titre, dès 2004, la mission interministérielle pour la valorisation économique du patrimoine immobilier de l'État a été spécialement chargée d'engager les programmes de cession d'immeubles de l'État. De fait, la rationalisation du parc immobilier a conduit à « l'amélioration de la performance immobilière des administrations et de leurs opérateurs ». La professeure Mylène Le Roux résume la situation comme suit « Les pouvoirs publics ont récemment opéré un lien entre la réforme de l'État et la rationalisation immobilière. En témoigne le principe, posé par la nouvelle « Charte de la déconcentration » de 2015, de mutualisation des services déconcentrés, l'intégration du programme 348 dans la mission « Action et transformation publiques », les circulaires du Premier ministre du 24 juillet 2018 relatives à « l'organisation territoriale des services publics » et à la « Déconcentration et organisation des administrations centrales » et enfin celle du 12 juin 2019 « relative à la mise en œuvre de la réforme de l'organisation territoriale de l'État »[110]. Dans cette veine, le patrimoine immobilier est subsumé en qualité de levier de rationalisation. Au miroir du patrimoine monumental, il s'est agi d'une valorisation économique inscrite dans le cadre d'un tourisme culturel [111]et soutenu par des partenariats publics/privés ou des délégations de gestion au profit de personnes privées, à l'instar du château de la chartreuse de Villeneuve lez Avignon[112]. Une convention-cadre relative au tourisme culturel a été signée en 2018 entre le ministère de la Culture et le ministère chargé du tourisme. Les résultats demeurent timorés : selon la Cour des comptes, « Si elle décline une stratégie très complète de coopération et de travail en transversalité, les réalisations

---

Dalloz IP/IT 2018. 490, obs. M. Cornu ; constitutions 2018. 86, chron. M. Boul; voir également, N. Foulquier, « Hors CGPPP, le pouvoir quasi domanial sur l'image des biens du domaine public », AJDA 2016.435.

[109] Voir Conseil d'État, *La valorisation économique des propriétés des personnes publiques*, La documentation française, coll. Droits et débats, 2012.

[110] M. Le Roux, « Le paysage contemporain de la reconversion du patrimoine public monumental en France », in M. Le Roux (dir), *La reconversion du patrimoine public monumental,* L'Harmattan, 2021, p.37-38

[111] Voir X. Greffe, *La valorisation économique du patrimoine*, La documentation française, 2003 ; X. Greffe, « L'hébergement, levier de développement des sites patrimoniaux », juris tourisme, 2015, p.20.

F. Benhamou et D. Thesmar, *Valoriser le patrimoine culturel de la France* , Conseil d'Analyse économique, 2011.

[112] Monument historique appartenant à l'État, la Chartreuse de Villeneuve lez Avignon est gérée par l'association CIRCA, qui est chargée depuis 1978 d'y mettre en œuvre un double programme, patrimonial (accueil du public et présentation du monument) et artistique avec le label CNES (Centre national des écritures du spectacle : accueil en résidence d'artistes du théâtre et du spectacle vivant, laboratoire d'expérimentations croisées)

relevant de l'application de cette convention-cadre sont restées modestes »[113]. Depuis l'adoption du code général de la propriété des personnes publiques, les modalités de valorisation du patrimoine monumental suivent différentes trajectoires. Pour la professeure Mylène Le Roux, « L'une consiste à augmenter leur valeur économique. Or, les objectifs de rentabilité et de productivité peuvent être favorisés par la rareté de certains biens publics couplée avec le fait qu'"ils constituent des lieux de synergie drainant un fort passage", comme c'est le cas de monuments historiques. L'autre voie consiste à optimiser l'utilité sociale des biens concernés. Le patrimoine public monumental sera ainsi mis au service de politiques publiques, par exemple celle de l'habitat (création de logements sociaux), ou sera destiné à abriter de nouveaux services publics (par exemple transformation des églises en espaces culturels) »[114]. Les ventes ne sont pas les seules opérations intervenues dans le cadre des monuments historiques, propriétés de l'État. La diversification des transactions par le biais du recours au bail emphytéotique, en particulier pour les biens d'une valeur patrimoniale exceptionnelle, permet à l'État d'en conserver à terme, la propriété. L'objectif est d'aborder la destination d'un bien en termes de gestion d'actifs dont le maintien ou la sortie doit résulter d'un arbitrage quant à leur utilité, leur valeur à long terme et leur intérêt particulier pour l'État, en fonction de multiples paramètres historiques. Dans ce contexte, la direction de l'immobilier de l'État a entrepris une politique de recours au bail emphytéotique en particulier pour des immeubles pouvant faire l'objet d'une forte valorisation en zone tendue. En 2021, cette politique de diversification a conduit à la conclusion d'un bail emphytéotique pour l'Hôtel de Grenelle, à Paris. Force est de constater que le recours au bail emphytéotique demeure un remède d'exception. C'est à l'occasion de l'affaire de l'Hôtel de la Marine qu'a été imaginé et adopté le bail emphytéotique de valorisation[115]. Construits au XVIIIe siècle, ces bâtiments situés place de la Concorde à Paris ont accueilli successivement le garde-meuble de la Couronne puis à partir de 1789 le ministère de la Marine. Un projet de cession de l'Hôtel de la Marine à des investisseurs privés ayant suscité beaucoup de réserves, une commission est constituée en 2011 et placée sous la présidence de Valéry Giscard d'Estaing. Ses préconisations conduisent au maintien dans la sphère publique de l'Hôtel dont certains espaces fonctionnels seront toutefois confiés à des délégataires privés afin d'assurer l'équilibre financier

---

[113] Cour des comptes, *La politique de l'État en faveur du patrimoine monumental*, 2022, p. 82

[114] M. Le Roux, « Le paysage contemporain de la reconversion du patrimoine public monumental en France », in M. Le Roux (dir), *La reconversion du patrimoine public monumental,* L'Harmattan, 2021, p.36

[115] Voir E. Fatôme et M. Raunet, « Naissance d'un nouveau bail emphytéotique administratif : le BÉA de valorisation », AJDA 2010. 2475; Ph. Yolka, « Reconversion de l'hôtel de la marine. Le bateau ivre », AJDA 2011p. 429.

de l'exploitation. La mobilisation des défenseurs du patrimoine conduit l'État à renoncer à son projet initial de cession de la propriété de l'Hôtel de la Marine, y compris de bail emphytéotique[116].

10— Dans ce contexte, que peut traduire la politique de valorisation économique du patrimoine monumental ? La culture gestionnaire de l'État est ancienne. Le professeur Michel Bouvier nous rappelle que cette gouvernance financière de l'État « s'est développée et construite en opposition au courant dit des "principes d'administration" et comme une alternative aux approches béhavioristes. Par la suite, c'est progressivement à partir du début du siècle dernier et jusqu'à nos jours que le concept fut construit pas à pas en substituant une logique de résultat à l'ancienne logique de moyens »[117]. Sur un plan conceptuel, « il faut rendre justice à Woodrow Wilson qui plaida dès 1887 pour l'édification d'un concept de gouvernance largement inspiré de celui de l'entreprise »[118]. Ainsi que le précise le professeur Philippe Bezès « on peut être tenté, dans une perspective d'histoire de longue durée, de considérer que les principes et les règles, élaborés du début du XIXe siècle aux années 1960, reflètent des considérations exclusivement centrées sur la légalité et la régularité des textes : on opposerait alors le "droit budgétaire et comptable", fortement marqué par une rationalité "juridique" caractérisée par des préoccupations pour la régularité et la légalité, aux régulations "gestionnaires" ou "managériales" propres aux années 1960-2000 qui exprimeraient le souci de prendre en compte l'efficacité (la réalisation des objectifs) et l'efficience (les coûts) dans l'allocation et l'utilisation des ressources budgétaires et qui intégreraient ces préoccupations dans les techniques juridiques »[119]. Le processus d'intrication de la rationalité juridique et de la rationalité gestionnaire s'inscrit dès le XIXe siècle dans la construction d'un droit budgétaire qui est enclin à rationaliser les comptes de l'État[120]. L'impératif

---

[116] Voir M. Le Roux, (dir.), *Crise et patrimoine monumental*, L'Harmattan, 2015 ; M. Le Roux, « Le paysage contemporain de la reconversion du patrimoine public monumental en France », in M. Le Roux (Dir), *La reconversion du patrimoine public monumental,* L'Harmattan, 2021, p.33.

[117] M. Bouvier, « Utopie technicienne et cybernétique financière publique », RFFP n ° 129, 2015.

[118] M. Bouvier, M-C. Esclassan, J-P. Lassale, *Manuel de Finances publiques*, LGDJ, 2023-2024, 23e édition, §.135.

[119] Ph. Bezès, « Pour une histoire de la régulation des finances publiques. Le regard d'un politiste » in Ph. Bezes, F. Descamps, S.Kott et L. Tallineau (dir) *L'invention de la gestion des finances publiques. Élaborations et pratiques du droit budgétaire et comptable au XIXe siècle (1815-1914)*, Comité pour l'histoire économique et financière de la France, 2010, p. 3-46

[120] Voir G. Orsoni, « La doctrine des finances publiques en France à la fin du XIXe et au début du XXe siècle » in Ph.Bezes, F. Descamps, S. Kott et L.Tallineau (dir) *L'invention de la gestion des finances publiques. Élaborations et pratiques du droit*

d'une gestion du patrimoine public semble avoir conquis les « administrativistes » selon l'étude du professeur Gilles Guglielmi à propos de l'ouvrage relatif à la fortune publique en France et de son administration de Jospeh Boulatignier et de Louis-Antoine Macarel, paru en 1840 : « Son principal intérêt réside dans la façon d'intégrer tous les éléments juridiques en fonction de la "fortune publique", conçue non pas comme un patrimoine, mais comme une entreprise, soumise à des aléas économiques, voire politiques. Dans cette perspective, le choix d'intervention, l'allocation des ressources, l'adéquation des moyens aux objectifs sont par définition toujours présents comme autant d'éléments d'un pilotage organisationnel »[121]. En somme, les axiomes d'une « bonne gestion des finances publiques » sont élaborés tout au long du XIXe siècle. En 1916, les conceptions managériales d'Henri Fayol conduisent le professeur Paolo Napoli à identifier la gestion comme un lieu commun de mise en forme d'une synthèse de la conduite des affaires publiques[122]. L'outillage intellectuel pour intégrer une logique de résultats dans une perspective budgétaire était donc acquis bien avant la création de la politique de rationalisation des choix budgétaires[123]. La conquête d'un pilotage de l'organisation étatique sur cette base gestionnaire est un phénomène tardif. La France a emprunté ce courant gestionnaire à partir des années soixante. Dans cette perspective, le référentiel de légitimation appartient désormais à la sémantique du New public management ou modèle néomanagérial. Le « New Public Management » transpose dans la sphère publique une logique de performance du secteur concurrentiel. Le professeur Alain Supiot qualifie cela de « gouvernance étatique » : « la nouvelle gestion publique [...] consiste à étendre à l'administration publique les règles et méthodes de l'entreprise privée »[124]. Dans les pas de Pierre Legendre, le professeur Baptiste Rappin considère que le dualisme public/privé s'est estompé : « Le New Public Management est une « doctrine néolibérale [...]

---

budgétaire et comptable au XIXe siècle (1815-1914), Comité pour l'histoire économique et financière de la France, 2010, p. 241-252

[121] G. J. Guglielmi, « L'émergence d'une rationalité gestionnaire dans les théories du droit administratif au début du XIXe siècle » in Ph.Bezes, F. Descamps, S. Kott et L. Tallineau (dir) *L'invention de la gestion des finances publiques. Élaborations et pratiques du droit budgétaire et comptable au XIXe siècle (1815-1914),* Comité pour l'histoire économique et financière de la France, 2010, p. 253-271.

[122] Voir P. Napoli, « Pour une histoire juridique de la gestion » in Ph. Bezes, F. Descamps, S.Kott et L.Tallineau (dir) *l'invention de la gestion des finances publiques. Élaborations et pratiques du droit budgétaire et comptable au XIXe siècle (1815-1914),* Comité pour l'histoire économique et financière de la France, 2010, p. 273-299.

[123] Voir P. Legendre, *Fantômes de l'État en France. Parcelles d'histoire*, éditions Fayard, collection « Les Quarante Piliers », 2015, p.147.

[124] A. Supiot, *La gouvernance par les nombres. Cours au Collège de France (2012-2014)*, éditions Fayard, collection « Poids et mesures du Monde », 2015, p.228.

établissant l'indifférence entre les secteurs publics et privés »[125]. Celui-ci est constitué d'un ensemble hétérogène d'axiomes tirés de théories économiques, de prescriptions issues de savoirs de management et plus généralement d'une boussole alimentée par une logique de l'entreprise. Cette dynamique nouvelle matérialise la pénétration de la rationalité instrumentale dans la sphère publique. La gestion d'un parc immobilier ne relève plus d'une administration de moyens, mais d'un horizon de finalités dont il faut rendre compte à l'instar d'une entreprise. Dans ce contexte, le « souci de soi de l'État » devient une « nouvelle rationalité politique » [126]qui conduit à ériger la bonne administration, en finalités à part entière comme en témoignent les orientations des réformes de modernisation de l'Administration intervenues à partir de 2007. L'impératif de rationalisation explique que la loi organique du 1er août 2001 relative aux lois de finances ait en France placé le principe de responsabilité et de performance au cœur de l'action publique. En outre, la LOLF organise une évaluation quasi systématique des politiques menées, afin de vérifier si leur coût est à la hauteur du bénéfice qu'en retire la société. Ainsi que l'exprime le professeur Jacques Caillosse « Finalement, c'est bien l'économie concurrentielle de marché qui tend à devenir, en tant que telle, principe de validité de l'action publique, quel qu'en soit l'objet »[127]. La rationalisation de l'administration, et dans une certaine mesure celle de la reconversion du patrimoine monumental, conduit à légitimer une logique de performance qui induit des mutations profondes de l'action publique. Pour le professeur Jacques Caillosse « Tout cela semble pouvoir se résumer ainsi : la notion de néolibéralisme ne saurait servir à désigner un État qui se retire pour faire place aux entreprises. C'est ici plutôt l'État qui se fait "entreprise". Mieux encore, c'est la société tout entière qui est pensée sur le mode de l'entreprise, comme une vaste entreprise d'entreprises »[128]. Les modalités d'action de l'État dans le domaine culturel sont profondément modifiées. L'hybridité s'est installée sur un plan institutionnel et matériel. Les politiques publiques sont certes gouvernées par une administration centrale, mais leur mise en œuvre a conduit à multiplier les opérateurs d'État chargés de leur exécution en collaboration avec la sphère privée. Il ne s'agit plus alors de gouverner avec le marché, ce qui est la définition de la « gouvernementalité » libérale classique, dans laquelle le marché est cet espace autonome

---

[125] B. Rappin, « Monument romano-canonique et nouveau management public : racines théologiques et enjeux anthropologiques d'une rencontre », École Nationale d'Administration, *Revue française d'Administration publique*, 2018/2 N°166, p.388.

[126] Ph. Bezès, *Réinventer l'État, les réformes de l'administration française. 1962-2008*, PUF, 2009, p.475.

[127] J. Caillosse, « Faire du droit administratif à l'heure du néolibéralisme », Jus Politicum n° 27, 2022, p. 215

[128] J. Caillosse, « Faire du droit administratif à l'heure du néolibéralisme », Jus Politicum n° 27, 2022, p. 206

garantissant l'émancipation du pouvoir souverain, mais de gouverner par le marché, en instaurant des situations de mise en concurrence comme autant de « micropouvoirs »[129]. Indépendamment des reconversions du patrimoine monumental, les politiques publiques sont ainsi articulées autour d'une autonomisation administrative et financière de sites prestigieux, désormais responsables de leurs budgets, de leurs performances à partir d'objectifs et d'indicateurs de résultats, mais également d'un accompagnement budgétaire et financier des propriétaires privés de monuments historiques, sur fond de dépenses fiscales. Finalement, on peut s'interroger, avec le professeur Philippe Yolka : « Jusqu'où ira la rétraction des patrimoines publics ? »[130].

11— La dépense fiscale constitue un instrument de politique publique alternatif à la dépense budgétaire. Selon l'annexe « voies et moyens » du projet de loi de finances, les dépenses fiscales sont définies, comme « les dispositions législatives ou réglementaires dont la mise en œuvre entraîne pour l'État une perte de recettes et donc, pour les contribuables, un allégement de leur charge fiscale par rapport à ce qui aurait résulté de l'application de la norme, c'est-à-dire des principes généraux du droit français ». Les dépenses fiscales visent d'abord à répondre à un besoin économique ou social, par leurs effets incitatifs ou redistributifs. Par nature, les dépenses fiscales visent à encourager un comportement, et se rapprochent paradoxalement plus d'une dépense budgétaire que d'un impôt. Dès lors, la préférence accordée aux dépenses fiscales plutôt qu'aux dépenses budgétaires peut devenir une facilité, d'autant qu'elles échappent largement à l'encadrement européen des aides d'État. Une des critiques formulées tient au manque de fiabilité du recensement des dépenses fiscales. D'une part, il n'est pas certain de pouvoir identifier la norme fiscale pour apprécier le caractère dérogatoire de la dépense. Les dispositifs de TVA illustrent ces difficultés, notamment au titre des œuvres d'art[131]. D'autre part, les informations liées aux dépenses fiscales demeurent incomplètes faute d'un regroupement cohérent. Aucun texte ne prévoit explicitement de classer les dépenses fiscales en fonction des objectifs du programme auquel elles se rattachent. Selon la Cour des comptes « Dans l'ensemble des documents de politique transversale annexés aux projets de lois de finances (PLF) successifs, le chapitre consacré à la "présentation des principales dépenses fiscales concourant à la politique transversale" se limite à une simple liste des dispositifs, qui ne détaille ni leurs objectifs ni leur impact. Le Tome II "Voies et moyens" annexé au PLF comporte, en plus de

[129] Voir P. Dardot et C. Laval, *La nouvelle Raison du monde. Essai sur la société néolibérale,* Paris, La Découverte, 2009, et, P. Dardot et C. Laval, *ce cauchemar qui n'en finit pas,* Paris, La Découverte, 2016

[130] Ph. Yolka, « Un État sans domaine ? », AJDA 2003, p. 1017

[131] Dès lors que l'application de taux réduit de TVA ne résulte pas d'une obligation communautaire, c'est le caractère incitatif de l'application du taux réduit qui déterminera si la mesure est classée ou non en dépense fiscale.

l'estimation du montant des dépenses fiscales, certains éléments complémentaires tels que la méthode et la fiabilité du chiffrage, les dates de début et de fin d'applicabilité, le texte de référence au CGI (ces informations étant transmises à titre indicatif) ainsi que le nombre de bénéficiaires. Depuis le PLF pour 2021, est également indiquée la finalité visée par chaque dépense fiscale. Ces éléments restent toutefois insuffisants »[132]. Dans cette perspective, la haute juridiction financière appelle de ses vœux, une rationalisation des dépenses fiscales[133]. L'article 7 de la loi n° 2023-1 195 du 18 décembre 2023 dispose que « Les dépenses fiscales instituées par une loi promulguée après le 1er janvier 2024 sont applicables pour une durée qui est précisée par la loi les instituant et qui ne peut excéder trois ans. Les dépenses fiscales ne peuvent être prorogées que pour une période maximale de trois ans et à la condition d'avoir fait l'objet d'une évaluation présentée par le Gouvernement au Parlement, des principales caractéristiques des bénéficiaires des mesures, qui précise l'efficacité et le coût de celles-ci »[134]. Cette revue systématique des nouvelles dépenses fiscales devrait permettre de mieux évaluer les dispositifs dérogatoires et de les rattacher aux politiques publiques adéquates. Ainsi que le relève régulièrement la Cour des comptes, le chiffrage des dépenses fiscales figurant dans chaque projet de loi de finances est parcellaire et n'est pas représentatif de l'effort consenti par l'État en faveur des politiques culturelles prises dans leur ensemble, puisque les réductions d'impôt liées à des dons effectués par des entreprises ou des particuliers dans le cadre du mécénat culturel ne sont pas rattachées à la mission Culture, mais à la mission Sport, Jeunesse et Vie associative. Enfin nonobstant l'article 51-5 de la LOLF qui dispose que les projets annuels de performance présentent une évaluation des dépenses fiscales afin de comparer l'évaluation *ex ante* et *ex post,* cet exercice ne permet pas d'apprécier la portée des dispositifs fiscaux liés au patrimoine monumental. Compte tenu du montant des dépenses fiscales, il s'est surtout agi de rationaliser au fil du temps leur montant. Avantageuses pour les contribuables, elles sont aussi coûteuses pour le budget de l'État. Le projet de loi de finances pour 2024 dénombre 467 dispositifs fiscaux dérogatoires classés comme « dépenses fiscales », dont le coût total est évalué à 78,7 Md€ en 2024. Dans ce contexte, quelles sont les dépenses fiscales inhérentes au patrimoine monumental ? Plusieurs programmes permettent de cerner l'effort de l'État au patrimoine monumental. En 15 ans, la nature des dépenses fiscales

[132] Cour des comptes, *Analyse de l'exécution budgétaire 2023. Dépenses fiscales*, avril 2024, p. 41.
[133] Cour des comptes, *Piloter et évaluer les dépenses fiscales*, juillet 2023.
[134] Loi n° 2023-1195 du 18 décembre 2023 de programmation des finances publiques pour les années 2023 à 2027, JO du 19 décembre 2023.

du patrimoine monumental n'a pas été modifiée[135]. Le rattachement des dépenses fiscales au programme n° 175 est toujours lacunaire. Quatre dépenses fiscales sont cartographiées pour un montant global de 85 M€ en 2024.

– Déduction du revenu global des charges foncières supportées par les propriétaires d'immeubles classés ou inscrits au titre des monuments historiques ou labellisés Fondation du patrimoine et non productifs de revenus 23 M€

– Réduction d'impôt sur le revenu au titre des dépenses de restauration d'immeubles bâtis situés dans les sites patrimoniaux remarquables (SPR), les quartiers anciens dégradés, et les quartiers du nouveau programme national de renouvellement urbain (NPNRU) 41 M€

– Imputation sur le revenu global sans limitation de montant des déficits fonciers supportés par les propriétaires d'immeubles classés ou inscrits au titre des monuments historiques ou labellisés Fondation du patrimoine (immeubles bâtis) 20 M€

– Exonération des monuments historiques classés ou inscrits et des parts de SCI familiales détenant des biens de cette nature 1 M€

En revanche, les réductions d'impôts liées au mécénat culturel ou bien les avantages fiscaux dont bénéficient les organismes d'intérêt général sont rattachées au programme budgétaire n° 163 « jeunesse et vie associative » du ministère de l'Éducation nationale et de la jeunesse, sans aucune analyse qualitative du mécénat dans le projet annuel de performance. En outre, il n'y a aucune distinction relative au domaine d'application du mécénat alors que celui-ci en matière culturelle représente, selon ADMICAL, environ 30 % des organismes d'intérêt général. Les sommes concernées sont suffisamment importantes pour justifier une analyse qualitative et quantitative des actions dont bénéficient les contribuables, voire un éclatement des données pour le rattacher au patrimoine monumental.

– Réduction d'impôt au titre des dons : 1 777 M€

– Réduction d'impôt au titre des dons faits par les entreprises à des œuvres ou organismes d'intérêt général : 1 507 M€

---

135 Voir Th.Laval « Les dépenses fiscales du programme patrimoines » in F. Benhamou et D. Thesmar, V*valoriser le patrimoine culturel de la France*, CAE, 2011, p. 121-130.

– Exonération en matière d'impôt sur les sociétés des revenus patrimoniaux perçus par les fondations reconnues d'utilité publique et les fonds de dotation au titre des activités non lucratives : 126 M€

– Taxation à taux réduit de certains revenus mobiliers perçus par des organismes sans but lucratif : 51 M€

– Franchise d'impôt sur les sociétés pour les activités lucratives accessoires de certains organismes sans but lucratif lorsque les recettes correspondantes n'excèdent pas une limite indexée, chaque année, sur la prévision de l'indice des prix à la consommation, hors tabac, retenu dans le projet de loi de finances : non communiqué

– Franchise en base pour les activités lucratives accessoires des associations sans but lucratif lorsque les recettes correspondantes n'excèdent pas un seuil de chiffre d'affaires, indexé, chaque année, sur la prévision de l'indice des prix à la consommation, hors tabac, retenu dans le projet de loi de finances de l'année : 85 M€.

Enfin, l'administration ne fournit aucune donnée chiffrée pour les dépenses fiscales inhérentes au patrimoine non bâti, dont les réductions d'impôts sont identifiables dans le programme budgétaire n° 113 : Paysages, eau et biodiversité du ministère de l'Écologie. Ce défaut d'informations, répété au cours de plusieurs années, souligne l'absence de priorité accordée au patrimoine culturel non bâti.

12— Compte tenu de ces données lacunaires, il semble difficile de mesurer financièrement le soutien fiscal de l'État au patrimoine monumental. Cela étant en raison des sommes dont sont bénéficiaires les organismes d'intérêt général, il apparaît que l'effort de l'État à la conservation et à la mise en valeur du patrimoine monumental est principalement indirect. Toutefois, au cours de ces deux dernières décennies, l'orientation d'une politique au soutien des propriétaires privés semble résister aux crises des finances publiques malgré des ajustements structurels. La dynamique proposée consiste à soutenir le marché sans nécessairement financer le service. L'examen des dispositifs fiscaux liés aux monuments historiques, aux sites patrimoniaux remarquables, aux sites et paysages et plus généralement au patrimoine bâti et non bâti permet de saisir les obligations et sujétions, corollaires des avantages fiscaux institués. En définitive, les transactions récurrentes d'édifices prestigieux ne doivent pas conduire à une dilapidation du patrimoine monumental de la France, à raison notamment de la fonction symbolique liée à l'articulation du monument à la représentation de l'État, à une configuration de sa toute-puissance réitérée par le truchement d'emblèmes du pouvoir apposés sur les édifices, en quelque sorte identifiable à l'instar des « sémiophores » selon l'expression de Krzysztof Pomian[136]. Dans l'inconscient collectif, ce patrimoine emblématique participe à la légitimation de l'État. Les travaux de Pierre Legendre[137] soulignent cette mise en scène de l'État et l'entrelacs d'un patrimoine culturel qui dévoile les contours d'une historicité du patrimoine construite par sédimentation. L'architecture des lieux est largement destinée à impressionner, à donner une dimension cérémonielle au pouvoir[138]. L'analyse de l'architecture par Erwin Panofsky est des plus fécondes. Il ne s'agit pas d'étudier la beauté de l'œuvre architecturale, mais de découvrir sa structure sous-jacente. L'étude de la perspective met l'accent sur l'œil qui observe un tableau. Tout se passe comme si un point de l'espace était retiré, le point subjectif, afin de le purifier. Dès lors que l'espace est défait de ce point subjectif, il peut devenir objectif, neutre, transparent, et alors seulement, la surface du tableau prend la qualité d'être neutre et transparente. Il n'y a donc plus de séparation entre l'objet, doué de propriétés propres, et l'espace supposé continu, infini et homogène. Transposée dans l'étude des institutions, la question de la perspective permet *« d'obtenir de centrer le monde par la construction généalogique d'un tel point d'attache »*[139]. Bien plus, Erwin Panofsky s'était donné comme but d'identifier le lieu géométrique de formes d'expressions symboliques hétérogènes, propres à une époque et à une société selon les principes d'une affinité structurale entre elles. Ce que la scolastique a inventé et inculqué au sein des collèges universitaires d'Île-de-France, au XIIIe siècle, est un principe d'exposition de la pensée, selon le critère de la clarification. Ce mode de structuration est devenu dominant dans les arts picturaux et plus encore dans l'architecture gothique[140]. Pour Pierre Legendre, la théâtralisation du fondement par l'architecte est évoquée en qualité de pouvoir : *« Le geste architectural est normatif, parce qu'il s'inscrit de manière privilégiée, sur le mode d'une dogmatique rendue visible et corporellement ressentie, dans la mise en scène de la Raison par la culture, selon les temps de son histoire »*[141]. À l'instar d'icônes, le processus institutionnel met en scène des formes esthétiques qui s'adressent au public. Bien plus, la métaphore architecturale s'apparente aux métaphores de la rationalité qui ont pour fonction d'établir une frontière entre la normalité et l'anormalité. Sous

---

[136] K. Pomian, *Collectionneurs, amateurs et curieux. Paris, Venise :* XVIe-XVIIIe *siècle*, Gallimard, 1987.

[137] Voir P. Legendre, *Leçons IX. L'autre bible de l'Occident : le monument romano-canonique. Étude sur l'architecture dogmatique des sociétés*, Fayard, 2009.

[138] Voir N. Elias, *La Société de cour*, Paris, Flammarion, « Champs », 1985.

[139] P. Legendre. *Leçons VI. Les enfants du texte.* Fayard, 1993, p. 95.

[140] E. Panofsky, *Architecture gothique et pensée scolastique*, Édition de Minuit, 1967. Pour l'auteur, cet « habitus » consiste à produire des schémas clarificateurs, consistant en de multiples divisions et subdivisions dans un grand souci de symétrie et de parallélisme, avec une dimension de conciliation des contraires.

[141] P. Legendre, *Leçons I, La 901e conclusion. Étude sur le théâtre de la raison* , Fayard, 1998, p. 295.

le registre de la scolastique, l'architecture est une sorte de *« translittération : les bâtisseurs sont des dialecticiens, qui transcrivent dans le matériau la conciliation des opposés ; ils soumettent aux contraintes de l'exigence technique et sociale les fantasmes d'où sourd l'idée rationnelle »*[142]. La représentation de l'État ne doit pas seulement inclure au sens de Jürgen Habermas, une « éthique de la discussion » au sein de l'espace public, mais également une « éthique de la vision » notamment par le biais d'emblèmes et de rituels, c'est-à-dire par une mise en scène de l'État. Une telle configuration résiste en définitive à tout désengagement financier de l'État. Il s'agit en somme d'inscrire ce mouvement dans le champ des mutations institutionnelles de l'action publique, d'une nouvelle régulation qui prend appui sur l'initiative privée et plus généralement sur la société civile. L'émergence d'une nouvelle régulation financière fait office d'un masque d'orientations néolibérales qui arriment la reconfiguration du patrimoine monumental à une logique de la performance.

[142] P. Legendre, *Leçons IX, op. cit.* p. 58.

Première partie : La prépondérance d'une fiscalité du patrimoine culturel immobilier bâti.

13— La prise en compte du caractère remarquable de l'immeuble

Pendant de nombreuses années, le législateur est resté indifférent au caractère historique ou artistique d'un immeuble protégé. De fait, les usages de droit commun déterminaient la valeur locative cadastrale de ces biens. La professeure Cendrine Delivré-Gilg mentionne néanmoins une jurisprudence contraire dès la fin du XIXe siècle « Le Conseil d'État considère en 1895 que l'évaluation de la valeur locative cadastrale d'un château doit tenir compte des charges particulières que nécessite l'entretien de l'immeuble et de la difficulté pour le propriétaire de louer un tel bien… L'appréciation du juge administratif s'effectue *in concreto* : c'est moins l'existence d'une servitude de classement que la taille de l'immeuble et son caractère majestueux qui détermine la solution retenue par le juge »[143]. Désormais, les « maisons exceptionnelles » dont font partie les monuments historiques bénéficient d'une méthode d'évaluation singulière. Pour l'administration, il convient de tenir compte, lors de la détermination de leur valeur locative, du fait que la conservation des immeubles de l'espèce — qui ont parfois plusieurs siècles d'existence et dont certains sont classés parmi les monuments historiques ou inscrits à l'inventaire supplémentaire des monuments historiques — impose aux propriétaires des charges très lourdes et souvent sans commune mesure avec les possibilités réelles d'utilisation de ces biens[144]. Compte tenu du caractère spécifique d'un château historique, la valeur locative est déterminée par voie d'appréciation directe, c'est-à-dire par application d'un taux d'intérêt à la valeur vénale constatée à la date de référence de la révision générale, conformément aux articles 1497 et 1498 du CGI, et à l'article 324 AB de l'annexe III audit Code. Le contentieux nous éclaire sur la méthode d'appréciation directe. Dans le cas du château de Vaux-le-Vicomte, le Conseil d'État a jugé que le tribunal administratif n'avait pas fait une appréciation exagérée de sa valeur vénale, déterminée compte tenu des réductions à opérer à raison de la nature, de l'importance et de l'affectation de ce monument historique ouvert au public, en la fixant à 996 000 F au 1er janvier 1970, le taux d'intérêt retenu étant de 6 %[145]. Toutefois, un château divisé en appartements perd son caractère de maison exceptionnelle[146]. Sur le terrain des droits de mutation à titre gratuit, la Cour de cassation adopte une position réaliste

---

[143] C. Delivré-Gilg, *op.cit.* p. 115, à propos de l'arrêt du CE 30 novembre 1895, *Dame veuve Lelong*, Rec. p. 780.

[144] BOI-IF-TFB-20-10-40 n° 20, 10-12-2012 ; BOI-IF-TFB-20-10-10-30 n° 440, 10-12-2012.

[145] CE 23-6-1986 n° 47451, 8e et 7e s.-siècle, de Vogüe, RJF 10/86 n° 899.

[146] CE 24-10-2014 n° 366857 BF 1/15 inf. 31.

compte tenu des sujétions inhérentes aux monuments protégés. Autrement dit, la valeur vénale d'un monument historique est déterminée à partir de transactions antérieures ou d'éléments de comparaison auxquels on applique des décotes au titre des éléments propre au statut de monument historique (isolement, entretien, ouverture au public), voire d'une indivision, puis un abattement global sur cette valeur vénale[147]. L'administration fiscale reconnaît que « Les demeures et bâtiments classés monuments historiques (ou inscrits à l'inventaire supplémentaire) se trouvent dans une situation particulière en raison, notamment, de leur nature spécifique, des charges souvent importantes qui les grèvent, du nombre limité des acquéreurs potentiels et des difficultés qui en découlent pour les vendre. Il convient, en particulier, de tenir compte des contraintes qui résultent, pour les propriétaires de tels biens, de leur ouverture plus ou moins fréquente au public et de leur utilisation à des fins d'animation collective dans un but essentiellement culturel[148]. Toutefois, en matière d'impôt sur la fortune, il n'existe aucune disposition spécifique pour le patrimoine immobilier protégé. Sur un plan formel, les règles législatives relatives à l'impôt sur la fortune immobilière (IFI) ne comportent pas de renvoi, pour les règles de détermination de l'assiette aux règles relatives aux droits de mutation à titre gratuit. Il en résulte, notamment, que les différentes exonérations applicables en matière de droits de mutation à titre gratuit ne sont pas applicables à l'impôt sur la fortune immobilière (IFI), sans qu'une exclusion expresse analogue au premier alinéa de l'ancien article 885 H du CGI ne soit nécessaire dans la loi[149]. Cependant, par tolérance, l'administration a prescrit à ses agents de faire preuve de prudence dans la révision éventuelle des évaluations fournies par les parties : « En effet, ces immeubles se trouvent dans une situation particulière en raison, notamment, de leur nature spécifique, des charges souvent importantes qui les grèvent, du nombre limité des acquéreurs potentiels et des difficultés qui en découlent pour les vendre. Il conviendra, en particulier, de tenir compte des contraintes qui résultent, pour les propriétaires de tels biens, de leur ouverture plus ou moins fréquente au public et de leur utilisation à des fins d'animation collective dans un but essentiellement culturel »[150]. La situation des immeubles protégés et ouverts au public mériterait d'être réévaluée pour tenir compte d'une exonération d'impôt sur la fortune en raison de leur affectation à l'usage du public. Certes, il s'agit d'un élément du patrimoine privé, mais l'usage culturel de l'édifice devrait être apprécié pour une prise en compte plus équitable.

---

[147] Cass. com. 12-2-2008 n° 07-10.242 (n° 223 F-PB), d'Oultremont, RJF 5/08 n° 613
[148] BOI-ENR-DMTG-10-40-10-10 n° 50, 29-12-2017.
[149] BOI-PAT-IFI-30 n° 10, du 8-6-2018
[150] BOI-PAT-IFI-20-30-10 n° 100,du 8-6-2018

Chapitre I : L'activité civile des monuments historiques

14— Pertinence de l'activité civile ou commerciale au titre des monuments historiques

En droit fiscal, la frontière entre l'activité commerciale et l'activité civile est délicate pour obéir à un critère logique et rigoureux. L'article 14 du CGI prévoit que les revenus des propriétés bâties et des biens assimilés et ceux des propriétés non bâties de toute nature sont compris dans la catégorie des revenus fonciers, lorsqu'ils ne sont pas inclus dans les bénéfices d'une entreprise industrielle, commerciale ou artisanale. S'il est admis que la mise en location d'immeubles nus est en principe une activité de nature civile, il subsiste néanmoins des exceptions liées au caractère accessoire, substantiel ou prépondérant d'une activité au sens de l'article 155 du CGI. À titre accessoire, une tolérance administrative permet aux sociétés civiles de ne pas être imposées à l'impôt sur les sociétés uniquement si leurs recettes de nature commerciale n'excèdent pas 10 % du montant des recettes totales[151]. À titre substantiel, les profits tirés de la location d'immeubles nus sont rangés dans la catégorie des bénéfices industriels et commerciaux lorsque la location a pour effet de faire participer le bailleur à la gestion ou aux résultats de l'entreprise commerciale exploitée par le preneur. Pour les revenus perçus jusqu'en 2016, la location ponctuelle d'un immeuble en meublé était constitutive d'un revenu foncier[152], alors que la location en meublé, à titre habituel, était une activité commerciale relevant de la catégorie des bénéfices industriels et commerciaux et non des revenus fonciers. Aux termes de l'article 35, I-5° bis du CGI, relèvent de la catégorie des bénéfices industriels et commerciaux les profits réalisés par les personnes qui donnent en location directe ou indirecte des locaux d'habitation meublés. Ainsi, les revenus provenant d'une activité de location meublée, y compris lorsqu'elle est exercée de manière occasionnelle, sont imposés dans cette catégorie[153]. À bien des égards, le distinguo est fragile. Tel est le cas de la qualification de biens professionnels en matière d'impôt sur la fortune. L'ancien article 885 N du CGI portant définition des biens professionnels concerne les seules professions industrielles, commerciales, artisanales, agricoles ou libérales. Un contribuable qui n'est pas inscrit au registre du commerce et déclare les revenus tirés de la location d'emplacements de voitures au titre de ses revenus fonciers et non des bénéfices industriels et commerciaux peut être considéré par la Cour de cassation comme exerçant « *une activité purement civile de*

---

151 BOI-IS-CHAMP-10-30 n° 320 du 4-7-2018

152 BOI-RFPI-CHAMP-10-30 n° 70, du 7-9-2016

153 L'article 114 de la loi 2016-1918 du 29 décembre 2016 a modifié le régime fiscal des locations occasionnelles : BOI-RFPI-CHAMP-10-30 n° 70, du 5-4-2017

gestion d'un patrimoine privé». Les biens affectés à cette activité ne constituent pas des biens professionnels au sens de l'article 885 N du CGI[154]. Le juge de l'impôt doit donc apprécier la portée de cette activité civile ou commerciale pour qualifier le régime d'imposition, d'une association, d'une société civile ou bien encore d'une entreprise au sens des dispositions de l'article 787 B du CGI. Ainsi, exerce une activité commerciale, la société civile ayant pour activité la gestion de portefeuille de titres de sociétés d'un groupe familial qui effectue notamment des opérations de financement sans rémunération de sociétés détenues par l'association et exerce une activité d'intermédiaire pour le compte d'associés dans la négociation de titres de l'association[155]. Qu'en est-il au regard des monuments historiques ? Dans le cadre de l'entretien et de la restauration, l'origine du dispositif fiscal de soutien aux propriétaires privés rattache dès 1935, aux revenus fonciers, les modalités de détermination du revenu imposable. De manière constante, Armelle Verjat précise à juste titre que « le dispositif de l'impôt sur le revenu spécifique aux monuments historiques ne peut pas s'appliquer aux édifices (ou parties d'édifices) affectés à une activité commerciale »[156]. Cependant, l'administration fiscale n'est pas hermétique à l'activité commerciale déployée dans un monument historique. Il en est ainsi dans le cadre d'une tolérance administrative au titre de la TVA inhérente à des ventes de cartes postales, photographies, brochures évoquant le château[157], ou bien encore dans le cadre du mécénat, en raison de l'admission d'une franchise de recettes commerciales[158]. En outre, l'article 90 de la seconde loi de finances pour 2014[159] a étendu le bénéfice du régime dérogatoire, sans agrément préalable, aux immeubles classés détenus par une société civile non soumise

---

[154] Cass. com. 18-12-1990 n° 1546 P, Feingold, RJF 2/91 n° 229. Cette doctrine est constante ainsi que l'exprime la Cour de cassation dans son refus de renvoyer une QPC au Conseil constitutionnel :Cass. com. QPC 7-7-2021 n°21-10.043 F-D, RJF 11/21 n° 1056

[155] TA Montreuil, 5-7-2018 n° 1746328 et 1746407 , Sté Soderec, RJF 2/19 n° 131.

[156] A. Verjat, « Financement privé du patrimoine monumental » in N. Bettio et P-A. Collot, le financement privé du patrimoine culturel, L'Harmattan2018, p. 234.

[157] BOI-TVA-CHAMP-30-10-60-20 n° 1 du 2-3-2016.

[158] En application du deuxième alinéa du 2 bis de l'article 200 du CGI et du f du 1 de l'article 238 bis du CGI, l'avantage fiscal ne concerne pas les dons effectués pour subventionner les travaux afférents à des immeubles ou parties d'immeubles qui font l'objet d'une exploitation commerciale. La condition d'absence d'exploitation commerciale a pour effet d'exclure du dispositif les immeubles qui procurent des recettes commerciales à leur propriétaire ou à une tierce personne. Toutefois, il est admis, en sus des recettes de billetterie, que les activités commerciales (vente de denrées alimentaires, buvette ou restauration, location de salles, réceptions, manèges …) ne font pas obstacle au bénéfice de la réduction d'impôt, si les recettes y afférentes n'excèdent pas 60 000 euros.BOI-IR-RICI-250-10-20-30 n°310, 12-9-2012.

[159] L. n° 2014-1655, 29 déc. 2014, art. 90 : Droit fisc. 2015, n° 4, comm. 69

à l'impôt sur les sociétés et affectés pendant au moins 15 ans à un espace culturel[160]. En commentant cette dérogation législative, l'administration a considéré que « L'espace culturel non commercial s'entend, notamment, d'un espace spécifiquement dévolu à la présentation d'œuvres artistiques ou culturelles. Il s'agit, par exemple, d'immeubles classés au titre des monuments historiques affectés à l'usage de musées, de salles d'expositions culturelles, de théâtres, de salles de concert, etc. »[161]. Par tolérance, l'administration accepte néanmoins des activités commerciales accessoires telle la boutique d'un musée. Pour maintenir l'intégrité physique de l'immeuble, les travaux d'entretien et de restauration d'un monument historique sont abordés dans le cadre d'une gestion privée[162], en distinguant, la qualité du monument, le mode de détention du propriétaire privé, la nature des travaux d'entretien et de restauration et enfin, la mise en valeur de l'immeuble.

Section I : L'appréciation de la qualité du monument historique

§1 — La nature du monument protégé

15— En application des dispositions du 3° du I et du 1° ter du II de l'article 156 du code général des impôts (CGI), les propriétaires de monuments historiques bénéficient, pour la détermination de l'assiette de l'impôt sur le revenu, de modalités dérogatoires de prise en compte des charges foncières supportées à raison de ces immeubles. Avant de préciser la notion de monument classé ou inscrit, rappelons que jusqu'à l'imposition des revenus de l'année 2013, le régime dérogatoire des monuments historiques s'appliquait également, sur agrément ministériel, aux immeubles qui, en raison de leur caractère historique ou artistique particulier, faisaient partie du patrimoine national. L'application de ce régime dérogatoire sur agrément a été supprimée par la loi de finances pour 2014,[163] et ce depuis l'imposition des revenus de 2014. L'exclusion des immeubles agréés a pour effet de limiter l'application du régime dérogatoire aux immeubles historiques classés, inscrits ou labellisés. Pour les immeubles ayant obtenu l'agrément avant le 1er janvier 2014, le régime dérogatoire a continué à s'appliquer jusqu'au terme de chaque agrément[164]. D'interprétation stricte, les monuments historiques

---

160 BOI-RFPI-SPEC-30-30 du 19/12/2018.

161 BOI-RFPI-SPEC-30-30 n° 310 du 19/12/2018

162 Voir A. Verjat, *Préservation et mise en valeur des monuments historiques privés : la fiscalité de l'impôt sur le revenu,* L'Harmattan, 2011.

163 Loi n° 2013-1278 du 29-12-2013, art. 26, I-a, l, m, t, VIII, IX et XI, 3, voir *Droit fisc.*2014, n° 1-2 comm.16.

164 Par tolérance administrative, pour les immeubles pour lesquels une demande d'agrément a été déposée au plus tard le 31 décembre 2013 auprès de la DGFiP et pour lesquels un agrément ministériel a été délivré après cette date, le régime dérogatoire

concernent également les jardins et parcs protégés[165], les monuments funéraires classés ou inscrits au titre des monuments historiques ou labellisés « Fondation du patrimoine », sous réserve des spécificités tenant à la nature de ces biens[166]. En revanche, le régime spécial ne s'applique pas aux sites classés. Le classement des sites est en effet une procédure différente et les textes ne prévoient aucune déduction spéciale pour les immeubles construits sur les sites classés — à moins, bien entendu, qu'ils ne soient en même temps des monuments historiques[167].

16— Sous ces réserves, quels sont les immeubles classés ou inscrits ? Le classement ou l'inscription au titre des monuments historiques ne porte qu'exceptionnellement sur la totalité de l'immeuble. Le plus souvent, ces procédures n'affectent que les parties extérieures des édifices telles que les façades et toitures. En pareil cas, la protection, au sens de la loi du 31 décembre 1913 sur les monuments historiques, n'est pas pour autant restreinte aux seules fractions inscrites ou classées, mais s'étend en fait à l'ensemble du monument.
En effet, si l'approbation formelle de l'administration des affaires culturelles n'est requise que pour les travaux portant sur les parties désignées dans l'arrêté prononçant le classement ou l'inscription, ces services sont tenus de s'assurer que l'exécution des travaux sur les autres parties de l'édifice ne porte pas atteinte au caractère historique ou à la qualité architecturale du bâtiment[168]. Selon le juge de l'impôt, la doctrine administrative, selon laquelle la protection au sens de la loi du 31 décembre 1913 sur les monuments historiques n'est pas restreinte aux seules fractions inscrites ou classées, mais s'étend en fait à l'ensemble du monument, concerne l'étendue de la protection conférée par la loi précitée de 1913 et non pas les conditions de déduction des déficits fonciers. Cette doctrine n'est donc pas invocable sur la base de l'article L 80 A du LPF[169]. Aux immeubles classés, s'ajoutent depuis la loi du 23 juillet 1927[170], les immeubles inscrits. L'article L621-25 du code du patrimoine, modifié par l'ordonnance *n° 2005-1 128 du 8 sept. 2005*, définit aujourd'hui le périmètre de l'immeuble

---

a continué à s'appliquer jusqu'au terme de chaque agrément :BOI-RFPI-SPEC-30-10 n° 15, 12-4-2016.

[165] Voir P-L. Frier, *Droit du patrimoine culturel*, n°93, p.138,PUF, 1997.

[166] BOI-RFPI-SPEC-30-10 n° 5, du 19/12/2018.

[167] BOI-RFPI-SPEC-30 n° 40, du 19-12-2018

[168] BOI-RFPI-SPEC-30-10 n° 10, du 19-12-2018

[169] CAA Bordeaux 11-7-1995 n° 94-375, RJF 12/95 n° 1336 et refus d'admission du pourvoi en cassation, CE CAPC 4 novembre 1996, n° 172837, Defer, RJF 2/97 n° 102.

[170] Loi du 23 juillet 1927, JO 26/7 p. 7722. Voir V. Negri, « L'inscription sur l'inventaire » in J-P. Bady, M. Cornu, J. Fromageau, J-M. Leniaud , V. Negri, *1913, Genèse d'une loi sur les monuments historiques*, **Doc. fr**, 2013, p. 241.

protégé : *« Les immeubles ou parties d'immeubles publics ou privés qui, sans justifier une demande de classement immédiat au titre des monuments historiques, présentent un intérêt d'histoire ou d'art suffisant pour en rendre désirable la préservation peuvent, à toute époque, être inscrits, par décision de l'autorité administrative, au titre des monuments historiques. Peut-être également inscrit dans les mêmes conditions, tout immeuble nu ou bâti situé dans le champ de visibilité d'un immeuble déjà classé ou inscrit au titre des monuments historiques. »*[171]. Dans ces conditions, seule l'inscription d'un immeuble à l'inventaire supplémentaire des monuments historiques — à l'exclusion de la demande d'inscription — permet au propriétaire de déduire de son revenu global les charges foncières afférentes à cet immeuble[172]. La décision d'inscription n'a pas d'effet rétroactif[173]. L'article 156-II-1° ter du CGI ne vise que les immeubles « classés » ou « inscrits ». L'article 1er de la loi du 31 décembre 1913 sur les monuments historiques se réfère aux « immeubles susceptibles d'être classés », mais n'emporte aucune conséquence fiscale pour les immeubles inscrits. L'avis favorable de l'architecte en chef des monuments historiques à la demande d'inscription et l'indication d'un examen prochain du dossier par la commission supérieure ne créent aucun droit à déduction.

§2 : La notion de protection de l'ensemble architectural

17— En pratique, le classement ou l'inscription à l'inventaire supplémentaire ne porte qu'exceptionnellement sur la totalité de l'immeuble, cette procédure étant le plus souvent limitée aux parties extérieures des édifices, telles que les façades et toitures. L'incidence sur le régime fiscal applicable du classement partiel d'un immeuble au titre de la législation sur les monuments historiques a été précisée par le Conseil d'État dans le cadre de l'article 156, II ter du CGI

[171] La décision d'inscription induit des effets à la fois individuels, à l'égard du propriétaire, et collectifs dans son environnement. Du caractère hybride, le juge considère que la décision n'est ni réglementaire ni individuelle et n'a pas à être motivée. Voir L. Touzeau-Mouflard et A. Verjat, *La protection des monuments historiques,* 2e édition, en particulier le chapitre 4 consacré à la mise en œuvre de la protection au titre des monuments historiques, p. 35-54, Juris éditions, Dalloz, 2018. Voir également J. Morand-Deviller, *Patrimoine architectural et urbain – Monuments historiques. – Mesures de protection*, JurisClasseur environnement et développement durable, Fasc 3620, 25 octobre 2022 ; K-H. Voizard, « L'inscription au titre des monuments historiques : remarques sur une évolution, Droit administratif 2014 n° 3, étude 5.

[172] CE 7e-8e s.-siècle 21-10-1987 n° 62773, RJF 12/87 n° 1188

[173] CE 7e-8e s.-siècle 12-12-1990 n° 61552, RJF 2/91 n° 139

(immeubles non productifs de revenus). Les charges foncières résultant de travaux effectués sur des parties non inscrites à l'inventaire supplémentaire d'un monument historique ne sont pas déductibles du revenu global dès lors que ces travaux ne sont pas nécessaires à la conservation des parties inscrites[174]. Il en va de même lorsque l'immeuble est productif de revenus[175]. Ainsi, lorsque le classement ou l'inscription ne porte que sur une partie d'un immeuble, les propriétaires ne peuvent bénéficier pour l'ensemble de cette propriété du régime fiscal dérogatoire prévu par l'article 156, I-3° du CGI. L'administration fiscale est fondée à regarder les seuls déficits fonciers relatifs aux parties inscrites de la propriété comme susceptibles d'être imputés sur le revenu global en application des dispositions de cet article. Cependant, l'administration admet, dès l'instant, que le classement n'est pas limité à des éléments isolés ou dissociables de l'immeuble (escalier, dans certaines salles, par exemple), mais vise à la protection de l'ensemble architectural, qu'il y ait lieu de prendre en considération, pour les déductions susvisées, la totalité des charges sans distinguer suivant qu'elles concernent ou non les parties classées ou inscrites. Élaborée dans le cadre d'une doctrine administrative en date du 30 novembre 1973[176], celle-ci est reprise dans le cadre d'une réponse ministérielle « Klifa » en 1997[177]. Cette doctrine administrative est d'interprétation délicate. La déduction des dépenses d'entretien du parc de ce château n'entre pas dans le champ des prévisions de l'instruction du

---

[174] CE 15 janvier 1975 n° 87705, RJF 1/75 n° 84 ; CE 19 mars 1975 n° 92682, RJF 5/75 n° 225 ; CE 23 novembre 1977 n° 98227, RJF 1/78 n° 15 ; CE 6 juin 1984 n° 38037, RJF 8-9/84 n° 923 ; CE 27 juillet 1984 n° 40152, RJF 11/84 n° 1333, concl. O. Fouquet Droit fisc. 12/85 c. 624 ; CE 17 mai 1989 n° 62770, Gernez, RJF 7/89 n° 798, concl. Mme M. Liebert-Champagne, Dr fisc. 40/89 c. 1771.

[175] CE 18 mai 2005 n° 249950, 10e et 9e s.-siècle, Michaud, RJF 9/05 n° 809.

[176] Instruction 5 B -23 -73, 30 novembre 1973.

[177] Lorsqu'un immeuble classé monument historique inscrit à l'inventaire supplémentaire ou agréé par le ministre de l'Économie et des Finances procure des recettes imposables dans la catégorie des revenus fonciers, son propriétaire détermine son revenu dans les conditions de droit commun, c'est-a-dire en déduisant des recettes retirées de cet immeuble les charges de la propriété énumérées à l'article 31 du CGI. Si, pour cet immeuble, il constate un déficit foncier, ce dernier est imputable sans limitation de montant sur son revenu global, y compris, le cas échéant, pour la partie qui provient des intérêts d'emprunt. Ces règles s'appliquent dans les mêmes conditions lorsque le classement ou l'inscription à l'inventaire supplémentaire ne concerne pas la totalité de l'immeuble, à condition toutefois que ce classement ou cette inscription ne soit pas limité à des éléments isolés ou dissociables de l'ensemble immobilier, tels un escalier, des plafonds ou certaines salles, mais vise la protection de l'ensemble architectural. À défaut, seuls les travaux qui sont exposés sur les éléments classés ou inscrits à l'inventaire supplémentaire ou qui sont destinés à en assurer la conservation peuvent participer, pour leur montant total, à la constitution d'un déficit imputable sur le revenu global sans limitation de montant (RM Klifa, n° 44314, JO AN du 17 mars 1997, p. 1348).

30 novembre 1973 par laquelle l'administration admet la prise en considération de la totalité des charges lorsque le classement ou l'inscription à l'inventaire supplémentaire ne porte pas sur la totalité de l'immeuble, mais vise cependant à la protection de l'ensemble architectural. En effet, l'inscription de la toiture et de la façade ne saurait être regardée comme étant susceptible de viser aussi la protection du parc[178]. Le Conseil d'État a eu l'occasion de juger que la réponse ministérielle « Klifa » s'applique à la condition que le classement vise à la protection de l'ensemble architectural et ne se limite pas à des éléments isolés et dissociables. Ainsi, pour le rapporteur public, Madame Nathalie Escaut : « La lecture littérale de la réponse Klifa conduit à constater qu'elle ne fonde pas le droit à déduction sur le lien entre les travaux effectués sur la partie non inscrite et la protection de l'ensemble architectural, mais sur l'étendue de l'inscription à l'inventaire supplémentaire des monuments historiques »[179]. Par suite, l'inscription à l'inventaire supplémentaire des monuments historiques, notamment, de la façade et des toitures d'un ancien hospice ainsi que de la galerie de circulation et des murs de clôture doit être regardée comme visant « la protection de l'ensemble architectural » au sens de la réponse ministérielle « Klifa ». La notion de protection de l'ensemble architectural est appréciée *in concreto* par le juge de l'impôt. Ainsi, les travaux de rénovation intérieure d'une propriété dont seules certaines parties sont inscrites à l'inventaire supplémentaire (façade et toiture des bâtiments, grilles d'entrée et murs de clôture, chapelle et galerie de circulation au rez-de-chaussée, parcelle sur laquelle est implanté l'édifice), ayant consisté à transformer une maison de retraite en appartements destinés à la location, ne sont pas, en principe, des travaux de restauration des parties classées générant, un déficit foncier intégralement déductible du revenu global. En revanche, ces travaux sont déductibles sur la base de la réponse « klifa »[180]. Une interprétation extensive de la notion de protection de l'ensemble architectural semble se dégager de la jurisprudence[181]. Toutefois, la réponse « Klifa » n'est invocable que si la partie non classée de l'immeuble est productive de revenus[182]. Selon un commentaire à la revue de jurisprudence fiscale, cette solution est transposable à la réponse ministérielle « carrez »[183], rédigée en des termes

[178] CAA Nantes 22 décembre 1994, n° 93-309, 1e ch., Sarfati, RJF 4/95 n° 436

[179] CE 5 février 2009 n° 303425, Dozorme, RJF 5/09 n° 425, conclusions N. Escaut BDCF 5/09 n° 54

[180] TA Dijon 12-11-2002 n° 01-3093, RJF 4/03 n° 395

[181] CE 3e-8e ch. 31-12-2020 n° 431945, RJF 3/21 n° 239. La question était de savoir, si au regard de l'interprétation non restrictive donnée jusqu'à présent par la jurisprudence de la réponse Klifa, le classement des façades et des toitures du manoir visaient à préserver l'ensemble architectural représenté par ce manoir.

[182] CAA Versailles 1-12-2022 n° 21VE00022, RJF 3/23 n° 173

[183] AN 18 février 2002 p. 895 n° 69879.

comparables pour l'application de l'article 156, II-1° ter du CGI qui porte sur la question voisine des travaux effectués sur les monuments historiques ne produisant pas de revenus fonciers[184]. Faute d'invoquer la doctrine administrative relative à un classement partiel de l'immeuble protégé et générateur de revenus, il est possible de tenir compte, dans certaines situations, d'un « ensemble indivisible ». Entrent ainsi dans les prévisions de l'article 41 F de l'annexe III au CGI des travaux exécutés sur un immeuble dont seule une partie est classée monument historique, et qui ont affecté non seulement des parties classées, mais aussi des parties de l'édifice non classées, dès lors que ces travaux, rendus indispensables par l'état de l'immeuble, constituent un ensemble indivisible[185]. Il en est ainsi pour le chauffage de pièces dans lesquelles se trouvent des boiseries inscrites à l'inventaire supplémentaire est, compte tenu des circonstances de l'espèce, nécessaire à la conservation et à l'entretien de ces boiseries. Les dépenses correspondantes sont donc déductibles, dans les limites réglementaires, du revenu global du propriétaire[186]. En somme, le juge apprécie les travaux en fonction d'un critère finaliste : le bon état d'entretien est indispensable à la pérennité des éléments remarquables de l'édifice[187]. Dans cette même veine, une question nous interpelle : que recouvre la notion de travaux subventionnés déductibles du revenu global, au sens de l'article 41 F de l'annexe III au CGI ? Le critère de l'indivisibilité des travaux est récurrent au titre des travaux subventionnés sur un immeuble dont seule une partie est classée monument historique, et dont l'exécution a affecté des parties classées et non classées, dès lors que ces travaux sont rendus indispensables par l'état de l'immeuble[188]. Il semble que la notion de travaux subventionnés concerne non seulement les arrêtés de subvention encaissés par le propriétaire, mais également ceux qui ne l'ont pas encore été de telle sorte que les travaux d'un « ensemble indivisible » sont déductibles de l'impôt sur le revenu y compris pour la partie non protégée.

Section II : Le mode de détention du monument historique par un propriétaire privé

---

[184] Voir observations sous l'arrêt du CE 21 décembre 1990, n° 62 770, RJF 2/91 n° 147

[185] CE 21 décembre 1990, n° 62 770, RJF 2/91 n° 147 , concl. J. Gaeremynck *Droit fisc.* 23/92 c. 1117.

[186] CE 7e-9e s.-siècle 27-7-1984 n° 40152 , RJF 11/84 n° 1333

[187] Voir CE 22 février 2002 n° 219126, 3e et 8e s., Sebillotte, RJF 5/02 n°461,concl. S. Austry, *Droit fisc.* 24/02 c. 489. Les travaux qui ne sont pas nécessaires à la conservation des parties inscrites d'un monument ne sont pas déductibles.

[188] CE 9 juillet 1997 n° 150116, Ducos, RJF 8-9/97 n° 761, conclusions F. Loloum BDCF 4/ 97 n° 70 ;CE 10e-9e s.-siècle 18-3-2005 n° 248715, RJF 6/05 n° 524, concl. M.-H. Mitjavile BDCF 6/05 n° 67

§1 : Le champ d'application personnel

18— Le champ d'application personnel relatif au régime fiscal dérogatoire des monuments historiques est applicable tant aux personnes physiques qu'aux personnes morales qui relèvent de l'impôt sur le revenu. Les contribuables qui résident à l'étranger sont en droit de demander la déduction, de leur revenu global, du déficit foncier résultant de l'imputation sur leur revenu foncier des charges qu'ils ont exposées pour des travaux de ravalement et de façade effectués sur l'immeuble inscrit à l'inventaire supplémentaire des monuments historiques dont ils sont propriétaires et qu'ils ont donné en location[189]. S'agissant de personnes non-résidentes, elles sont imposables sur les revenus de source française. Par suite, les déficits constatés au titre des revenus fonciers sont reportables, sur des revenus de même nature, au cours des dix années ultérieures. Lorsque l'un des membres d'une indivision propriétaire d'un monument historique dont elle garde la jouissance a supporté des charges foncières relatives à ce monument pour un montant supérieur à sa quote-part dans l'indivision, les dispositions de l'article 156, II-1° ter du CGI et de l'article 41 E de l'annexe III au même Code l'autorisent néanmoins à déduire de son revenu global la totalité de la dépense effectivement supportée[190]. Le juge de l'impôt transpose à la situation de l'indivisaire la jurisprudence admettant que l'associé d'une société civile immobilière, propriétaire d'un monument historique, qui s'est réservé la jouissance de cet immeuble, peut déduire de son revenu global la totalité de sa participation aux travaux d'entretien et de réparation[191]. En outre, en vertu de l'article 8 du CGI, si un immeuble protégé appartient à une société civile qui relève de l'impôt sur le revenu, la détermination du revenu foncier se fait conformément aux règles de droit commun. Un contribuable, associé à 35 % d'une société civile propriétaire d'un édifice classé dont il avait la jouissance, est en droit de déduire la somme qu'il a personnellement versée à titre de participation à des travaux, alors que les autres associés n'ont rien payé[192]. Le juge de l'impôt applique ici un principe en surplomb, à savoir que celui qui paye une dépense par nature déductible peut le déduire au-delà de sa quote-part de droits. Enfin, en vertu de l'article 46 quater -0 A de l'annexe III au CGI, les organismes sans but lucratif peuvent retrancher des bases de l'impôt sur les sociétés dont ils sont redevables les charges foncières afférentes à leurs immeubles classés et assimilés, dont ils se réservent la jouissance, et qui ne

---

[189] TA Montreuil 15 juillet 2010 n° 09-2600, 1e ch, RJF 4/11 n°402.

[190] CE 24 janvier 2011 n° 308519, 10e et 9e s.-siècle, min. c/ Mourins d'Arfeuille, RJF 4/11 n°403, *Droit fisc.* 2011, n° 27, comm. 411, note P.-Y. Di Malta.

[191] CE 9 juillet 1982 n° 30897 : RJF 10/82 n° 900

[192] CE, 7e et 8e ss-sect., 9 juill. 1982, req. n° 30897, *Droit fisc.*, 1983, n° 39, comm. 1724, concl. D. Léger

sont pas affectés à une exploitation industrielle, commerciale, agricole ou non commerciale.

19— Aux termes de l'article 85 de la loi de finances pour 2009, dont les dispositions sont codifiées sous l'article 156 bis du CGI, les modalités de détention des monuments historiques ont fait l'objet d'un encadrement rigoureux. Les modifications induites concernent non seulement les monuments classés ou inscrits, mais également ceux agrées jusqu'au 31 décembre 2013, constitutifs du patrimoine national en raison de leur caractère historique ou artistique et les immeubles faisant partie du patrimoine national en raison du label délivré par la Fondation du patrimoine, si ce label a été accordé sur avis favorable du service départemental de l'architecture et du patrimoine. L'article 156 bis du CGI subordonne l'application du régime de faveur à un engagement de conservation de l'immeuble ; et sauf exception, à l'absence de détention par l'intermédiaire d'une société civile et à l'interdiction de mise en copropriété de l'immeuble. Ces trois conditions ont été « débattues » lors de l'adoption du projet de loi de finances pour 2009, à l'origine du plafonnement global des niches fiscales[193]. À l'occasion des travaux de l'Assemblée nationale sur les niches fiscales, le gouvernement a souhaité clarifier le régime fiscal des monuments historiques en maintenant une déduction des charges spécifiques sur le revenu global, quelle que soit la situation du monument historique, à hauteur de 100 % en cas d'ouverture au public. Dans cette hypothèse, les propriétaires devraient avoir l'obligation d'une ouverture au public pendant une durée minimale de 9 ans[194]. Au terme des travaux préparatoires d'une réforme des niches fiscales, l'Assemblée nationale demeurait convaincue que la dépense fiscale relative au régime fiscal dérogatoire des monuments historiques se substituait purement et simplement à une dépense budgétaire[195]. Pour cette raison, mais également pour éviter une instrumentalisation fiscale du dispositif dans le cadre des copropriétés, les députés préconisaient de moderniser le régime applicable aux monuments historiques en subordonnant le bénéfice du dispositif à un engagement de conserver l'immeuble pendant 10 ans et, le cas échéant, de maintenir, pendant la même période, son ouverture au public et d'interdire le bénéfice du dispositif aux immeubles nouvellement mis en copropriété. En suivant les recommandations du Gouvernement, les députés proposaient également de plafonner le déficit annuellement imputé au titre des monuments

[193] Voir le rapport évaluant l'utilisation et l'impact économique et social des dispositions permettant à des contribuables de réduire leur impôt sur le revenu sans limitation de montant, remis par le Gouvernement aux assemblées parlementaires en avril 2008 ; le rapport d'information de la commission des finances de l'Assemblée nationale n° 946 du 5 juin 2008 relatif aux niches fiscales.

[194] Rapport du Gouvernement, avril 2008, p. 24.

[195] AN, Rapport d'information n° 946, 5 juin 2008, p. 57.

historiques qui ne sont pas ouverts au public[196]. Lors des débats parlementaires du projet de loi de finances pour 2009, cette volonté de créer un plafonnement spécifique au titre des monuments fermés au public réapparaît. La Commission des finances adopte un amendement parlementaire présenté par le rapporteur général Gilles Carrez, tendant d'une part, à plafonner à 200 000 euros le montant des déficits et charges imputables sur le revenu global au titre de monuments historiques non ouverts au public et, d'autre part, à conditionner le bénéfice du régime dérogatoire d'imputation propre à ces immeubles à un engagement de conservation du propriétaire et à l'absence de mise en copropriété[197]. Le Sénat supprime cette mesure de plafonnement en raison d'une probable rupture d'égalité devant les charges publiques, car l'amendement parlementaire adopté à l'Assemblée nationale, contre l'avis du Gouvernement, n'était pas applicable aux immeubles ayant un label de la Fondation du patrimoine, y compris lorsqu'ils ne sont pas ouverts au public[198]. Le texte final retenu après la commission mixte paritaire opte pour un encadrement du régime fiscal dérogatoire des monuments historiques au lieu, d'un plafonnement spécifique. Le dispositif n'est pas soumis à un plafonnement global des niches fiscales adopté à l'article 91 de la loi de finances pour 2009[199].

§2 : Le champ d'application temporel.

20— En premier lieu, le monument historique doit être conservé pendant quinze ans à compter de son acquisition, y compris lorsque celle-ci est antérieure au 1er janvier 2009. L'engagement de conservation s'applique aux propriétaires de monuments détenus directement ou par personne interposés, en pleine propriété ou selon une propriété partagée[200]. Dans le cadre d'une société civile non soumise à l'IS, l'engagement de conservation d'une durée minimale de 15 ans est double. Le point de départ pour la société civile correspond à la date d'acquisition de l'immeuble tandis que pour les associés, il s'agit de la date d'acquisition des parts[201]. Lorsque l'immeuble est détenu en indivision, que cette indivision soit ou non constituée entre membres d'une même famille, chaque indivisaire doit conserver sa quote-part indivise pendant une durée minimale de quinze ans202. Afin de faciliter la

[196] AN, Rapport d'information n° 946, 5 juin 2008, p. 60.
[197] AN, Rapport n° 1198, G. Carrez, PLF 2009, Tome III, 16 octobre 2008, p. 68-71
[198] Sénat, rapport n° 99, Ph. Marini, PLF 2009, Tome III, 20 novembre 2008, p.38-44.
[199] Loi de finances pour 2009 (n° 2008-1425 du 27 décembre 2008), parue au JO n° 0302 du 28 décembre 2008 (rectificatif paru au JO n° 304 du 31 décembre 2008) (second rectificatif paru au JO n° 15 du 18 janvier 2009)
[200] BOI-RFPI-SPEC-30-30 n° 20, du 19-12-2018
[201] BOI-RFPI-SPEC-30-30 n° 40, du 19-12-2018
[202] BOI-RFPI-SPEC-30-30 n° 43, du 19-12-2018

transmission du monument aux générations futures, l'administration admet que dans l'hypothèse d'une acquisition à titre gratuit de l'immeuble ou des parts, les donataires, héritiers ou légataires peuvent reprendre à leur compte l'engagement de conservation précédemment souscrit et dont le terme n'est pas encore intervenu. Leur engagement de conservation s'entend alors de la durée restant à courir à la date de la mutation à titre gratuit[203]. L'article 156 bis III-al. 1 du CGI prévoit qu'en cas de non-respect de l'engagement de conservation des immeubles, le revenu global ou le revenu net foncier de l'année et des deux années suivantes est majoré du tiers du montant des charges indûment imputées. Ces charges correspondent à la part du déficit foncier imputé sur le revenu global qui excède la limite d'imputation de droit commun fixée à l'article 156 I— 3° du CGI ou du montant des charges foncières imputées sur le revenu global en application des dispositions de l'article 156 II-1° ter du même Code[204]. La majoration se calcule au titre des charges indûment imputées à compter de l'imposition des revenus de l'année 2009. Toutefois, il n'y a pas de déchéance du régime fiscal dérogatoire en cas d'accidents de la vie (licenciement, invalidité, décès) soit du propriétaire de l'immeuble, soit de son conjoint soumis à une imposition commune. Un lien de causalité doit néanmoins exister entre ces événements et la rupture de l'engagement de conservation[205]. La mutation à titre gratuit constitue également une exception à la déchéance du régime fiscal propre aux monuments historiques. L'héritier, le légataire ou le donataire sont incités à reprendre les engagements du défunt ou du donateur[206]. Enfin, en cas de cession de l'immeuble ou des parts pendant la période d'engagement de conservation et d'application de la majoration de la base imposable prévue en cas de non-respect de cette condition, le contribuable peut, lorsque la plus-value de cession est imposable, demander, par voie de réclamation contentieuse, que le prix d'acquisition retenu pour le calcul de la plus-value soit majoré des dépenses de travaux ayant fait l'objet de cette majoration[207].

§3 : Le contrôle des sociétés propriétaires de monuments historiques

21— En second lieu, l'article 156 bis II-al. 1 du CGI prévoit que le bénéfice des dispositions de l'article 156 propres aux immeubles historiques ou assimilés n'est pas ouvert aux immeubles détenus par des sociétés civiles non soumises à l'impôt sur les sociétés. Toutefois, des exceptions sont prévues, soit en lien avec les caractéristiques du monument, soit en résonance avec la qualité des associés. Ainsi, la constitution d'une société civile imposable à

---

[203] BOI-RFPI-SPEC-30-30 n° 60, du 19-12-2018
[204] BOI-RFPI-SPEC-30-30 n° 100 et 110, du 19-12-2018
[205] BOI-RFPI-SPEC-30-30 n° 180, du 19-12-2018
[206] BOI-RFPI-SPEC-30-30 n° 190 et 200, du 19-12-2018
[207] BOI-RFPI-SPEC-30-30 n° 160, du 19-12-2018

l'impôt sur le revenu est autorisée lorsque l'immeuble est classé ou inscrit au titre des monuments historiques, en tout ou partie, et est affecté, dans les deux ans qui suivent son acquisition, à l'habitation pour au moins 75 % de ses surfaces habitables ou bien encore lorsque l'immeuble est classé monument historique, en tout ou partie, et est affecté pendant au moins quinze ans à un espace culturel non commercial et ouvert au public. La dérogation existe également pour des sociétés civiles familiales. Ces deux hypothèses méritent un examen. Tout d'abord, le régime de faveur des monuments historiques prévu à l'article 156 du CGI était susceptible de s'appliquer sur agrément aux immeubles détenus en copropriété ou par des SCI non familiales. Pour les demandes d'agrément déposées depuis le 1er janvier 2016, ces immeubles devaient respecter les conditions suivantes :
– Avoir fait l'objet d'un arrêté (de classement ou d'inscription) au moins douze mois avant la demande d'agrément,
– Et être affectés à l'habitation pour au moins 75 % de leurs surfaces habitables portées à la connaissance de l'administration fiscale (pour les immeubles divisés en copropriété, l'affectation à l'habitation devait avoir lieu dans les deux ans qui suivaient la demande d'agrément). Cet agrément du ministre du Budget après avis du ministre de la Culture était délivré « lorsque l'intérêt patrimonial du monument et l'importance des charges relatives à son entretien justifient le recours à un tel mode de détention ». Ces critères de l'intérêt patrimonial et de l'importance des charges d'entretien ont été remplacés par les deux critères cumulatifs susmentionnés. L'article 12 de la loi de finances rectificatives pour 2017 a supprimé cet agrément pour les immeubles acquis à compter de 2018 par une société civile non familiale (non soumise à l'impôt sur les sociétés)[208]. La condition relative à l'habitation demeure obscure. En effet, pour l'administration « Au sens de l'article 156 bis du CGI, pour apprécier le respect de cette condition d'affectation à l'habitation pour au moins 75 % des surfaces habitables :

— Les surfaces habitables, comprises au dénominateur s'entendent des surfaces susceptibles d'être utilisées ou transformées en locaux d'habitation. *Il s'agit, en pratique, des surfaces bâties couvertes* ;
— Les surfaces affectées à l'habitation, comprises au numérateur, s'entendent de toutes les surfaces et annexes y afférents à usage d'habitat individuel ou collectif. À cet égard, les lieux de vie commune dans un habitat collectif sont également considérés comme affectés à l'habitation (par exemple, un réfectoire ou une salle de réunion à usage des personnes hébergées) »[209]. Or, la notion de surface habitable devrait s'entendre de la surface potentiellement ou réellement affectée à l'habitation et non de la surface bâtie couverte,

[208] Loi n° 2017-1775 du 27 décembre 2017, JO. 29 décembre/2017
[209] BOI-RFPI-SPEC-30-30 n° 395, du 19-12-2018

permettant ainsi d'inclure au dénominateur des surfaces qui ne sont pas susceptibles d'être destinées au logement comme une chapelle.

Ensuite, la dérogation relative à l'espace culturel est restrictive. En effet, l'administration réserve cette dérogation aux *seuls monuments classés* : « L'espace culturel non commercial s'entend, notamment, d'un espace spécifiquement dévolu à la présentation d'œuvres artistiques ou culturelles. Il s'agit, par exemple, d'immeubles classés au titre des monuments historiques affectés à l'usage de musées, de salles d'expositions culturelles, de théâtres, de salles de concert, etc. Par principe, pour bénéficier de l'exception à la détention directe en cas de mise en société civile, l'immeuble classé au titre des monuments historiques doit être exclusivement affecté à un espace culturel non commercial. Cela étant, la présence d'une activité commerciale accessoire, au sein de cet espace culturel, par exemple la boutique d'un musée, n'est pas de nature à priver cet immeuble des dispositions de l'article 156 bis II-2° du CGI »[210].

Enfin, en présence d'une société civile familiale, la dérogation est également acquise, mais demeure incomplète. Encore faut-il préciser la notion de parenté concernée par une société civile familiale. Selon l'administration « Peuvent bénéficier de l'exception à la condition de détention directe les biens détenus par une SCI constituée entre des personnes parentes en ligne directe (enfants, petits-enfants, parents, grands-parents, etc.) ou entre frères et sœurs, leurs conjoints et les enfants de ces différentes personnes, sans limitation du degré de parenté, sous réserve que celui-ci soit réel et puisse être justifié par les contribuables concernés. En particulier, bénéficient du régime spécial les immeubles détenus par des SCI de famille dont les associés appartiennent à plusieurs générations, sans limitation du nombre de générations ainsi associées »[211]. Le caractère familial est défini sur plusieurs générations, en résonance avec l'idée que ce patrimoine a vocation à se transmettre aux générations futures. Cette conception semble cohérente, mais ne prend pas en compte l'évolution des conjugalités. La situation des couples unis par un Pacs n'est nullement envisagée alors que l'administration prend bien en compte une notion de famille « contractuelle » dans le cadre des SARL de famille. S'agissant de la constitution de la société civile par voie d'apport, cette opération « intercalaire » n'a pas pour conséquence de rouvrir une nouvelle période d'engagement de conservation, sous réserve que les associés aient été propriétaires (indivisaires ou titulaires de droits démembrés) de l'immeuble avant la constitution de la société.

---

[210] BOI-RFPI-SPEC-30-30 n° 320, du 19-12-2018
[211] BOI-RFPI-SPEC-30-30 n° 290, du 19-12-2018

§4 : Les remèdes à l'instrumentalisation fiscale des monuments historiques

22— L'article 156 bis, V du CGI prévoit que le bénéfice des dispositions de l'article 156, propre aux immeubles historiques ou assimilés n'est pas ouvert aux immeubles ayant fait l'objet d'une division à compter du 1er janvier 2009. Des exceptions à ce principe d'absence de division, applicables sous conditions, sont toutefois prévues. Avant le 1er janvier 2009, tous les propriétaires historiques échappaient à la tunnellisation de leurs déficits fonciers, la règle, prévue au 3 ° du I de l'article 156 du CGI, selon laquelle ces déficits s'imputent exclusivement sur les revenus fonciers des dix années suivantes, ne leur étant, en vertu du même 3°, pas applicable. Ils pouvaient ainsi imputer ce déficit sur leur revenu global, sans limitation de montant, et bénéficiaient à ce titre d'un avantage fiscal non négligeable. Afin de limiter toute utilisation de ce régime dans une perspective d'optimisation fiscale et d'assurer une meilleure adéquation entre l'avantage fiscal octroyé et les contraintes supportées, le législateur a introduit une mesure décisive : l'interdiction du bénéfice du dispositif aux immeubles nouvellement mis en copropriété. Il s'agit « d'éviter les opérations de découpe » et « l'utilisation du régime à des fins spéculatives par des opérateurs financiers »[212]. Les conclusions du rapporteur public, Émilie Bokdam-Tognetti, apportent un éclairage sur la portée de cette interdiction. Pour le rapporteur public, « Le point 42 de la doctrine nous paraît interpréter le V de l'article 156 bis du CGI en ce sens, que sont hors du champ d'application de la règle qu'il édicte les divisions modificatives ultérieures d'un bien déjà en copropriété au 1er janvier 2009, date d'entrée en vigueur de la loi, mais qu'en relèvent toutes les divisions intervenues à compter de cette date sur des immeubles qui n'étaient pas mis en copropriété au 1er janvier 2009 »[213]. Autrement dit, les propriétaires d'immeubles historiques et assimilés qui ont été mis en copropriété avant le 1er janvier 2009 ne sont pas soumis à cette condition et bénéficient du régime spécial des monuments historiques. Par ailleurs, sans avoir recours à un agrément ministériel, la possibilité de mettre en copropriété des immeubles historiques affectés à l'habitation dans les deux ans suivant la division pour au moins 75 % des surfaces, sans perte pour les copropriétaires du régime dérogatoire de déduction des charges foncières, s'applique depuis le 1er janvier 2018 aux immeubles classés ou inscrits, en tout ou partie, au titre des monuments historiques. Aucune condition tenant à l'ancienneté de l'arrêté de classement ou d'inscription au titre des monuments historiques n'est exigée[214].

---

212 AN, Rapport d'information n° 946, 5 juin 2008, p. 59.
213 CE 9è-10e ch. 7-10-2020, n° 425749, RJF 1/21 n° 6, C (6) Concl. E. Bokdam-Tognetti
214 BOI-RFPI-SPEC-30-30 n° 530, du 19-12-2018

§5 : La prise en compte du démembrement de propriété

23— Le droit de propriété peut faire l'objet d'un démembrement par dissociation de l'usufruit et de la nue-propriété. L'usufruitier dispose alors du droit d'usage et des fruits. Le nu-propriétaire conserve le droit de disposer du bien, en respectant les prérogatives de l'usufruitier. L'usufruit est classiquement défini au sens de l'article 578 du Code civil comme « le droit de jouir des choses dont un autre a la propriété, comme le propriétaire lui-même, mais à charge d'en conserver la substance ». Cela signifie que la constitution d'un usufruit opère une dissociation des trois attributs qui composent la propriété telle qu'elle est traditionnellement conçue : l'usus, c'est-à-dire le droit d'user de la chose, le fructus, qui est le droit d'en tirer les fruits, et l'abusus, qui est le droit d'en disposer. Plus précisément, l'usufruit emporte avec lui l'usus et le fructus de la chose, pour ne laisser que l'abusus à celui qui, dépouillé des principaux attributs de la propriété, n'est plus que « nu-propriétaire. De fait, une telle construction entraîne un morcellement de la propriété au profit de deux droits réels et temporaires. Confronté aux dispositions de droit fiscal, l'usage du démembrement de propriété nous incite à revisiter les prérogatives et obligations des propriétaires. En premier lieu, le juge de l'impôt admet dans un considérant de principe qu'en cas de démembrement de la propriété d'un immeuble entre un usufruitier et un nu-propriétaire, les dépenses de réparation de cet immeuble sont déductibles des bases de l'impôt dû par celui des propriétaires qui en a effectivement supporté la charge[215]. Dans l'hypothèse d'un immeuble démembré où l'usufruitier ne se réserve pas la jouissance de l'immeuble, mais le donne en location, quel propriétaire peut déduire des bases de l'impôt sur le revenu, les dépenses de réparation et d'entretien ? Par principe, c'est celui qui a effectivement supporté les dépenses, nu-propriétaire ou usufruitier[216]. La neutralité du démembrement de propriété, en tant que technique d'administration et de gestion de l'immeuble, est bien établie par le juge de l'impôt. Si l'usufruitier se réserve la jouissance de l'immeuble en s'abstenant de le donner en location à un tiers, mais encore le met à la disposition d'un nu-propriétaire qui y établit son habitation principale, les dépenses de ravalement doivent être admises en déduction des bases de l'impôt dû soit par l'usufruitier, soit par ce nu-propriétaire, selon que c'est l'un ou l'autre qui en a effectivement supporté la

[215] CE, Sect., 7-2-1975 n°90196, RJF 3/75 n° 118, p. 88, chron ; B. Martin Laprade ; *Droit.fisc.*1975, n° 13, comm. 461, concl. P. Cabanes

[216] CE 7e - 9e s. 6-12-1978 n° 10238, RJF 1/79 n° 21 ; CE 7e - 8e s.21-2-1979 n° 4896 , RJF 4/79 n° 226

charge[217]. Jusqu'à la publication de l'instruction fiscale du 1er février 2005, commentant le régime fiscal des immeubles ayant reçu le label de la Fondation du Patrimoine, l'administration considérait que les propriétaires ne pouvaient déduire du revenu foncier que les charges déductibles en vertu des articles 605 et suivants du Code civil. En d'autres termes, l'usufruitier peut déduire les dépenses d'entretien, de réparation et d'amélioration, tandis que le nu-propriétaire est tenu aux dépenses de grosses réparations, en faisant fi de la jurisprudence du Conseil d'État. L'administration admet désormais le principe d'une déductibilité pour celui qui règle les dépenses, usufruitier ou nu-propriétaire. "En cas de démembrement du droit de propriété d'un immeuble donné en location entre un nu-propriétaire et un usufruitier, les dépenses sont déductibles des revenus de celui qui en a effectivement supporté la charge"[218]. La doctrine administrative glisse alors sur le terrain des droits de mutation à titre gratuit pour énoncer une assertion excessive "Cela étant, la prise en charge par l'usufruitier ou le nu-propriétaire de travaux ou charges qui ne leur incombent pas constitue un avantage pour le bénéficiaire qui, si les dépenses en cause ne sont pas remboursées, s'analyse en un don manuel soumis aux droits de mutation à titre gratuit dans les conditions de droit commun"[219]. Encore faut-il démontrer l'existence d'une libéralité. Sur le terrain des monuments historiques, l'administration et le juge de l'impôt en ont tiré les conséquences tant au regard de l'identité du propriétaire que du régime fiscal applicable. L'administration reconnaît que "le démembrement de la propriété du bien n'est pas une cause d'exclusion du régime spécial, afin notamment de ne pas pénaliser les situations résultant d'un héritage ni priver de toute souplesse la gestion de ces propriétés. Cela étant, l'engagement de conservation s'applique également aux propriétaires de droits démembrés d'immeubles historiques ou assimilés. Autrement dit, l'engagement de conservation s'applique à l'usufruitier comme au nu-propriétaire"[220]. En d'autres termes, chacun des propriétaires est tenu à l'obligation de conservation de l'immeuble au sens de l'article 156 bis du CGI. La déchéance du régime est propre à celui qui ne respecte pas ses obligations. Cela étant, lorsque la nue-propriété d'un monument est détenue par une société civile familiale, une interrogation surgit. Les associés sont-ils en droit d'imputer un déficit foncier sur leur revenu global alors même que les parts ont été acquises à titre onéreux ? On sait que pour éviter une optimisation fiscale, de nature à permettre au nu-propriétaire d'imputer sur son revenu global les déficits fonciers nés des travaux de grosse réparation réalisés, le législateur a réservé

---

[217] CE plén., 7 mars 1979, n° 8613, Dr fisc. 1979, n° 29, comm. 1551 ; *Droit fisc.* 1979, n° 40, comm. 1867, concl. B. Martin Laprade ; RJF 4/1979 n° 186 et p.111, chron. J.-F. Verny.

[218] BOI-RFPI-BASE-20-30-30 n° 70, du 28-12-2015

[219] BOI-RFPI-SPEC-30-20-20 n° 30, du 19-12-2018

[220] BOI-RFPI-SPEC-30-30 n° 30, du 19-12-2018

cette imputabilité dans les hypothèses où la nue-propriété a été acquise à titre gratuit, jusqu'au 4e degré de parenté[221]. Toutefois, les juges du Palais-Royal ont fait prévaloir l'absence d'incidence du démembrement de propriété sur le déficit foncier : "les titulaires d'un droit de propriété sur les monuments historiques, fussent-ils seulement nus-propriétaires, peuvent imputer sur leur revenu global les déficits nés de l'exploitation des monuments sans que cette possibilité soit assortie, en cas de démembrement de propriété, de conditions liées au mode d'acquisition du droit réel détenu"[222].

§6 : L'essor du bail emphytéotique.

24— Le bénéfice du régime dérogatoire a été étendu au preneur d'un bail emphytéotique portant sur un monument historique par l'article 119 de la loi de finances pour 2016, codifié à l'article 31-O-bis du CGI[223]. L'objectif de cette mesure est notamment de permettre aux héritiers d'un monument historique n'ayant pas les moyens d'en assurer la conservation et la gestion, de passer un bail emphytéotique auprès d'un gestionnaire et de permettre à ce dernier de bénéficier du régime dérogatoire pendant la durée du bail[224]. Bien que non prévue par le Code civil, l'institution de l'emphytéose a été reconnue par la doctrine et la jurisprudence[225], avant d'être consacrée par la loi du 25 juin 1902[226]. La définition du bail emphytéotique résulte de l'article L. 451-1 du Code rural qui dispose "Le bail emphytéotique de biens immeubles confère au preneur un droit réel susceptible d'hypothèque ; ce droit peut être cédé et saisi dans les formes prescrites pour la saisie immobilière. Ce bail doit être consenti pour plus de dix-huit années et ne peut dépasser quatre-vingt-dix-neuf ans ; il ne peut se prolonger par tacite reconduction". Malgré la nature de droits réels conférés au preneur, la force attractive de la convention absorbe l'emphytéose dans le cadre d'un louage de choses en droit fiscal. L'acte constitutif de l'emphytéose est soumis au même régime fiscal que les mutations de jouissance d'immeubles à durée limitée. Cependant, les cessions, du bailleur comme celles du preneur sont soumises au même régime fiscal que les mutations d'immeubles aux termes de l'article 1378 du CGI.

---

[221] Loi n° 93-589, 22 juin 1993, art. 23, JO 23 juin 1993, p. 8815 ; *Droit fisc.* 1993, n° 27, comm. 1378

[222] CE, 3e et 8e ss-sect., 6 mars 2014, n° 366008, Mme A, *Droit Fisc.* 2014, n° 17-18. 24 avril 2014. Com, 289, concl. V. Daumas, note P.-Y. Di Malta.

[223] Loi de finances 2016, n° 2015-1785, 29 déc. 2015, art. 119, *Droit fisc.* 2016, n° 4, comm. 87

[224] Voir A. Verjat et C. de Noblet : « Le bail emphytéotique : une opportunité pour les monuments historiques », la demeure historique n° 207, 2017.

[225] Voir Cass. civ., 26 janv. 1864 : DP 1864, 1, p. 83 ; 24 août 1857 : DP 1857, 1, p. 326 ; E. Becquet, *Le bail emphytéotique. De la rédaction des coutumes à la loi du 25 juin 1902*, Thèse Paris II, 2023.

[226] L. 25 juin 1902 : JO 4 juill. 1902 ; S. 1903, législ. p. 505.

Toutefois, lorsque la mutation se limite à la seule jouissance, l'article 738-1° du CGI rend exigible le seul droit fixe de 125 €[227]. Ainsi que le souligne Monsieur Emmanuel Cruvelier, ". Bien que titulaire d'un droit réel, l'emphytéote demeure fondamentalement un locataire ; rien ne s'oppose donc à ce que la cession d'un droit de jouissance sur le bien soit assimilable à une cession de droit à un bail."[228]. La qualification de droit réel interpelle. S'agit-il d'un droit réel comparable à l'usufruit ? Le juge de l'impôt écarte l'assimilation de l'emphytéote à un usufruitier comme l'atteste une décision de la Cour administrative d'appel de Nantes à propos de travaux réalisés sur un monument historique "la chartreuse Valonne"[229]. Le refus d'assimilation est partagé par la Cour de cassation à propos d'une SCI "le palais des évêques", détentrice d'un monument historique dont les travaux de restauration ont été réalisés par l'emphytéote[230]. Depuis 2017, le preneur à bail (l'emphytéote) est imposé sous le régime des revenus fonciers, sur les recettes qu'il a perçues après prise en compte des charges qu'il a supportées. En cas de constatation d'un déficit foncier, il peut bénéficier, par substitution du propriétaire, des modalités dérogatoires, prévues à l'article 156, I-3° du CGI, de prise en compte des charges foncières supportées à raison des immeubles historiques et assimilés. Corrélativement, le propriétaire du monument historique donné à bail emphytéotique ne peut donc lui-même se prévaloir des dispositions de l'article 156, I-3° du CGI. Le champ d'application de ce dispositif semble limité aux revenus fonciers générés par un monument historique classé ou inscrit. Cette interprétation se déduit de l'objectif poursuivi par les dépositaires de l'amendement, lors de la discussion en séance publique du 7 décembre 2015. Le sénateur Claude Raynal expose en ces termes l'intérêt d'un bail emphytéotique adossé à un monument historique : "Mais cette formule ne peut être réellement mise en œuvre que si le preneur de ce bail, l'emphytéote, peut déduire ses dépenses de travaux et autres charges indispensables comme s'il était propriétaire"[231]. Or l'article 31 du code général des impôts réserve la déduction des charges au propriétaire de l'immeuble. L'objet de l'amendement est donc d'étendre cette facilité à l'emphytéote. En cas de déficit, l'intéressé pourrait, comme les propriétaires de monuments historiques, en imputer le montant sur son revenu global. Par symétrie, le propriétaire de l'immeuble donné à bail emphytéotique ne serait imposé que sur le loyer qu'il percevrait du preneur, et ne pourrait en déduire aucune charge ». Ce dispositif ne vise donc que les monuments historiques productifs de revenus fonciers au sens de l'article 31

---

[227] BOI-ENR-JOMI-30, § 90, du 24 mars 2021.

[228] E. Cruvelier, « L'emphytéose en droit fiscal », Droit fiscal, décembre 2012 n° 49-543 § 34.

[229] CAA Nantes, 1ère, 7 juill. 2016 n° 15 NT 0 1324.

[230] Cass. com., 15-03-2017, n° 14-18.452, F-D

[231] Sénat, Comptes rendus analytiques, séance du 7/12/2015, p. 31.

du CGI. Il en va de même si le bien est partiellement soumis à des revenus fonciers dans le cadre d'une occupation privative « partielle » par le propriétaire du monument historique. Cette interprétation est corroborée par une approche légistique. En la forme, ce texte dérogatoire au régime spécifique des monuments historiques s'inscrit à l'article 31-0 bis du CGI. Cela étant, si la nature des revenus fonciers inhérents à un monument historique peut être étendue à la vente de menus objets ; la question des objets mobiliers attachés aux monuments historiques est plus délicate. Il n'est pas certain à la lecture de ce texte que cela permette somme toute d'intégrer les biens mobiliers dans le bail emphytéotique. : « Le preneur est imposé en qualité de propriétaire *sur les recettes qu'il a perçues, après prises en compte des charges qu'il a supportées... Sauf si le propriétaire est une personne physique ou morale relevant du régime des bénéfices industriels et commerciaux.* ». En effet, dans le cadre des rapports entre l'emphytéote et le propriétaire du monument historique, ce dernier « met à sa disposition » le mobilier. Il s'agit alors, au sens fiscal, d'une location meublée qui devrait conduire à une imposition du monument historique dans la catégorie des bénéfices industriels et commerciaux. Compte tenu de ce « risque fiscal », comment rendre compatible ce bail emphytéotique avec de telles perspectives ? Il a été suggéré par la professeure Christine Ferrari-Breeur d'avoir recours au commodat dans le cas spécifique des meubles[232]. Il serait alors opportun d'exclure les meubles du bail emphytéotique pour les intégrer dans un commodat, et ce afin d'assurer une protection juridique accrue du propriétaire en cas de dégradation[233]. Dans ces conditions, il conviendrait d'aborder la notion d'acte (a) normal de gestion. Pour Monsieur Emmanuel Cruvelier, « le prêt à usage ne pourrait échapper à la sanction de l'acte anormal de gestion que dans la mesure où le propriétaire retirerait un avantage venant compenser l'absence de loyer »[234].

Section III : le caractère extensif des travaux d'entretien et de restauration

§1 — La matrice des revenus fonciers, creuset du régime dérogatoire.

25— Enchâssé dès l'ordonnance du 30 octobre 1935 dans une catégorie fiscale de revenus fonciers, le régime « dérogatoire » des monuments historiques n'a jamais constitué un référentiel autonome. L'article 11-III de la

---

[232] L'article 1875 du Code civil définit le prêt à usage comme *"un contrat par lequel l'une des parties livre une chose à l'autre pour s'en servir, à la charge par le preneur de la rendre après s'en être servi"*.

[233] Voir E. Cruvelier, « Le prêt à usage ou commodat en droit fiscal », JCP N n° 28, 13 juillet 2012, 1298

[234] E. Cruvelier, « Incidences fiscales du commodat immobilier », Loyers et copropriété, n° 7-8, août 2023, étude n°7. Voir commentaire E. Cruvelier sous CE, 13 nov. 2023, n° 465852, *Loyers et Copropriété* n° 1, janvier 2024, comm. 18.

loi n° 64-1 279 du 23 décembre 1964[235] exonère d'impôt, les revenus générés lors de l'occupation d'un monument historique en qualité de résidence principale[236]. La loi de finances pour 1965 exonère d'impôt sur le revenu les revenus fonciers dont le propriétaire se réserve la jouissance, en contrepartie de quoi, il n'est plus possible de déduire les charges qui affectent la propriété, à l'exception selon l'article 11-III de la loi de finances précitée, de la situation des monuments historiques. Cette loi s'inscrit dans le cadre d'une réforme de la fiscalité immobilière[237]. Bien plus, le caractère dérogatoire du régime fiscal des monuments historiques est appuyé par l'article 3 de la loi de finances pour 1977[238], qui dispose : « Les déficits fonciers s'imputent exclusivement sur les revenus fonciers des cinq années suivantes. Toutefois, les dispositions fiscales actuelles continuent à s'appliquer aux propriétaires de monuments classés monuments historiques, inscrits à l'inventaire supplémentaire ou ayant fait l'objet d'un agrément ministériel ». En d'autres termes, la loi de finances pour 1977 n'applique pas de tunnellisation des déficits pour les propriétaires de monuments historiques qui peuvent donc imputer sans plafond, les déficits fonciers sur leur revenu global. De fait, les dépenses relatives aux monuments historiques, dont le régime fiscal est « dérogatoire » sont interprétées à la lumière d'un référentiel inhérent aux revenus fonciers « ordinaires ». Conformément aux dispositions de l'article 41 F de l'annexe III au CGI, les charges foncières afférentes aux immeubles classés ou inscrits au titre des monuments historiques, admises en déduction du revenu global s'entendent de l'ensemble des charges de la propriété énumérées à l'article de l'article 31, I-1° du CGI. Dans cette veine, la déduction des charges de la propriété est subordonnée à diverses conditions. Sous réserve des dérogations prévues expressément par la loi (notamment pour les déductions spécifiques), ces dépenses doivent : se rapporter à des immeubles ou parties d'immeubles dont les revenus sont imposables dans la catégorie des revenus fonciers ; avoir été engagées en vue de l'acquisition ou de la conservation du revenu ; avoir été effectivement supportées par le propriétaire ; avoir été payées au cours de l'année d'imposition et être justifiées. En outre, lorsque les charges ne peuvent être affectées à une partie spécifique de l'immeuble, il appartient au contribuable de répartir ces dépenses entre les différentes parties de l'immeuble selon une clé de répartition adaptée à l'objet de ces charges[239]. Les charges déductibles des revenus fonciers sont expressément énumérées à

[235] Loi de finances pour 1965, JO 24 déc embre1964, p.11503.

[236] Son décret d'application du 21 février 1966 est codifié aux articles 41 E à J de l'annexe III au CGI.

[237] Voir notamment la loi n° 63-254 du 15 mars 1963 portant réforme de l'enregistrement, du timbre et de la fiscalité immobilière, JO 17 mars 1963.

[238] Loi n° 76-1232 du 29 décembre 1976, JO 30 déc. 1976, p. 7587 siècle ; *Droit fisc.* 1977, n° 1, comm. 2.

[239] CE 6 avril 2018, n° 405509, RJF 7/18 n° 721 (C 721) rapporteur E. Crepey,

l'article 31 du CGI. Mais cette liste n'est pas limitative. En dehors de ces dépenses, certaines charges foncières sont déductibles sur le fondement de l'article 13 du CGI (dépenses engagées en vue de l'acquisition ou de la conservation du revenu foncier). Tel est notamment le cas des indemnités d'éviction ayant permis, après la réalisation de travaux, de relouer l'immeuble à des conditions plus avantageuses[240]. Dans le cadre des monuments historiques, des difficultés contentieuses sont nées à propos des dépenses d'investissement, c'est-à-dire des charges assimilées à une dépense en capital dont la déductibilité serait refusée. Il s'est agi d'une part des dépenses liées à billetterie et d'autre part des dépenses afférentes à l'acquisition, à l'entretien et au fonctionnement de matériels des parcs et jardins. Sur le premier point, le juge de l'impôt estime que ces dépenses participent à la conservation du revenu foncier, sans avoir, pour effet, d'augmenter la valeur vénale de l'actif immobilier. La doctrine administrative admet un tel principe depuis 2007, lorsque ces monuments sont ouverts à la visite et procurent des revenus imposables. Les dépenses d'acquisition de matériel informatique utilisé pour la gestion de la billetterie ou le suivi des dépenses et des recettes sont donc comprises dans les charges du revenu foncier[241]. Le second point semble plus conflictuel. La déductibilité d'une charge des revenus fonciers s'examine d'abord sur le terrain de l'article 31, puis, si la charge dont il s'agit ne rentre pas dans les prévisions de ce texte, sur celui de l'article 13[242]. En d'autres termes, l'article 13 du CGI revêt un caractère subsidiaire par rapport aux dispositions de l'article 31 du même Code. C'est ainsi que lorsque des dépenses sont exclues de la déduction du revenu foncier par l'article 31, elles ne peuvent pas être déduites de ce même revenu sur le fondement de l'article 13[243]. Les dépenses afférentes à l'acquisition, à l'entretien et au fonctionnement de matériels de travaux destinés à l'entretien de jardins classés, ouverts au public et moyennant un prix d'entrée ne constituent pas des charges de la propriété au sens des dispositions de l'article 31 du CGI. Mais, ayant pour finalité la conservation du revenu net foncier de la société civile immobilière exploitant lesdits jardins, elles doivent être regardées comme ayant le caractère de dépenses effectuées en vue de l'acquisition et de la conservation du revenu au sens des dispositions de l'article 13, 1 du CGI et sont par suite déductibles des revenus bruts fonciers perçus par la société[244].

---

240 CE 8 juillet 2005 n° 253291, RJF 11/05 n° 1194, concl. E. Glaser BDCF 11/05 n° 132.

241 BOI-RFPI-SPEC-30-20-10 n° 160, du 19-12-2018

242 CE 5 octobre 2007 n° 281658, min. c/ Goyon , RJF 12/07 n° 1439, concl. Mme N. Escaut BDCF 12/07 n° 142.

243 CAA Douai, 17 novembre 2009 n° 08-473, 2e ch., Chalom-Luksenberg, RJF 4/10 n°361.

244 CAA Nantes 13-10-2008 n° 07-911, 1e ch., Carvallo, RJF 3/09 n° 218, concl. C. Hervouet BDCF 3/09 n° 31

Cette doctrine jurisprudentielle est inspirée de celle inhérente à la notion d'immobilisation d'une exploitation pour apprécier la nature d'une dépense destinée ou non à l'accroissement de l'actif immobilisé. La doctrine administrative semble néanmoins rétive à un tel positionnement. Pour mémoire, une réponse ministérielle non reprise dans le bulletin officiel des finances publiques (BOFIP) rappelait la doctrine en matière de parcs et jardins « D'une manière générale, les propriétaires de parcs ou jardins ouverts au public et classés ou inscrits au titre des monuments historiques, qui retirent de leur exploitation des revenus imposables dans la catégorie des revenus fonciers, peuvent déduire de ces revenus les frais d'entretien et de remise en état qu'ils exposent pour la conservation de ces propriétés. Dans le cas où celles-ci ne sont pas habituellement productives de revenus, les propriétaires peuvent déduire de leur revenu global, dans les conditions prévues à l'article 156, II-1° ter du CGI, les charges foncières afférentes aux parties classées ou inscrites, de leurs parcs et jardins, notamment les dépenses d'entretien ou de remise en état de celles-ci. En revanche, les dépenses d'acquisition de matériels (tondeuses, tronçonneuses, etc.) qui constituent des dépenses d'investissement ne sont pas déductibles. Ces dispositions s'appliquent, que les travaux soient réalisés directement par le propriétaire ou par l'intermédiaire d'une entreprise »[245].

26— Les autres dépenses déductibles des revenus fonciers, empruntent notamment le principe de déductibilité des charges inhérentes à des immeubles ordinaires, à l'instar, des frais d'administration et de gestion, des intérêts d'emprunt, des impôts en lien avec la propriété, ou bien encore les provisions pour charge de copropriété ainsi que les modalités de régularisation de ces provisions. Toutefois, le caractère particulier des monuments historiques peut conduire à qualifier des dépenses d'entretien comme des dépenses locatives et à ce titre non déductibles des revenus fonciers. Ainsi, les dépenses de chauffage nécessaires à la conservation de boiseries ont fait l'objet d'un contentieux nourri[246]. Rappelons néanmoins que les salaires versés à des personnes affectées à la billetterie ou bien encore les dépenses de surveillance et de gardiennage exposées à raison des éléments inscrits ou classés sont déductibles au titre des frais de gestion. Par ailleurs, les dépenses inhérentes au droit de visite, ou bien encore les primes d'assurances afférentes aux immeubles historiques, productifs ou non de revenus, ouverts ou non au public, sont déductibles pour leur montant réel. Il en va de même de celles afférentes aux objets mobiliers attachés à perpétuelle demeure à un immeuble historique à la condition, toutefois, qu'ils soient exposés au public. Cette déductibilité est

---

[245] Réponse ministérielle M. Lebranchu JOAN, 3 Février 2003 n° 6117 p. 780.

[246] CE 27 juillet 1984, n° 40152, 7e et 9e sous-sections, RJF 11/84 n° 1333, *Droit Fisc.* 1985 n°12, comm. 624, Concl. O. Fouquet.

d'autant plus remarquable que le monument historique peut ne pas être productif de revenus[247]. De plus, depuis 2002, les frais de promotion et de publicité déductibles pour leur montant réel s'entendent notamment « des frais d'édition de dépliants publicitaires et d'achat d'espaces publicitaires ; des frais relatifs aux prospections promotionnelles tels les contacts avec les agences de voyages ou les frais de réception et de tournées promotionnelles ; le cas échéant, les rémunérations versées à un salarié affecté à la promotion du monument au titre de son activité promotionnelle et les charges sociales correspondantes »[248]. Les dépenses de promotion et de publicité sont déductibles en totalité du revenu foncier procuré par l'immeuble historique, que celui-ci soit occupé ou non par son propriétaire. L'article 103 de la loi du 21 décembre 2006 de finances pour 2007[249] a introduit une dérogation au principe d'interdiction de toute publicité à proximité des monuments historiques et des zones protégées. En application des dispositions de l'article L. 621-29-8 du Code du patrimoine, tel qu'il résulte de l'article précité, les recettes tirées de cet affichage publicitaire doivent obligatoirement être affectées par le maître d'ouvrage au financement des travaux de réparation, d'entretien ou d'amélioration de l'immeuble. À compter du 1er octobre 2007, les propriétaires de monuments historiques ont ainsi pu, sur autorisation de l'autorité administrative compétente, utiliser les bâches d'échafaudage installées lors de la réalisation de travaux de restauration comme espaces publicitaires. Ainsi, sont imposables dans la catégorie des revenus fonciers, les recettes accessoires provenant de la location du droit d'affichage, c'est-à-dire toutes les redevances perçues par les propriétaires pour l'utilisation des balcons, toitures ou pignons de leurs immeubles en vue de l'affichage ou de la publicité lumineuse[250]. Il en est de même des revenus de tournage de films assimilés par la doctrine administrative à des revenus fonciers[251].

§2 : Les charges liées à la conservation et à la restauration du monument

27— Selon le droit commun des revenus fonciers, les dépenses de réparation et d'entretien s'entendent de celles qui correspondent à des travaux ayant pour objet de maintenir ou de remettre un immeuble en bon état et d'en permettre un usage normal, conforme à sa destination, sans en modifier la consistance, l'agencement ou l'équipement initial[252]. L'administration considère « Les dépenses d'entretien s'apparentent généralement aux dépenses de maintien en

---

[247] BOI-RFPI-SPEC-30-20-20 n° 50, du 19/12/2018

[248] BOI-RFPI-SPEC-30-20-10 n° 150, du 19-12-2018

[249] Loi de finances pour 2007, n° 2006-1666, 21 déc. 2006, JO 27 décembre 2007.

[250] BOI 5 D-3-07, n° 97 du 6 août 2007

[251] BOI-BIC-CHAMP-50 n° 140 du 4 juillet 2018

[252] Assemblée nationale, réponse ministérielle à P. Raynal n° 17862 , JO, 4 décembre 1989 p.5326.

l'état de l'immeuble et les dépenses de réparation à celles dépassant les opérations courantes d'entretien et qui consistent en la remise en état, la réfection ou le remplacement d'équipements essentiels pour maintenir l'immeuble en mesure d'être utilisé conformément à sa destination[253]. Selon cette même doctrine administrative « Les dépenses d'amélioration s'entendent, de manière générale, de celles qui ont pour objet d'apporter à un immeuble un équipement ou un élément de confort nouveau ou mieux adapté aux conditions modernes de vie, sans modifier cependant la structure de cet immeuble »[254]. En revanche, les dépenses de démolition, de construction[255], de reconstruction[256], d'agrandissement[257], de déspécialisation[258] et plus généralement les travaux qui affectent la structure de l'immeuble ne sont pas en principe déductibles des revenus fonciers. Ainsi, une cour administrative d'appel a considéré que des travaux, qui ont consisté en la réfection de l'installation électrique, du chauffage, des menuiseries, des peintures, des sols et de l'isolation, étaient indissociables de travaux portant sur le gros œuvre. Le Conseil d'État a annulé cet arrêt faute d'avoir vérifié le caractère de reconstruction de la première tranche de travaux[259]. En effet, des travaux d'amélioration ou de réparation ne sont pas déductibles s'ils sont indissociables de travaux de construction, de reconstruction ou d'agrandissement, c'est-à-dire si l'ensemble des travaux procède d'une

---

[253] BOI-RFPI-BASE-20-30-10 n° 10, du 3-2-2014

[254] BOI-RFPI-BASE-20-30-10 n° 70, du 3-2-2014

[255] Des travaux qui ont notamment comporté la consolidation de murs extérieurs, la démolition de murs intérieurs et de l'escalier, des cloisons et des conduits de cheminée, la mise en place de piliers verticaux destinés à la consolidation de la structure de l'immeuble ont affecté le gros œuvre. Ils doivent donc être qualifiés de travaux de reconstruction non déductibles au sens de l'article 31, I-1° du CGI, CE 8-7-2005 n° 253291, 3e et 8e s., Delon, RJF 11/05 n° 1194, concl. E. Glaser BDCF 11/05 n° 132.

[256] Des travaux qui ont comporté la redistribution complète de l'espace intérieur de l'immeuble et notamment la réfection de l'escalier, ainsi que le remplacement de la toiture existante par une terrasse, équivalent par leur importance à une reconstruction :CE 18-11-1983 n° 35299, 8e et 9e s.-siècle, RJF 1/84 n° 43

[257] Sont considérés comme des travaux d'agrandissement, au sens des dispositions de l'article 31, I-1°-b du CGI, ceux qui ont pour effet d'accroître le volume ou la surface habitable des locaux existants : CE 28-9-2021 n° 439145, RJF 12/21 n° 1113, concl. L. Cytermann @ (C 1113) .

[258] Les travaux qui créent, au rez-de-chaussée de l'immeuble, un local à usage professionnel à la place de garages et, au premier étage, deux appartements à la place de greniers, ont changé la destination de l'immeuble et doivent être regardés comme des travaux de reconstruction non déductibles : CE 4-2-1985 n° 40424, 7e et 8e s., RJF 4/85 n° 580.

[259] CE 8e ch. 12-5-2023 n° 464489, RJF 8-9/23 n° 639, concl. K. Ciavaldini @ (C 639)

opération indivisible[260]. Dans ce contexte, comment concilier la déductibilité de travaux qui tendent à maintenir l'intégrité matérielle des monuments historiques, avec les notions d'entretien et de réparation ?

28— Les travaux de remise en état effectués dans un cloître inscrit à l'inventaire des monuments historiques qui ont consisté dans la réfection de la toiture incluant le remplacement d'un nombre réduit de poutres, la réfection des canalisations d'assainissement extérieures à l'immeuble, la reprise d'environ 5 % des fondations, la création de dalles en béton doublant les planchers préexistants afin de rétablir le contreventement des murs de façade dont la stabilité était compromise, et la réouverture et la remise en état des voûtes doivent être regardés comme des travaux de réparation et d'entretien au sens des dispositions de l'article 31, I-1° du CGI[261]. À l'inverse, dans un ancien couvent partiellement inscrit à l'inventaire, des travaux de rénovation comportant la création de nouveaux locaux d'habitation, ainsi que les travaux ayant pour effet d'apporter une modification importante au gros œuvre de locaux d'habitation existants ou les travaux d'aménagement interne qui, par leur importance, équivalent à une reconstruction, sont considérés comme non déductibles des revenus fonciers[262]. La conservation du monument sert de boussole à l'analyse factuelle du juge de l'impôt. Ainsi, les travaux effectués sur un immeuble inscrit à l'inventaire supplémentaire des monuments historiques qui ont porté, d'une part, sur le donjon et, d'autre part, sur la charpente, la couverture, la maçonnerie et la taille de pierre du corps de logis ainsi que sur les fondations de la tour d'escalier attenante constituent en l'espèce des travaux d'entretien et de réparation nécessaires à la conservation du monument et à la reconstitution à l'identique de parties détériorées de son gros œuvre[263]. Cela étant si la logique des revenus fonciers résiste à l'analyse factuelle des travaux, il apparaît que la jurisprudence du Palais-Royal a élargi la notion de réparation d'un monument historique aux travaux de restauration. La question qui se posait dans un contentieux relatif à un monument historique était de savoir si des travaux de fouille destinés à dégager des vestiges d'une construction antérieure à celle du monument pouvaient être assimilés à des travaux de réparation. En considérant le dégagement des vestiges d'une église mérovingienne, comme des travaux de réparation déductibles du revenu global du propriétaire qui en supporte le coût, le Conseil d'État s'emploie à conserver l'intégrité physique d'un immeuble et partant de sa conservation[264]. Ainsi, les travaux en cause, consistant en la restauration de la façade, qui a eu

---

260 CE 24-2-1988 n° 70976, RJF 4/88 n° 452
261 CAA Lyon 10-6-1998 n° 94-21156, 2e ch., Barade, RJF 11/98 n° 1306
262 CE 5-3-2014 n° 362126, 8e s., RJF 11/14 n° 1011
263 CAA Bordeaux 4-4-2006 n° 03-113, RJF 10/06 n° 1141
264 CE 7e-9e s. 9-7-1982 n° 30897, RJF 10/82 n° 900

pour effet de remettre en l'état l'immeuble moyennant la reconstitution à l'identique de parties détériorées du gros œuvre, ont le caractère de travaux de réparation déductibles, même s'ils ont nécessité la dépose d'éléments anciens et leur remplacement par des matériaux neufs[265]. Par suite, l'associé d'une société civile propriétaire d'un immeuble classé monument historique, dans laquelle il détenait 95 % du capital, est autorisé à déduire de son revenu global, des charges de restauration qu'il a entièrement supportées dans l'intérêt de la société, sans que ces charges soient limitées à la fraction correspondant à sa participation dans ladite société[266]. En somme, l'associé d'une société civile translucide se comporte en qualité de propriétaire au sens de l'article 156-I-3° du CGI. En somme, pour retrouver l'état d'origine, une opération de restauration nécessite parfois de reconstituer des parties d'origine, de détruire des parties existantes, et partant d'aller au-delà de la notion d'entretien d'un immeuble ordinaire.

§3 : Les modalités de déductibilité des charges à l'impôt sur le revenu, une casuistique encouragée par l'administration

Les charges foncières supportées par les propriétaires de monuments historiques ou assimilés peuvent être admises en déduction, selon trois hypothèses distinctes[267].

a — le régime locatif des monuments historiques

29— Lorsque l'immeuble procure des recettes imposables et n'est pas occupé par son propriétaire, ce dernier peut imputer, dans les conditions de droit commun, la totalité des charges foncières qu'il supporte sur le montant des loyers qu'il perçoit. Cette logique du « revenu foncier » emporte des conséquences quant à la détermination du revenu fiscal déclaré. En premier lieu, le revenu agrège les droits d'entrée, les recettes accessoires qui ne sont pas des recettes commerciales majorées, le cas échéant, du montant des subventions reçues au titre de la restauration, de la réparation ou de l'entretien de son immeuble. Le propriétaire peut retrancher l'ensemble des charges de la propriété, y compris les primes d'assurance afférentes aux monuments historiques ainsi que celles entraînées par le droit de visite comme, notamment, les rémunérations du personnel chargé de percevoir les

[265] CE 9e-8e s. 17-5-1989 n° 62770, RJF 7/89 n° 798

[266] CE 9e-8e s. 17-5-1989 n° 62770, RJF 7/89 n° 798

[267] Le premier cas concerne un monument historique qui n'est pas occupé par le propriétaire et qui génère des revenus fonciers. Le second cas est relatif à l'imputation d'un déficit sur le revenu global lorsque l'immeuble ne procure pas de recettes. Enfin, une clé de répartition doit être adaptée lorsque l'immeuble procure des recettes et est occupé par son propriétaire.

droits d'entrée et de guider les visiteurs, telles qu'elles sont définies à l'article 31 du CGI. En second lieu, lorsque le classement ou l'inscription à l'inventaire supplémentaire des monuments historiques ne porte que sur une partie d'une propriété, les propriétaires ne peuvent bénéficier pour l'ensemble de cette propriété du régime fiscal dérogatoire prévu par l'article 156, I-3° du CGI. L'administration fiscale est fondée à regarder les seuls déficits fonciers relatifs aux parties inscrites de la propriété comme susceptibles d'être imputés sur le revenu global en application des dispositions de cet article. Par dérogation aux règles applicables aux immeubles ordinaires, le déficit éventuel peut être imputé sur le revenu global sans limites de montant. S'agissant des modalités d'imputation du déficit foncier au titre d'un classement partiel, le juge de l'impôt a privilégié la ventilation de leur coût en fonction des recettes procurées. Dans le contentieux qui opposait le propriétaire du « domaine de la Bourdaisière », à l'administration, cette dernière a remis en cause le calcul des déficits fonciers résultant des dépenses engagées pour la remise en état d'un domaine dont une partie a été inscrite à l'inventaire supplémentaire des monuments historiques et qui est partiellement ouvert au public, en isolant les charges déductibles afférentes à la partie inscrite de la propriété et en les imputant sur une proportion déterminée forfaitairement des recettes procurées par l'ouverture au public du domaine.[268].

b — le régime spécial des monuments historiques

30— Lorsque l'immeuble ne procure aucune recette, les charges foncières qui s'y rapportent sont admises en déduction du revenu global du propriétaire dans les conditions et proportions fixées par les articles 41 F à 41 I bis de l'annexe III au CGI. Selon l'administration, « Cette situation peut se rencontrer, quelles que soient les conditions d'occupation par le propriétaire, lorsque l'immeuble n'est pas ouvert à la visite… Est ouvert gratuitement au public »[269]. Contrairement à ce qui est prévu lorsque l'immeuble est productif de revenus, lorsque le montant des charges déductibles du revenu global excède le montant de ce revenu, cet excédent ne peut pas dégager un déficit reportable sur le revenu global des années suivantes. Seuls les propriétaires de monuments historiques qui s'en réservent la jouissance peuvent se prévaloir de la déduction des charges foncières sur le revenu global prévue à l'article 156, II-1° ter du CGI. Sans qu'il soit besoin de revenir sur la nature des charges foncières admises en déduction, conformément aux dispositions de l'article 41 F de l'annexe III au CGI, les charges foncières afférentes aux immeubles classés ou inscrits au titre des

---

[268] CE 18 mai 2005 n° 249950, 10e et 9e s., Michaud, RJF 8-9/05 n° 809 ; *Droit fisc.* 2005 n° 30-35, comm. 562. Concl. F. Donnat.
[269] BOI-RFPI-SPEC-30-20-20 n°40 du 19/12/2018.

monuments historiques, admises en déduction du revenu global s'entendent de l'ensemble des charges de la propriété énumérées au 1° du 1 du I de l'article 31 du CGI. Une limite de déduction est néanmoins instituée par les articles 41 E à 41 I de l'annexe III au CGI. Pour les dépenses autres que les participations aux travaux exécutés ou subventionnés par l'administration des affaires culturelles, la totalité du montant des charges concernées est déductible si le public est admis à visiter ; la déduction est limitée à 50 % de ce montant si l'immeuble est fermé au public. Dans ces conditions, le propriétaire d'un château inscrit en totalité à l'inventaire supplémentaire des monuments historiques qui limite l'accès du public aux visites des parties extérieures, au motif que l'intérieur ne présenterait aucun intérêt historique, ne peut déduire de son revenu global que 50 % du montant des dépenses d'entretien de l'immeuble[270].

c — le régime hybride des monuments historiques

31— Dans l'hypothèse d'un usage mixte, où un propriétaire occupe son immeuble, mais autorise des visites payantes ou loue une partie de son bien, c'est-à-dire génère des revenus fonciers, il est fait application des règles concernant les revenus fonciers pour la détermination du revenu net correspondant aux recettes encaissées. Le régime spécial s'applique aux dépenses qui n'ont pas été considérées pour le calcul du revenu net foncier, afin de les déduire du revenu global sans possibilité de report au titre des années ultérieures. L'essentiel est ici de ventiler les charges à due concurrence. Pour les charges foncières autres que celles inhérentes à l'ouverture au public et aux travaux de réparation et d'entretien exécutés par l'administration des affaires culturelles ou subventionnées, elles ne peuvent être considérées que dans la mesure où elles se rapportent aux locaux ouverts à la visite. Pour déterminer cette quote-part, il convient en principe de tenir compte de toutes les circonstances de fait et notamment de l'importance relative des locaux dont le propriétaire se réserve l'utilisation et des parties de l'immeuble que le public est admis à visiter. Pour limiter les risques contentieux, une déduction forfaitaire a été admise par l'administration : « À titre de règle pratique, il est admis, toutefois, que les propriétaires puissent, sans justification particulière, déduire de leurs revenus fonciers les trois quarts de ces charges »[271].

Section IV : Les ressorts d'une mise en valeur du monument historique

§1 — Le caractère incitatif de l'ouverture à la visite publique

[270] TA Amiens 6-10-2006 n° 04-1238, RJF 7/07 n° 784

[271] BOI-RFPI-SPEC-30-20-30 n° 30, du 19-12-2018

32— La mise en valeur du monument historique révèle les aspérités culturelles, artistiques et touristiques de notre société. Il s'agit d'abord d'entretenir le bien en bon état de conservation pour permettre une ouverture au public sécurisée. Il s'agit ensuite de valoriser le patrimoine monumental pour offrir au public une sensibilisation patrimoniale digne d'intérêt. Il s'agit enfin d'un vecteur de développement des territoires et d'une identité territorialisée. À l'occasion des débats de la loi de finances pour 1965, le rapporteur général de la commission des finances rappelait « L'article 11 prévoit l'exonération du revenu des immeubles dont le propriétaire se réserve la jouissance… Cependant, le gouvernement a présenté un amendement par lequel il s'engage, pour les immeubles classés comme monuments historiques ou inscrits à l'inventaire supplémentaire, ainsi que pour les immeubles faisant partie du patrimoine national, à prendre par décret des mesures qui définiront les conditions dans lesquelles pourront être retenues, pour l'établissement de l'impôt sur le revenu, les charges financières afférentes à ces immeubles »[272]. Sur le fondement de l'article du décret n° 66-103 du 21 février 1966, un arrêté fixant les conditions d'ouverture au public des monuments historiques fut adopté en contrepartie des avantages fiscaux concédés[273]. Facultative pour les immeubles protégés au titre de la législation sur les monuments historiques, cette ouverture au public est obligatoire dans l'hypothèse des immeubles agréés par l'administration fiscale ou bien encore dans le cadre des subventions publiques allouées par l'administration des affaires culturelles. Il s'agit donc d'une norme incitative ou obligatoire en fonction du contexte inhérent à la nature de l'immeuble. Ces mesures d'ouverture sont désormais codifiées aux articles 17 ter à 17 quinquies de l'annexe IV au CGI[274]. Ces journées d'ouverture peuvent être réduites en fonction des conventions permettant d'accueillir de jeunes publics[275]. Un jour d'ouverture doit compter l'accès effectif et immédiat du public aux biens en cause pendant au moins six

---

[272] Sénat, comptes rendus, JO 3/12/1964, p. 2120.

[273] Arrêté du 1er mars 1966 fixant les conditions d'application de l'article 5 du décret n° 66-103 du 21 février 1966, JO 4/3/1966, p.1863.

[274] Aux termes de l'article 17 ter de l'annexe IV au CGI: « Sont réputés ouverts à la visite, au sens de l'article 41I de l'annexe III au code général des impôts, les immeubles que le public est admis à visiter au moins: Soit cinquante jours par an, dont vingt-cinq jours non ouvrables, au cours des mois d'avril à septembre inclus ; soit quarante jours pendant les mois de juillet, août et septembre ».

[275] Selon l'article 17 ter de l'annexe IV au CGI, cette durée minimale d'ouverture au public peut être réduite lorsqu'une ou plusieurs conventions portant sur l'organisation de visites de l'immeuble par des groupes d'élèves de l'enseignement primaire ou secondaire. Cette réduction, dans la limite de dix jours par année civile, est égale au nombre de jours au cours desquels l'immeuble fait l'objet, entre le 1er septembre de l'année précédente et le 31 août suivant, de telles visites, sous réserve que celles-ci comprennent chacune au moins vingt participants.

heures[276]. Elles visent à faire bénéficier le public de l'intérêt public d'art et d'histoire du monument et de le sensibiliser à l'intérêt patrimonial des immeubles concernés[277]. Toutefois, cette ouverture au public comporte des contraintes[278]. Privative d'une jouissance « exclusive » du monument, la visite du public est soumise à une logique de rentabilité. À ce titre, elle doit être accompagnée de mesures destinées à l'élaboration d'une stratégie d'accueil des visiteurs, à faire connaître le monument et à attirer les visiteurs, à une mise en scène du monument, à la constitution d'un parcours de visite. En d'autres termes, les propriétaires privés doivent tenir compte des modalités économiques de l'ouverture au public. Un récent rapport de l'inspection générale des finances et de l'inspection générale des affaires culturelles relatif à la modernisation de la notion fiscale de l'ouverture au public pour les propriétaires privés de monuments considère que « Le modèle économique de la détention de monuments historiques par les propriétaires privés apparaît de plus en plus difficilement viable. Les recettes générées par l'exploitation parviennent rarement à équilibrer les dépenses. Cette situation structurelle a eu tendance à se dégrader ces dernières années : la billetterie ne représente pas un potentiel suffisant, dans un contexte de forte concurrence entre institutions et manifestations culturelles ; l'augmentation des coûts de l'industrie du bâtiment alourdit les dépenses d'entretien et de travaux »[279]. Ce rapport proposait de revoir les modalités d'ouverture au public afin de les harmoniser, notamment au regard des droits de mutation à titre gratuit, et de moderniser la notion « d'ouverture » distincte de celle de « visite ». En somme, les conditions d'ouverture au public participent d'une mise en valeur du patrimoine culturel, mais également d'une offre culturelle et de développement des territoires. Au-delà de l'intérêt public du monument, son attrait touristique dans une économie locale est devenu un enjeu majeur au cours des quarante dernières années. Au confluent de plusieurs logiques, comment interpréter l'incitation fiscale à l'ouverture au public des monuments privés ? Les sacrifices du propriétaire privé à consentir une ouverture publique de tout ou partie du monument sont sans doute une contrepartie aux avantages fiscaux qui leur sont accordés. Sur un plan substantiel, l'ouverture publique des monuments privés, à l'instar d'une mission d'intérêt général en vue de la

---

[276] BOI-RFPI-SPEC-30-20-10 n° 105 du 19-12-2018.

[277] Selon le rapport de l'IGF et de l'IGAC, consacré à la modernisation de l'ouverture au public pour les propriétaires privés, 1500 monuments sont ouverts au public au 31/12/2017.

[278] Voir les développements importants consacrés « à l'incitation fiscale en faveur de la mise en valeur du monument : l'ouverture au public », A. Verjat, *La gestion privée des monuments historiques. Structures et outils juridiques et fiscaux*. Thèse Université Paris Saclay, 2008, p. 333-429.

[279] IGF et IGAC, *La modernisation de la notion fiscale de l'ouverture au public pour les propriétaires privés de monuments* , p. 1, février 2020.

connaissance et du plaisir du public, s'inscrit dans le prolongement d'un droit culturel au titre d'une éducation culturelle et artistique des publics.

§2 : Le caractère attractif de l'ouverture à la visite payante

33— La visite payante conduit le propriétaire à encaisser des droits d'entrée qualifiés de revenus fonciers. Dès lors, certaines charges spécifiques à l'ouverture au public, sont déductibles des revenus fonciers. Les charges de la propriété entraînées par le droit de visite comme, notamment, les rémunérations du personnel chargé de percevoir les droits d'entrée et de guider les visiteurs, telles qu'elles sont définies à l'article 31 du CGI, sont déductibles. En cas de déficit, celui-ci est déduit du revenu global et, éventuellement, reporté sur les revenus des années suivantes jusqu'à la sixième inclusivement. Par principe, les dépenses de nettoyage deviennent déductibles à raison d'une ouverture payante[280] alors qu'il s'agit en principe de charges locatives, non déductibles des revenus fonciers[281]. Toutefois, pour limiter les contentieux, l'administration autorise les propriétaires à déduire, sans justification, au titre des frais fixes occasionnés par le droit de visite une somme de :
- 1 525 € lorsque l'immeuble ne comprend ni parc ni jardin ouvert au public ;
- 2 290 € dans le cas contraire.
Cette somme, dont le montant demeure très inférieur aux coûts générés par la visite, n'a jamais été revalorisée. Cette somme forfaitaire est pratiquée sur le montant brut des recettes. Selon l'administration, « les propriétaires de monuments historiques et assimilés ne sauraient en aucun cas l'invoquer pour prétendre que la visite de la propriété se traduit par un résultat déficitaire. S'ils estiment que les charges spéciales résultant de l'ouverture de leur château excèdent les abattements de 1 525 € ou 2 290 €, il leur appartient de renoncer à ces abattements et de se placer sous le régime de droit commun »[282], c'est-à-dire de déductibilité réelle justifiée par des factures. En outre, les primes

[280] Dans un contentieux qui opposait la SCI du Baumois à l'administration fiscale, la cour administrative de Nantes a considéré « que l'administration a réintégré aux résultats de la société une quote-part des dépenses de personnel de nettoyage, correspondant à la période de fermeture du château à la visite du public ; qu'il résulte de l'instruction que ce personnel est également utilisé pour l'entretien des parties privatives du château où les requérants sont domiciliés ; que s'il peut être admis que le nettoyage des salles d'exposition est également nécessaire en dehors des périodes d'ouverture au public, il appartient aux intéressés de justifier le montant de ces dépenses distinctes des dépenses personnelles », CAA Nantes 30/12/2003, 1 ère chambre A, n° OONT01164.

[281] L'administration fiscale envisage trois exceptions au principe de non-déductibilité des dépenses locatives : les dépenses occasionnées par la vétusté ou la force majeure ; les dépenses engagées en vue de faciliter la location ; les dépenses récupérables sur le locataire et non récupérées. BOI-RFPI-BASE-20-30-20 n° 30, du 30-5-2016

[282] BOI-RFPI-SPEC-30-20-10 n° 120 et 130 du 19-12-2018.

d'assurance afférentes aux objets classés ou inscrits à l'inventaire supplémentaire sont déductibles à la condition qu'ils soient exposés au public dans un immeuble historique auquel ils sont attachés à la perpétuelle demeure[283]. Pour bénéficier des avantages fiscaux liés à l'ouverture au public, le propriétaire privé doit respecter un formalisme administratif rigoureux. En effet, en vertu de l'article 17 quater de l'annexe IV au CGI, le propriétaire est tenu de déclarer, avant le 1er février de chaque année, les conditions d'ouverture de son immeuble, au délégué régional du tourisme et d'en assurer la diffusion au public par tous moyens appropriés. De plus, pour justifier de cette demande auprès des services fiscaux, l'article 17 quinquies de l'annexe IV au CGI l'oblige à joindre à sa déclaration annuelle de revenus un récépissé de la déclaration faite auprès du délégué régional du tourisme. Enfin, lorsque la durée d'ouverture au public est réduite en application des dispositions visées au quatrième alinéa de l'article 17 ter de l'annexe IV au CGI, cette déclaration doit être accompagnée de la copie de la ou des conventions conclues entre le propriétaire et les établissements ou structures concernés. Quelle est la portée fiscale d'un tel formalisme administratif ? Selon la jurisprudence du Conseil d'État, les charges constituées par des travaux exécutés sur un immeuble classé monument historique ou inscrit à l'inventaire supplémentaire dont le propriétaire se réserve la jouissance sont déductibles du revenu global du propriétaire au taux fixé par l'article 41 F de l'annexe III au CGI pour les immeubles que le public est admis à visiter, même si les travaux ont lieu avant l'ouverture effective au public, dès lors que ces travaux sont liés à l'intention manifestée d'ouvrir l'immeuble à la visite et que le contribuable a fait toutes diligences pour procéder à cette ouverture[284]. Cette solution s'inspire ainsi qu'il ressort des conclusions du commissaire du Gouvernement, de la jurisprudence relative aux revenus fonciers qui admet la déduction des charges exposées antérieurement à la location, mais en vue de la location[285]. Les juges du Palais Royal ont estimé que la formalité de déclaration d'ouverture au public, prévue par l'article 17 quater de l'annexe IV au CGI, n'avait pas de caractère substantiel. Cette solution est justifiable en ce qu'elle incite les propriétaires à engager les travaux parfois lourds qui s'imposent avant l'ouverture, comme des mises aux normes de sécurité pour l'accueil du public. C'est finalement sur le terrain de l'intentionnalité d'ouverture au public que s'établit la substance d'une déductibilité de principe et non pas en la forme sur des formulaires administratifs. La déclaration d'ouverture au délégué régional du tourisme n'est pas une formalité substantielle : son omission ne peut priver le

[283] BOI-RFPI-BASE-20-60 n° 60 du 25-1-2017

[284] CE 13 janvier 1995, n° 117952, 8e et 9e s., Frémy, RJF 3/95 n°344, concl. G. Bachelier BDCF, 15/95 p. 83.

[285] Voir notamment CE 2 mars 1977, n° 99923, RJF 5/77 n° 270, concl. B. Martin Laprade *Droit fisc.* 40/77 c.1399

propriétaire du droit qu'il tient de l'article 156 du CGI et de l'article 41 F de son annexe IV de déduire la totalité des charges exposées pour la réparation de l'immeuble[286]. Les arrêtés dont sont issus les articles 17 ter à 17 quinquies ne pouvaient légalement restreindre la portée de la loi et des décrets pris pour son application. La souscription de cette déclaration et la production de ce récépissé permettent au contribuable de s'en prévaloir pour soutenir que la condition d'ouverture au public du monument historique est satisfaite, mais le non-respect de ces règles formelles ne lui interdit pas de prouver par tous moyens la réalité de cette ouverture. Dans le cadre d'une réorganisation administrative, en vue de tirer les conséquences de la suppression des missions relatives au tourisme au sein des directions régionales des entreprises, de la concurrence, de la consommation, du travail et de l'emploi, un arrêté du 31 décembre 2020 modifie les modalités de déclaration des conditions d'ouverture au public des monuments historiques prévues à l'article 17 quater de l'annexe IV au CGI[287]. La déclaration des conditions d'ouverture d'un monument historique classé ou inscrit doit désormais être faite auprès du service des impôts des particuliers dont relève le contribuable avant le 1er février de chaque année (et non plus comme antérieurement au délégué régional tourisme).

§3 : La notion fiscale des travaux subventionnés ou exécutés par l'administration culturelle.

34— La conservation du monument protégé constitue la principale obligation à la charge d'un propriétaire, public ou privé. Le soutien financier de l'État est donc essentiel pour accompagner les propriétaires privés au titre des travaux d'entretien ou de réparation. L'article L 621-12 du patrimoine dispose « Indépendamment des dispositions de l'article L. 621-11, lorsque la conservation d'un immeuble classé au titre des monuments historiques est gravement compromise par l'inexécution de travaux de réparation ou d'entretien, l'autorité administrative peut, après avis de la Commission nationale du patrimoine et de l'architecture, mettre en demeure le propriétaire de faire procéder auxdits travaux, en lui indiquant le délai dans lequel ceux-ci devront être entrepris et la part de dépense qui sera supportée par l'État, laquelle ne pourra être inférieure à 50 % ». Les subventions de l'État donc sont strictement encadrées. L'article L 621-29 du code du patrimoine précise « L'autorité administrative est autorisée à subventionner dans la limite de

---

[286] CE 24 janvier 2011 n° 308519, Min. c/ Mourins d'Arfeuille, RJF 4/11 n° 403 ; note P-Y. Di Malta, « Immeuble inscrit indivis et conditions de visite du public : nouvelles avancées jurisprudentielles en faveur des propriétaires de monuments historiques », *Droit Fisc.* n° 27-28, 7 juillet 2011, comm. 411.

[287] Arrêté du 31 décembre 2020 modifiant les modalités de déclaration des conditions d'ouverture au public des monuments historiques, JO 1/1/2021

40 % de la dépense effective les travaux d'entretien et de réparation que nécessite la conservation des immeubles ou parties d'immeubles inscrits au titre des monuments historiques ». En réalité, les taux de subvention sont moindres dans la mesure où aux termes de l'article R 621-82 du code du patrimoine « Lorsque l'État participe financièrement à des travaux d'entretien, de réparation ou de restauration d'un immeuble classé ou inscrit, l'importance de son concours est fixée en tenant compte des caractéristiques particulières de cet immeuble, de son état actuel, de la nature des travaux projetés et, enfin, des efforts consentis par le propriétaire ou toute autre personne intéressée à la conservation du monument ». Dans un tel contexte contraint, les participations aux travaux de réparation ou d'entretien exécutés ou subventionnés par l'administration des affaires culturelles sont déductibles pour leur montant total. L'article 41 G de l'annexe III au CGI prévoit toutefois que, lorsque les travaux entraînent l'attribution de subventions, les dépenses correspondantes sont considérées, chaque année, que dans la mesure où elles doivent rester définitivement à la charge du propriétaire après déduction de la quote-part y afférente des subventions, quelle que soit la date de leur versement. Il convient donc d'analyser la portée fiscale de la notion de « travaux subventionnés ou exécutés » ainsi que les modalités de calcul des charges du revenu foncier. En premier lieu, selon une doctrine de l'administration, un lien « univoque » semblait établi entre les travaux et l'arrêté de subvention[288]. Le juge de l'impôt ne partage pas cette analyse. Bien qu'une seule des deux tranches de travaux effectués sur un immeuble classé monument historique ait donné lieu au versement effectif d'une subvention, l'ensemble des travaux est néanmoins considéré comme subventionné au sens de l'article 41 F, II de l'annexe III au CGI, dès lors que ces deux tranches constituent un ensemble indissociable et n'ont été distinguées qu'en fonction des possibilités d'engagement de crédit de l'administration des affaires culturelles[289]. De manière décisive, le Conseil d'État a suivi son commissaire du Gouvernement pour qui « Mais aucune disposition législative ou réglementaire n'établit un lien entre le montant de la subvention et celui des travaux éligibles à cette subvention, et aucune disposition ne donne compétence à l'administration des affaires culturelles pour circonscrire la "base" de travaux définis comme des travaux subventionnables, lorsqu'elle accorde une subvention »[290]. Dès lors, le Conseil d'État considère que des travaux de réparation et d'entretien indispensables pour la restauration d'un immeuble inscrit à l'inventaire supplémentaire des monuments historiques et présentant le caractère d'un ensemble indissociable constituent des travaux subventionnés au sens de l'article 41 F, II de l'annexe III au CGI et sont déductibles du revenu global du contribuable pour leur montant total. La circonstance que l'administration des affaires

---

[288] Réponse ministérielle La Combe, JOAN, 17 novembre 1980 n° 33547.

[289] CE 9e-8e s. ,9-7-1987 n° 150116, RJF 8-9/97 n+761.

[290] CE 10e-9e s. 18-3-2005 n° 248715, RJF 6/05 n° 524, concl. M.-H. Mitjavile n° 68.

culturelles avait indiquée dans les arrêtés attributifs des subventions pour un montant de travaux inférieur est indifférente à la déductibilité des « travaux subventionnés ». En second lieu, les modalités de calcul des subventions divergent selon les cas. Lorsque les travaux de réparation ou d'entretien exécutés par l'administration des affaires culturelles sur des immeubles classés sont payés directement par l'administration des affaires culturelles, le propriétaire est, dans cette hypothèse, autorisé à déduire la totalité des sommes qu'il a effectivement déboursées. Pour les travaux de réparation ou d'entretien subventionnés, le propriétaire a alors la qualité de maître d'œuvre. Il acquitte donc la totalité des dépenses de restauration, d'entretien ou de réparation et perçoit, le cas échéant, une subvention, soit au cours des travaux, soit après l'achèvement de ceux-ci. En application de la règle posée par l'article 41 G de l'annexe III au CGI, il y a lieu de pratiquer sur le montant des dépenses payées par le propriétaire, au titre d'une année donnée, une réfaction dont le taux est égal à celui de la subvention, quelle que soit la date de versement de celle-ci.

§4 : Le mécénat des monuments historiques privés.

35— Est-il possible d'identifier un mécénat « culturel » tant celui-ci semble fragmenté, éclaté et diffus ? Il ne s'agit pas d'une catégorie juridique, mais davantage d'une locution qui renvoie à un champ d'une politique publique, à savoir celui de l'action culturelle de l'État. En réalité, le vocable « mécénat culturel » reste flou à raison de la plasticité de ses frontières et d'un contenu contingent à des politiques budgétaires « en mutation »[291]. La commission de terminologie du ministère de l'Économie, des Finances et du Budget a proposé, en 1989, une définition de l'antonyme du parrainage. Ainsi, le mécénat est défini comme le « soutien matériel apporté, sans contrepartie directe de la part du bénéficiaire, à une œuvre ou à une personne pour l'exercice d'activités présentant un intérêt général »[292]. C'est dans ce cadre qu'a été élaboré le mécénat des monuments historiques. Tout d'abord, nonobstant la fragilité du clivage parrainage/mécénat, il ne s'agit pas d'une dépense de parrainage. Selon une distinction administrative, confirmée par le juge de l'impôt, le parrainage s'apparente en contrepartie de l'aide consentie à une prestation de services tandis que le mécénat serait une pure libéralité[293]. Au sens de l'article 39-1-7° du CGI, les dépenses de parrainage sont « exposées dans l'intérêt direct de l'exploitation ». Elles sont « destinées à promouvoir l'image de marque de l'entreprise ». En d'autres termes, le soutien

---

[291] Voir J-R. Pellas, « Le mécénat culturel, un objet fiscal non identifié », RFFP n° 152, nov. 2020, p.183.
[292] Arr. du 6 janv. 1989 relatif à la terminologie économique et financière, JO du 31, NOR : ECOZ8800041A.
[293] Voir J-R. Pellas, « Le mécénat culturel, un objet fiscal non identifié », RFFP n° 152, nov.2020, p.183.

financier du sponsor comporte une contrepartie directe. Le versement effectué dans le cadre d'une opération de parrainage « ne constitue pas un don, mais la rémunération de la prestation de publicité rendue par l'organisme ». L'article 103 de la loi de finances pour 2007 a autorisé l'affichage publicitaire sur des monuments historiques[294]. Ainsi que le rappelle Armelle Verjat « L'objectif est de permettre l'aménagement d'espaces publicitaires destinés à financer les bâches généralement installées sur les monuments historiques lors des travaux, mais également une partie des travaux eux-mêmes »[295]. Il en va différemment du mécénat des monuments historiques privés. En 2007, le législateur a créé un dispositif spécifique pour la collecte de fonds de mécénat destinés à soutenir la restauration et la mise en accessibilité des monuments historiques. La loi prévoit en effet la possibilité pour une structure habilitée, soit la Fondation du patrimoine, soit une association ou une fondation culturelle reconnue d'utilité publique et agréée par le ministère du Budget, comme la Demeure historique, de collecter des fonds pour le compte d'un monument historique sous réserve de la signature préalable d'une convention entre ladite structure et son ou ses propriétaires. Les obligations tiennent à l'absence d'exploitation commerciale, la conservation du monument et son ouverture au public pendant une durée de 10 ans. S'agissant d'une réduction d'impôt dont bénéficient les donateurs, particuliers ou entreprises, les conditions d'éligibilité sont rigoureuses.[296]

36— Quelle que soit la qualité des organismes agrées[297], l'avantage fiscal s'applique aux seuls dons consentis pour subventionner des travaux de conservation, de restauration ou d'accessibilité des immeubles, classés ou inscrits au titre des monuments historiques ou ayant reçu le label de la Fondation du patrimoine et appartenant à des personnes physiques ou à des sociétés civiles composées uniquement de personnes physiques et qui ont pour objet exclusif la gestion ou la location nue des immeubles dont elles sont propriétaires. En outre, ces immeubles ne doivent pas faire l'objet d'une exploitation commerciale. L'article 18 de la loi 2 009-179 du 17 février 2009 a assoupli cette exigence. Le mécénat reste applicable, quel que soit le montant de recettes commerciales produit, sous trois conditions :

[294] Article 103 de la loi n°2006-1666 de finances pour 2007 du 21 décembre 2006, codifié à l'article L. 621-29-8 du Code du patrimoine.

[295] A. Verjat, thèse précitée, p. 704

[296] Les dons au titre du mécénat ouvrent droit à une réduction d'impôt de 60 % pour les entreprises (CGI, art. 238 *bis*) ou à 66 % pour les particuliers (CGI, art. 200).

[297] Le 13 juillet 2021, la Demeure historique a obtenu le troisième renouvellement de l'agrément fiscal valable durant 5 ans afin de collecter des fonds de mécénat (en numéraire, en compétence ou en nature) .

– l'immeuble a une gestion désintéressée[298] ;

– les revenus (fonciers, agricoles et commerciaux) générés par le monument au cours des trois années précédentes sont affectés aux travaux[299] ;

– le montant des dons collectés n'excède pas le montant restant à financer les travaux, après affectation des subventions publiques et des revenus ci-dessus.

Enfin, l'administration admet également que les activités commerciales (vente de denrées alimentaires, buvette ou restauration, location de salles, réceptions, manèges…) ne font pas obstacle au bénéfice de la réduction d'impôt, si les recettes y afférentes n'excèdent pas 60 000 €, exclusion faite de la billetterie, des recettes exceptionnelles ou de six manifestations de bienfaisance[300].

Les dons doivent avoir pour objet le financement des travaux de réparation et d'entretien des parties protégées des immeubles historiques. Ils peuvent également couvrir des dépenses de reconstruction, de restauration et de remise en état de parties disparues au cours du temps. Il est en outre rappelé que seuls les dons servant à financer la restauration ou la conservation des parties protégées de l'immeuble peuvent bénéficier de l'avantage fiscal. Outre le financement des travaux d'accessibilité des immeubles concernés, l'administration admet que les dons financent les travaux d'accessibilité sur des parties non protégées de ces immeubles. Les travaux d'accessibilité s'entendent des dépenses d'amélioration destinées à faciliter l'accueil des personnes à mobilité réduite.

37— La contractualisation envisagée est strictement encadrée. Les conventions prévues aux articles L 143-2-1 et L 143-15 du Code du patrimoine précisent :

a. Les dates et références de la décision qui a, selon le cas, classé ou inscrit l'immeuble ou certaines parties de l'immeuble au titre des monuments historiques ou le label prévu à l'article L 143-2 du Code du patrimoine ;
b. Lorsque les dons sont collectés par une fondation ou une association reconnue d'utilité publique agréée, autre que la Fondation du patrimoine ou une fondation ou association qui affecte irrévocablement ces dons à la

---

[298] Le caractère désintéressé de la gestion est apprécié en fonction du niveau de revenus nets (après imputation des charges correspondantes) procurés par l'exploitation de l'immeuble au propriétaire, quelle que soit la catégorie d'imposition dont il relève (revenu foncier, bénéfice industriel et commercial ou bénéfice agricole).
[299] Il serait judicieux de prévoir l'affectation à la réalisation des travaux d'une somme égale aux bénéfices réalisés au cours des trois années antérieures dans la convention conclue entre le propriétaire d'immeuble et l'organisme "intermédié".
[300] BOI-IR-RICI-250-10-20-30 n° 310, du 12-9-2012

Fondation du patrimoine, les références de l'agrément délivré par le ministre chargé du budget en application de l'article 238 bis, 1-f du CGI ;
c. L'identité et l'adresse du propriétaire, personne physique ou morale, de cet immeuble ainsi que toutes informations nécessaires à la vérification des conditions fixées au troisième alinéa de l'article 238 bis, 1-f du CGI ;
d. La description détaillée des travaux de restauration, de conservation ou d'accessibilité envisagés sur cet immeuble ainsi que l'estimation de leur coût et les coordonnées des entreprises qui les réaliseront ;
e. Le plan de financement, l'échéancier de la réalisation des travaux ainsi que le calendrier de leur paiement ;
f. La date et les conditions de versement des subventions.

La publicité de cette convention est de nature à éviter l'instrumentalisation fiscale du dispositif de mécénat des monuments historiques privés. De plus, il importe d'éviter tout effet d'aubaine. Les dirigeants ou les membres du conseil d'administration ou du directoire de la société ne doivent pas :
– Avoir conclu une convention, pour un immeuble leur appartenant, avec la Fondation du patrimoine ou avec une association ou fondation reconnue d'utilité publique et agréée ;
– Être propriétaires de l'immeuble sur lequel sont effectués les travaux ;
– Être des conjoints, ascendants, descendants ou collatéraux du propriétaire de l'immeuble.
Le propriétaire doit souscrire un engagement de conservation du bien et d'ouverture au public pendant une durée de dix ans, une fois les travaux achevés[301]. Lorsque l'immeuble est détenu par une société, les porteurs de parts doivent également s'engager à conserver la totalité de leurs titres pendant la même durée. L'engagement de conservation de l'immeuble suppose que le propriétaire ne cède pas l'immeuble pendant la période couverte par l'engagement, que ce soit sous la forme d'une vente, d'un démembrement de la propriété, de la cession d'un droit indivis, voire d'une donation[302]. La condition d'ouverture au public peut être de fait remplie lorsque la partie protégée ayant fait l'objet des travaux est visible de la voie publique (façade d'un monument historique par exemple). Tel est nécessairement le cas pour les immeubles ayant reçu le label de la Fondation du patrimoine[303].

[301] Sont réputées ouvertes au public les parties protégées qui ont fait l'objet des travaux de conservation, de restauration ou d'accessibilité et que le public est admis à visiter soit cinquante jours par an, dont vingt-cinq jours non ouvrables au cours des mois d'avril à septembre inclus, soit quarante jours par an pendant les mois de juillet, août et septembre
[302] En cas de transmission à titre gratuit, les héritiers, légataires ou donataires peuvent demander collectivement la reprise des engagements visés au III de l'article L 143-2-1 du Code du patrimoine pour la période restant à courir à la date de la transmission.
[303] BOI-IR-RICI-250-10-20-30 n° 430, 440, 450 du 12-9-2012

En cas de non-respect des engagements de conservation de l'immeuble ou d'ouverture au public pendant au moins dix ans à compter de la date d'achèvement des travaux ou en cas d'utilisation de la subvention pour un objet autre que celui pour lequel elle a été versée, le propriétaire est tenu de reverser à la Fondation du patrimoine — ou aux autres fondations ou associations reconnues d'utilité publique agréées — le montant de la subvention, réduit d'un abattement de 10 % pour chaque année, au-delà de la cinquième, au cours de laquelle les engagements ont été respectés[304].

[304] BOI-IR-RICI-250-10-20-30 n° 460, du 12-9-2012

Chapitre II : L'activité commerciale des monuments historiques

La dynamique commerciale des monuments historiques

38-La rentabilité économique de monuments historiques privés conduit les propriétaires à privilégier des activités commerciales d'hébergement, de restauration et plus généralement des prestations de service au titre d'événements spécifiques (séminaires, banquets, réception, tournage de films…). Les boutiques avec leur cortège de produits dérivés se multiplient. L'objet dérivé devient une manière de s'approprier non seulement le lieu de visite, mais également les biens culturels qui y sont référencés. Anne-Sophie Bellamy-Biard mentionne de nombreux exemples relatifs à une telle commercialité. Tel est le cas du château de la Roche Courbon, à Saintonge, en Charente-Maritime. Ce monument historique surnommé « de la belle au bois dormant » offre certes un hébergement de luxe, mais reste ouvert au public[305]. Tel est également le choix opéré par la famille de Commarque pour d'une part l'hébergement touristique pour les châteaux de la Bourgonie et de la Poujade, et d'autre part les activités de réception et de restauration pour le château de Commarque[306]. Les exemples de monuments historiques transformés en hôtel-restaurant à l'instar du château d'Artigny à Montbazon dans l'Indre ou du château de Saulon en Bourgogne font florès. À l'occasion de tournages de film ou de campagnes publicitaires, la vente de l'image du bien s'inscrit dans le cadre de contrats de mise à disposition de locaux[307]. Les scènes et prises de vue du film *Cyrano de Bergerac* furent tournées en 1990 dans l'abbaye cistercienne de Fontenay, située dans le département de la Côte-d'Or. Le château de champs sur marne a servi de décor pour plusieurs productions, dont le film *Marie-Antoinette* de Sofia Ford Coppola, en 2006. *L'empereur de Paris* a été tourné en 2018 au château de Vaux — Le Vicomte. Sur un plan économique, les recettes issues de ces

---

[305] A-S. Bellamy-Biard, « Quelle structure juridique pour détenir ou exploiter un monument ? », La demeure historique n° 200, mars 2016.

[306] A-S. Bellamy-Biard, « Gérer un monument historique via une structure commerciale », La demeure historique n° 201, juin 2016.

[307] Après quelques tâtonnements jurisprudentiels, la Cour de cassation s'est prononcée en 1999 en faveur de la protection de l'image d'un bien sur le terrain de l'article 544 du Code civil, à l'occasion d'une affaire relative à la reproduction d'une demeure sur des cartes postales : Civ. 1re, 10 mars 1999, n° 96-18.699 , P I, n° 87 ; *D.* 1999. 319 concl. Sainte-Rose, note E. Agostini, JCP 1999.II.10078, note P-Y. Gautier, RTD Civ.1999, obs.F. Zenati. Toutefois, par un arrêt de plénière, la Cour de cassation considère que «*Le propriétaire d'une chose ne dispose pas d'un droit exclusif sur l'image de celle-ci* » : Cass., ass. plén., 7 mai 2004, n° 02-10.450 , P n° 10 ; *D.* 2004. 1545, note J.-M. Bruguière et E. Dreyer ; *JCP* 2004. II. 10085, note Ch. Caron ; *Légipresse* 2004. III. p. 117, note J.-M. Bruguière et B. Gleize ; RTD civ.2004.531, note Th.Revet.

tournages contribuent à l'accroissement de la notoriété d'un site et à l'augmentation de sa fréquentation. Cela étant, pour éviter toute confusion entre une gestion civile et une gestion commerciale des monuments historiques, il semble important d'isoler ces activités respectueuses dans le cadre de structures différenciées. Une activité commerciale peut relever d'une SARL de famille avec option à l'impôt sur le revenu[308] sous réserve que les revenus nets générés par cette SARL soient positifs pour autoriser une distribution de résultats à ses bénéficiaires. Si au contraire, les revenus nets sont déficitaires, ils peuvent s'agréger aux autres revenus du foyer fiscal en tenant compte notamment de la tunnellisation des déficits. Au-delà de la logique financière inhérente à la propriété du bien, ces exemples s'inscrivent sur un double registre. D'une part d'un tourisme culturel particulièrement développé depuis quelques décennies. Les occurrences touristiques se greffent certes sur des pratiques de mobilités différentes, mais lorsqu'il s'agit de lieux touristiques « remarquables », le tourisme porte alors sur des lieux symboliques susceptibles de susciter une identité locale. La mise en valeur du monument historique concourt ainsi à construire une « destination » touristique. D'autre part, l'activité déployée s'inscrit dans un projet de territoire[309], celui d'une attractivité économique d'un territoire. Une gouvernance par les labels a été identifiée comme révélatrice d'un renouvellement des logiques verticales et horizontales de l'action publique locale. La recherche d'une commercialité des monuments historiques est en somme le fruit de multiples enjeux, publics et privés, mais également du développement local des territoires.

Section I : L'assujettissement à des impôts commerciaux

§1 — Le poids de la contribution foncière des entreprises

39— La liberté d'exploitation au titre d'un monument historique est affirmée par Armelle Verjat : « Le fait pour un immeuble d'être protégé au titre des monuments historiques en application du code du patrimoine n'entraîne aucune interdiction quant à son affectation. Son propriétaire peut décider librement d'y exercer tout type d'activité, sous réserve du respect des règles générales applicables en matière de travaux »[310]. Une activité commerciale est en principe soumise à trois types d'impôts commerciaux, la contribution foncière des entreprises, la taxe sur la valeur ajoutée et l'impôt sur les sociétés ou les bénéfices industriels et commerciaux. Depuis 2010, la cotisation foncière des entreprises s'est substituée à la taxe professionnelle. Il est loisible

[308] Voir A-S. Bellamy-Biard, *op.cit.*, La demeure historique n° 200.

[309] Voir J-M. Breton, « Les labels du tourisme, instruments de valorisation patrimoniale ? » in Ph. Tanchoux et F. Priet (Dir), *Les labels dans le domaine du patrimoine culturel et naturel*, PUR 2020, pp. 71-87.

[310] A. Verjat, « Fiscalité et activité d'hébergement dans un monument historique », juris tourisme, 2015, n°180, p.28.

de s'interroger sur l'imposition d'un monument historique à cet impôt local. L'activité consistant pour un contribuable à exploiter sur sa propriété comprenant un château classé monument historique et un parc dont il organise la visite, un parc zoologique et une buvette, où sont vendus notamment des souvenirs, est bien passible de la taxe professionnelle[311]. La réponse ministérielle Martin du 7 février 1969[312] aux termes de laquelle la « patente », ancêtre de la taxe professionnelle, n'est pas, par mesure de tempérament, exigible des propriétaires de châteaux historiques dont l'aménagement en vue de la visite ne répond à aucun souci d'ordre commercial et pour lesquels les recettes proviennent uniquement des droits d'entrée et de la vente de cartes postales ou de menus objets évoquant le château, n'a pas été reprise par la base Bofip. En somme, lorsque l'activité commerciale déborde de l'activité civile « accessoire », elle devient taxable *ut singuli*. Ainsi, un monument historique qui produit accessoirement de faibles quantités d'électricité, revendues à EDF, est passible de la taxe professionnelle à raison de cette activité alors même que les profits réalisés sont affectés à la rénovation et à l'entretien du domaine[313]. L'assujettissement à la cotisation foncière des entreprises n'entraîne pas automatiquement l'entreprise « monument historique » à celle de la TVA.

§2 : L'appréciation spécifique de la TVA.

40— En matière de TVA, les questions sont plus délicates.

En premier lieu, les recettes perçues par le propriétaire d'un château présentant un caractère historique ou artistique, classé ou non comme monument historique, sont exonérées de TVA, sous réserve que l'aménagement n'ait pas été effectué dans un but commercial, mais reste dans les limites d'une simple mise en valeur artistique du domaine et que les recettes proviennent uniquement des droits d'entrée et de la vente de cartes postales ou autres menus objets évoquant la vie du château[314]. Aussi, en cas d'installation d'une boutique proposant non seulement des produits « évocateurs de la vie du monument », mais également des produits dérivés, leur assujettissement à la TVA semble acquis à l'ensemble des biens vendus, y compris ceux entrant en principe dans le cadre de la tolérance administrative. Les personnes concernées peuvent néanmoins renoncer à cette exonération et soumettre ces recettes à la TVA dans les conditions de droit commun : taux intermédiaire de 10 % pour les droits d'entrée, taux qui leur est propre pour les autres opérations (taux normal pour les ventes de cartes postales, par

---

311 CE 9-11-1988 n° 62027, 9e et 8e s., de Rolland, RJF 1/89 n° 61

312 Réponse ministérielle Martin, Sénat. 7 février 1969 n° 8005

313 CAA Nancy 12-10-2000 n° 96-1647, 98-1519 et 99-1375, 2e ch., Mezian, RJF 8-9/01 n° 1078

314 BOI-TVA-CHAMP-30-10-60-20 n° 1 du 2/3/2016.

exemple). En cas de pluralité de monuments appartenant à une même personne, cette renonciation ne porte irrévocablement que sur ceux désignés[315]. L'imposition de l'activité a pour contrepartie la possibilité d'exercer, le cas échéant et dans les conditions habituelles, des droits à déduction, notamment au titre des travaux d'aménagement portant sur ces immeubles[316].

En second lieu, il importe de s'interroger sur le caractère imposable ou non des subventions[317]. Les subventions étant, par définition, versées sans contrepartie attendue de la part du bénéficiaire, elles devaient être en principe, par l'effet de la jurisprudence Apple and Pear, exclues de la base imposable[318]. Une subvention doit être soumise à la TVA lorsqu'elle constitue la contrepartie d'une prestation de services ou d'une livraison de biens imposée à la TVA effectuée par le bénéficiaire au profit de la partie versante ou lorsqu'elle complète le prix d'une telle opération. Ainsi, les subventions versées par une association à une autre association ayant pour objet la promotion du patrimoine lyrique, afin de financer la réalisation de deux opéras, doivent être regardées, dans les circonstances de l'espèce, comme entrant dans le champ d'application des articles 256 et 266 du CGI, dès lors qu'elles ont constitué la contrepartie de l'opération promotionnelle commanditée par l'association donatrice[319]. Il s'agit sans doute d'un arrêt d'espèce, car la jurisprudence n'admet pas en général de regarder les prestations publicitaires liées au mécénat comme équivalentes à la contre-valeur des subventions[320]. Dépourvues de lien direct avec les avantages qu'elles en retirent et ne constituent pas un complément du prix des spectacles, les subventions publiques versées à une association gérant un ballet national ne sont dès lors pas soumises à la TVA[321]. En outre, selon une doctrine constante, les subventions qui, au moment de leur versement, sont allouées pour le financement d'un bien d'investissement déterminé constituent des subventions d'équipement non imposables[322]. En effet, ces subventions d'équipement ne sont pas considérées comme présentant un lien direct et immédiat avec le prix d'une livraison de biens ou

---

[315] BOI-TVA-CHAMP-30-10-60-20 n° 10-30 du 2/3/2016.
[316] BOI-TVA-CHAMP-30-10-60-20 n° 80 du 2/3/2016.
[317] BOI-TVA-BASE-10-10-50, du 11-5-2022
[318] CJCE Apple and Pear Development Council, 8 mars 1988 aff. 102/86, RJF 8-9/88 n° 970
[319] CAA Paris 2e ch., 14-5-2004 n° 00-942, Association « Quant à la musique », RJF 8-9/04 n° 872
[320] CAA Paris 2e ch., 21-11-1995 n° 93-1281, min. c/ Association Festival international d'Avoriaz du film fantastique, RJF 4/96 n° 430
[321] CE (na) 2-6-2022 n° 458520, Association Ballet national de Marseille, RJF 10/22 n° 837
[322] BOI-TVA-BASE-10-10-50, du 11-5-2022 n° 200

d'une prestation de services[323]. En conséquence, les subventions publiques reçues au titre du financement de travaux pour la conservation et la restauration d'un monument historique n'ont aucun lien direct avec les droits d'entrée qui peuvent être exigés lors de la visite. Ces subventions sont donc exclues de l'assiette de la TVA.

En troisième lieu, la question s'est posée de savoir si les travaux réalisés dans un château classé monument historique ouvert à la visite ou affecté partiellement à un usage autre que l'habitation pouvaient bénéficier du taux intermédiaire de TVA ? L'article 279-0 bis du CGI soumet au taux intermédiaire les travaux d'amélioration, de transformation, d'aménagement et d'entretien portant sur des locaux à usage d'habitation achevés depuis plus de deux ans. Selon l'administration, « le monument est considéré dans sa totalité comme étant à usage d'habitation. Il est admis, à titre de simplification, que le monument historique soit considéré dans sa totalité comme étant à usage d'habitation lorsque, d'une part, les intéressés n'ont pas renoncé à l'exonération des recettes provenant des visites et que, d'autre part, le surplus du bâtiment n'est affecté à aucun autre usage que l'habitation. Dans cette situation, les travaux réalisés dans ces châteaux sont donc éligibles au taux intermédiaire dans leur totalité »[324]. Lorsque le monument est considéré comme étant à usage mixte, le taux de TVA applicable aux travaux est déterminé en fonction de l'usage principal du monument en fonction de la superficie affectée à l'habitation. Selon l'administration, « Le monument est considéré comme étant à usage mixte dans les deux situations suivantes :

— Les intéressés ont renoncé à l'exonération des recettes liées aux visites. Ces recettes sont donc soumises à la TVA ;

— Les intéressés n'ont pas renoncé à l'exonération des recettes afférentes aux visites, mais, par ailleurs, une partie du monument est affectée à une activité professionnelle, commerciale, industrielle, agricole, administrative ou exploitée dans le cadre d'une activité d'hébergement taxable »[325]. Dans ces hypothèses, il convient de déterminer la part du local considérée comme étant affectée à l'habitation. Le propriétaire d'un monument historique à usage mixte (habitation/visite) est autorisé à exercer un droit à déduction intégral de la TVA comprise dans le coût des dépenses se rapportant à ce monument dès

[323] Elles n'ont pas à être prises en compte pour la détermination du coefficient de taxation forfaitaire visé à l'article 206, III-3 de l'annexe II au CGI.

[324] Décision de rescrit 6-9-2005 n° 2005/55 TCA, BOI-TVA-LIQ-30-20-90-10 n° 210, du 19-9-2014

[325] Décision de rescrit 6-9-2005 n° 2005/55 TCA, BOI-TVA-LIQ-30-20-90-10 n° 210, du 19-9-2014

lors que l'utilisation privative est inférieure à 90 % de l'utilisation totale[326]. L'administration propose les modalités pour déterminer cette part privative « La détermination du pourcentage d'utilisation privative s'effectue en retenant, d'une part, la valeur du marché de cette occupation privative, c'est-à-dire le montant des loyers qui seraient payés au titre d'un immeuble comparable (y compris ses annexes : dépendances, jardins, etc.) et, d'autre part, les recettes retirées de la visite du monument ou de son exploitation sous d'autres formes (location de salles, ventes d'objets divers, etc.) »[327]. Outre la difficulté de déterminer la quote-part de travaux déductible, encore faut-il s'interroger sur le droit à déduction initial : est-il acquis en cas d'activité effectivement exercée finalement exonérée ?

En quatrième lieu, selon une jurisprudence constante de la Cour de Justice de l'Union européenne, le droit à déduction, une fois né, reste en principe acquis même si, ultérieurement, l'activité économique envisagée n'a pas été réalisée et n'a pas occasionné des opérations taxées[328]. La jurisprudence sur le caractère définitivement acquis du droit à déduction doit néanmoins être combinée avec les articles 184 à 187 de la directive TVA relatifs à la régularisation des déductions. Le mécanisme de régularisations se comprend dans le cadre d'une logique de neutralité du circuit économique de cet impôt. En l'espèce, la SARL Château Vieuville Entreprise, dont l'objet social statutaire mentionne « l'exploitation de chambres d'hôtes et d'établissements d'hébergement et de restauration touristiques » a opté pour l'impôt sur les sociétés et à l'application du régime réel normal en matière de TVA. Faute de revenus, la SARL a néanmoins déduit la TVA afférente aux travaux. Or, le droit à déduction doit faire l'objet d'une régularisation si l'assujetti n'envisage plus d'utiliser les biens et les services en question pour réaliser des opérations taxées en aval, ou s'il les utilise pour effectuer des opérations exonérées. Selon le Conseil d'État, dès lors qu'un contribuable a déclaré son intention de réaliser une activité économique taxable et que l'administration ne conteste pas la sincérité de cette intention, la déduction de la taxe à laquelle il a procédé au titre de la période en cause lui est définitivement acquise. La circonstance que l'activité effectivement exercée soit exonérée est sans incidence sur le bien-fondé de la déduction initiale et est seulement susceptible d'entraîner, pour la contribuable, l'obligation de régulariser cette déduction, c'est-à-dire en l'espèce de procéder à un reversement de la TVA déduite en amont[329].

---

[326] Aux termes de l'article 206 de l'annexe II au CGI, le coefficient d'admission est nul lorsque le pourcentage de l'utilisation privée des biens ou des services concernés est supérieur à 90 % de leur utilisation totale

[327] BOI-TVA-CHAMP-30-10-60-20 n° 110 du 2/3/2016

[328] CJCE, 29-2-1996 aff. 110/94, INZO, point 20, RJF 5/96 n° 690 ; CJUE, 7-10-2018, C 249/17, Ryanair Ltd, point 25, RJF 2/19 n° 236.

[329] CE 8e-3e Ch. 5-7-2023 n° 469778, RJF 10/23 n°731, concl. R. Victor, © 731.

Section II : Le paradigme des bénéfices industriels et commerciaux

§1 — L'intérêt direct de l'exploitation

41— En matière de bénéfices industriels et commerciaux, la comptabilité d'engagement conduit à identifier des créances acquises et non des recettes encaissées dans le cadre des revenus fonciers. Il en va de même pour les charges dont la déductibilité est acquise dès l'engagement des dépenses et non pas lors de leur paiement en matière de revenus fonciers. Il existe donc des différences majeures entre un bénéfice réel déclaré selon les revenus fonciers et selon les bénéfices industriels et commerciaux. Notre analyse demeure limitée aux modalités de déduction des charges dans le cadre des travaux d'entretien, de restauration ou de mise en valeur d'un monument historique. Pour être admises en déduction du résultat fiscal au titre des frais et charges, les dépenses doivent, d'une manière générale, satisfaire aux conditions énoncées à l'article 39 du CGI, c'est-à-dire :

- Être exposées dans l'intérêt direct de l'exploitation ou se rattacher à la gestion normale de l'entreprise ;
- Correspondre à une charge effective et être appuyées de justifications suffisantes ;
- Être comprises dans les charges de l'exercice au cours duquel elles ont été engagées ;
- Ne pas être exclues par une disposition expresse de la loi.

L'intérêt de l'entreprise conduit l'administration et la jurisprudence à écarter les frais dont l'engagement peut être considéré comme relevant d'un acte anormal de gestion. Selon un arrêt de plénière, le Conseil d'État définit désormais l'acte anormal de gestion comme « l'acte par lequel une entreprise décide de s'appauvrir à des fins étrangères à son intérêt »[330]. À l'élément matériel, l'appauvrissement de l'entreprise, s'ajoute l'élément intentionnel, la volonté délibérée de l'entreprise d'agir contre son intérêt. L'intention de s'appauvrir à des fins étrangères à son intérêt s'apprécie à la date de signature des contrats[331]. En outre, conformément à l'article 38-2 du CGI, les dépenses qui se traduisent par une augmentation de l'actif de l'entreprise ne peuvent pas être admises en déduction pour le calcul des résultats, qu'il s'agisse de dépenses ayant pour effet l'entrée dans l'actif d'un nouvel élément ou entraînant une augmentation de la valeur d'une immobilisation existante. À

---

[330] CE plén. 21-12-2018 n° 402006, Sté Croë Suisse, RJF 3/19 n° 246, concl. A. Bretonneau, © 246.

[331] CE 3-5-2023 n° 434441, SA BNP Paribas et SAS Parilease, RJF 7/23 n°570, concl. M.-G. Merloz © 570.

défaut d'une comptabilité par composants et conformément aux critères jurisprudentiels, les dépenses correspondantes ont le caractère de charges d'exploitation lorsqu'elles n'ont pas d'autre objet que de maintenir le bien concerné en état de fonctionnement jusqu'à la fin de sa période normale d'utilisation sans en augmenter la valeur. À défaut d'être comptabilisés immédiatement en charges, les travaux d'entretien et de réparation font l'objet d'un amortissement selon les usages en vigueur et toujours en l'absence d'une comptabilité par composants.

D'un point de vue économique, l'amortissement a pour objet de répartir les coûts supportés par l'entreprise pour le financement de ses investissements afin de préserver ses capacités de renouvellement des immobilisations : il permet la reconstitution des capitaux engagés, qu'il s'agisse du capital apporté par les actionnaires ou de capitaux empruntés. Conformément à l'article 322-1, 3 du PCG, l'amortissement désigne la dépréciation de l'actif immobilisé. À ce titre, une dotation aux amortissements constitue une charge déductible des revenus.

§2 : Le monument historique, siège d'une exploitation professionnelle

42— Par principe, selon l'article 39, 4 du CGI, les dépenses « somptuaires » sont en principe exclues des charges déductibles, qu'elles soient supportées directement par les entreprises ou sous forme d'allocations forfaitaires ou de remboursements de frais. Il s'agit notamment des dépenses et charges de toute nature ayant trait à l'exercice de la chasse ainsi qu'à l'exercice non professionnel de la pêche ; des charges résultant de l'achat, de la location ou de toute autre opération faite en vue d'obtenir la disposition de résidences de plaisance ou d'agrément, ainsi que de l'entretien de ces résidences sous réserve d'importantes exceptions.

La notion de résidence de plaisance ou d'agrément semble rebelle à l'usage des monuments historiques. Le principe de non-déduction des charges somptuaires est opposable non seulement à l'ensemble des entreprises relevant de l'impôt sur le revenu au titre des bénéfices industriels et commerciaux, mais aussi à toutes les personnes morales passibles de l'impôt sur les sociétés tant étrangères que françaises et sans distinguer selon qu'il s'agit de sociétés civiles ou commerciales, d'organismes de droit public ou d'établissements privés à caractère soit lucratif, soit désintéressé[332]. La jurisprudence de plénière du Conseil d'État[333] fonde la qualification de résidence de plaisance ou d'agrément sur l'usage qui en est fait. L'exploitation lucrative spécifique d'un immeuble même conçu comme une résidence de

---

[332] BOI-BIC-CHG-30-10 n° 30, du 1-3-2017.

[333] CE 25 novembre 1981, n° 11383, RJF 1/82 n° 18 avec chronique D. Léger p. 3, concl. J.-F. Verny *Droit fisc.* 13/82 c. 680.

plaisance ou d'agrément, par exemple sa location, fait obstacle à une telle qualification. Il en va de même de l'utilisation de l'immeuble en tant que bâtiment à usage professionnel : bâtiment d'exploitation agricole, immeuble commercial… Inversement, l'utilisation de l'immeuble aux fins de résidence de plaisance ou d'agrément, même si elle est conforme à l'intérêt de l'entreprise, notamment s'il sert à accueillir des clients, interdit la déduction des charges afférentes à l'immeuble. La jurisprudence est constante en ce sens. Par résidence de plaisance ou d'agrément, au sens des dispositions de l'article 39, 4 du CGI, il y a lieu de comprendre les locaux qui, sans être directement affectés à une exploitation lucrative spécifique, sont cependant utilisés par celle-ci dans le cadre normal de son activité, notamment à des fins commerciales ou publicitaires, ou bien simplement destinés à un tel usage[334]. C'est en fait au titre des exceptions (ou des justifications)[335] à l'article 39-4 alinéa 1 du CGI, que le contentieux des monuments historiques a alimenté le débat au titre d'une résidence de plaisance ou d'agrément. Dans la mesure où une résidence de plaisance ou d'agrément (au cas particulier, un château et ses dépendances) est mise à la disposition d'un tiers ou d'un dirigeant, les charges sont déductibles à la condition qu'un loyer normal ait été perçu ou soit réintégré dans les bénéfices comme étant réputé perçu[336]. Cette doctrine est confirmée par les juges du fond. Une société peut déduire les charges relatives à la rénovation et à l'entretien d'un château et d'un parc inscrits à son actif dès lors que cet ensemble immobilier est mis à la disposition de sa dirigeante, et que l'avantage en nature correspondant a été régulièrement déclaré. L'administration est seulement fondée à réintégrer l'insuffisance constatée dans l'évaluation de cet avantage en nature[337]. C'est dans le domaine viticole que les contentieux se sont développés. Ainsi, la circonstance qu'une résidence située sur un domaine viticole soit utilisée dans le prolongement direct de l'activité commerciale de la société exploitante, et participe de l'image de prestige associée à ce vignoble, ne permet d'établir que cette résidence fait l'objet d'une exploitation lucrative spécifique et qu'elle a ainsi perdu son caractère de résidence de plaisance ou d'agrément[338]. La nécessité pour un domaine viticole de détenir un château est en somme sans incidence

---

334 CE (na) 9e ch. 16-1-2024 n° 474374, Sté Batmat, RJF 4/24 n° 281, concl. É. Bokdam-Tognetti @ 281.

335 Le deuxième alinéa de l'article 39, 4 du CGI prévoit expressément que les frais et charges de caractère somptuaire qu'il désigne ne sont pas rapportés au bénéfice imposable en cas de justification.

336 CE 27-5-1988 n° 62764, 8e et 9e s., RJF 7/88 n° 859.

337 CAA Bordeaux 27-3-2008 n° 06-509, 4e ch., Sté Château Mondot, RJF 7/08 n° 782

338 CE 28 décembre 2007 n° 284899 et 285506, min. c/ SA Domaine Clarence Dillon, RJF 3/08 n° 269 avec concl. L. Vallée p. 215

sur la nature *de résidence de plaisance ou d'agrément* d'un tel immeuble[339]. La circonstance que des résidences sont utilisées dans le prolongement de l'activité commerciale d'une société ou à des fins publicitaires ne leur fait pas perdre leur caractère de résidence de plaisance ou d'agrément au sens de l'article 39-4 du CGI[340]. Pour vider ce contentieux des difficultés auxquelles sont confrontés les domaines viticoles, le législateur a adopté une nouvelle exception codifiée à l'article 39-4 c du CGI, neutralisant davantage la présomption de charges somptuaires[341]. Les dépenses afférentes aux résidences qui font partie intégrante d'un établissement de production et servent à l'accueil de la clientèle sont admises en déduction et ne sont plus considérées comme des charges « somptuaires » pour les exercices clos depuis le 28 décembre 2008[342]. L'article 39, 4 du CGI autorise expressément la déduction des charges afférentes aux résidences qui servent à la fois de lieu d'habitation de l'entrepreneur individuel ou du représentant légal de la société, l'adresse de l'entreprise individuelle ou de siège de la société, conformément aux dispositions des articles L 123-10 et L 123-11-1 du Code de commerce. Autrement dit, sont admises en déduction les charges exposées pour l'utilisation de la résidence en tant qu'adresse ou siège social de l'entreprise, à l'exclusion de celles exposées pour son utilisation en tant que local d'habitation, qui ne sont pas engagées dans l'intérêt de l'exploitation[343].

43— Soucieux d'une sauvegarde des monuments historiques, le gouvernement de Jacques Chirac a proposé lors du dépôt d'un projet de loi sur le mécénat[344] que l'article 7, devenu l'article 12 lors du vote, apporte une *exception* importante *à l'exclusion des charges déductibles.* La nouvelle mouture de l'article 39-4 du CGI permet la déduction, *à la condition qu'elles soient exposées pour les besoins de l'exploitation,* des charges résultant de l'achat, de la location ou de l'entretien de *demeures historiques* classées, *inscrites* à l'inventaire supplémentaire des monuments historiques ou *agréées*[345]. En application de l'article 39, 4, dernier alinéa du CGI, les charges exposées pour les besoins de l'exploitation et résultant de l'achat, de

---

339 CE 23 février 2000 n° 178743, Borie, RJF 4/00 n° 462, concl. J. Courtial BDCF 4/00 n° 44.

340 CE 1er avril 2005 n° 254319, min. c/ SA Martell et Cie, RJF 7/05 n° 669, concl. S. Verclytte BDCF 7/05 n° 87.

341 Voir M. Masclet de Barbarin, « Libres propos sur la notion de charges somptuaires » in mélanges en l'honneur de Patrick Serlooten, *Écrits de droit de l'entreprise* , Dalloz, 2015, pp.593-610.

342 Article 6 de la loi de finances pour 2009, Loi n° 2008-1425 du 27 décembre 2008, JO du 28 décembre 2008 ; *Droit fisc.* 2009, n° 1, comm. 24.

343 BOI-BIC-CHG-30-20 n° 40, du 18-2-2014

344 Projet de loi n° 185 (1986-1987) de Monsieur Edouard Balladur, ministre d''État, de l'économie, des finances et de la privatisation, déposé au Sénat le 15 avril 1987

345 Loi n°87-571 du 23 juillet 1987 sur le développement du mécénat, JO 24 juillet 1987 p. 8256

la location ou de l'entretien de demeures historiques classées ou inscrites à l'inventaire supplémentaire des monuments historiques sont admis en déduction et n'entrent pas dans le champ d'application de l'exclusion prévue par cet article[346]. Désormais, la loi autorise expressément la déduction des charges d'achat, de location ou d'entretien des demeures historiques classées ou inscrites au titre des monuments historiques (lorsqu'elles sont exposées pour les besoins de l'exploitation : usage de bureaux, accueil de clients, séminaires...). Ces charges sont également déductibles lorsqu'elles concernent des résidences servant d'adresse ou de siège de l'entreprise, ou des résidences faisant partie intégrante d'un établissement de production et servant à l'accueil de la clientèle, étant précisé que l'administration limite la portée de cette dernière mesure aux établissements industriels, ateliers de fabrication et exploitations agricoles[347]. Les dispositions de l'article 39-4, dernier alinéa du code général des impôts, ne sont toutefois pas applicables à une société qui a sollicité une inscription à l'inventaire supplémentaire des monuments historiques postérieurement aux exercices litigieux. Le Conseil d'État a en effet jugé, à l'instar des décisions rendues à propos de la déduction des charges foncières exposées par les particuliers propriétaires d'immeubles protégés, qu'une telle inscription n'a pas d'effet rétroactif.[348]

[346] En raison de la suppression de l'agrément pour des immeubles, l'article 26-I-d de la loi 2013-1278 du 29 décembre 2013 a modifié l'écriture de l'article 39-4.
[347] BOI-BIC-CHG-30-20 n° 40 à 60.
[348] CE 27-7-2005 n° 259009, 259678, 8e et 3e s.-siècle, min. c/ Sté Michel Guérard Conseil, RJF 11/05 n° 1157.

Chapitre III : La transmission à titre gratuit des monuments historiques

Le questionnement des générations futures.

44— L'article 5 de la loi de programme n° 88-12 du 5 janvier 1988 relative au patrimoine monumental a introduit une exonération de droits de mutation à titre gratuit, codifiée à l'article 795-A du CGI, sous réserve de la signature d'une convention à durée indéterminée, conclue avec le ministre de la Culture et le ministère des Finances. Selon la professeure Antoinette Hastings-Marchadier, « ce dispositif… est tout à fait ingénieux, car il tente, en une seule mesure, de concilier des préoccupations économiques, culturelles et touristiques de l'État avec des intérêts patrimoniaux des propriétaires privés de monuments historiques » [349] L'exonération porte non seulement sur les monuments, « pour l'essentiel », classés et inscrits au titre des monuments historiques, mais également sur les biens meubles qui en constituent le complément historique ou artistique. Maintenus dans leur contexte, les meubles valorisent le monument historique. Saisissant l'urgence de la question, la loi relative au patrimoine monumental de 1988 mit en place cette exonération conditionnelle afin d'endiguer le démantèlement des propriétés, au profit des générations futures[350]. Une des fonctions incitatives de l'impôt est de traduire en termes financiers une distinction ontologique du patrimoine. La simple propriété individuelle héritée et transmise d'un patrimoine vernaculaire est soumise au droit commun des successions tandis que le patrimoine culturel, collectivement reconnu comme un bien commun, bénéficie d'un régime fiscal dérogatoire dans la mesure où ce patrimoine est soumis à des obligations. Du rapport de transmission et d'héritage entre le père et ses enfants au sens civil des degrés de la parenté, on est passé à un rapport de protection tutélaire entre l'État et les citoyens[351]. Au nom des générations futures dont il faut préserver l'intégrité et la mise en valeur des monuments historiques, la portée de ce régime fiscal dérogatoire est associée à la quiddité d'un bien collectif. Le sacrifice fiscal d'un État qui renonce à la perception de l'impôt se double d'un effort de mémoire qui comporte des obligations à la charge des propriétaires privés. Défendre un patrimoine commun ou un « patrimoine transgénérationnel », c'est souligner un patrimoine dont la préservation n'implique que des obligations aux

---

[349] A. Hastings-Marchadier, « Incitation fiscale et politique du patrimoine », RFFP 1995, p. 189-210

[350] Voir J-R. Pellas, « Monument historique et logiques fiscales », RFFP n° 119, septembre 2012, p.175-194.

[351] Voir, J-R. Pellas, « Le mot patrimoine et le code général des impôts : une finalité fiduciaire », Droit et cultures, 81/2021/1, dossier dirigé par V. Négri et I. Schulte-Tenckhoff *Les mots du patrimoine*.

générations actuelles avec pour horizon les droits des générations futures. Par touches successives, le législateur construit un ensemble normatif de nature à conjurer de l'oubli, un patrimoine au profit des générations futures. Dans une perspective élargie, cette logique « fiduciaire » de la transmission des monuments s'inscrit au cœur d'une protection universelle de biens culturels. Certes, il ne s'agit pas d'un droit des générations futures que les justiciables pourraient faire valoir à l'encontre d'un État défaillant, mais l'enjeu de ce régime fiscal incitatif est de favoriser la préservation de ce patrimoine privé. Dans l'immédiat, l'invocation des droits subjectifs des générations futures « peine à passer le cap de la juridicité »[352], à l'exception notable d'un droit des générations futures dont l'épure a été dessinée notamment par le Conseil constitutionnel. Dans sa décision du 27 octobre 2023, le Conseil constitutionnel considère que l'article 1er de la Charte de l'environnement, éclairé par le septième alinéa de son préambule, exige que lorsqu'il adopte des mesures susceptibles de porter une atteinte grave et durable à un environnement équilibré et respectueux de la santé, le législateur doit veiller à ce que les choix destinés à répondre aux besoins du présent ne compromettent pas la capacité des générations futures[353]. Elle ouvre la voie, *a minima*, vers une reconnaissance transgénérationnelle des droits contenus dans la Charte de l'environnement, sans pour autant se décliner au profit des biens culturels. Une des portes d'entrée autorisant une « juridicisation » des intérêts des générations futures en matière culturelle serait d'admettre, en droit interne, l'existence d'un droit de l'État à réparer un préjudice culturel. L'incitation fiscale est l'un de ces éléments substantiels pour reconnaître la volonté de préservation d'un patrimoine culturel, mais certainement pas suffisant pour caractériser un droit subjectif des générations futures.

Section I : La transmission d'un monument historique détenu directement par un propriétaire privé

45— Le régime fiscal dérogatoire ne concerne pas les immeubles qui font l'objet du label de la Fondation du Patrimoine. Seuls, les immeubles qui sont, pour l'essentiel, classés ou inscrits au titre des monuments historiques, ainsi que les meubles qui en constituent le complément historique ou artistique, sont exonérés de droits de mutation à titre gratuit[354]. L'exonération est subordonnée à la souscription par les héritiers ou légataires (ou donataires) d'une convention à durée indéterminée avec les ministres de la Culture et des

---

[352] M. Cornu, *entre-temps : le bien culturel et le temps*, p.283, Dalloz, 2023.

[353] Voir J. Rochefeld et L. Fonbaustier, « Le Conseil constitutionnel et les intérêts des générations futures », JCP G , 11/12/2023, n° 49 p.2156.

[354] J-R. Pellas, « Lecture juridique et fiscale de l'article 795 A du code général des impôts » in G.Goffaux Callebaut, A. Verjat (dir), Transmettre les monuments historiques, enjeux, outils et perspectives, Collection Droit du patrimoine culturel et naturel, L'Harmattan, 2024, p.165

Finances. L'article 120 de la loi de finances pour 2019 simplifie la procédure relative à la convention avec l'État en prévoyant qu'elle ne soit plus signée par les ministres de la Culture et des Finances, mais seulement par le ministre de la Culture, toutefois sur avis conforme du ministre du Budget.[355] Le changement de procédure s'applique aux demandes de convention ou d'adhésion à des conventions existantes déposées depuis le 1er janvier 2019. Il s'applique également aux demandes de convention ou d'adhésion à des conventions déposées avant cette date et qui n'ont, à cette date, pas encore été signées par les ministres de la Culture et du Budget ainsi qu'à celles qui ont fait l'objet d'un refus. Dans son rapport sur la politique de l'État en faveur du patrimoine monumental, la Cour des comptes avait souligné la lourdeur de cette procédure de conventionnement et partant le faible nombre de conventions signées alors que la France compte près de 20 000 monuments historiques privés, dont 1 500 sont ouverts à la visite[356]. La haute juridiction financière l'exprimait en ces termes : « Ce dispositif est à ce jour d'utilisation réduite : la direction de la législation fiscale estimait à 90 le nombre de cas au moment de l'enquête. La lourdeur de la procédure et sa centralisation ont sans doute constitué un frein au déploiement du dispositif »[357].

§1 : La prise en compte d'une équité familiale

46— L'examen de cette procédure d'exonération des droits de mutation à titre gratuit nécessite au préalable de déterminer la valeur vénale du bien immobilier alors qu'il n'existe que rarement des biens comparables pour en fixer une valeur estimative. Il est précisé que, pour l'évaluation des demeures et bâtiments classés monuments historiques ou inscrits à l'inventaire supplémentaire des monuments historiques, il est tenu compte de la nature spécifique de ces biens, des charges souvent importantes qui les grèvent, du nombre limité d'acquéreurs potentiels et des difficultés qui, dans certains cas, en découlent pour les vendre. Il en va de même des contraintes qui pourraient résulter, pour les propriétaires de tels biens, de leur ouverture plus ou moins fréquente au public et de leur utilisation à des fins d'animation collective dans un but essentiellement culturel[358]. « La jurisprudence exige comme méthode d'évaluation à privilégier la méthode par comparaison pour déterminer la

---

[355] Loi n°2018-1317 du 28-12-2018 art. 120, JO.30 décembre 2018 .

[356] Rapport IGF et IGAC, *Modernisation de la notion fiscale d'ouverture au public pour les propriétaires privés de monuments*, février 2020, p. 17

[357] Cour des comptes, *Rapport thématique sur la politique de l'État en faveur du patrimoine monumental,* juin 2022, p.29. Selon le rapport précité de l'IGF et IGAC : « De 2009 à 2019, 103 demandes ont été déposées. 82 demandes, parfois anciennes, sont actuellement en attente, qu'elles aient été déposées au titre de la procédure centralisée à laquelle il a été mis fin le 31 mai 2019, ou de la nouvelle procédure ».*op.cit* ; p.23.

[358] En ce sens, R.M. Nicolas Dupont-Aignan, Dép. JO AN du 29 juin 1998, n° 13-318

valeur vénale. Cependant, quand, son recours est impossible en raison de la singularité du bien, elle admet le recours à des mutations ou des méthodes différentes à condition que ce soit exceptionnel et justifié dans la proposition de rectification. Toutefois, la méthode utilisée doit être probante et déterminer la valeur vénale, y compris en appliquant un abattement[359]. En l'espèce, la Cour de cassation a considéré, qu'en l'absence de biens similaires, « Les valeurs retenues par l'Administration pour rectifier le prix ou l'évaluation de deux monuments historiques apparaissent très largement sous-estimées dès lors qu'elle a utilisé la méthode de comparaison du prix unitaire au mètre carré de la superficie développée pondérée hors œuvre de cinq châteaux de la région vendus pendant les années antérieures et d'un château d'une région proche, qu'elle a retenu les valeurs les plus basses et a tenu compte des facteurs d'isolement, de l'état d'entretien, des sujétions et des avantages résultant du statut de monument historique, et enfin du caractère indivis d'un château et de son statut de monument historique en décidant un abattement de 30 % de la valeur vénale. » L'indivision peut donc être une source de décote pour évaluer un bien immobilier. La Cour de cassation (un abattement de 20 % a été admis par les juges) a décidé que l'on pouvait cumuler les abattements pratiqués sur la valeur d'un bien immobilier au titre de l'occupation et de l'indivision, lorsqu'il s'agit d'évaluer ce bien pour une déclaration de succession[360]. Cela étant, la Haute Autorité a estimé qu'une décote de 20 % ne se justifiait pas en présence d'une indivision simple, entre une mère et son fils unique, laquelle ne présentait aucune difficulté particulière de gestion[361]. La Cour de cassation reste néanmoins ferme sur le refus d'admettre une décote au titre d'une clause d'inaliénabilité. Une interdiction d'aliéner imposée au (nu) — propriétaire, par exemple au donataire par le donateur est sans incidence sur la valeur vénale, que l'interdiction soit absolue[362] ou relative en fonction de l'accord du donateur[363]. La valeur vénale d'un monument historique détenu en direct, par une SCI, en indivision, est donc déterminée par pragmatisme, sans recours possible à une méthode administrative éprouvée et validée. Dans cette veine,

---

[359] Cass. com., 12 févr. 2008, n° 07-10.242, F-P+B , d'Oultremont et M. Lancelot d'Ursel : JurisData n° 2008-042744 ; Bull. civ. IV, n° 37 ; Droit fisc. 2008, n° 15, comm. 265 , note J.-P. Maublanc ; RJF 2008, n° 613. - Cass. com., 27 oct. 2009, n° 08-11.362, F-P, Leusse de Syon : *Droit fisc.* 2010, n° 28, comm. 417 , note S. Quilici. - BOI-ENR-DMTG-10-40-10-10, 29 déc. 2017

[360] Cass. com., 16 févr. 2016, n° 14-23.301 : JurisData n° 2016-002772 ; *Droit fisc.* 2016, n° 11, comm. 222

[361] Cass. com., 30 sept. 2020, n° 18-15.748 : Droit fisc. 2020, n° 47, act. 410

[362] Cass. com., 6 févr. 2007, n° 163 , F-PB, Pérouse : RJF 06/2007, n° 759 ; Cass. com., 27 oct. 2009, n° 942 , F-PB, Leusse de Syon : RJF 02/2010, n° 175

[363] Cass. com., 7 janv. 2004, n° 42, FS-P, Despature : RJF 4/2004, n° 433

l'admission en 2006, d'une réduction de valeur pour tenir compte de la conservation d'un monument historique est demeurée sans incidence fiscale.

47— Sur un plan civil, l'article L. 621-29-7 du Code du patrimoine prévoit que pour l'application des articles 829, 860 et 922 du Code civil, lorsqu'un immeuble classé ou inscrit au titre des monuments historiques, transmis par donation ou succession, est affecté d'une clause d'inaliénabilité, l'évaluation de l'immeuble est diminuée des charges, y compris d'entretien, nécessaire à sa préservation durant toute la durée de la clause[364]. Selon la règle posée à l'article 829, alinéa 1er, du Code civil, « en vue de leur répartition, les biens sont estimés à leur valeur à la date de la jouissance divise telle qu'elle est fixée par l'acte de partage », et l'alinéa 2 dudit article précise que « cette date est la plus proche possible du partage ». L'application de ce principe est toutefois conditionnée par sa raison d'être, de sorte qu'aux termes de l'article 829, alinéa 3 « le juge peut fixer la jouissance divise à une date plus ancienne si le choix de cette date apparaît plus favorable à la réalisation de l'égalité ». La diminution de valeur qui découle de l'article L 621-29-7 du code du patrimoine permettre à l'héritier « d'obtenir de la succession les biens nécessaires à l'entretien du bien grevé »[365]. En vertu de l'article 860 du Code civil, lorsqu'une donation est assortie d'une charge, le rapport n'est dû qu'à concurrence de l'émolument net procuré par la libéralité, calculé en déduisant de la valeur du bien donné à l'époque du partage, d'après son état à l'époque de la donation, le montant de la charge déterminée au jour de son exécution. Enfin, l'article 922 du Code civil vise à reconstituer le patrimoine du défunt tel qu'il aurait existé à son décès si l'intéressé n'avait consenti aucune donation entre vifs. En d'autres termes, ce texte organise la réunion fictive des biens du défunt dont il a été disposé par donation entre vifs. La clause d'inaliénabilité temporaire permet ainsi de corriger une égalité mathématique en tenant compte des travaux futurs indispensables à la conservation du monument historique. Cela étant, le texte impose de respecter une clause d'inaliénabilité. Bien qu'il s'agisse d'une clause d'inaliénabilité en contrepartie de l'évaluation « circonstanciée » d'une libéralité, l'article 900-1 du Code civil dispose : « *Les clauses d'inaliénabilité affectant un bien donné ou légué ne sont valables que si elles sont temporaires et justifiées par un intérêt sérieux et légitime. Même dans ce cas, le donataire ou le légataire peut être judiciairement autorisé à disposer du bien si l'intérêt qui avait justifié la clause a disparu ou s'il advient qu'un intérêt plus important l'exige* ». Le caractère sérieux est ici présumé compte tenu de l'obligation de conservation du monument désormais à la charge du donataire. Il importe donc pour évaluer

---

364 L. n° 2006-728 du 23 juin 2006, portant réforme des successions et des libéralités, art. 37, JO 24/6/2006.

365 Rapport Sénat, *projet de loi portant réforme des successions et des libéralités*, n° 343, M. Henri de Richemont, 10 mai 2006, p. 348.

cette charge d'une transmission à titre gratuit du monument historique, de déterminer au préalable, la durée de cette clause temporaire d'inaliénabilité. C'est en ce sens que s'est exprimé le garde des Sceaux : « En effet, l'article L. 621-29-1 du Code du patrimoine dispose que "le propriétaire ou l'affectataire domanial endosse la responsabilité de la conservation du monument historique classé ou inscrit qui lui appartient ou lui est affecté". Les éventuelles charges admises en déduction de la valeur de l'immeuble s'apprécient pendant la durée de la clause et, sous réserve de l'interprétation souveraine des juges du fond, sont relatives aux travaux d'entretien, de réparation ou de mise en sécurité des immeubles qui sont nécessaires à la préservation du monument historique classé ou inscrit »[366]. Cette réponse ministérielle traite des travaux d'entretien, de réparation et de sécurité, mais laisse dans l'ombre les travaux identifiables aux termes de l'article 606 du Code civil, c'est-à-dire les grosses réparations. Les « gros murs » visés par l'article 606 du Code civil doivent s'entendre non seulement des murs extérieurs, mais aussi des murs de refend qui supportent les poutres, les charpentes et les cheminées. Bien que la liste soit limitative, la doctrine jurisprudentielle est extensive au point de considérer que les grosses réparations sont celles qui consistent dans la réfection d'une partie importante de l'immeuble et constituent une dépense exceptionnelle en capital[367]. Or ces travaux à la charge des nus-propriétaires sont indispensables à la préservation du monument historique. La clause d'inaliénabilité envisagée dans la loi du 23 juin 2006 vise en fait toutes les charges « y compris d'entretien ». Les dépenses visées concernent ainsi tant les charges inhérentes à l'usufruitier que celles qui relèvent du nu-propriétaire. L'amendement parlementaire retenu en 2006 « vise à mieux prendre en compte au moment du partage la réalité des charges nécessaires à la conservation d'un monument historique. Il prévoit que si l'héritier attributaire de ce bien est tenu de le conserver en raison d'une clause d'inaliénabilité, la fixation de la valeur du bien dans le partage doit être diminuée de l'importance des charges, y compris d'entretien, nécessaires à la préservation de l'immeuble durant toute la durée de la clause. »[368]. La mise en œuvre de cette évaluation entraîne néanmoins des difficultés juridiques. En effet, la valeur du monument étant réduite, les modalités de calculs de la réserve héréditaire du gratifié sont modifiées. La clause d'inaliénabilité fait alors peser une contrainte à la charge du gratifié venant justifier l'affectation des modalités de calculs de la quotité disponible et de la réserve héréditaire. Or, selon une jurisprudence ancienne, l'inaliénabilité temporaire, est illicite si elle porte sur des biens composant la réserve héréditaire du gratifié, celle-ci

---

366 Réponse ministérielle Olivier Jardé, *JOAN* du 23 octobre 2007, p. 6574, n° 3710.
367 Civ. 1re, 2 févr. 1955, Bull. civ. I, n° 55 ; D. 1956. Somm. 28; Civ. 3e, 5 mars 1986, n° 84-14.147, D. 1987. Somm. 17, obs. Robert.
368 Rapport Sénat *projet de loi portant réforme des successions et des libéralités*, n° 343, M. Henri de Richemont, 10 mai 2006, p. 348

devant lui parvenir libre de charges et en pleine propriété[369]. Toutefois, en vertu de l'article 929 du Code civil[370], la possibilité de renoncer, conventionnellement, à exercer l'action en réduction des libéralités conduit à s'interroger sur le maintien d'une telle « illicéité ». Pour éviter tout contentieux, il serait alors envisageable d'attribuer le bien, objet de la clause d'inaliénabilité, hors part successorale, voire dans le cadre d'une donation-partage.

§2 : la promotion d'une équité transgénérationnelle

48— Selon l'administration des finances publiques « Sont considérés comme classés ou inscrits au titre des monuments historiques, pour l'essentiel, au sens de l'article 795 A du CGI :

— Les immeubles bâtis ou non bâtis totalement classés ou inscrits ;
— Les édifices dont les façades et couvertures sont protégées en totalité ;
— Ceux dont les principaux volumes intérieurs et leurs décors sont protégés ;
— Les parcs et jardins qui constituent les dépendances immédiates et nécessaires des édifices protégés, en totalité ou partiellement, au titre des monuments historiques même lorsqu'ils ne sont pas eux-mêmes protégés au titre des monuments historiques, à condition qu'ils soient organisés pour la visite »[371].

Dans le cas où la protection ne s'étend pas à la totalité des biens en cause, il est néanmoins possible de bénéficier de l'exonération conditionnelle après examen des services du ministre chargé de la culture et du ministre chargé du budget, à l'occasion d'une demande d'adhésion. « Dans l'hypothèse où il n'en est pas ainsi, la mutation ne bénéficie d'aucune exonération. »[372]. Le Conseil d'État a donné une interprétation conforme à celle de la doctrine administrative au titre de la notion de protection « pour l'essentiel ». Ainsi, la circonstance que seules les façades et les toitures d'un château sont inscrites au titre des monuments historiques ne fait pas obstacle à l'agrément de la convention prévue à l'article 795 A du CGI, laquelle, dans cette hypothèse,

[369] CA Amiens, 29 juin 1896, DP 1897. 2. 148
[370] Article 929 du Code civil dispose « Tout héritier réservataire présomptif peut renoncer à exercer une action en réduction dans une succession non ouverte. Cette renonciation doit être faite au profit d'une ou de plusieurs personnes déterminées. La renonciation n'engage le renonçant que du jour où elle a été acceptée par celui dont il a vocation à hériter. La renonciation peut viser une atteinte portant sur la totalité de la réserve ou sur une fraction seulement. Elle peut également ne viser que la réduction d'une libéralité portant sur un bien déterminé. L'acte de renonciation ne peut créer d'obligations à la charge de celui dont on a vocation à hériter ou être conditionné à un acte émanant de ce dernier ».
[371] BOI-ENR-DMTG-10-20-30-60, paragraphe 40 du 25 juillet 2023.
[372] BOI-ENR-DMTG-10-20-30-60, paragraphe 40, du 25 juillet 2023

peut limiter la visite au parc, dès lors que le public peut accéder aux parties inscrites ou classées. Le bénéfice de l'exonération ne peut donc pas être refusé au propriétaire d'un tel château au motif que l'intérieur n'est pas ouvert au public et que le libre accès au parc en l'espèce n'est pas équivalent à l'ouverture au public du château lui-même[373].

La configuration matérielle du monument ne permet pas toujours un accès du public. L'administration l'admet comme suit « La circonstance dont seules les parties extérieures d'un immeuble historique sont protégées ne fait pas par elle-même obstacle au bénéfice de cette exonération [...]. La conclusion d'une convention [...] demeure nécessaire pour bénéficier de l'exonération. Cette convention doit, en particulier, prévoir les engagements des ayants droit relatifs aux modalités d'entretien des biens et à l'information du public [...]. Sous réserve du respect des conditions exposées ci-dessus, l'exonération peut être accordée aux immeubles en cause y compris si la convention conclue [...] ne prévoit pas de modalités d'accès du public à l'intérieur de l'immeuble lorsque les parties extérieures protégées sont intégralement visibles depuis une voie publique ou un autre espace librement accessible au public tel qu'un parc »[374]. En somme, détenir la libre disposition du bien est essentiel pour permettre la visite du public. Tel n'est pas la situation d'un copropriétaire. Lorsque la partie classée de l'immeuble susceptible d'être ouverte à la visite est limitée aux parties communes dont le demandeur copropriétaire n'a pas la pleine disposition, la demande de convention et, par suite, l'exonération ne peuvent être admises.[375]

49— Dans le cadre du projet de loi de finances pour 2023, un amendement avait été déposé pour réduire cette durée indéterminée. Selon l'exposé des motifs, « La mobilité de notre société et l'allongement de la vie humaine appellent une réduction de cette contrainte. Une mission commune à l'inspection générale des finances et à l'inspection générale des affaires culturelles avait, en 2020, souligné l'anomalie actuelle, et préconisé de réduire la durée à 15 ans. Par analogie avec le traitement des plus-values, il est proposé de la fixer à 22 ans »[376]. Bien qu'adopté en commission, cet amendement n'a pas été repris dans le cadre de la loi de finances. Par suite, l'article 795 A du CGI subordonne toujours le bénéfice de l'exonération à la conclusion d'une convention *à durée indéterminée* qui prévoit, outre le

---

[373]CE 8e et 3e., 11-12-2009 n° 12515, Dor de Lastours, RJF 3/10 n° 279, concl. L. Olléon BDCF 3/10 n° 37.

[374] BOI-ENR-DMTG-10-20-30-60, paragraphe 47, du 25 juillet 2023, RM Hetzel n° 4532, JO AN du 13 novembre 2018, p. 10183

[375] CE, 19 mars 2003, n° 233359, Mme Seegmuller : JurisData n° 2003-080329 ; Droit fisc. 2003, n° 47, comm. 832, concl. G. Bachelier, RJF 6/2003 n° 750

[376] Projet de loi de finances pour 2023, Amendement I-CF1089 de M. Daniel Labaronne. M. Daniel Labaronne (RE).

maintien dans l'immeuble, des meubles et immeubles par destination ainsi que les conditions de présentation, les modalités d'accès du public, mais également les conditions d'entretien des biens conformément aux dispositions de la convention type, dont l'acceptation relève des ministres de l'Économie et de la Culture. L'Administration a publié une nouvelle convention type annexée au décret n° 2023-103 du 16 février 2023[377]. En application du second alinéa du Y de l'article 281 bis de l'annexe III au CGI, le recouvrement des droits exigibles sur les biens susceptibles de bénéficier de l'exonération est différé jusqu'à ce qu'il soit statué sur la demande conventionnelle ou sur la demande d'adhésion à une convention existante des bénéficiaires de la mutation à titre gratuit. La convention est articulée autour de l'entretien du bien et de ses visites[378]. À ce titre, le décret n° 2023-103 du 16 février 2023, aligne les conditions d'ouverture au public des monuments historiques sur celles posées en matière d'impôt sur le revenu par l'arrêté prévu par l'article 41 I de l'annexe III au Code général des impôts, soit 40 ou 50 jours par an, pendant la période estivale ainsi que les modalités de déclaration des jours et heures d'ouverture au public auprès de la direction départementale des

[377] JO 18 févr. 2023 et rectificatif au JO 25 févr. 2023

[378] Ainsi, ladite convention met à la charge du ou des héritiers signataires propriétaires du monument historique une pluralité d'obligations, dont le manquement sera facteur de déchéance de ladite convention et de sa contrepartie fiscale : une obligation de présentation, à savoir maintenir sur place les éléments de décor (meubles et immeubles par destination) énumérés limitativement et les présenter en permanence dans le circuit de la visite ; une obligation d'accessibilité, c'est-à-dire permettre l'accès du public aux biens meubles et immeubles faisant l'objet de la convention à l'occasion de visites, ou à permettre cet accès en mettant ces biens à la disposition gratuite de collectivités publiques ou d'associations sans but lucratif pour des manifestations ouvertes au public ; de multiples obligations d'information : faire connaître, avant le 1er février de chaque année, à la direction régionale des affaires culturelles, à la direction départementale des finances publiques et à la direction régionale des entreprises, de la concurrence, de la consommation, du travail et de l'emploi (Direccte) du lieu de situation des biens, les dates et heures d'ouverture effective ainsi que les manifestations prévues. ; une obligation d'entretien, à savoir prendre l'engagement d'assurer l'entretien des biens immeubles faisant l'objet de la convention dans les conditions, qui sont définies chaque année en accord avec la direction régionale des affaires culturelles ; assurer l'entretien et la présentation des biens meubles et immeubles par destination faisant l'objet de la convention dans les conditions détaillées ; une obligation de reddition de compte, c'est-à-dire communiquer au début de chaque année à la direction régionale des affaires culturelles un rapport précisant notamment le nombre de visiteurs reçus l'année précédente et contenant un compte rendu des manifestations à caractère culturel et éducatif organisées durant la même période ainsi que toutes informations ou suggestions relatives à l'application de la convention ; une obligation de soumission à contrôle, à savoir permettre à tout moment le contrôle des dispositions de la convention par les services du ministère de la Culture et du ministre chargé du Budget.

finances publiques comme en matière d'impôt sur le revenu. Quelle est la nature juridique de cette convention ? L'accord de l'administration a la nature d'un acte conditionnel puisqu'il est subordonné à l'acceptation de ces engagements et à leur respect. Nous ne sommes donc pas en présence d'un contrat fiscal, mais d'un acte administratif unilatéral prenant la forme, selon l'administration d'un agrément fiscal[379]. Le juge administratif considère que l'acte par lequel l'administration accepte ou refuse de valider un projet de convention est un acte administratif unilatéral assimilable à un agrément, écartant ainsi toute notion de contrat fiscal[380]. Par un arrêt du 11 février 2022[381], le Conseil d'État précise la mise en œuvre de ces dispositions. Les faits étaient les suivants. Au décès de leur tante, le 18 décembre 2010, deux frères héritèrent d'un couvent. Cette propriété comportait un château inscrit à l'inventaire supplémentaire des monuments historiques. Afin de bénéficier de l'exonération, leur notaire adressa à la direction régionale des affaires culturelles un projet de convention prévoyant l'ouverture au public de la propriété ainsi que les conditions d'entretien et de maintien sur place des éléments mobiliers. Par une décision du 26 septembre 2017, le ministre des Finances refusa aux héritiers le bénéfice de cette exonération. Par un jugement du 2 octobre 2019, les juges du fond lui ayant enjoint de délivrer l'agrément sollicité, il se pourvut en cassation. Les cours administratives d'appel étaient partagées sur cette question. Ainsi, la Cour administrative d'appel de Douai considérait que les dispositions de l'article 281 bis de l'annexe III au CGI n'imposaient pas la formalité considérée à peine de déchéance du droit au bénéfice du régime d'exonération et ne faisaient pas davantage obstacle à ce que, si les droits de mutation étaient mis en recouvrement, le contribuable puisse, dans le délai de réclamation qui lui était ouvert, se prévaloir d'un projet de convention certifié par le service du ministère de la Culture compétent[382]. Adoptant un raisonnement analogue, la haute juridiction donne tort au ministre, « il ne résulte pas des dispositions du CGI que le dépôt de la déclaration de succession, au-delà du délai fixé à l'article 641 du CGI ferait par lui-même obstacle au bénéfice de l'exonération des droits de mutation prévue à l'article 795 A de ce code ». Le Conseil d'État juge que ces dispositions ont pour objet de prévoir les modalités selon lesquelles le paiement des droits de mutation à titre gratuit peut être différé jusqu'à la signature de la convention. Elles n'ont en revanche pas pour objet et ne sauraient avoir pour effet de subordonner le bénéfice de l'exonération au

---

[379] Selon l'Administration, la convention prévue à l'article 795 A du CGI est assimilée à un agrément fiscal dès lors qu'elle constitue une autorisation préalable donnée par l'Administration. BOI- ENR-DMTG-10-20-30-60, paragraphe 1, 25 juillet 2023.
[380]CE, 19 mars 2003, n° 233359, Mme Seegmuller *op.cit.*
[381] CE 8e-3e ch. 11-2-2022 n° 454999 et CE 8e-3e ch. 11-2-2022 n° 458465, min. c/ B, RJF 5/2022 n°502, Conclusions K. Ciavaldini (C 502)
[382] CAA Douai, 16-9-2021 n° 19DA02608, RJF 1/2022 n° 89.

dépôt, dans le délai qu'elles impartissent, d'une déclaration de succession accompagnée d'une copie de la convention adressée au service du département de la culture compétent et certifiée conforme par celui-ci. Il n'existe pas de lien entre le délai de déclaration de succession et la date du dépôt de la demande de convention. Le Conseil d'État applique donc la règle générale selon laquelle le bénéfice d'un avantage fiscal, sauf délai impératif fixé par le législateur à la demande, peut toujours être sollicité dans le délai de déclaration. Par ailleurs, l'administration invoquait au soutien de son argumentation les conditions de l'article 1649 nonis du CGI qui dispose que sauf disposition expresse contraire, toute demande d'agrément auquel est subordonnée l'application d'un régime fiscal particulier doit être déposée préalablement à la réalisation de l'opération qui la motive. Pour autant, même si elle était prise à l'époque par le bureau des agréments, cette décision ne peut être qualifiée d'agrément au sens de l'article 1649 nonies du CGI, faute de pouvoir identifier l'opération à réaliser et sa date de réalisation. Dès lors, ces dispositions n'imposent pas au contribuable, à peine de perte du droit à exonération, de déposer un projet de convention préalablement à l'expiration du délai de déclaration de succession et ne permettent pas au ministre de fonder une décision de refus d'exonération[383].

Section II : La transmission d'un monument historique détenu indirectement par un propriétaire privé

§1 — La transmission d'un monument historique à une société civile familiale

50— Depuis 1995, le bénéfice de l'exonération de droits de mutation à titre gratuit prévue à l'article 795 A du CGI en faveur des monuments historiques ouverts au public est également applicable aux parts de sociétés civiles représentatives de ces biens. Si le champ d'application matérielle reste inchangé, il en va différemment du champ d'application personnel. Dans l'hypothèse d'une acquisition à plusieurs, l'indivision s'impose. Une convention peut être signée avec l'accord de tous les indivisaires, ceux-ci doivent donc s'engager à ouvrir au public. La vente des droits par un ou plusieurs des membres de l'indivision entraîne la résolution de la convention. La sortie éventuelle d'un indivisaire ne remet pas en cause le régime si les droits sur les biens sont cédés à un autre indivisaire ou si ces droits sont partagés entre ses membres[384]. Les aléas d'une indivision se font néanmoins

[383] En pratique, dans le cadre d'un dépôt « retardé » d'une demande de convention, compris entre le délai de 6 mois à compter du décès et celui de l'expiration du délai de la réclamation contentieuse, le contribuable ne semble pas avoir la possibilité de bénéficier du différé de paiement de l'imposition.

[384] Les modalités d'application de l'exonération des droits de mutation afférente aux monuments historiques, en cas d'indivision, ont été précisées par le rescrit n° 2006/4 du 5 septembre 2005 (RES n° 2006/4 (ENR).

ressentir au risque de sortir de l'indivision par la cession du bien. Il semble donc judicieux de constituer une société civile entre associés. Bien plus, il est possible d'apporter le monument historique à une société civile sans rompre l'engagement conventionnel alors même que l'apport est constitutif d'une mutation à titre onéreux. L'administration précise que « Lorsque des héritiers, donataires ou légataires ont souscrit, lors d'une transmission à titre gratuit d'un monument historique, une convention avec le ministre chargé de la Culture après avis conforme du directeur régional ou départemental des Finances publiques compétent afin de bénéficier de l'exonération prévue au premier alinéa de l'article 795 A du CGI, il est admis que ce régime d'exonération ne sera pas remis en cause en cas d'apport ultérieur des biens exonérés à une société civile telle que définie au troisième alinéa de l'article 795 A du CGI, sous réserve que :

— L'opération est effectuée par l'ensemble des signataires de la convention ou leurs ayants droit et à concurrence de l'ensemble des droits qu'ils détiennent sur le monument historique ;

— Les apports sont effectués à titre pur et simple ;

— La société, par l'intermédiaire de son gérant, souscrit, dans un délai de six mois à compter de la réalisation des apports, un avenant à la convention dans laquelle elle s'oblige aux engagements initialement pris par les signataires de cette convention »[385]. Enfin, une circulaire du 21 juillet 2006 du ministère de la Culture reconnaît la possibilité pour les « personnes morales constituées sous forme associative » de bénéficier du régime de l'article 795A du Code général des impôts, ce qui est exclu pour les sociétés commerciales.

Faute d'apport à titre pur et simple, il est également possible de constituer cette SCI familiale au moyen d'un emprunt bancaire, en dissociant l'emprunt nécessaire à l'acquisition de celui qui est indispensable ultérieurement à la réalisation des travaux. Un des aspects de ce financement est de favoriser la transmission à titre gratuit des parts de la SCI sur la base d'un actif net, c'est-à-dire d'un actif diminué de l'emprunt et des apports à titre onéreux qui figurent en compte courant d'associé. Cela étant, la transmission des parts n'entraîne pas la transmission des créances, c'est-à-dire des comptes courants créditeurs qui restent associés à leurs détenteurs.

Enfin, la transmission à titre gratuit des parts de la SCI peut être réalisée en pleine propriété ou en démembrement de propriété. L'article 795 A du CGI ne dit mot sur la propriété des parts. Certes, s'agissant d'une exonération fiscale, le juge de l'impôt interprète strictement les dispositions fiscales concernées.

[385] BOI-ENR-DMTG-10-20-30-60, paragraphe 210, du 25 juillet 2023

Toutefois, cette interprétation est conduite dans le cadre des objectifs poursuivis par le législateur. Or au cas particulier, l'objectif principal est double : préserver le monument y compris avec ses meubles pour en faciliter l'ouverture à la visite et partant faciliter une mise en valeur au profit d'une « jouissance du public ». En démembrant les parts de cette SCI, les propriétaires peuvent respecter ces objectifs et donc s'engager collectivement dans le cadre de la convention, nus-propriétaires et usufruitiers devant alors signer ladite convention. Aux termes de l'article 795 A, alinéa 3, la seule exigence relative à la propriété des biens conduit la SCI à détenir les biens meubles et immeubles en pleine propriété. Le démembrement de la propriété des parts sociales ne devrait pas être une cause d'exclusion du régime spécial, afin notamment de ne pas pénaliser les situations résultant d'un héritage ni au demeurant de priver de toute souplesse la gestion de ces propriétés. Cela étant, l'engagement de conservation s'applique également aux propriétaires de droits démembrés d'immeubles historiques ou assimilés. Autrement dit, l'engagement de conservation s'applique tant à l'usufruitier qu'au nu-propriétaire.

§2 : La transmission d'un monument historique à un organisme d'intérêt général

51— Par touches successives depuis 1987, le législateur français a libéralisé le traitement juridique du mécénat au profit des personnes morales de droit privé, tout en l'adossant à des dispositifs fiscaux attractifs et en particulier par un mécanisme de dépenses fiscales. Les versements effectués dans le cadre d'un mécénat bénéficient de réductions d'impôts au titre des dons effectués par des personnes physiques ou des personnes morales. Le mécénat permet notamment de contribuer à financer les politiques culturelles, mais également de véhiculer l'identité du territoire et d'ancrer ses politiques sur un territoire approprié. En vertu de l'article 795 du CGI, les dons et legs consentis aux établissements publics ou d'utilité publique dont les ressources sont exclusivement affectées à des œuvres scientifiques, culturelles ou artistiques à caractère désintéressé sont exonérés de droit de mutation y compris au titre des fonds de dotation constitués conformément à l'article 200-1 g du CGI[386]. De plus, tous les dons et libéralités — y compris ceux constitutifs de la dotation — remis à une fondation reconnue d'utilité publique sont générateurs d'une réduction d'impôt sur le revenu ou sur les sociétés en fonction du donateur, à la condition toutefois que la fondation exerce une activité d'intérêt général. Un des inconvénients liés à ce transfert de propriété au profit d'une fondation est pour son propriétaire la perte d'une détention familiale. Toutefois, selon Armelle Verjat, il est possible de neutraliser cet inconvénient

[386] Voir A. Verjat, « Transmettre un monument historique à une fondation ? », juris, associations 2007, n°353, p.30.

par l'adjonction d'une clause contractuelle « La remise du monument peut, par exemple, être conditionnée par un droit d'usage au bénéfice de la famille, sur certaines pièces »[387]. Ce droit d'usage limité à des pièces privatives est de nature à éviter une requalification du transfert de bien au profit d'un organisme d'intérêt général. Dans l'Union européenne, il serait également envisageable d'opérer un tel transfert au profit d'institutions d'intérêt général comparable à celles existantes en France, mais dont la législation est moins au regard notamment de la notion de « cercle familial ». Au cours des trois dernières décennies, l'État a multiplié les outils juridiques permettant de recevoir des fonds privés au profit d'actions de mécénat. Cet engouement à la faveur d'une hybridation de l'action culturelle de l'État tient certes à une crise des finances publiques, mais également à un repositionnement stratégique de l'État à la faveur des personnes privées. Le désengagement financier de l'État se traduit alors par une baisse des subventions et une montée en puissance des dépenses fiscales[388]. Longtemps réservée quant à une libéralisation des corps intermédiaires au titre notamment de leur grande capacité juridique, la démarche du ministère de l'Économie et des Finances s'est orientée vers l'encouragement des personnes privées à concourir à la satisfaction d'un projet d'intérêt général. L'article 140 de la loi n° 2008-776 relative à la modernisation de l'économie du 4 août 2008 dispose que « Le fonds de dotation est une personne morale de droit privé à but non lucratif qui reçoit et gère, en les capitalisant, des biens et droits de toute nature qui lui sont apportés à titre gratuit et irrévocable et utilise les revenus de la capitalisation en vue de la réalisation d'une œuvre ou d'une mission d'intérêt général ou les redistribue pour assister une personne morale à but non lucratif dans l'accomplissement de ses œuvres et de ses missions d'intérêt général. Le fonds de dotation est créé par une ou plusieurs personnes physiques ou morales pour une durée déterminée ou indéterminée ». Il s'agit certes d'un dispositif inspiré de mécanismes existant outre-Atlantique, [389]mais dont la parenté avec des fondations reconnues d'utilité publique (FRUP) est attestée. Le caractère de personne morale de droit privé, l'apport de biens à titre irrévocable, l'utilisation des revenus pour la réalisation d'une mission d'intérêt général sont autant d'éléments qui rapprochent ces institutions. Cela étant, il existe

---

387 A. Verjat, « Transmettre un monument historique à une fondation ? », juris, associations 2007, n°353, p.30.

388 Voir V. Palma-Amalric, « Fiscalité et financement privé du patrimoine culturel » in N. Bettio et P-A. Collot, *Le financement privé du patrimoine culturel,* collection Droit du patrimoine culturel et naturel, L'Harmattan, 2018 p. 43 et s.

389 Le mécanisme des *endowments funds* est largement diffusé par la littérature française. Voir notamment C. Amblard, *Fonds de dotation, une révolution dans le monde des institutions sans but lucratif,* 2de édition, Wolters Kluwer, collection Lamy Axe droit, novembre 2015 ; L. Devic, *Fonds de dotation, Création, Gestion, Évolution,* 2de édition, juris éditions, 2014.

des différences notables avec les FRUP dont la durée est en principe illimitée alors que le fonds de dotation peut être créé pour une durée déterminée. Le fonds de dotation ne traduit pas une volonté de vivre en commun, de définir un lieu de sociabilité et de partage, comme peut l'être une association, une fondation et, a fortiori, une fondation d'entreprise. Il s'agit pour l'essentiel d'un mécanisme financier qui permet de réunir en qualité de « relais » des ressources destinées à financer un projet d'intérêt général dont un organisme est en charge. Pour autant, des fonds de dotation peuvent être « opérationnels » et rejoindre ainsi les préoccupations d'organismes précités, voire prolonger la responsabilité sociale des entreprises et concurrencer ainsi les fondations d'entreprise. Pour limiter les « coquilles vides », l'article 85 de la loi n° 2014-856 relative à l'économie sociale et solidaire du 31 juillet 2014 impose une dotation initiale pour les fonds de dotation dont le montant minimum est fixé à 15 000 €[390]. Le succès de la formule tient certes à la souplesse de son dispositif à l'instar de la création d'une association simplement déclarée, mais également à des avantages fiscaux comparables à ceux existant au titre des fondations.

52— Sur un plan quantitatif, ces mécanismes font florès, « En 2022, plus de 5 300 fondations et fonds de dotation sont en activité. Leur poids économique est lui aussi à la hausse avec 40 milliards d'euros d'actifs détenus et près de 15 milliards de dépenses »[391]. Selon cette étude consacrée aux fondations et fonds de dotation : « Le domaine d'intervention principal varie également selon le statut juridique. En particulier, alors que l'action sociale est le premier domaine d'intervention des FRUP (32 %), des fondations abritées (29 %) et des fondations d'entreprise (26 %), il s'agit du deuxième domaine d'intervention des fonds de dotation (21 %) pour lesquels les arts et la culture sont le premier domaine (23 %) »[392]. Sur le plan qualitatif, par opposition à un mécénat classique, les fonds de dotation sont susceptibles d'offrir aux donateurs une garantie de pérennité à leur acte de générosité. Ce mécanisme offre en outre la possibilité par des levées de fonds pluriannuelles, d'une dynamique de protection du patrimoine artistique et culturel. Sur un plan patrimonial, le fonds de dotation répond en somme à un but de conservation d'un monument emblématique ou de présentation au public d'une collection d'œuvres d'art à des fins perpétuelles. Le fonds de dotation s'est en somme imposé comme un outil privilégié, car, s'il répond au même objectif que la

---

[390] Décret n° 2015-49 du 22 janvier 2015 relatif aux fonds de dotation. Pour la création de fonds de dotation, il n'existe pas de statuts types, mais un clausier mis en ligne par la Direction des affaires juridiques du ministère de l'Économie et des Finances.

[391] L'observatoire de la philanthropie, *Les fondations et fonds de dotation en France*, 6e édition, 2023.

[392] L'observatoire de la philanthropie, *Les fondations et fonds de dotation en France*, 6e édition, p. 21, 10 avril 2023.

fondation, sa constitution et sa gestion bénéficient d'une absence de tutelle administrative. De la décennie écoulée, on peut distinguer deux types de fonds de dotation. Un premier ensemble est caractérisé par l'adossement du fonds de dotation à un organisme public ou à un organisme privé régulièrement subventionné par l'État ou par une collectivité territoriale et son but est de faciliter le mécénat dont peut bénéficier ledit organisme[393]. On peut citer comme exemple l'emblématique fonds de dotation du Musée du Louvre[394], le fonds de dotation de la BNF ou bien encore celui du théâtre national de Chaillot et plus récemment du centre Pompidou. Les fonds de dotation d'initiative publique, alimentés par des donateurs privés, ne cessent de se multiplier. Ainsi, en créant le Fonds de dotation « Loches Patrimoine et Culture », Loches fut l'une des premières villes de plus de 1000 habitants à utiliser ce nouvel outil de mécénat, permettant à l'ensemble de la population de participer efficacement au développement culturel et économique de sa ville. Ainsi, le fonds de dotation a apporté son soutien, au programme de restauration de la collection des tableaux de l'église Saint-Antoine entrepris par la ville de Loches ; à la restauration de la porte Royale et demain à la restauration de la « collégiale Saint-Ours ». L'intérieur de l'église abrite le tombeau d'Agnès Sorel, dame de Beauté, favorite de Charles VII. Son admirable gisant sculpté en fait un chef-d'œuvre de la statuaire du Moyen Âge. Le projet de restauration de cet ensemble s'inscrit dans le cadre de la mise en valeur de la Cité royale de Loches. En outre, le financement participatif ou *crowdfunding* fait florès. Il vise à faire appel aux internautes pour recueillir des fonds sur un projet défini[395]. Pour les y inciter, les porteurs de projet mettent en place un système de contreparties propres à chaque opération. Dans le domaine du patrimoine culturel, ce financement participatif s'apparente pour l'essentiel à un procédé de dons et non pas de co-investissement. Les dons ouvrent droit au régime fiscal du mécénat[396].

53— D'autres fonds de dotations sont créés à l'initiative de personnes physiques ou morales pour dynamiser un projet d'intérêt général qu'il s'agisse par exemple d'une société d'économie mixte à l'origine du fonds de dotation

[393] Cet adossement est encouragé par le ministère de l'Économie qui y voit une possibilité de diversification des ressources propres aux organismes culturels.

[394] Établi en 2010 à la suite de la signature de l'accord intergouvernemental avec les Émirats arabes unis sur la licence de marque du Louvre pour le musée d'Abou Dabi, le fonds de dotation du Louvre a pour objet de capitaliser les produits issus de ce partenariat ainsi que d'autres dons et legs, et d'en redistribuer les produits financiers pour contribuer au financement des actions d'intérêt général du Musée du Louvre.

[395] Un des premiers exemples particulièrement réussis dans le domaine du patrimoine culturel immobilier concerne le Centre des Monuments Nationaux (CMN) qui a lancé en novembre 2012 une opération de *crowdfunding* avec My Major Compagny (MMC) en vue de la restauration de la porte du Panthéon.

[396] Réponse ministérielle L.Tardy, 25 juin 2013, n° 16632, JOAN, p. 6704.

relatif à la mise en valeur du site de Lascaux, ou bien de particuliers désireux de préserver une collection d'art contemporain dans le cadre du fonds de dotation Bredin-Prat ou bien encore du fonds de dotation « un pied devant l'autre » constitué en 2010 par l'étude notariale de Bruno Chevreux et qui a permis de soutenir financièrement le théâtre des bouffes du Nord. En définitive, les fonds de dotation en matière culturelle ne se limitent pas à la préservation d'un patrimoine artistique ou culturel, mais englobent le patrimoine naturel et culturel y compris immatériel. Cela étant, l'attractivité des fonds de dotation tient également à des atours fiscaux articulés autour d'un mécénat de plus en plus sollicité au gré d'une politique de dépenses fiscales et d'un dispositif de transmission de patrimoine facilité par des exonérations fiscales. L'appel au *crowdfunding* est manifeste lorsqu'il s'agit de restaurer un patrimoine de proximité. Cette appropriation symbolique du patrimoine culturel par les citoyens devient un enjeu territorial dans la mesure où cette intimité, cette médiation se noue à raison d'une proximité entre le citoyen et le patrimoine à valoriser. Ainsi, une campagne de financement participatif a permis la restauration en 2023, du château du lieu-dit Le Logis, à Fontenay sur Vègre, dans la Sarthe.

54— Faute de texte législatif, l'administration fiscale apprécie la mission des organismes d'intérêt général à partir d'un faisceau d'indices qui donnent un éclairage, d'une part, sur les domaines d'activité relevant de l'intérêt général [397]et, d'autre part, sur les conditions de reconnaissance d'intérêt général d'une œuvre ou d'un organisme[398]. Ces conditions ne renvoient ni à la notion d'utilité publique attachée à une fondation reconnue d'utilité publique par le Conseil d'État ni à la notion d'utilité sociale retenue par le législateur au titre de l'économie solidaire. S'agissant d'une notion autonome, la doctrine fiscale identifie cette reconnaissance à une triple condition[399]. En premier lieu, les organismes doivent agir sans but lucratif, c'est-à-dire exercer majoritairement des activités exonérées d'impôts commerciaux, au sens de l'article 206, 1 du

---

[397] Aux termes des articles 200 et 238 bis du CGI commentés par l'administration fiscale, une activité est considérée comme d'intérêt général, c'est-à-dire si elle présente un caractère philanthropique, éducatif, scientifique, social, familial, humanitaire, sportif, culturel ou si elle concourt à la mise en valeur du patrimoine artistique, à la défense de l'environnement naturel ou à la diffusion de la culture, de la langue et des connaissances scientifiques françaises.

[398] Pour apprécier la doctrine administrative, il convient de se reporter à BOI-IR-RICI-250-10-10 du 26 juillet 2016, actualisé le 10 mai 2017.

[399] Voir notamment M.Jamet et W. Meynet, « La vampirisation de l'intérêt général par le droit fiscal » in JA 2019 n° 600 p.19, B. Clavagnier, « L'intérêt général dans tous ses états » in JA 2016 n° 546 p.27, voir également JA 2019 n° 595, dossier relatif à *L'intérêt général, un concept en mutation*, J-B. Autric et X. Delsol, « Intérêt général, cercle restreint de personnes : une interprétation pertinente » in JA 2017 n° 570 p.38 et A.Verjat, « L'intérêt général n'était pas au rendez-vous » in JA 2018 n°583 p.38

code général des impôts, sur le fondement de la règle des « 4 P »[400]. En second lieu sont exclus les dons faits à des organismes dont la gestion n'est pas désintéressée, même si leur activité n'est pas lucrative. Dès lors, la gestion de l'association ne doit procurer aucun avantage matériel direct ou indirect aux fondateurs, dirigeants ou membres de celle-ci. Cependant, la présence d'un administrateur d'une association au sein du conseil d'administration d'un fonds de dotation qu'elle a créé ou qu'elle contrôle n'est pas de nature à remettre en cause le caractère désintéressé de la gestion que doit revêtir le fonds de dotation. Ainsi, selon l'administration « Rien n'interdit qu'il y ait identité de dirigeant avec l'organisme adossé dans le statut juridique et fiscal du fonds de dotation »[401]. En troisième et dernier lieu, les organismes qui fonctionnent au profit d'un cercle restreint de personnes sont exclus du champ d'application de la réduction d'impôt, même s'ils remplissent les deux conditions précédentes[402]. Cette dernière condition a connu un assouplissement de l'administration fiscale à partir de 2017,[403] mais il n'en demeure pas moins qu'un organisme fonctionne au profit d'un cercle restreint de personnes lorsqu'il poursuit les intérêts particuliers d'une ou plusieurs personnes clairement individualisables, membres ou non de l'organisme. Deux affaires illustrent les difficultés contentieuses d'une telle interprétation. Ainsi, une association souhaitant rassembler des choristes de bon niveau pour perfectionner leur formation vocale et musicale par la pratique du chant polyphonique en privé et en public à un haut niveau d'exigence artistique n'est pas d'intérêt général, ni pour l'administration fiscale ni pour le juge de l'impôt. Le fait que cet art soit exercé à l'occasion de concerts publics n'a pas été retenu comme pertinent[404]. À l'opposé, un autre contentieux à la frontière du « culturel » et du « cultuel » témoigne d'une interprétation extensive. Une association ayant pour objet principal de promouvoir et pratiquer les enseignements et les arts tibétains bouddhistes peut-être d'intérêt général[405]. En somme, peuvent ainsi relever de l'intérêt général des pratiques culturelles

---

400 BOI-IS-CHAMP-10-50-10-10, du 5 avr. 2017. Toutefois, il est admis que l'existence d'activités lucratives ayant fait l'objet d'une sectorisation dans les conditions prévues par l'Administration ne remet pas en cause la qualification d'intérêt général d'une association ou d'une fondation.

401 RM Marland-Militello n° 62981, JO AN 17 mai 2011 p.5104.

402 BOI-BIC-RICI-20-30-10-10, du 10 mai 2017, § 130, 160 et 170.

403 Au paragraphe 150 de l'instruction précitée, BOI-IR-RICI-250-10-10. Il est indiqué « La circonstance qu'un organisme rassemble des personnes liées par l'appartenance à un groupe déterminé ne permet pas de présumer qu'il fonctionne au profit d'un cercle restreint de personnes, dans la mesure où cette circonstance ne préjuge pas des bénéficiaires des actions menées par cet organisme.

404 TA Amiens, 26 mars 2009 , n° 07-2684

405 Cour d'appel Riom, 27 nov. 2017, n° 17-00329.

mêmes confidentielles et réservées à quelques-uns y compris dans un contexte spirituel dès lors que les publics peuvent prétendre y avoir accès.

55— Sous ces réserves, les revenus du patrimoine et de l'activité des fonds de dotation bénéficient d'avantages fiscaux. Selon l'article 206,1 bis du code général des impôts, sont réputées non lucratives les activités de gestion et de capitalisation, par les fonds de dotation, de dons, droits et legs dont les fruits sont versés à des organismes remplissant l'ensemble des critères de non-lucrativité ou à des organismes publics, et ce, pour l'exercice d'activités principalement non lucratives[406]. En outre, l'activité du fonds de dotation ne doit pas être lucrative. L'activité exercée ne doit pas concurrencer des entreprises du même secteur. Dans le cas contraire, l'activité reste toutefois non lucrative si elle s'exerce dans des conditions différentes. Il est toutefois admis que le fonds de dotation puisse exercer à titre accessoire une activité lucrative. Les activités non lucratives du fonds de dotation doivent toutefois rester significativement prépondérantes et le montant des recettes d'exploitation encaissées au titre des activités lucratives ne doit pas excéder 78 596 euros au cours de l'année civile. L'exonération des impôts commerciaux conduit néanmoins à soumettre à l'IS au taux réduit de 24 % les revenus du patrimoine immobilier lorsque le fonds de dotation est consomptible[407]. Ce taux est fixé à 10 %[408], 15 %[409] ou à 24 %[410] pour certains

[406] L'article 206, 1 bis du CGI ajoute un cas très spécifique de non-lucrativité s'agissant des fonds de dotation « relais » en établissant la liste des seuls organismes auxquels peuvent être versés les fruits des activités de gestion et de capitalisation. Ainsi, sont réputées non lucratives bénéficiant de l'exonération d'IS (CGI, art. 206-5), les activités de gestion et de capitalisation de la dotation, de dons, droits et legs dont les fruits sont versés par le fonds aux organismes énumérés à l'article 206, 1 bis du CGI, à savoir : – les associations régies par la loi du 1er juillet 1901, – les associations régies par la loi locale maintenue en vigueur dans les départements de la Moselle, du Bas-Rhin et du Haut-Rhin, – les syndicats régis par les articles L. 2131-1 à L. 2135-2 du code du travail, – les fondations reconnues d'utilité publique, – les fondations d'entreprise, – d'autres fonds de dotation et les congrégations, à condition qu'elles respectent les critères d'intérêt général susvisés, ou à des organismes publics pour l'exercice d'activités non lucratives lorsque leurs activités non lucratives restent significativement prépondérantes et le montant de leurs recettes d'exploitation encaissées au cours de l'année civile au titre de leurs activités lucratives n'excède pas 78 596 €. À l'inverse, un fonds soutenant des organismes « hors liste de l'article 206, 1 bis » est assujetti à l'IS dans les conditions de droit commun.

[407] Il s'agit des revenus de la location des immeubles bâtis et non bâtis dont les OSBL sont propriétaires

[408] Par exemple pour les produits des obligations, titres participatifs, effets publics et autres d'emprunts négociables émis depuis le 1er janvier 1987

[409] Par exemple pour les dividendes de sociétés françaises ou étrangères perçus sur les exercices clos depuis le 31 décembre 2009

[410] Par exemple pour les intérêts et autres produits des livrets ordinaires.

produits financiers en vertu de l'article 219 bis du CGI. Les fonds de dotation dont les statuts ne prévoient pas la possibilité de consommer leur dotation en capital sont exonérés d'IS au taux de 10 %, 15 % et 24 %.

56— Les fonds de dotation s'inscrivent également dans la durée en privilégiant à titre posthume ou par anticipation de préserver un patrimoine culturel ou artistique qui serait voué à un émiettement successoral. Le fonds de dotation, relais ou opérationnel, assure in fine une gestion collective de la transmission de patrimoine pour contrer d'une part la labilité d'une mémoire individuelle et d'autre part entretenir un élément du patrimoine culturel dont la fragilité est attestée. Il s'agit d'un mécanisme dont le succès tient pour partie à ses immunités fiscales[411]. C'est en somme sur fond d'exonérations fiscales que s'est forgé l'abolition de la distance par rapport au passé pour rendre pérenne une mémoire patrimoniale collective. Toutefois, le caractère irrévocable de la dotation et des donations conduit à imaginer des montages juridiques dont il nous faut apprécier leur validité sur un plan juridique et fiscal. Les fonds de dotation exerçant une activité principale non lucrative et d'intérêt général et les fonds « relais » sont exonérés de droits de mutation à titre gratuit sur les libéralités qu'ils reçoivent et du prélèvement *sui generis* au titre des contrats d'assurance-vie en vertu de l'article 990 I du CGI, lorsque ces organismes sont bénéficiaires d'un tel contrat aléatoire c'est-à-dire d'une stipulation pour autrui[412]. L'intérêt du recours à un fonds de dotation est d'abord civil. En effet, avant la création d'un fonds de dotation, la transmission d'un patrimoine privée par voie de legs ne pouvait être opérée que par la création d'une fondation abritée sous les Fourches caudines d'une fondation fiduciaire ou reconnue d'utilité publique. Désormais, le législateur introduit un mécanisme plus souple afin de continuer la personnalité du défunt sur le terrain du legs à une institution. En effet, l'article 140, IV de la loi n° 2008-776 du 4 août 2008 prévoit qu'un legs peut être fait au profit d'un fonds de dotation qui n'existe pas au jour de l'ouverture de la succession, sous la condition suspensive qu'il acquière la personnalité morale dans l'année suivant l'ouverture de celle-ci. En principe, les héritiers saisis des biens légués sous cette condition, sont tenus de les déclarer et d'acquitter les droits de mutation à titre gratuit y afférents. En effet, lorsque la condition est suspensive, le légataire n'a aucun droit certain et actuel sur le legs, dont le

---

[411] Compte tenu de la capacité d'exercice consentie aux fonds de dotation, l'article 47 de la loi de finances pour 2019 a mis en cohérence l'article 795 2° du CGI en prévoyant l'exonération des droits de mutation à titre gratuit sur les dons et legs faits pour l'ensemble des Fondations et Associations reconnues d'utilité publique dont les activités sont d'intérêt général au sens de l'article 200-1 du CGI

[412] Les personnes morales ou organismes bénéficiaires des dons et legs exonérés de droits de mutation à titre gratuit en application des dispositions de l'article 795 du CGI ou de l'article 795-0 A du CGI sur les sommes qui leur sont versées à raison des contrats d'assurance en cas de décès sont exonérés de ce prélèvement fiscal.

montant n'est pas déduit de l'actif recueilli par les héritiers ou légataires universels[413]. L'instruction fiscale précise « Lors de la délivrance du legs, les droits deviennent exigibles d'après sa valeur et selon les tarifs en vigueur au jour de la réalisation de la condition. En contrepartie, les droits versés en excédent par les héritiers ou légataires universels sont restituables après l'accomplissement de la condition »[414]. En d'autres termes, les droits acquittés sont restituables ou imputables après la réalisation de la condition, c'est-à-dire lorsque le fonds de dotation a acquis la personnalité morale dans le délai d'un an suivant l'ouverture de la succession. Dans ce cas, la personnalité morale du fonds de dotation rétroagit au jour de l'ouverture de la succession. L'exonération de droits de mutation à titre gratuit s'applique donc que le don soit ou non constaté par un acte et, s'il est constaté par un acte, quelle qu'en soit la forme (acte authentique ou sous seing privé). Cette exonération de droit de mutation à titre gratuit est d'autant plus intéressante que les libéralités effectuées au profit d'un fonds de dotation ne sont pas soumises aux dispositions de l'article 910 du Code civil. Les dons manuels sont quant à eux exonérés de droits de mutation à titre gratuit (DMTG) si le fonds de dotation présente un caractère d'intérêt général au sens fiscal. Si le fonds de dotation ne remplit pas les conditions requises, les libéralités reçues sont imposées au taux de 60 % alors que les dons et legs octroyés aux fondations reconnues d'utilité publique non éligibles à une exonération particulière supportent un droit de mutation analogue à celui existant dans les liens de parenté entre frères et sœurs[415].

57— S'agissant principalement de fonds relais, il est possible d'adosser un fonds de dotation à une association culturelle ou cultuelle afin de gérer un bien immobilier. Jusqu'à l'adoption de la loi de modernisation de l'économie (LME), les associations détournaient leur interdiction de posséder des immeubles en transmettant ces biens à des sociétés civiles immobilières. L'utilisation d'un fonds de dotation plutôt qu'une SCI permet d'éviter la fiscalité rattachée à l'acte d'apport, ainsi que celle applicable aux revenus de l'immeuble si le fonds de dotation est non consomptible, faute de quoi l'IS au taux réduit serait applicable à ces revenus. Au-delà de cet adossement d'un fonds de dotation à une association, il est également possible de valoriser le bien immobilier en utilisant un bail emphytéotique[416]. Ce dernier constitue ainsi une variété de baux, qui confère au preneur (l'emphytéote), pendant une

---

[413] BOI ENR-DMTG-10-10-10-10 du 9 septembre 2012, paragraphe 110.
[414] BOI-ENR-DMTG-10-20-20-du 29 mars 2019, paragraphe 360.
[415] En vertu de l'article 777 du CGI les FRUP non éligibles à une exonération sont soumis à des droits de 35% pour la fraction nette n'excédant pas 24 430 € et à 45% au-delà.
[416] Voir J-R. Pellas, « Les aspects fiscaux du bail emphytéotique au miroir des monuments historiques » in G.Goffaux Callebaut et A. Verjat, *Bail emphytéotique et monuments historiques*, L'harmatttan ,2024,p.111

durée comprise entre plus de 18 ans et 99 ans, un droit réel immobilier de jouissance sur l'immeuble lui permettant d'exercer pleinement ses droits. Dans le cadre d'un mécénat sur les monuments historiques privés, le propriétaire et le fonds de dotation emphytéote pourraient devenir « cosignataires » d'une convention de mécénat au risque d'un éventuel blocage en cas de désaccord. Cependant, la liberté d'exploitation conférée à l'emphytéote doit lui permettre une jouissance effective du monument historique alors que le refus de signature de la convention par le propriétaire risquerait de rendre précaire le droit réel de l'emphytéote. Depuis le 1er janvier 2017, le titulaire d'un bail emphytéotique se comporte comme le propriétaire en l'espèce du monument historique. La doctrine administrative se contente de préciser dans un commentaire elliptique que « Corrélativement, le propriétaire du monument historique donné à bail emphytéotique ne peut donc lui-même se prévaloir des dispositions du 3° du I de l'article 156 du CGI ». Elle précise également la portée dans le temps de cette « substitution » : « Les dispositions de l'article 31-0 bis du CGI s'appliquent aux baux emphytéotiques conclus à compter du 1er janvier 2017 »[417]. L'avantage de lier le bail emphytéotique au fonds de dotation serait en quelque sorte de préserver l'intégrité d'un monument historique en permettant de dégager des ressources financières nécessaires à la conservation et la mise en valeur de ce bien immobilier d'exception. En ce qui concerne le patrimoine mobilier attaché au monument historique, il a été suggéré par la professeure Christine Ferrari-Breeur d'avoir recours au commodat dans le cas spécifique des meubles[418]. Il serait alors opportun d'exclure les meubles du bail emphytéotique pour les intégrer dans un commodat, et ce afin d'assurer une protection juridique accrue du propriétaire en cas de dégradation. Le fonds de dotation pourrait ainsi assurer la restauration des éléments « de décor » du monument historique.

58— L'apport d'un usufruit par nature temporaire en vertu de l'article 619 du Code civil[419] recèle des potentialités qui méritent un examen approfondi. Le démembrement de propriété constitue un outil dont les vertus en matière de gestion du patrimoine privé ou professionnel ne sont plus à démontrer,

---

[417] BOI-RFPI-SPEC-30-20160621, § 35

[418] L'article 1875 du Code civil définit le prêt à usage comme *« un contrat par lequel l'une des parties livre une chose à l'autre pour s'en servir, à la charge par le preneur de la rendre après s'en être servi »*.

[419] Un usufruit constitué au profit d'un fonds de dotation pour le temps de son existence contreviendrait au principe de prohibition des engagements perpétuels. À-propos des personnes morales, Cass. civ. 7 mars 2007 n° 06-12-568, D 2007. 2084, note F. Julienne ; voir pour une étude d'ensemble V. Depadt Sebag, « L'usufruit temporaire des personnes physiques » in RTDC 2010 p. 667. Il faut le distinguer d'un droit réel de jouissance spéciale qui peut avoir une durée égale à celle de la fondation : Cass. 3e civ., 8 sept. 2016, n° 14-26953, PB, note F. Danos in RDC 2017 n° 1 p.123

spécialement sous cette forme particulière qu'est la constitution d'un usufruit à durée fixe. D'une part, le fonds de dotation pourra restaurer, entretenir et mettre en valeur un monument historique et d'autre part au terme fixé par la convention, le bien reviendra aux propriétaires du monument historique, ce qui contourne au demeurant le caractère irrévocable de la donation. Outre l'œuvre philanthropique voulant mettre à disposition une partie de son patrimoine au profit d'un organisme à vocation d'intérêt général, donner temporairement l'usufruit de son bien immobilier amplifie une empreinte fiscale non dénuée d'intérêt[420]. En premier lieu, comment constituer cet apport en usufruit pour une durée fixe maximale de 30 ans au profit du fonds de dotation ? La voie de la donation semble privilégiée sous réserve, selon le droit commun, de supporter un droit de donation dont l'assiette à un coût fiscal égal à 23 % de la pleine propriété par période de 10 ans en vertu de l'article 669-2 du CGI. À l'instar des FRUP, l'affectation d'un bien immobilier opéré par la donation de l'usufruit temporaire s'effectue sans supporter des droits de donation puisque le fonds de dotation est exonéré de droits de mutation à titre gratuit en vertu de l'article 795-14° du CGI. La donation d'usufruit à durée fixe est regardée avec méfiance par l'Administration, sauf dans l'hypothèse où elle traduit une réelle intention patrimoniale ou en l'espèce philanthropique du donateur[421]. En second lieu, la donation d'un usufruit temporaire à un fonds de dotation permet de réaliser une économie substantielle en matière d'impôt sur la fortune immobilière[422]. En effet, le bien est exclu de la base de l'impôt sur la fortune immobilière (IFI) sans pour autant être taxable au titre du fonds de dotation qui est une personne morale non redevable de l'IFI à l'instar de toutes les autres personnes morales. Toutefois, une réponse ministérielle de 2003 met en garde contre les donations d'usufruit temporaire fictives ou ayant pour seul but d'éluder, à l'époque, l'impôt de solidarité sur la fortune[423]. Pour contrer les montages abusifs, l'administration fiscale pose certaines conditions à la régularité d'une donation d'usufruit à durée fixe :

– L'opération doit prendre la forme d'un acte notarié ;

– Elle doit être réalisée au profit des organismes d'intérêt général[424] ;

---

[420] Voir B. Cosson, « Donation d'usufruit temporaire et fonds de dotation : la bonne combinaison » in BPAT 6/2013 p.208

[421] Voir P. Camelo Cassan, « De l'optimisation à l'abus de droit : le partage des mots, l'exemple des usufruits temporaires » in *Droit fisc.* 7/2017 n° 154.

[422] L'impôt sur la fortune immobilière consiste en une taxation progressive des actifs immobiliers détenus par une personne physique, lorsque la valeur du patrimoine net est supérieure à 1.300.000 euros.

[423] Réponse ministérielle J-C. Beaulieu, JO AN 14 juillet.2003, p. 5589.

[424] L'administration fiscale rappelle que *« l'intérêt général se caractérise par l'exercice d'une activité non lucrative, le caractère désintéressé de la gestion et*

– La période de démembrement doit être d'au moins 3 ans ;

– L'opération doit porter sur des actifs contribuant à la réalisation de l'objet de l'organisme bénéficiaire et préserver les droits de l'usufruitier[425].

Toutefois, la donation d'usufruit temporaire à un fonds de dotation ne fait pas bénéficier le donateur, en tant que telle, de réductions d'impôts particulières. Celle-ci n'est ni éligible à la réduction d'impôt sur le revenu au titre de l'article 200 du CGI en faveur des donations en pleine propriété, ni à celle au demeurant de l'article 238 bis du CGI. En troisième lieu, la réalisation d'une donation d'usufruit temporaire permet de ne pas contribuer à la dotation en capital du fonds de dotation puisque seuls des flux de revenus alimentent le fonds et constituent des ressources. Il est donc concevable selon monsieur Bernard Cosson « d'avoir un fonds de dotation à capital non consomptible (ce qui lui permet d'être exonéré d'impôt sur les sociétés sur tous ses revenus patrimoniaux) avec une dotation en capital faible »[426]. En quatrième et dernier lieu, sur un plan comptable, la valeur des droits reçus dans la donation n'est pas traitée de façon précise dans les textes actuels. Il s'agit d'une libéralité représentative d'un avantage économique futur pour le fonds qui la reçoit. Si l'usufruit d'un bien a vocation à se retrouver à l'actif du bilan, en tant qu'immobilisation incorporelle, la question de son amortissement sur la durée de la donation temporaire d'usufruit n'est pas traitée dans les textes en vigueur. Le juge de l'impôt retient un principe assez simple, celui de son amortissement sur la durée des droits acquis et qui prennent fin à une date déterminée.

59— Intégré dans une mécanique favorable au mécénat, le fonds de dotation à vocation culturelle interpelle sur le plan des politiques publiques et du financement des dépenses culturelles. Après avoir loué les avantages fiscaux inhérents aux fonds de dotation, relevons que la réponse néolibérale consiste à soutenir le marché sans nécessairement financer le service ; c'est la logique de la dépense fiscale. Il ne s'agit plus d'une aide tutélaire pour l'usage d'un patrimoine déterminé, mais d'une aide indirecte adossée à une transmission de patrimoine érigée en droit subjectif. Sur un plan idéologique, la force du

---

l'absence de fonctionnement au profit d'un cercle restreint de personnes » et *« Il conviendra systématiquement de mesurer un projet philanthropique à l'aune de ces critères essentiels et fondateurs », 108e Congrès des notaires de France. Montpellier, 2012. La transmission : rapport n° 4379.*

[425] B. Cosson, précise à juste titre que « Les biens concernés ne doivent pas faire l'objet d'une réserve générale d'administration. Cela étant, l'organisme bénéficiaire peut, pour des raisons pratiques, ne pas souhaiter exercer toutes les prérogatives liées à son usufruit (participation aux assemblées générales des actionnaires, liberté de gestion d'un portefeuille de valeurs mobilières, signature des baux…) », *op. cit.* p. 208.

[426] B.Cosson, *op.cit.* p.208

néolibéralisme réside moins dans la subtilité de son argumentation que dans la rugueuse simplicité de ses principes. Plutôt que de dénouer les fils emmêlés de l'écheveau et de se prêter à un examen détaillé, il tranche brutalement le nœud inextricable du financement public de la culture. Il oppose une formule simple qui au bout du compte relève moins de la démonstration que de l'adhésion : la supériorité a priori du marché. N'est-ce pas soumettre à un risque de marché la fabrique du patrimoine culturel ?

Chapitre IV : La fiscalité relative aux monuments non protégés

La promotion des monuments non protégés dans les rets d'une politique de labellisation

60— Comme jadis Minerve sortit toute armée du cerveau de Jupiter, l'administration centrale a multiplié le recours aux labels pour orienter l'action publique. Tout d'abord, il importe de souligner la pluralité de ces labels[427] dans le domaine culturel ou naturel[428], dont l'initiative peut relever de l'État, au soutien d'une politique muséale[429] ou de la mise en valeur d'un patrimoine vernaculaire[430]. Les labels sont instrumentalisés afin de favoriser le développement économique et touristique d'une collectivité territoriale[431] ou à celle de l'État à l'instar du label des villes ou pays d'art et d'histoire[432]. En outre, des appellations sont suscitées par des personnes privées, notamment des associations chargées de mobiliser des initiatives, pour conserver des ensembles non protégés grâce au label « Vieilles maisons de France » ou bien encore de valoriser la culture bretonne dans le cadre du label « Port d'intérêt patrimonial ». La nature juridique incertaine des labels culturels est prégnante. À titre liminaire, rappelons que le terme de label est déjà par lui-même source d'ambiguïté. Dérivé de l'anglais *label* et transporté

[427] Voir Ph. Tanchoux et F. Priet,L *les labels dans le domaine du patrimoine culturel et naturel,* PUR, 2020.

[428] La distinction entre un patrimoine culturel et un patrimoine naturel demeure ambiguë tant ces notions peuvent être imbriquées dans le cadre par exemple des grottes de Lascaux ornées de peintures rupestres ou bien encore du Mont-Saint-Michel où le spirituel rencontre le culturel dans les enceintes d'un site protégé. L'imbrication du culturel et du naturel est sensible. Ainsi, en 2018, le label « Grand site de France » pour le territoire d'« Aigues-Mortes-Camargue Gardoise-Saint-Gilles » a remplacé le label précédent intitulé « Grand site de la Camargue Gardoise » et s'étend désormais au patrimoine culturel.

[429] Voir par exemple, J-R. Pellas, « Le label « Musée de France », instrument de pilotage du service public muséal » , in M.Cornu, J.Fromageau et D.Poulot, *2002, Genèse d'une loi sur les musées*, La documentation française, 2022, p. 289.

[430] Voir E. Cosson, *Le label de la fondation du patrimoine*, mémoire master 2 droit du patrimoine culturel, 2021-2022, Université de Paris-Saclay, à paraître dans la collection Droit du patrimoine culturel et naturel (M. Cornu et J. Fromageau dir), aux éditions L'Harmattan.

[431] Plus récemment ont été crées, le label patrimoine rural d'intérêt départemental pour le département de la Seine-Maritime ou le label patrimoine d'intérêt régional pour la région Île-de-France.

[432] Ce label est attribué depuis 1985 par le ministère en charge de la Culture et de la Communication aux communes ou aux pays qui s'engagent dans une politique d'animation et de valorisation de leurs patrimoines bâtis, naturel et industriel, ainsi que de l'architecture.

dans la langue française, le terme label semble correspondre à un lambeau, une bande ou une frange de quelque chose. Selon le vocabulaire juridique, le label se définit comme « un signe distinctif apposé sur un produit destiné à la vente ou accompagnant un service et garantissant une certaine qualité du produit, ou certaines caractéristiques du service. »[433]. Au miroir du *negotium*, l'ambivalence des labels de l'action culturelle de l'État est à son apogée, car ils ne sont pas que « des signes distinctifs », mais un ensemble de dispositions regroupant des obligations et des devoirs à la charge de leurs destinataires, dans le cadre d'un acte, mixte, hybride et plus précisément gigogne qui associe un acte unilatéral à des stipulations contractuelles. Dans le cadre d'une architecture binaire des actes, leur nature juridique d'acte unilatéral ou de convention est en débat. Dans le sillage d'une logique de certification, les labels du patrimoine culturel offrent « un signe de qualité octroyé par une institution privée ou publique telles une société, une association, une fondation ou une administration »[434]. Quelle est la valeur normative de ces labels ? Selon le professeur François Priet, l'hétérogénéité des labels dans le domaine culturel laisse transparaître une force normative dont l'objectif ultime est de garantir la qualité patrimoniale lato sensu, « en fonction d'une échelle de normativité ou, si l'on préfère, d'une normativité graduée »[435]. Cette normativité a été sensiblement renforcée par la loi du 7 juillet 2016 relative à la liberté de la création, à l'architecture et au patrimoine[436]. Le législateur a introduit un dispositif relatif aux labels et au conventionnement dans les domaines du spectacle vivant et des arts plastiques. L'article 5 a institué douze labels pouvant être accordés à des structures gérées par des personnes morales de droit public ou de droit privé et les services en régie d'une collectivité territoriale. Aussi, l'attribution est subordonnée au respect d'un projet artistique et culturel d'intérêt général. Il précise dans ce propos que, « dans le cadre de l'attribution d'un label [...], l'intérêt s'apprécie au regard d'un cahier des missions et des charges, qui fixe des objectifs de développement et de renouvellement artistique, de coopération entre établissements, d'engagement au service de la diversité artistique, de démocratisation culturelle par des actions de médiation » (al. 3). La référence formelle à un « cahier des charges et des missions » introduit un élément

---

[433] G. Cornu, « Label », *vocabulaire juridique*, PUF, 14e édition 2022.

[434] G. Goffaux-Callebaut, « La juridicité des labels dans le domaine du patrimoine culturel et naturel, regards de droit privé », in Ph. Tanchoux et F. Priet, *Les labels dans le domaine du patrimoine culturel et naturel,* PUR, 2020 p. 205

[435] F. Priet, « Les labels en matière patrimoniale : essai d'identification juridique » in Ph. Tanchoux et F. Priet, *Les labels dans le domaine du patrimoine culturel et naturel,* PUR, 2020 . p. 185-204

[436] Loi n° 2016-925, *JO* du 8. Voir M. Le Roux, « Le volet « patrimoine » de la loi du 7 juillet 2016 relative à la liberté de création, à l'architecture et au patrimoine », Droit administratif, mars 2017, étude 5 ; M. Cornu «Le législateur culturel et les chantiers de la création, de l'architecture et du patrimoine », CCE mars 2017.

contraignant de nature à souligner la force normative des labels. Indépendamment des arts du spectacle, les labels patrimoniaux autorisent une mise en valeur du patrimoine culturel immobilier. Le label « Maisons des illustres » a été créé en 2011 par le ministère de la Culture et de la Communication pour signaler au public les lieux dont la vocation est de conserver et transmettre la mémoire des femmes et des hommes qui les ont habités et se sont illustrés dans l'histoire politique, sociale et culturelle de la France. Elles composent un réseau de lieux de mémoire majeurs pour la compréhension de l'histoire locale et nationale, et du rôle joué par ses acteurs politiques, religieux, scientifiques et artistiques et témoignent de la diversité patrimoniale de notre pays, dans ses traces monumentales comme dans celles laissées dans l'imaginaire collectif. Le label est attribué aux maisons qui ouvrent leurs portes aux visiteurs plus de quarante jours par an et qui ne poursuivent pas une finalité essentiellement commerciale. Il garantit un programme culturel de qualité (authenticité et originalité du contenu muséographique, organisation régulière de manifestations culturelles) et propose des formes d'accompagnement à la visite adaptées à tous, notamment au public scolaire. En outre, la connaissance, la conservation et la mise en valeur du patrimoine architectural et urbain du XXe siècle constituent l'un des enjeux majeurs du ministère de la Culture et de la Communication. Le label « Patrimoine du XXe siècle » a ainsi pour objectif d'identifier et de signaler à l'attention du public, au moyen notamment d'un logotype, les édifices et ensembles urbains qui, parmi les réalisations architecturales de ce siècle, sont autant de témoins matériels de l'évolution technique, économique, sociale, politique et culturelle de notre société. Sans incidence juridique ni financière, ce label est attribué par le préfet de région, après examen en commission régionale du patrimoine et des sites[437]. Lors de l'adoption de la loi relative à la liberté de la création, à l'architecture et au patrimoine (LCAP) du 7 juillet 2016[438], ce label a été modifié pour devenir le label « architecture contemporaine remarquable »[439]. Selon l'étude d'impact « L'intégration de la

---

[437]Voir L.Touzeau-Mouflard, *La protection du patrimoine architectural contemporain : recherche sur l'intérêt public et la propriété en droit de la culture*, l'Harmattan, 2011 ; Ch. Hottin, « Genèse, implantation et remise en question du label patrimoine du 20e siècle », **XXe** siècle, 2018, n° 137 p. 99.

[438] Loi du 7 juillet 2016 relative à la liberté de la création, à l'architecture et au patrimoine (Loi n° 2016-925, *JO* du 8/7)

[439] Les critères permettant d'évaluer l'intérêt architectural sont fixés à l'article R. 650-1 du code du patrimoine. Ces critères conjuguent:
– la singularité de l'œuvre,
– le caractère innovant ou expérimental de la conception architecturale, urbaine, paysagère, ou de la réalisation technique, ou la place dans l'histoire des techniques,
– la notoriété de l'œuvre, eu égard notamment aux publications dont elle a fait l'objet ou la mentionnant,
– l'exemplarité de l'œuvre dans la participation à une politique publique,

reconnaissance du patrimoine récent dans le code du patrimoine atteste de la volonté politique de lui accorder une pleine reconnaissance à travers un dispositif adapté à sa spécificité, avec des effets de droit non contraignants pour les administrés. Cet article poursuit l'intégration en droit français de la recommandation du Conseil de l'Europe relative à la protection du patrimoine architectural du XXe siècle adoptée par le Comité des ministres du 9 septembre 1991 »[440]. La force normative est attestée par les conditions d'attribution du label et par la volonté de préserver l'intégrité des bâtiments concernés. L'étude d'impact le précise en ces termes : « Il s'agit d'informer la direction régionale des affaires culturelles de toute demande de permis de construire, de permis de démolir ou de permis d'aménager portant sur un immeuble ou un ensemble labellisé. L'objectif est de permettre un véritable suivi du label, coordonné avec les propriétaires et maîtres d'ouvrage pour que les possibilités d'évolution soient posées dans ce cadre »[441]. L'inscription de ce label dans un cadre normatif est affichée par l'État comme suit : « Cette démarche s'inscrit dans le contexte de la modernisation de l'action publique visant à créer un cadre normatif moderne plus souple, facilitateur et incitatif »[442]. Le bénéfice du label disparaît de plein droit dès que l'immeuble est classé ou inscrit au titre des monuments historiques, ou que son ancienneté dépasse cent ans[443]. La mise en valeur du patrimoine culturel n'est pas le seul ressort de cette politique de labellisation. Les monuments non protégés ont fait l'objet d'une politique publique incitative, articulée autour des décisions d'agrément ou d'attribution de labels ayant une incidence financière.

Section I : La disparition des monuments « agrées » par le ministère des Finances

§ 1 — Les conditions de l'agrément fiscal

61— L'agrément fiscal se singularise par sa double finalité, puisqu'il est à la fois un moyen de sécuriser les rapports juridiques entre le contribuable et l'administration et un instrument d'interventionnisme économique[444]. Sa

– la valeur de manifeste de l'œuvre en raison de son appartenance à un mouvement architectural ou d'idées reconnu,
– l'appartenance à un ensemble ou à une œuvre dont l'auteur fait l'objet d'une reconnaissance nationale ou locale.

440 Étude d'impact du 7 juillet 2015, Loi LCAP, p. 231.

441 Étude d'impact, *op. cit.* p.231

442 Étude d'impact, *op. cit.* p. 231.

443 En outre, lorsque le bien est dégradé au point de perdre l'intérêt ayant justifié l'attribution du label, le préfet de région en prononce le retrait, après avis de la commission régionale du patrimoine et de l'architecture.

444 Voir J. Maia, « L'agrément fiscal, instrument d'intervention économique ou de sécurité juridique », RJF 2/01, Chron.pp.99-105.

véritable institution remonte au décret n° 64-442 du 21 mai 1964[445] qui constitue la première tentative de systématisation de la procédure des agréments. Codifiée à l'article 1649 nonies du CGI, la procédure attribue au ministre des Finances une compétence exclusive pour prendre les décisions concernant les agréments auxquels est subordonné l'octroi d'avantages fiscaux, tout en prévoyant des mesures de délégation de pouvoir. En matière culturelle, l'agrément fiscal s'apparente à une norme incitative de nature à favoriser la protection d'un patrimoine culturel non protégé. En effet, soucieux de protéger des éléments du patrimoine national, le législateur de 1965, crée un dispositif de monuments historiques « agréés » qui ne sont ni classés ni inscrits. Ainsi, le propriétaire d'un immeuble qui a reçu l'agrément spécial prévu par les dispositions de l'article 41 H de l'Annexe III au CGI peut déduire de son revenu global les charges foncières qu'il a engagées pour l'entretien de cet immeuble, sur le fondement de l'article 156-I-3° ou de l'article 156-II-1° ter du CGI. Le champ d'application matériel est suffisamment large pour autoriser une marge d'appréciation discrétionnaire de l'Administration. Toutefois, une appréciation « touristique » semble épouser les contours de cet agrément. Peuvent être considérés comme faisant partie du patrimoine national et entraîner un agrément, les immeubles dont la visite présente un intérêt d'ordre historique, artistique ou touristique[446]. Les immeubles anciens, témoins d'événements historiques importants ou inclus dans des secteurs sauvegardés ; les immeubles concernés en raison du fait qu'une importante personnalité littéraire, artistique ou politique y a résidé contribuent à identifier un intérêt historique, tandis que l'intérêt artistique découle d'un style ou d'une architecture caractéristique. En outre, les immeubles susceptibles d'établir un courant touristique dans la région où ils sont situés sont susceptibles de concrétiser l'intérêt touristique. À la différence des monuments classés ou inscrits, l'ouverture au public est obligatoire. L'article 41 H de l'Annexe IV au CGI subordonne expressément le droit à déduction des charges à la condition que l'immeuble soit ouvert au public sans préciser si cette condition s'applique également à la délivrance de l'agrément[447]. En suivant les conclusions de son commissaire de

---

445 Décret n° 64-442 du 21 mai 1964 fixant les modalités d'application des dispositions de l'article 49-1 de la loi n°63254 du 15 mars 1963 portant réforme de l'enregistrement, du timbre et de la fiscalité immobilière, JO 26, mais 1964

446 BOI-RFPI-SPEC-30-10, du 12 /4/2016, paragraphe 30 à 70.

447 Aux termes de l'article 17 ter de l'annexe IV au CGI, sont réputés ouverts à la visite, les immeubles que le public est admis à visiter au moins, soit cinquante jours par an, dont vingt-cinq jours non ouvrables, au cours des mois d'avril à septembre inclus, soit quarante jours pendant les mois de juillet, août et septembre. Cette durée minimale d'ouverture au public peut être réduite lorsqu'une ou plusieurs conventions portant sur l'organisation de visites de l'immeuble par des groupes d'élèves de l'enseignement primaire ou secondaire sont conclues entre le propriétaire et les établissements d'enseignement publics ou privés sous contrat d'association avec l'État.

gouvernement, le Conseil d'État considère que la condition d'ouverture au public est une condition de délivrance, de l'agrément et non simplement de déduction des dépenses exposées[448]. Dans un litige relatif à la notion d'ouverture au public limitée à la visibilité du monument, des contribuables propriétaires d'une villa de style balnéaire normand du début du XXe siècle, qui présente un intérêt architectural certain lié à ses façades et à sa toiture, ont souhaité déduire de leur revenu global les charges foncières exposées pour l'entretien de leur immeuble. Ils ont demandé l'agrément prévu par les dispositions de l'article 156-II-1° ter du CGI. Le ministre le leur a refusé. La cour de Nantes a jugé que ni le fait que l'immeuble soit entièrement visible depuis la voie publique et la plage, ni le fait qu'au jour de la demande d'agrément il ne soit pas encore ouvert à la visite, n'était de nature à justifier une décision de refus d'agrément par l'Administration[449]. De plus, il ne s'agit pas d'un rescrit fiscal, mais de la présentation d'un dossier sur lequel l'administration accorde un régime fiscal dérogatoire sans interdire à l'administration d'exercer un contrôle sur la nature des dépenses. L'agrément accordé par l'administration ne constitue pas une prise de position formelle sur le caractère effectivement déductible des travaux entrepris, alors même que le dossier de demande comprend une description des travaux envisagés ; la déduction des dépenses exposées ne dépend que de la seule nature des travaux réalisés[450]. L'agrément est délivré en principe par le ministre du Budget qui en vertu de l'article 17 quinquies A de l'annexe IV au CGI, délègue aux directeurs territoriaux le pouvoir d'accorder l'agrément. En définitive, l'agrément est accordé par le directeur des finances publiques dont relève le lieu de situation de l'immeuble concerné, après avis du représentant régional du ministère de la culture et de celui du tourisme afin de déterminer l'intérêt patrimonial du monument. L'agrément est accordé pour une période de cinq ans, à l'expiration de laquelle il peut être renouvelé. Il est toutefois observé en pratique que la durée d'ouverture au public pouvait être exigée pour une durée plus longue.

62— Symptôme d'une relation conflictuelle entre l'État et le contribuable, l'agrément est apparu à certains auteurs comme un mécanisme de prévention des litiges fiscaux[451]. Si la finalité de l'agrément s'inscrit dans un processus négocié de l'impôt, encore faut-il définir sa nature juridique. Épousant la thèse contractuelle, le professeur Emanuel Kornprobst considère l'agrément fiscal

---

448 CE, 9e et 8e ss-sect., 22 mars 1999, n° 132643, Lidec, *Droit fisc.* 1999, n° 50-51, comm. 908

449 CAA Nantes, 2 oct. 2002, req. n° 02-31, M. et Mme Audrain, *Droit fisc.* 2003, n° 11, comm. 225

450 CAA Nantes, 27 oct. 2008, n° 07-1329, Tyrakowski, *Droit fisc.* 2009, n° 10, comm. 226

451 Voir I. Kessentini, *La prévention et le règlement non juridictionnel des litiges fiscaux*, Thèse Paris II, 2019.

comme une « manifestation du consensualisme fiscal qui permet à un contribuable qui le demande, d'accéder au moyen d'une décision administrative, à un régime fiscal de faveur, en contrepartie d'engagements précis qui, initialement, facilitaient la mise en œuvre de la politique économique et sociale du pays, définie dans le cadre du Plan »[452]. Le professeur Gérard Tournié a également assimilé l'agrément à un acte contractuel conclu entre le contribuable et l'administration[453]. Telle n'est pas la position doctrinale majoritaire qui réfute la nature contractuelle de l'agrément. Ainsi, le professeur Gérard Timsit qualifie les agréments fiscaux d'« actes autoritaires, discrétionnaires, et conditionnels »[454]. Leurs arguments reposent sur un élément fondamental, à savoir l'absence de liberté, d'autonomie des parties à l'acte concernant les modalités d'octroi ou le contenu de l'agrément. Cependant, l'agrément fiscal fait suite à un accord de volonté entre l'administration et le bénéficiaire éventuel de l'agrément. De cette ambiguïté, il est possible de rattacher l'agrément fiscal à un acte unilatéral « négocié »[455]. La nature juridique de l'agrément fiscal doit encore être précisée. Il s'agit d'un agrément discrétionnaire qui conduit le juge administratif à examiner le litige dans le cadre d'un contrôle restreint. Les agréments établis dans le cadre d'une compétence liée sont rares en matière de patrimoine culturel. Les dispositions de l'article 795 A du CGI dont les conditions sont suffisamment précises relèvent d'un agrément établi dans le cadre d'une compétence liée.

§2 : L'abandon d'une politique de l'agrément fiscal

63— Par souci de rationalisation de la dépense publique et de simplification des procédures, l'article 26, I, 1 de la loi de finances pour 2014 exclut du régime dérogatoire de déduction des charges afférentes aux monuments historiques, les immeubles considérés comme faisant partie du patrimoine national en raison de leur caractère historique ou artistique particulier sur agrément ministériel préalable. Pour des motifs de sécurité juridique, des mesures transitoires ont été adoptées, « afin de maintenir, jusqu'au terme de chaque agrément délivré, le bénéfice de ces modalités dérogatoires de prise en compte des charges foncières pour les immeubles :

— Ayant fait l'objet d'un agrément ministériel avant le 1er janvier 2014, en application du 3 du XI de l'article 26 de la loi de finances pour 2014 ;

---

452 E. Kornprobst, « Agréments fiscaux – procédure et contentieux », Jurisclasseur procédures fiscales, fasc 770, p 2

453 G. Tournie, *Les agréments fiscaux*, thèse , n° 340, p. 199 et s.

454 G. Timsit, « Les contrats fiscaux », D. 1964, p. 119.

455 Voir R. Deau, *Les actes administratifs négociés*, thèse, Angers 2006, p. 80 et s.

— Dont la demande d'agrément a été déposée auprès de la Direction générale des finances publiques au plus tard le 31 décembre 2013 et pour lesquels un agrément ministériel sera délivré après cette même date, à titre de mesure de tempérament »[456].

La disparition de l'agrément pour des éléments du patrimoine national disparaît pour des raisons budgétaires en 2014. Les dispositions de l'article 12 de la loi n° 2017-1775 du 28 décembre 2017 de finances rectificative pour 2017 ont également supprimé l'agrément préalable pour la mise en société civile ou la mise en copropriété d'immeubles historiques et assimilés à compter du 1er janvier 2018. L'intérêt de l'agrément fiscal est de garantir a priori que l'opération projetée ne soit pas remise en cause, à la condition toutefois que le contribuable respecte ses engagements. Que peut traduire un tel mouvement ? Sur un terrain managérial, la procédure d'agrément est lourde, mobilisatrice d'administrations qui effectuent le contrôle de l'intérêt patrimonial et financier de l'État, en amont des opérations projetées. La disparition de l'agrément s'apparente ainsi à un allégement des contraintes administratives qui épouse ainsi une « respiration » dans le domaine du patrimoine culturel, sans pour autant renoncer à des moyens de contrôle de l'autorité administrative sur les travaux d'entretien et de conservation des monuments historiques[457]. La disparition de l'agrément fragilise en retour la situation des propriétaires privés qui ne peuvent plus bénéficier d'un régime fiscal dérogatoire tant pour les édifices que pour les parcs et jardins non protégés qui ont obtenu le label de jardins remarquables[458]. La disparition de l'agrément fiscal au titre du patrimoine national est également justifiée par l'existence d'un label au titre des monuments non protégés, permettant ainsi d'obtenir pour les propriétaires privés, un régime fiscal dérogatoire alors même que le champ d'application matériel entre ces deux dispositifs n'est pas identique.

Section II : L'essor des monuments labellisés par la fondation du patrimoine

Depuis sa création en 1996, la Fondation du patrimoine a accompagné plus de 35 000 projets de restauration, sur tout le territoire, dont pour l'année 2022,

---

456 BOI-RFPI-SPEC-30-10, du 12 /4/2016, paragraphe 15.

457 Voir J. Morand-Deviller, *Patrimoine architectural et urbain, Monuments historiques, régime des travaux*, JurisClasseur, environnement et développement durable, fasc. 3625,25 octobre 2022 ; L. Touzeau-Mouflard et A ; Verjat, *La protection des monuments historiques,* 2e édition, juris éditions, Dalloz, 2018

458 La circulaire du 17 février 2004 relative au label Jardins remarquables, prévoyait que l'octroi du label *Jardin remarquable* permettait d'obtenir le bénéfice d'une déduction fiscale ; cet avantage a été ainsi supprimé par la loi de finances pour 2014 n° 2013-1278 du 29 décembre 2013, qui porte disparition de l'agrément.

1 936 sites. De 2018 à 2022, les ressources mobilisées par la Fondation du patrimoine ont plus que triplé pour atteindre un montant cumulé de 489 M€[459].

§1 : Les conditions de délivrance du label fondation du patrimoine

64— Reprenant les propositions du sénateur Hugot, aux termes de l'article L 143-2 du code du patrimoine, la Fondation du patrimoine « a pour but de promouvoir la connaissance, la conservation et la mise en valeur du patrimoine national » et « s'attache à l'identification, à la préservation et à la mise en valeur du patrimoine non protégé ». Son champ d'intervention dans le domaine du patrimoine non protégé est aussi vaste que celui relatif au patrimoine protégé : sont concernés les « monuments, édifices, ensembles mobiliers ou éléments remarquables des espaces naturels ou paysagers menacés de dégradation, de disparition ou de dispersion ». Parallèlement à l'action de l'État qui poursuit sa mission traditionnelle en faveur du patrimoine protégé, il importe de confier à un organisme de droit privé une mission de service public autour de deux axes majeurs. Il s'agit d'une part de favoriser la mobilisation des initiatives privées et d'autre part de mettre en place une structure originale « au service de l'efficacité ». La délivrance d'un label par une institution privée est originale dans la mesure où l'article 16 de la loi de finances pour 1997 permettait au propriétaire privé ayant obtenu de la Fondation du patrimoine l'attribution du label, après avis favorable du service départemental de l'architecture et du patrimoine, la possibilité de solliciter auprès des services fiscaux un agrément fiscal. Ce dernier permettait de déduire de l'impôt sur le revenu certains travaux d'entretien et de restauration d'un monument labellisé[460]. Dans le sillage d'une politique de délégation de compétences, l'article 45 de la loi de finances pour 2002 modifie le dispositif de labellisation. L'agrément fiscal n'est plus requis au titre de ces avantages fiscaux : le label délivré par la Fondation du patrimoine emporte désormais de plein droit le bénéfice des déductions fiscales[461]. Le label de la fondation du patrimoine semble articulé d'une manière originale, au titre d'un patrimoine de proximité non protégé par l'État[462], à tout le moins au titre de l'existence d'un avantage fiscal conféré en contrepartie du label. Instituée par

[459] Voir le rapport d'activité de la fondation du patrimoine pour 2022.
[460] Voir J-R. Pellas, « Monument historique et logiques fiscales », RFFP n° 119/ 2012 p 175.
[461] Loi de finances rectificative pour 2002 , n° 2002-1576, 30 déc. 2002, art. 45, Loi de finance rect. 2002 *Droit fisc.* 2003, n° 4, comm. 38
[462] Néanmoins, son objet n'est pas limité au patrimoine non protégé (article L. 143-2 du Code du patrimoine). À ce titre, elle est une structure intermédiaire pour l'affectation de fonds issus de mécénat aux monuments historiques. Voir A. Verjat, «L'appel au mécénat des monuments historiques privés », juris associations, 2013 n° 488, p. 42

la loi du 2 juillet 1996[463] et reconnue d'utilité publique par un décret du 18 avril 1997, la Fondation du patrimoine a pour objet de contribuer à la conservation et à la valorisation de ce patrimoine non protégé en mobilisant un mécénat privé[464]. L'objectif du label « Fondation du patrimoine » est d'encourager les propriétaires privés d'un patrimoine non protégé à effectuer des travaux de restauration[465]. Ils obtiennent en échange une déduction fiscale qui diminue d'autant le coût de ces travaux[466]. Son champ d'application a été étendu par la loi de finances rectificative pour 2020[467]. L'article 7 dispose notamment que la fondation du patrimoine « peut attribuer un label aux immeubles non protégés au titre des monuments historiques, bâtis ou non bâtis, situés dans les zones rurales, bourgs et petites villes de moins de 20 000 habitants, dans les sites patrimoniaux remarquables et dans les sites classés au titre du code de l'environnement. Les immeubles non habitables caractéristiques du patrimoine rural ne sont pas soumis à ces restrictions géographiques… ». La nouvelle rédaction de l'article L 143-2 du Code du patrimoine désigne explicitement les immeubles bâtis et non bâtis comme pouvant recevoir le label de la Fondation. Le bénéfice du label et de l'avantage fiscal qui lui est lié est donc désormais expressément ouvert aux parcs et jardins, toutes conditions requises par ailleurs. Selon le professeur Pierre-Laurent Frier, la Fondation du patrimoine contribue à la mise en place, à côté de l'inscription et du classement, de monuments du « troisième type »[468], catégorie dans laquelle est regroupé le patrimoine non légalement protégé, mais subventionné ne serait-ce qu'indirectement par la mise en place d'une fiscalité incitative sous certaines conditions notamment de visibilité par le public. Sur un plan normatif, les conditions d'attribution et de retrait du label découlent d'une circulaire administrative du ministre de la Culture et dont les destinataires sont les préfets de région et de département[469]. Cette

[463] La Fondation du Patrimoine est une fondation reconnue d'utilité publique à statut dérogatoire créée par la loi n°96-590 du 2 juillet 1996 (JO du 3/7).

[464] Les pouvoirs publics souhaitaient limiter une prolifération d'édifices légalement protégés et supportés financièrement par l'État : voir D. Desurvire, « La Fondation du patrimoine au secours de la restauration monumentale », AJDI 1997, p. 1044.

[465]La nature incitative de ce label vise à réaliser des travaux de restauration dans le respect des techniques et des matériaux d'époque, ce qui est généralement plus dispendieux pour le propriétaire, et favorise la préservation de biens non habitables pour lesquels un propriétaire privé a peu d'intérêt à engager une dépense.

[466] Les travaux réalisés sur les immeubles visibles de la voie publique ou que le propriétaire s'engage à rendre accessibles au public ayant reçu le label mentionné à la première phrase du présent alinéa sont déductibles de l'impôt sur le revenu, dans les conditions prévues aux articles 156 et 156 *bis* du code général des impôts

[467] Loi n° 2020-935 du 30 juill. 2020 (JO. 31/7)

[468]P-L. Frier , *Droit du patrimoine culturel, op. cit.*, p. 82, n°47.

[469] Circulaire n° 2005/011 du 6 juin 2005 relative à la procédure d'attribution du label de la Fondation du patrimoine (BO min. culture n° 149, 1er juillet 2005).

circulaire tient compte de l'effet direct du label au titre de l'avantage fiscal qui n'est plus conditionné depuis 2002, par la nécessité d'obtenir un agrément fiscal de la direction générale des finances publiques. Compte tenu des missions de service public assumées par la fondation du patrimoine, la juridiction administrative s'estime compétente pour connaître de la légalité des actes d'octroi et de retrait du label édictés par ladite Fondation[470]. En contrepartie de l'avantage fiscal, l'immeuble doit être visible de la voie publique. Il n'est pas en revanche exigé qu'il soit ouvert au public. Depuis la voie publique, l'immeuble doit présenter la majorité de ses parties les plus intéressantes au plan architectural (pour un immeuble habitable, sa façade principale doit impérativement être visible) qui doivent pouvoir être appréciées à une distance raisonnable (perception des détails). Cette condition n'est pas satisfaite lorsque la visibilité nécessite un accès à la propriété entourant l'immeuble. Le terme « voie publique » s'entend d'une voie ouverte au public (exemple : chemins de grande randonnée labellisés GR, même s'ils sont situés sur des terrains privés). L'article 7 de la troisième loi de finances rectificative pour 2020 atténue la rigueur de la visibilité publique « existante » au moment de la délivrance du label et ouvre désormais le bénéfice du régime fiscal dérogatoire de déduction des charges aux immeubles que leurs propriétaires s'engagent à rendre accessibles au public. Cela étant, les travaux ne doivent pas commencer avant l'attribution du label par la Fondation du patrimoine.

§2 : Les modalités de déductibilité des travaux à l'impôt sur le revenu

65— La doctrine administrative applicable jusqu'à présent conditionnait l'attribution du label de la Fondation du patrimoine, et par suite le bénéfice du régime fiscal dérogatoire qui lui est lié, à ce que la Fondation du patrimoine cofinance les travaux à réaliser sur l'immeuble. Ne pouvaient ainsi obtenir le label que les immeubles pour lesquels la Fondation du patrimoine s'était engagée à subventionner à hauteur de 1 % au minimum le montant des travaux à réaliser[471]. Les dépenses de travaux réalisés sur les immeubles ayant reçu le label de la Fondation du patrimoine sont désormais admises, à compter du 20 août 2020, au bénéfice du régime dérogatoire sous réserve que la Fondation octroie une subvention pour leur réalisation, le montant de cette subvention ne pouvant être inférieure à 2 % de leur coût. Le relèvement de ce seuil vise à garantir à la fois l'intérêt patrimonial de l'immeuble à protéger et la qualité des travaux à réaliser. Le décret 2 023-103 du 16 février 2023 pris pour l'application du 1° ter du II de l'article 156 du code général des impôts et de

[470] Tribunal administratif de Clermont-Ferrand , req. n° 080834, 3 Fév. 2009, AJDA 2019 p. 2422.
[471] BOI-RFPI-SPEC-30-10 en date du 19/12/2018, n° 180

l'article L. 143-2 du code du patrimoine, modifie les modalités dérogatoires de prise en compte des charges foncières supportées par les propriétaires d'immeubles ayant obtenu le label de la Fondation du patrimoine, prévue aux articles 156 et 156 bis du CGI[472]. L'article 41 I bis de l'annexe III au CGI est remplacé par les dispositions suivantes :

– Pour les immeubles qui, bien que non classés ou inscrits au titre des monuments historiques, font partie du patrimoine national à raison du label délivré par la Fondation du patrimoine, les charges déductibles afférentes à ces immeubles sont exclusivement celles qui correspondent aux travaux de réparation et d'entretien.

– Pour les immeubles bâtis, seuls les travaux de cette nature afférents aux murs, aux façades et aux toitures ouvrent droit à déduction.

– Pour les immeubles bâtis non habitables, les travaux intérieurs de cette nature reconnus comme indissociables de l'intérêt historique, artistique ou culturel que présente le bien par l'unité départementale de l'architecture et du patrimoine territorialement compétente ouvrent également droit à déduction.

– Pour les immeubles non bâtis, seuls les travaux de réparation et d'entretien pérenne et qui ne nécessitent pas de renouvellement pendant la durée de validité du label ouvrent droit à déduction.

En vertu de l'article 41 I bis-B de l'annexe III au CGI, modifié, les travaux de destruction, de reconstruction, de restauration et de remise en état, des immeubles précités (bâtis habitables/non habitables ; non bâtis), qui ont pour objet de restaurer l'immeuble dans sa situation d'origine ouvrent également droit à déduction lorsqu'ils sont prescrits par l'unité départementale de l'architecture et du patrimoine.

Enfin, pour l'application de l'engagement prévu au sixième alinéa de l'article L 143-2 du Code du patrimoine, l'immeuble est rendu accessible au public lorsqu'il satisfait, pour chaque année pendant la durée de validité du label, les conditions déterminées par l'arrêté prévu par l'article 41 I de l'annexe III au CGI. Pour les immeubles bâtis non habitables et les immeubles non bâtis, l'engagement est satisfait à condition que les travaux dont ils ont fait l'objet soient eux-mêmes visibles ou accessibles au public.

---

472 Décret n° 2023-103 du 16 février 2023 pris pour l'application du 1° ter du II de l'article 156 du code général des impôts et de l'article L. 143-2 du code du patrimoine, JO 18 février /2023.

La déduction des charges est limitée à 50 % de leur montant. Cette déduction est toutefois portée à 100 % lorsque les travaux sont subventionnés par la Fondation du patrimoine à hauteur de 20 % au moins de leur montant. Ces pourcentages de déduction s'appliquent à la seule fraction des travaux non couverte par une subvention. Dès règles analogues aux immeubles classés et inscrits s'appliquent au titre des monuments labellisés au regard du mode de détention de l'immeuble, en direct ou par SCI familiale interposée, que des obligations de conservation des biens au titre de l'article 156 bis du CGI. Au même titre que les immeubles protégés, le démembrement de propriété n'est pas une cause d'exclusion du dispositif. En cas de démembrement du droit de propriété entre un nu-propriétaire et un usufruitier, chacun d'eux ne peut déduire dans les conditions exposées ci-dessus que les dépenses dont le paiement, leur incombent en vertu des articles 605 et suivants du Code civil. Il en résulte notamment que le nu-propriétaire n'est autorisé, le cas échéant, à demander la déduction que des frais de grosses réparations définis à l'article 605 du Code civil et des intérêts des emprunts contractés pour le paiement de ces travaux. En définitive, le label « fondation du patrimoine » conduit à médiatiser un patrimoine culturel local. Sur le plan financier, il permet de drainer des subventions au profit de projets dignes d'intérêt général. L'outil fiscal apparaît ici comme un élément « incitatif » suscitant le développement de ces opérations.

Chapitre V : La fiscalité relative aux sites patrimoniaux remarquables

L'aménagement fiscal de l'espace public

66— Espace d'interactions sociales, la ville a fait l'objet depuis l'ancien régime, d'un embellissement dont les ressorts sont esthétiques, hygiéniques, sécuritaires. Le professeur Jean-Louis Harouel s'est attaché à démontrer l'existence d'une esthétique décrétée au XVIIIe siècle, qui se montre soucieuse de belles perspectives, d'unité des façades construites[473]. L'esthétique est ici instrumentalisée dans le cadre de l'espace urbain avec la construction des places royales, associant un programme de constructions et de lotissements à la mise en valeur de la statue d'un monarque représenté en guerrier triomphant (Louis XIV sur la Place des Victoires, 1 685), puis en qualité de « protecteur de la paix et de l'abondance, de la science et des arts » (Louis XV à Reims, 1 765). Au XIXe siècle, l'urbanisme tente de se créer un corpus conceptuel officiellement reconnu dans la sphère des techniques d'intervention sur l'espace, face aux architectes, aux ingénieurs et même aux médecins-hygiénistes[474]. Mais il faut attendre le XXe siècle pour imaginer des « paysages culturels urbains » qui doivent être protégés. Il s'agit de « protéger des territoires peu étendus autour d'un élément pittoresque (rocher, cascade, arbre isolé) » considéré comme « monument naturel ». Les évolutions législatives démontrent, selon la professeure Jacqueline Morand-Deviller, l'existence d'un droit au paysage : « la promotion du paysage auprès des pouvoirs publics est, somme toute, récente. Elle a pour principale cause la socialisation de la notion, née elle-même de la prise de conscience par l'opinion publique de la fragilité des paysages et de l'urgente nécessité de les protéger. Parce que le nombre de ses sujets ne cesse de s'élargir, son champ d'application fait de même : le paysage urbain rejoint le paysage naturel et le paysage rural est une des principales composantes du patrimoine qualifié, sans aucune connotation péjorative de « mineur »[475]. L'idée centrale de protection domine ; la nécessité de la gestion du patrimoine commun est soulignée. Dans les années 1960, plusieurs mesures se réfèrent aux paysages urbains. Elles concernent des éléments isolés comme le permis de construire, mais leur portée est également globale ; elles concernent alors le quartier, comme la loi du 4 août 1962, dite loi Malraux. Avec la procédure des secteurs sauvegardés, cette dernière élargit le contexte d'application des mesures de sauvegarde, par

---

[473] J-L. Harouel, *L'embellissement des villes . L'urbanisme français au XVIIIe siècle*, Paris, picard, 1993.

[474] Voir le discours d'Eugène Viollet-Le-Duc à la Société centrale des architectes sur la mission des architectes : « Les devoirs de l'architecte », *Gazette des Architectes et du Bâtiment*, 50, 1877, p. 317-319.

[475] J. Morand-Deviller, « Environnement et paysage », AJDA 1994, p. 588.

exemple celles qui régissent les monuments historiques et les sites naturels. Ce texte introduit de nouvelles dimensions : il s'adresse spécifiquement au milieu urbain ; de façon générale, il ne concerne pas des éléments isolés, mais des ensembles « présentant un caractère historique, esthétique ou de nature à justifier la conservation, la restauration et la mise en valeur de tout ou partie d'un ensemble d'immeubles ». La loi Malraux est présentée comme une mesure de protection, de sauvegarde, lors de la présentation du projet au Sénat, en décembre 1961. Selon le rapporteur aux affaires culturelles, la loi a pour objectif de « combler les lacunes de la législation pour permettre à l'État d'assurer bien plus efficacement que par le passé la protection et la sauvegarde du patrimoine historique et artistique de la France »[476]. C'est, dans ce contexte, que l'impôt encourage des politiques publiques de protection et de mise en valeur du patrimoine culturel. Ces dépenses fiscales n'ont pas pour objectif de créer des territoires culturels, mais peuvent favoriser le déploiement d'actions culturelles au niveau local en autorisant une mise en valeur du patrimoine culturel. Il s'est agi tantôt d'accompagner l'aménagement de l'espace urbain, tantôt d'accorder des avantages fiscaux aux labels du patrimoine qui ont été créés afin d'adapter l'action d'un État stratège aux politiques de décentralisation et de satellisation de l'action publique locale, enfin indépendamment de toute velléité territoriale de favoriser le mécénat culturel qui fragmenté n'en demeure pas moins un catalyseur d'identités culturelles autour de projets locaux. Dans les années 1960, la nécessité se fait jour de mener une politique urbaine globale où la protection patrimoniale occupe une place de choix, réflexion sur le « décor urbain » associant étroitement les services de la culture et ceux de l'urbanisme. Les centres historiques des villes sont ainsi réenchantés. Il ne s'agit plus de protéger des édifices singuliers, isolés, mais des espaces urbains, quartiers caractéristiques d'une époque, tissus urbains anciens, entités autonomes non réductibles à leurs composantes architecturales. Il s'agit à la fois de préserver l'intégrité physique de quartiers dégradés menacés de destruction et de permettre leur réhabilitation. La loi *Malraux* du 4 août 1962 répond ainsi à un double objectif, d'une part de créer des instruments juridiques et opérationnels complétant le système de la rénovation urbaine et d'autre part d'élargir la notion de protection liée à des « ensembles historiques ». La loi Malraux du 4 août 1962 marque une rupture avec le type d'urbanisme qui provoque une rupture entre le monument et son environnement et donne droit de cité à un nouveau concept : le patrimoine urbain. Dans les pas de la décentralisation administrative, le législateur adopte à l'occasion du transfert de compétences aux collectivités territoriales, le 7 janvier 1983, les zones de protection du patrimoine architectural, urbain puis

---

[476] Sénat, rapporteur aux affaires culturelles jacques de Maupéou, JO débats Sénat, 7 décembre 1961, p. 2383-2392

en 1993 « paysager »[477]. Elle vise le remplacement d'une procédure complexe, celle de la réglementation des abords des monuments historiques, qui engendre souvent des contraintes architecturales inadaptées. Elle porte, dans ce cas, sur un périmètre délimité appelé à se substituer aux abords des monuments historiques (500 mètres). La mesure de protection appartient, après délibération du conseil municipal, au préfet de région, plus proche, avec ses services, de la demande locale que l'administration centrale de l'État, auquel appartient en revanche la décision pour les secteurs sauvegardés. À la différence des travaux préparatoires à la création d'un secteur sauvegardé, l'étude qui précède la mise en place d'une ZPPAUP n'est pas exclusivement une étude architecturale ; elle s'ouvre à d'autres approches, ethnologiques et paysagères. L'article 28 de la loi du 12 juillet 2010 portant engagement national pour l'environnement, dit « loi Grenelle II », crée un nouveau type de périmètre de protection du patrimoine appelé à se substituer aux zones de protection du patrimoine architectural, urbain et paysager (ZPPAUP) dans un délai de cinq ans : les aires de mise en valeur de l'architecture et du patrimoine (AVAP). Il s'agit d'adapter l'outil patrimonial aux nouveaux enjeux environnementaux et urbains tout en donnant aux élus une marge d'appréciation plus importante à l'égard des projets réalisés dans les périmètres de protection. Selon le professeur Pascal Planchet : « Les AVAP comme les ZPPAUP sont des servitudes d'utilité publique (L. 642-1, dernier al. Du code du patrimoine.), ce qui signifie que leur rapport à la règle d'urbanisme est inchangé. Les prescriptions patrimoniales sont opposables aux tiers à condition que le document ait bien été annexé au plan local d'urbanisme. Elles continuent à s'additionner aux prescriptions d'urbanisme sans se confondre avec elles »[478]. Ces instruments de protection du patrimoine sont à la suite de l'adoption de la loi LCAP en 2016, unifiés dans le cadre des sites patrimoniaux remarquables[479].

Section I : Le régime fiscal de la loi « Malraux ancien ».

§1 — L'encouragement fiscal à des opérations groupées de restauration immobilière

---

477 Voir J-M. Leniaud, « La décentralisation du patrimoine : enjeux et limites », commentaire 2/2002,n° 98, pp. 341-350.

478 P. Planchet, « Une nouvelle gouvernance pour la gestion du patrimoine architectural et paysager français : des ZPPAUP aux AVAP du Grenelle II » - Université d'Angers - Faculté de droit (Centre Jean Bodin) - 10 et 11 février 2011.

479A. Lajartre de, « Les sites patrimoniaux remarquables : une vraie-fausse simplification du droit des espaces protégés », juris tourisme, 2017 n° 193 , p. 26 ; P. Planchet, « La rénovation du cadre de la protection patrimoniale : une réforme sous le signe du compromis », RDI, 2017.59.

67— Cet « encouragement fiscal » se déduit pour l'essentiel de la loi de finances pour 1977. Sous le régime antérieur à la loi du 28 décembre 1959[480], les déficits fonciers étaient simplement considérés comme une charge des revenus fonciers des années suivantes, jusqu'à la cinquième inclusivement. La loi n° 59-1 472 du 28 décembre 1959 établissant l'impôt sur le revenu avait totalement inversé ce principe. À ce titre, le déficit constaté pour une année dans une catégorie de revenus était imputé, à due concurrence, sur le revenu net global de la même année. Nonobstant de nombreux abus, ce principe de droit commun, reposant sur une somme algébrique de l'ensemble des revenus cédulaires constatés par le contribuable, s'est appliqué sans restriction aux revenus fonciers jusqu'en 1976. Pour mettre fin à une instrumentalisation fiscale, l'article 3 de la loi du 29 décembre 1976[481] codifié sous l'article 156, I, 3° du CGI, interdit l'imputation des déficits fonciers sur le revenu global du contribuable. Par exception au principe de non-déductibilité nouvellement introduit, les déficits fonciers étaient imputables dans les conditions de droit commun dans trois cas concernant :

– Les déficits provenant de certaines dépenses effectuées dans le cadre d'une opération groupée de restauration immobilière opérée en application des dispositions des articles L. 313-1 à L. 313-15 du Code de l'urbanisme ;
– Les déficits subis par les nus-propriétaires effectuant des travaux en application des dispositions de l'article 605 du Code civil ;
– Les déficits provenant d'immeubles classés au titre de la législation sur les monuments historiques, inscrits à l'inventaire supplémentaire.

Ainsi, depuis l'imposition des revenus de 1977, les opérations groupées de restauration immobilière ont été encouragées fiscalement par la mise en place d'un dispositif spécifique. Le législateur autorise en effet les propriétaires d'un immeuble ayant fait l'objet de travaux dans le cadre d'une opération de restauration immobilière réalisée en application de la loi 62-903 du 4 août 1962, dite « loi Malraux », à déduire sans limitation de leur revenu global les déficits provenant de ces travaux. L'encouragement fiscal n'est donc pas une conquête sur un régime de droit commun plus restrictif, mais l'adoption d'une solution fiscale antérieure plus favorable pour l'ensemble des revenus fonciers. Ce sont des modifications fiscales liées à l'imputation du déficit foncier sur le revenu global qui conduisent à un tel changement. Au demeurant, ce dispositif fiscal a le mérite d'accompagner une approche nouvelle des opérations de restauration. À l'origine, les opérations de restauration reposaient sur le principe de l'îlot opérationnel, mini-secteur délimité au cœur du secteur sauvegardé suivant des critères d'intérêt architectural et d'exemplarité. Dans les rets d'une opération imposée par l'État

---

[480] Loi n° 59-1472, *Droit fisc.* 1960, n° 1-2, comm. 1
[481] Loi n° 76-1232, art. 3, *Droit fisc.* 1977, n° 1-2, comm. 2

qui accorde aux propriétaires les aides financières appropriées et n'hésite pas à recourir à l'expropriation à l'égard des récalcitrants, la direction de la construction lance les opérations groupées de restauration immobilière « légères » à compter de 1977. La politique des secteurs sauvegardés est alors mise au service de celle relative à l'amélioration de l'habitat.

§2 : Les conditions relatives à la nature des travaux de restauration

68— Les propriétaires d'immeubles bâtis situés dans certaines zones protégées qui effectuent des travaux en vue de la restauration complète de ces immeubles sont autorisés à déduire de leurs revenus fonciers, en plus des charges de droit commun, certaines charges spécifiques, et à imputer, sans limitation de montant, sur leur revenu global, le déficit foncier résultant de l'ensemble des charges. À l'origine du dispositif, il s'agit en somme d'un mécanisme de déduction fiscale du revenu et par suite du revenu fiscal de référence qui sera ultérieurement remplacé par un système de crédit d'impôt.

Sont ainsi déductibles en application du droit commun :

-- Les frais de rémunération des gardes et concierges, les frais de rémunération, honoraires et commissions versés à un tiers pour la gestion des immeubles ainsi que les frais de procédure ;
-- L'ensemble des primes d'assurance afférentes aux immeubles imposables ;
-- Lorsque les charges sont afférentes à des propriétés rurales, certaines dépenses de travaux spécifiques ;
-- Un montant forfaitaire de 20 € par an et par local représentant les autres frais de gestion.

Par ailleurs, au titre du régime particulier applicable à ces immeubles, peuvent être également déduits :

--
-- – Les frais d'adhésion aux associations foncières urbaines de restauration ;
-- – Les travaux de démolition imposés par l'autorité qui délivre le permis de construire et prévus par les plans de sauvegarde et de mise en valeur (PSMV) à l'exception des travaux de construction, de reconstruction ou d'agrandissement ;
-- – Les travaux de reconstitution de toitures ou de murs extérieurs d'immeubles existants rendus nécessaires par ces démolitions ;
-- – Les travaux de transformation en logement de tout ou partie d'un immeuble ;
-- – Les travaux de réaffectation à l'habitation de tout ou partie d'un immeuble originellement destiné à l'habitation et ayant perdu cet usage.

Par dérogation à la règle de plafonnement des déficits fonciers imputables sur le revenu global[482], les propriétaires d'immeubles situés dans une zone protégée sont autorisés à imputer sans limitation de montant le déficit foncier résultant de l'ensemble des charges (spécifiques ou non, à l'exclusion des intérêts d'emprunt) supportées à l'occasion de la restauration complète de l'immeuble. L'imputation du déficit foncier sur le revenu global est réservée aux opérations déterminées dans un périmètre urbain spécifique. Les immeubles sont situés dans un secteur sauvegardé ou dans une zone de protection du patrimoine architectural, urbain et paysager (ZPPAUP)[483] lorsque les travaux de restauration immobilière ont été déclarés d'utilité publique. Instituées essentiellement autour des monuments historiques, ces zones sont créées par arrêté du préfet de région. En contrepartie de l'avantage fiscal, les propriétaires bailleurs, s'engagent à affecter le logement à la location non meublée à usage de résidence principale du locataire pendant une durée de six ans. La location doit prendre effet dans les douze mois qui suivent la date d'achèvement des travaux de restauration immobilière. Aucune condition relative au montant du loyer ou à l'existence d'une convention avec l'État n'est exigée. En outre, il s'agit de restaurer un ensemble architectural et non pas un appartement. Les opérations sont réalisées en vue de la restauration complète d'un immeuble bâti. Cette singularité témoigne de la volonté d'embellir la ville. Un citoyen peut ainsi d'un seul coup d'œil percevoir une émotion patrimoniale à la vue de ces façades, toitures, escaliers, poutres et portes visibles de l'extérieur. Une fois la déclaration d'utilité publique de l'opération prononcée, les travaux doivent faire l'objet d'un permis de construire ou d'une déclaration préalable, dans les conditions de droit commun, après accord de l'architecte des bâtiments de France (ABF). Par ailleurs, l'opération doit être effectuée par le propriétaire (ou plusieurs propriétaires groupés en association foncière urbaine) ou par un organisme habilité[484].

Le remplacement de la zone de protection du patrimoine architectural urbain et paysager par l'aire de valorisation de l'architecture et du patrimoine jusqu'à l'adoption de la loi LCAP en 2016, correspond à un changement de paradigme

---

[482] L'article 23 de la loi de finances rectificative pour 1993 a permis l'imputation sur le revenu global des déficits fonciers qui résultent de dépenses déductibles des revenus fonciers autres que les intérêts d'emprunt et dans la limite d'un plafond annuel. Loi n° 93-859, 22 juin 1993, Dr fisc. 1993, n° 27, comm. 1378.

[483] La loi n° 1994-1163 du 29 décembre 1994 étend ce mécanisme fiscal aux ZPPAUP JO 30 décembre1994

[484] Peuvent être habilités à initier de telles opérations l'État, les communes ou les groupements de communes, les établissements publics d'aménagement, les sociétés d'économie mixte (SEM), les organismes d'habitation à loyers modérés (HLM) ou certaines associations sans but lucratif.

de l'action locale en matière de gestion du patrimoine. La priorité donnée à la conservation de l'existant cède la place à une approche plus dynamique des espaces protégés, qui intègre les préoccupations d'aménagement. Il s'agit de lutter contre l'immobilisme de certains sites. La préservation de la mémoire des lieux ne doit pas empêcher leur adaptation. L'approche patrimoniale demeure dominante, mais doit se conjuguer avec les autres finalités du développement durable.

§3 : L'essor des « sociétés civiles de placement immobilier Malraux »

69— Faute de réaliser une acquisition « individuelle » d'un bien immobilier, le législateur a autorisé le développement de la pierre papier pour permettre l'acquisition « groupée » d'ensembles gérés collectivement[485]. L'article 39 de la loi de finances rectificative pour 2009 permet aux contribuables qui investissent dans le cadre de la gestion de leur patrimoine privé de bénéficier de ce régime en souscrivant des parts de sociétés civiles de placement immobilier[486]. Conformément à l'article 199 tervicies, IV bis du CGI, ouvrent droit à une déduction fiscale puis à une réduction d'impôt, les souscriptions des parts de sociétés civiles de placement immobilier (SCPI) dont le montant sert en partie à financer les opérations de restauration immobilière entrant dans le champ d'application de l'avantage fiscal. Conformément à une gestion civile des immeubles, les parts de SCPI acquises directement par le contribuable doivent être souscrites dans le cadre de la gestion du patrimoine privé et ne peuvent donc pas figurer à l'actif d'une société ou d'une entreprise individuelle. La quote-part des revenus provenant de la souscription doit, par ailleurs, être imposée, au nom du contribuable, dans la catégorie des revenus fonciers[487]. Les modes d'acquisitions des parts de SCPI sont détaillés par l'administration fiscale : « L'investissement réalisé doit consister en une souscription de parts en numéraire au capital initial ou aux augmentations de capital de SCPI. Les souscriptions en numéraire au capital de SCPI s'entendent exclusivement de celles dont le montant est libéré en espèces, par chèque ou par virement. La souscription peut également être réalisée par voie d'incorporation au capital de sommes laissées en compte courant à la disposition de la société. Sont en revanche exclues du bénéfice de l'avantage fiscal, les souscriptions de parts émises en rémunération d'apports en nature »[488]. À l'instar d'un mécanisme d'acquisition « directe », la souscription de parts acquises en indivision ne fait pas obstacle à l'application

[485] La loi d'orientation pour la ville du 13 juillet 1991 avait réformé le dispositif fiscal de la loi Malraux (voir l'instruction fiscale 5 D-3-93 du 26 mars 1993). De nouvelles obligations déclaratives incombaient aux SCPI Malraux.
[486] L. fin. rect. 2009 , n° 2009-1674, 30 déc. 2009, art. 39, *Droit fisc*. 2010, n° 5, comm. 105.
[487] BOI-IR-RICI-200-10 n° 340, du 27/02/2020
[488] BOI-IR-RICI-200-10 n° 370, du 27/02/2020

de la réduction d'impôt. En revanche, la réduction d'impôt n'est pas applicable aux titres de SCPI dont le droit de propriété est démembré. Lorsque le porteur détient à la fois des parts sociales dont le droit de propriété est démembré et des parts en pleine propriété, seuls les titres acquis en pleine propriété ouvrent droit à la réduction d'impôt[489]. S'agissant d'un produit « intermédié », des conditions d'affectation sont exigées : « L'avantage fiscal est accordé aux contribuables qui souscrivent au capital initial ou aux augmentations de capital de SCPI à la condition qu'au moins 65 % du montant de cette souscription servent exclusivement à financer des dépenses éligibles à la réduction d'impôt et qu'au moins 30 % du montant de cette souscription servent exclusivement à financer l'acquisition d'un ou plusieurs immeubles éligibles à la réduction d'impôt. »[490]. Pour éviter des ruptures dans le mécanisme de la loi Malraux, chaque associé d'une société civile non soumise à l'impôt sur les sociétés autres qu'une SCPI qui effectue un investissement éligible à la réduction d'impôt peut bénéficier de cet avantage fiscal, sous réserve qu'il s'engage à conserver les titres jusqu'à l'expiration de la période couverte par l'engagement de location pris par la société. L'engagement de conservation porte sur la totalité des titres de la société détenus par le contribuable, quand bien même la société détiendrait également des immeubles qui n'ouvrent pas droit au bénéfice de la réduction d'impôt. Les parts doivent être conservées pendant la durée des travaux de restauration et jusqu'au terme de l'engagement de location pris par la société. L'engagement de conservation des parts est constaté lors du dépôt de la déclaration de revenus de l'année au titre de laquelle les parts ont été souscrites ou acquises ou, si elle est postérieure, de l'année de paiement des travaux de restauration. Il en va de même pour l'associé d'une SCPI. Pour ce qui concerne les souscriptions de parts de SCPI, la base initiale de la déduction fiscale puis à partir de 2009 de l'assiette de la réduction d'impôt, son montant est strictement encadré. La base est calculée sur le montant de la souscription affecté à la réalisation de dépenses éligibles, c'est-à-dire à l'exclusion de la quote-part de souscription correspondant à l'acquisition d'immeubles et aux frais de collecte, de recherche et d'investissement[491].

Section II : Les réformes successives de la loi « Malraux »

§1 — Le règlement du contentieux fiscal inhérent au dispositif « Malraux ancien ».

70— La possibilité de déductibilité sur le revenu global des propriétaires bailleurs a encouragé la spéculation des professionnels. La « rente fiscale » était vendue, comme un « produit », de défiscalisation. Le professeur Pierre-

489 BOI-IR-RICI-200-10 n° 370, du 27/02/2020
490 BOI-IR-RICI-200-10 n° 380, du 27/02/2020
491 BOI-IR-RICI-200-30 n° 120, du 27/02/2020

Laurent Frier affirmait que le montage d'opérations groupées de restauration immobilière s'est orienté au profit d'un produit financier permettant la défiscalisation de la loi Malraux comme on vendit de la loi Pons pour « les investissements outre-mer »[492]. En retour, les contrôles fiscaux se sont multipliés au point de ternir « la notoriété » du dispositif Malraux. En premier lieu, la déductibilité des travaux au titre de la loi Malraux suppose au préalable leur déductibilité de principe au titre de l'article 31 du CGI. En d'autres termes, il faut différencier les travaux de restauration immobilière, objet de la loi Malraux, de ceux de construction ou reconstruction, par nature exclus de déductibilité en matière de revenus fonciers[493]. Dans ces circonstances, des travaux qui ne portent pas atteinte au gros œuvre et n'entraînent pas un accroissement des surfaces ou des volumes habitables ne sont pas des travaux de reconstruction ou d'agrandissement, mais des travaux de réparation et d'amélioration déductibles des revenus fonciers sur le fondement de l'article 31-I du CGI et éventuellement déductibles du revenu global sur le fondement de l'article 156-I-3° du CGI[494]. En second lieu, le dispositif fiscal Malraux ne concernait à l'origine que les travaux d'un immeuble à usage de logements, privant ainsi, les acquéreurs du rez-de-chaussée d'un immeuble, de toute déductibilité au titre des travaux dans la mesure où à l'origine il s'agissait d'un bien affecté à l'usage de boutique et non pas de logement. Lorsqu'un immeuble est, par sa conception, son aménagement et ses équipements, destinés originellement à l'habitation, son occupation temporaire pour un autre usage n'est pas de nature à elle seule à lui ôter cette destination en l'absence de travaux modifiant sa conception, son aménagement ou ses équipements. [495] L'administration fiscale s'est ralliée à cette jurisprudence. L'article 68 de la loi de finances rectificative pour 2003 (n° 2003-1 312 du 30 décembre 2003) autorise l'application du dispositif « Malraux » aux immeubles dégradés des centres historiques, originellement destinés à l'habitation, mais qui ont cessé de l'être[496]. En troisième lieu, l'administration fiscale s'est interrogée sur le point de départ du régime fiscal dérogatoire que l'administration fiscale faisait courir à compter du décret en conseil d'État d'approbation d'un secteur sauvegardé, c'est-à-dire bien tardivement dans le cadre d'opérations groupées. L'article 40 de la loi du 29 décembre 1994 a modifié cet état. Pour les dépenses payées par les propriétaires qui ont obtenu une autorisation de travaux à compter du 1er janvier 1995, celui-ci prévoit explicitement que le régime spécial est applicable « aux déficits provenant de dépenses autres que les intérêts

---

492 P-L. Frier, *op.cit.* p. 292.

493 CE 30 avril 1997, n° 152391, Larcebeau, RJF 6/97 n° 518, concl. G. Bachelier BDCF 3/97 n° 55

494 CE 10 mars 1999, n° 168837, Jurado, RJF 6/99 n°517.

495 CE 20-6-1997 n° 137749, 9e et 8e s.-siècle, Flor-Florentin, RJF 8-9/97 n° 794

496 BOI 5 D-4-04, du 26 mai 2004.

d'emprunt effectuées… en vue de la restauration complète d'un immeuble bâti en application des articles L 313-1 à L 313-3 du Code de l'urbanisme et payées à compter de la date de publication du plan de sauvegarde et de mise en valeur »[497]. En quatrième lieu, la condition de groupement a occasionné de nombreux contentieux qui ont été vidés lors de l'adoption de l'article 40 de la loi du 29 décembre 1994, dans la mesure où l'article 156-I-3° du CGI ne mentionne plus, désormais, que l'exigence d'une « restauration complète d'un immeuble bâti ». Mais si la condition d'opération groupée a disparu, l'esprit général de la condition d'initiative des propriétaires demeure. En 1998, le président Jacques Arrighi de Casanova dans ses conclusions sur l'affaire L. justifiait la règle comme suit, en édictant une condition d'initiative du ou des propriétaires, le législateur, disait-il, « a entendu éviter que l'avantage accordé aboutisse seulement à défiscaliser une partie du prix d'achat [des] immeubles, lorsqu'ils sont commercialisés par un marchand de biens après ou en cours d'opération de restauration, alors qu'il ne s'agit que d'atténuer la charge des travaux de restauration entrepris sur des immeubles inscrits dans un plan de sauvegarde ». Il poursuivait en indiquant qu'« il faut donc pouvoir s'assurer que la déduction revendiquée ne correspond pas à une partie du prix d'acquisition, requalifié en charge foncière par un montage consistant à faire endosser aux acquéreurs une opération de restauration réalisée en fait, ou largement entamée, avant leur acquisition »[498]. Il importe donc de déterminer, celui qui assume la maîtrise d'ouvrage, c'est-à-dire celui qui en a l'initiative. La haute juridiction adopte une interprétation souple de la notion d'initiative. Dans une affaire récente, les propriétaires réunis au sein d'une association foncière urbaine libre (Aful), constituée afin de leur permettre d'assurer, dans le cadre d'un groupement, une opération de restauration immobilière d'un immeuble situé en secteur sauvegardé acquis au cours de l'année N auprès d'une société s'étant vu délivrer au cours de la même année un permis de construire et qui a, au cours de l'année N + 1, signe le contrat de maîtrise d'œuvre ainsi que le marché de travaux passés pour la réalisation de cette opération, avant de procéder au paiement des travaux. Dans ces conditions, les propriétaires doivent être regardés comme ayant assumé collectivement la maîtrise d'ouvrage de cette opération, alors même que le permis de construire délivré à la société n'a été transféré à l'Aful que le 18 mai de l'année N + 2[499]. En dernier lieu, l'engagement de location du propriétaire-bailleur doit être continu pendant une durée qui a varié dans le temps, de six à neuf ans. Il ne peut être regardé comme ayant rompu son engagement de location, alors même que le logement est demeuré vacant durant un peu plus d'un an après

[497] Voir S. Verclytte, chron. 3/98,p. 147, CE 27 février 1998, 8e et 9e s.-siècle, n° 161140, Levasseur ; n° 164230, Célérier et n° 167552, Rater

[498] CE 27-2-1998, n° 161140, RJF 3/98 n° 218, concl. J. Arrighi de Casanova BDCF 2/98 n° 28

[499] CE 10e-9e ch.3-6-2020 n°423068, min.c/A, RJF 9/20 n° 663, concl. A. Iljic, © 663.

le départ de son premier locataire, dès lors qu'il a accompli les diligences nécessaires pour que son bien soit immédiatement reloué au prix du marché, en sollicitant les services de plusieurs agences immobilières, en faisant paraître de nombreuses annonces dans la presse locale, en apposant un panneau publicitaire sur les lieux et en consentant, au cours de la période de vacance, une baisse significative du loyer[500]. Par touches successives, le dispositif a été profondément aménagé pour permettre une restauration de l'immeuble dans le cadre d'un volume bâti, y compris pour effectuer des travaux déductibles dans les combles.

§2 : L'instauration d'une réduction d'impôt liée aux travaux de restauration

71— L'article 84 de la loi de finances pour 2009 réaménage profondément le dispositif *Malraux*. Dans l'ancien régime, l'investisseur pouvait déduire les dépenses spécifiques et imputer le déficit foncier sur le revenu global sans limitation de montant. Désormais, le montant des travaux, générant une réduction d'impôt, ne peut être supérieur à 100 000 euros par an, et ce sur une période de 4 ans. Le taux de 40 % (devenu 30 % après rabot) est accordé pour les immeubles situés dans un secteur sauvegardé tandis que le taux de 30 % concerne les immeubles situés dans un périmètre de restauration immobilière (taux devenu 22 % après rabot). Le montant plafond est devenu pluriannuel à compter de 2017. La réduction s'applique aussi aux locaux professionnels et aux extensions de superficie habitable. L'engagement de location est porté à 9 ans. Quelle que soit l'affectation du local loué, l'engagement de location, dans un délai de douze mois qui suivent la date d'achèvement des travaux de restauration, doit prévoir que le locataire est une personne autre qu'un membre du foyer fiscal, un ascendant ou un descendant du contribuable. L'ancien dispositif Malraux était réservé aux opérations de restauration immobilière réalisées sur l'initiative du propriétaire de l'immeuble (ou des propriétaires groupés en association foncière urbaine) ou d'un organisme habilité à l'initier. Dans un souci de simplification, cette condition d'initiative n'est pas reprise dans le cadre de la nouvelle réduction d'impôt. Cette suppression met ainsi le droit en adéquation avec la réalité dès lors qu'en pratique le propriétaire n'était pas en mesure de remplir cette condition, les restaurations étant généralement décidées à l'échelle d'un quartier ou d'un groupe d'immeubles par les collectivités publiques ou les organismes parapublics (SEM, organismes HLM, association sans but lucratif, etc.). En définitive, le régime ne concerne que les propriétaires bailleurs qui s'engagent à procéder à une restauration complète et à donner le bien en location. Aucun avantage fiscal spécifique au titre de la restauration immobilière n'est consenti aux propriétaires occupants. Cette condition qui tend à favoriser l'habitat locatif a des effets pervers, car

---

[500] CAA Nantes, 11 juin 2008 n° 07-1562, 1e ch., Leclercq, RJF 12/08 n° 1284

elle a encouragé les investisseurs et au contraire découragé les propriétaires, de conditions modestes, qui ont dû quitter leur immeuble faute de pouvoir bénéficier de cet avantage fiscal au titre de leur habitation principale. Indépendantes des dépenses de droit commun qui sont éligibles à la réduction d'impôt, certaines charges demeurent exclues du dispositif. Il en est ainsi, des dépenses locatives supportées par le propriétaire et non remboursées au départ du locataire, mais également des provisions pour charges de copropriété et des intérêts d'emprunt déductibles des revenus fonciers. L'ensemble des dépenses de travaux imposés ou autorisés en application des dispositions législatives et réglementaires relatives aux sites, secteurs, quartiers et zones concernés est éligible à la réduction d'impôt. L'administration mentionne des dépenses spécifiquement éligibles à la réduction d'impôt : « Il peut s'agir notamment :
— De dépenses de travaux de démolition imposés ou autorisés par l'autorité qui délivre l'autorisation d'urbanisme et prévus par le plan de sauvegarde et de mise en valeur ou le plan de valorisation de l'architecture et du patrimoine approuvé ou par la déclaration d'utilité publique ;
— De dépenses de travaux de reconstitution de toitures ou de murs extérieurs d'immeubles existants prévus par le plan de sauvegarde et de mise en valeur ou le plan de valorisation de l'architecture et du patrimoine approuvé ou imposé par la déclaration d'utilité publique et rendue nécessaire par ces démolitions ;
— De dépenses de travaux de réaffectation à l'habitation de tout ou partie d'un immeuble originellement destiné à l'habitation et ayant temporairement perdu cet usage ;
— De dépenses de travaux d'affectation à l'habitation de tout ou partie d'un immeuble originellement destiné à usage autre que l'habitation, et ce, lorsque la demande de permis de construire ou la déclaration préalable a été déposée à compter du 1er janvier 2017 ;
— De dépenses de travaux de transformation en logement de tout ou partie d'un immeuble à usage d'habitation, c'est-à-dire effectués en vue de rendre habitables des combles, greniers, parties communes de tout ou partie d'un immeuble, sous réserve que cette transformation soit réalisée en conformité avec le plan de sauvegarde et de mise en valeur ou le plan de valorisation de l'architecture et du patrimoine approuvé ou avec la déclaration d'utilité publique ; ces travaux peuvent s'accompagner d'une restructuration du volume intérieur des locaux, notamment par la création de mezzanines. En particulier, il n'est pas exigé que ces travaux de transformation soient effectués dans le volume bâti existant, dès lors qu'ils sont réalisés en conformité avec le plan de sauvegarde et de mise en valeur ou le plan de valorisation de l'architecture et du patrimoine approuvé ou avec la déclaration d'utilité publique ;
— Et, plus généralement, de toutes les dépenses de travaux, dès lors qu'elles sont conformes à la déclaration d'utilité publique ou au plan de sauvegarde et de mise en valeur ou au plan de valorisation de l'architecture et du patrimoine

approuvé et qu'elles sont réalisées avec l'accord ou l'avis de l'architecte des bâtiments de France, y compris les travaux de construction, de reconstruction et d'agrandissement »[501].

La base de la réduction d'impôt est constituée par le montant des dépenses précitées dans un plafond de 100 000 € pendant quatre années consécutives pour les demandes de permis de construire ou les déclarations préalables déposées jusqu'au 31 décembre 2016 et de 400 000 € sur une période globale de quatre années consécutives, pour les demandes de permis de construire ou les déclarations préalables déposées depuis le 1er janvier 2017.

Enfin, le montant des dépenses éligibles qui dépasse le plafond annuel ou pluriannuel ne peut ni être reporté ni faire l'objet d'une déduction pour la détermination des revenus fonciers. Ce dernier point est modifié par la loi de finances rectificative pour 2016.

§3 : La soustraction du dispositif au plafonnement global des niches fiscales

72— la réduction d'impôt sur le revenu entre en principe dans le champ d'application du plafonnement global de certains avantages fiscaux prévu par l'article 200-0 A du CGI. Toutefois, il est précisé que le I de l'article 73 de la loi de finances pour 2013 [502]exclut la réduction d'impôt Malraux du champ de ce plafonnement, et cela pour les avantages procurés par la réduction d'impôt accordée au titre des dépenses de restauration immobilière pour lesquelles une demande de permis de construire ou une déclaration de travaux a été déposée à compter du 1er janvier 2013. Les dépenses pour lesquels la demande de permis de construire ou la déclaration de travaux a été déposée avant le 1er janvier 2013 sont restées, en revanche, soumises au plafonnement global prévu à l'article 200-0 A du CGI dans sa rédaction en vigueur avant l'article 73 de la loi 2012-1509 du 29 décembre 2012, soit 18 000 € majorés de 4 % du revenu imposable.

Lorsque la réduction d'impôt « Malraux » est accordée au titre de la souscription de parts de SCPI, l'exclusion du plafonnement global des avantages fiscaux s'applique depuis l'imposition des revenus de l'année 2013 pour les souscriptions de parts de « SCPI Malraux » réalisées à compter du 1er janvier 2013, quelle que soit à cet égard la date de la demande de permis de construire ou de la déclaration de travaux de l'opération de restauration immobilière financée au moyen de ces souscriptions[503].

Section III : Les sites patrimoniaux remarquables et le régime fiscal des travaux

---

[501] BOI-IR-RICI-200-10 n° 320, du 27/02/2020

[502] Loi de finances pour 2013, n° 2012-1509, 29 déc. 2012, art. 73, *Droit fisc.* 2013, n° 1, comm. 7

[503] BOI-IR-LIQ-20-20-10-20 n° 120, du 18-6-2015

§1 : La création d'un plafond pluriannuel des travaux

73— L'article 40 de la loi de finances rectificative pour 2016[504] modifie le régime fiscal du dispositif Malraux dans le cadre des sites patrimoniaux remarquables. Le présent article prévoit que les dépenses ouvrant droit à la réduction ne sont plus retenues dans la limite annuelle de 100 000 €. Elles sont désormais considérées dans la limite de 400 000 € au titre de la période comprise entre la date de délivrance du permis de construire ou de l'expiration du délai d'opposition à la déclaration préalable et le 31 décembre de la troisième année suivante. Œuvrant pour accorder plus de souplesse aux propriétaires privés, le législateur retient le plafond de dépenses pluriannuel de 400 000 € sur la période de quatre ans au titre de laquelle les contribuables peuvent bénéficier de la réduction d'impôt, cette période étant toutefois susceptible d'être prolongée en cas d'interruption ou de ralentissement des travaux par l'effet de la force majeure ou du fait de découverte de vestiges archéologiques. La limite de 400 000 € est globale. Le montant total des dépenses retenu au titre, d'une part, de la réalisation de dépenses, d'autre part, de la souscription de parts de SCPI, ne peut excéder globalement 400 000 € par contribuable et pour une période de quatre années consécutives. De plus, les modalités d'imputation de la réduction d'impôt sont modifiées dans la mesure où le propriétaire peut désormais reporter une fraction de la réduction d'impôt qui n'a pas été imputée. Lorsque la fraction de la réduction d'impôt imputable au titre d'une année d'imposition excède l'impôt dû par le contribuable au titre de cette même année, le solde peut désormais être imputé sur l'impôt sur le revenu dû au titre des trois années suivantes.

§2 : L'extension du régime fiscal à un espace urbain rénové

74— L'article 40 de la loi 2016-1918 du 29 décembre 2016 de finances rectificative pour 2016 a, entre autres dispositions, modifié le champ territorial de la réduction d'impôt « Malraux » accordée au titre des dépenses de restauration immobilière effectuées dans les sites patrimoniaux remarquables et les quartiers relevant de la politique de la ville. Ce texte de loi procède aux adaptations rédactionnelles du dispositif rendues nécessaires par les dispositions de la loi 2 016-925 relative à la liberté de la création, à l'architecture et au patrimoine qui a remplacé certaines zones dans lesquelles le dispositif était applicable par les sites patrimoniaux remarquables. Il proroge l'application du dispositif dans les quartiers anciens dégradés ainsi que dans les quartiers présentant une concentration élevée d'habitat ancien

---

[504] Loi n° 2016-1918 du 29 décembre 2016, JO 31 décembre 2016

dégradé et élargit le dispositif aux immeubles affectés à l'habitation après travaux. Dans une mise à jour de sa documentation administrative, l'administration commente ces aménagements et apporte les précisions suivantes s'agissant des immeubles situés dans un site patrimonial remarquable.
Trois situations doivent être distinguées :

« — Lorsque l'acte classant le site patrimonial remarquable n'a pas encore été pris, les dépenses réalisées n'ouvrent pas droit à la réduction d'impôt. Elles peuvent éventuellement constituer des charges déductibles des revenus fonciers dans les conditions de droit commun définies à l'article 31 du CGI ;
— Lorsque l'acte classant le site patrimonial remarquable a été pris, mais que le plan de sauvegarde et de mise en valeur (PSMV) ou le plan de valorisation de l'architecture et du patrimoine (PVAP) n'est pas encore approuvé, les dépenses réalisées n'ouvrent droit à la réduction d'impôt qu'à la condition que l'opération de restauration immobilière ait été déclarée d'utilité publique en application du deuxième alinéa de l'article L 313-4 du Code de l'urbanisme. À défaut, les dépenses réalisées peuvent éventuellement constituer des charges déductibles des revenus fonciers dans les conditions de droit commun définies à l'article 31 du CGI ;
— Lorsque l'immeuble est localisé dans le périmètre d'un site patrimonial remarquable couvert par un PSMV approuvé ou par un PVAP approuvé, les dépenses réalisées à compter de la date de publication de l'arrêté préfectoral (ou du décret en Conseil d'État) approuvant le PSMV ou de la date de la délibération de l'autorité compétente ayant adopté le PVAP ouvrent droit au bénéfice de la réduction d'impôt, sans qu'il soit besoin d'une déclaration d'utilité publique (DUP) »[505].
Lorsque la réalisation de travaux déclarés d'utilité publique a débuté avant la date de publication du plan de sauvegarde et de mise en valeur ou le plan de valorisation de l'architecture et du patrimoine et s'étend au-delà de cette même date et que les prescriptions du PSMV ou du PVAP sont plus restrictives que celles de la déclaration d'utilité publique, le bénéfice de l'avantage fiscal n'est toutefois pas remis en cause.

Le taux de la réduction d'impôt diffère selon la zone de protection concernée. Le présent article précise donc le taux de réduction applicable dans les sites patrimoniaux remarquables, pour les détentions directes ou par l'intermédiaire de souscriptions des parts de SCPI. Il est égal à :

– 30 % du montant des dépenses éligibles pour les immeubles situés dans le périmètre d'un site patrimonial remarquable couvert par un PSMV approuvé,

[505] BOI-IR-RICI-200-10 n° 145, du 27/02/2020

– 22 % du montant des dépenses éligibles dans les autres cas (PVAP approuvé ou une opération de restauration déclarée d'utilité publique).

Les dispositifs fiscaux « Malraux ancien » et celui du site patrimonial remarquable n'ont cessé d'être réaménagés au fil du temps par le législateur afin de rendre cohérents les avantages fiscaux d'un régime fiscal dérogatoire avec une logique de protection d'un patrimoine culturel d'embellissement des villes. Cependant, l'examen des dépenses fiscales inhérent à ce programme démontre l'intérêt relatif d'un dispositif hanté par des contrôles fiscaux. Depuis plusieurs années, le montant des dépenses fiscales annuelles ne dépasse pas 1 million d'euros. Est-ce le symptôme de l'atonie d'un marché immobilier dont les prix demeurent élevés (tant pour l'acquisition du foncier que pour les travaux de restauration) ? Ou bien l'ambiguïté d'un dispositif en trompe-l'œil dans la mesure où lors de la cession du bien immobilier, le coût de revient est composé du foncier à l'exclusion des travaux qui ont occasionné la réduction d'impôt ? Il faudrait alors attendre trente ans pour bénéficier d'une exonération totale de l'impôt des plus-values immobilières. En somme, la dépense fiscale de l'embellissement des villes se raréfie au fil du temps et dans une certaine mesure au risque du marché.

Deuxième partie : La fragilité d'une fiscalité du patrimoine culturel immobilier non bâti

L'insaisissable frontière du patrimoine culturel et naturel

75— Parler d'un patrimoine culturel et naturel en une locution et non plus en deux expressions, c'est faire fi de leur dualité et souligner leur unité[506]. Les figures du patrimoine renvoient certes à des énoncés juridiques comme à des usages sociaux distincts, mais ce syntagme « patrimoine culturel et naturel » transporte les mots et les enjeux sous-jacents comme « des nomades » d'un champ sémantique à un autre. L'épithète « naturel » sert à qualifier un patrimoine qui ne serait pas « culturel », ce qui suppose de comprendre la valeur du qualificatif. L'idée dominante d'une séparation du patrimoine naturel et culturel, héritée d'une modernité européenne, demande donc à être interrogée à la fois dans son fonctionnement et sa conflictualité, mais également dans sa juridicité[507]. Ne faut-il pas s'affranchir de l'opposition nature et culture ? Le professeur Philippe Descola avance l'idée selon laquelle le dualisme nature/culture, qui fonde l'anthropologie depuis le XIXe siècle, n'est pas partagé par toutes les sociétés humaines et constitue un obstacle à la compréhension des sociétés non occidentales. Pour lui, la nature n'est pas dévoilée, mais « peu à peu construite comme un dispositif ontologique d'un genre particulier servant d'assise à la cosmologie des modernes »[508]. De cette cosmogonie, la constitution de l'humanité en un ordre à part aurait pris sa pleine consistance politique à un moment précis de l'histoire. Selon le professeur Philippe Descola, cette configuration plonge ses racines dans la Révolution française « car cette émancipation a nécessité une épuration : on a fait sortir les non-humains de la cité pour n'y laisser que les humains, seuls sujets de droit »[509]. Les patrimoines culturels et naturels subissent ainsi des bifurcations qui méritent un rappel, aussi succinct soit-il. À la fin du XIXe siècle, les patrimoines culturels et naturels agrègent une logique mémorielle au moyen d'une préservation des monuments historiques et naturels. Monsieur Vincent Négri résume cette première bifurcation juridique en ces termes « le patrimoine s'enracine au tournant des XIXe et XXe siècles

---

[506] Voir J-R. Pellas, « Approche fiscale du patrimoine culturel et naturel », mélanges en l'honneur de Jérôme Fromageau, un patrimoine vivant entre nature et culture, mare et martin, 2019, pp. 765-782

[507] Voir A. Farinetti, « La protection des continuités écologiques fluviales : nature contre culture ? » in mélanges en l'honneur de Jérôme Fromageau, *Un patrimoine vivant entre nature et culture*, mare et martin, 2019, p.679.

[508] Ph. Descola, *par delà nature et culture*, Paris, Gallimard (2005) - collection folio, p. 123, 2015

[509] Ph. Descola, , « De la Nature universelle aux natures singulières : quelles leçons pour l'analyse des cultures » in Ph. Descola (dir), *Les natures en question*, Paris, Odile Jacob, 2018, p. 127

dans un même humus ; celui d'une quête d'identité, matinée de patriotisme et d'une doctrine conservationniste... Monuments naturels et monuments historiques constituaient alors la parure monumentale de la nation ». [510] La césure entre un patrimoine culturel, construit par l'Homme et un patrimoine naturel, inné en quelque sorte, s'efface au profit d'une conception « unitaire ». L'expression « monument naturel » symptomatique de ce rapprochement entre un patrimoine culturel et naturel a été forgée par Alexander von Humboldt en 1814, mais il faut attendre la loi du 21 avril 1906 pour que soit organisée la « protection des sites et monuments naturels de caractère artistique ». Toutefois, c'est la loi du 2 mai 1930 qui pose les fondements actuels de la législation sur la protection des sites naturels. À l'instar des monuments historiques, la législation mettant en place la protection des sites naturels prévoit deux niveaux de protection : l'inscription et le classement. La professeure Jacqueline Morand-Deviller rappelle que l'osmose de ces législations a pour finalité l'intérêt public « Le législateur de 1887 et celui de 1906 a fait du critère artistique un élément de l'intérêt général, concluant en toute bonne conscience une Sainte-Alliance entre l'esthétique et le droit. Il fallait protéger le patrimoine architectural et naturel contre le vandalisme destructeur, pas seulement celui des Révolutions, mais celui du quotidien, celui des aménagements grands et petits. La valeur juridique garantit la protection de la valeur esthétique »[511]. Il n'en demeure pas moins que l'hybridation des instruments de protection ou superposition des régimes de classement ou d'inscription procède d'un périmètre différent ; les sites et monuments naturels étant susceptibles de dépasser la limite géographique propre à la servitude des abords. Le dispositif issu de la loi du 2 mai 1930 visant la réorganisation de « la protection des monuments naturels et des sites de caractère artistique, historique, scientifique, légendaire ou pittoresque » a donc pour objet de protéger des parties du territoire perçues comme des éléments de patrimoine du fait de leur intérêt écologique ou, plus généralement scientifique, mais aussi de leur rattachement à des faits historiques ou légendaires, à une œuvre artistique ou tout simplement en raison de leur relative rareté[512]. Contrairement à l'inscription qui conduit les propriétaires à informer l'administration des travaux à réaliser, l'acte de classement des monuments et sites met en place un régime plus contraignant. Lorsqu'un monument ou un site est classé, il ne peut plus être détruit ni modifié dans son état ou son aspect, sauf autorisation spéciale. Cette protection des sites sera ultérieurement étendue au littoral par la loi n° 86-2 du

---

[510] V. Negri, « Entre patrimoine naturel et patrimoine culturel, sinuosités du droit », mélanges en l'honneur de J. Fromageau, *Un patrimoine vivant entre nature et culture*, mare et martin, 2019, p.755.

[511] J. Morand-Deviller, « L'identification des sites protégés », AJDA 2006, p. 1986

[512] L. Le Corre , *Protection des monuments et des sites* , JurisClasseur Environnement et développement durable, fasc. n° 3540, 24 nov. 2012.

3 janvier 1986 relative à l'aménagement, la protection et la mise en valeur du littoral[513]. Ce premier mouvement identifie un rapprochement des législations patrimoniales dont le dénominateur commun semble être l'équité intergénérationnelle. Pour Monsieur Vincent Négri : « Sur le terrain de l'équité intergénérationnelle se consolident les appariements de la diversité culturelle et de la diversité biologique. La notion d'équité intergénérationnelle se loge dans le droit international de l'environnement à partir de la Déclaration finale de la conférence des Nations Unies sur l'environnement, tenue à Stockholm en 1972, qui exprime la conviction commune selon laquelle « [l'homme] a le devoir solennel de protéger et d'améliorer l'environnement pour les générations présentes et futures » ; l'environnement étant alors défini comme « l'élément naturel et celui que [l'homme] a lui-même créé » et « les ressources naturelles du globe, y compris l'air, l'eau, la terre, la flore et la faune, et particulièrement les échantillons représentatifs des écosystèmes naturels, doivent être préservées dans l'intérêt des générations présentes et à venir par une planification ou une gestion attentive »[514]. Il s'agit pourtant d'un second temps dans cette bifurcation juridique des patrimoines culturels et naturels, car désormais, le patrimoine naturel devient une composante de l'environnement. Il s'agit tour à tour, selon une conception néolibérale, de permettre un « développement durable », et selon une conception naturaliste de maintenir une « biodiversité », « un environnement sain et équilibré ». Il s'agit en somme de réintégrer l'Homme dans la nature par la reconnaissance des droits de la nature. La personnalisation juridique de la nature est en somme disruptive ; elle transgresse la *summa divisio*, entre les choses et les personnes qui réservent à ces dernières le bénéfice des droits[515]. Saisir d'un même mouvement le patrimoine culturel et naturel, n'est-ce pas, selon, le professeur Noé Wagener, « revenir à la période antérieure à la fabrique de l'institution « environnement »[516]. Pourtant, il ne s'agit pas d'effacer le paradigme environnemental de la construction historique du couple patrimoine culturel et naturel, mais simplement de reconnaître une imbrication des patrimoines de

---

513 M. Sousse, *Dispositions particulières au littoral*, JurisClasseur Environnement et développement durable, fasc. nº 3420, 30 nov. 2018.

514 V. Negri, « Entre nature et culture, la diversité comme lieu d'internormativité. Les approches intégrées de la protection des ressources culturelles et naturelles en droit national et international », Université Laval à Québec, Sept. 2019

515 J. Betaille, « Des droits pour la nature, un nouveau mirage juridique », Revue méditerranéenne de droit public, vol. 10, no spécial « L'arbre, l'homme et le(s) droit(s) », 2019, p.78 ; M-A. Hermitte, « Quel type de personnalité juridique pour les entités naturelles », in J-P. Marguénaud et Claire Vial (dir.), *Droits des êtres humains et droits des autres entités : une nouvelle frontière ?* Paris, Mare et martin, 2021, p. 101.

516 N. Wagener, « Quelles histoires nous raconte le patrimoine ? », mélanges en l'honneur de J. Fromageau, *Un patrimoine vivant entre nature et culture*, mare et martin, 2019, p.783.

nature à brouiller une frontière intangible entre ces notions. Comment dissocier un patrimoine culturel d'un patrimoine naturel lorsqu'on observe que certains sites emblématiques du patrimoine fortifié sont des éléments du patrimoine culturel : remparts de Carcassonne, châteaux des Cathares dans l'Aude ou bien encore château du Haut-Koenigsbourg. Il en va de même de monuments religieux installés sur des sites préservés : la cathédrale de Fourvière à Lyon, Notre-Dame-de-la-Garde à Marseille, la statue Notre-Dame-de-France sur le Rocher Corneille à Vézelay et la chapelle Saint-Michel d'Aiguilhe à ses côtés, l'abbaye du Mont-Saint-Michel. Les menhirs et dolmens de Bretagne, sites préhistoriques par excellence, bénéficient d'une protection culturelle aux termes de l'article L621-1 du code du patrimoine. « Sont notamment compris parmi les immeubles susceptibles d'être classés au titre des monuments historiques : les monuments mégalithiques, les terrains qui renferment des stations ou gisements préhistoriques ». Nimbés d'une aura légendaire, des arbres remarquables sont témoins d'événements majeurs à l'instar du chêne de l'entente en forêt de Compiègne. D'autres monuments naturels ont une valeur patrimoniale, tant pour leur matière minérale que pour leur témoignage historique à l'image des pétroglyphes de la Carapa sur la commune de Kourou en Guyane ou bien encore des grottes ornées de Lascaux dans la vallée de la Vézère et de Chauvet en Ardèche. Plus encore, l'unité et l'identité d'un site laissent supposer l'existence d'éléments naturels associés à un ensemble de facteurs sociaux, économiques, artistiques, architecturaux ou urbains, rejoignant dès lors la définition du paysage culturel. La notion de patrimoine sensoriel a désormais infiltré celle de patrimoine culturel et naturel, au sens des dispositions de l'article L 101-1 du code de l'environnement « Les espaces, ressources et milieux naturels terrestres et marins, les sons et odeurs qui les caractérisent, les sites, les paysages diurnes et nocturnes, la qualité de l'air, la qualité de l'eau, les êtres vivants et la biodiversité font partie du patrimoine commun de la nation. Ce patrimoine génère des services écosystémiques et des valeurs d'usage »[517]. Nonobstant la parenté des patrimoines culturels et naturels, l'intensité des instruments fiscaux pour protéger la fragilité d'un patrimoine à l'épreuve du temps ou pour mettre en valeur un patrimoine dont peut jouir paisiblement le public tend à s'estomper au gré des politiques publiques et plus encore des crises financières. Ainsi, le programme n° 113 « Paysages, eau et biodiversité », support des politiques de l'eau, de la biodiversité, de la protection du littoral, des milieux marins et des paysages, demeure un outil d'analyse de l'action publique « environnementale ». Ces politiques contribuent à restaurer et protéger les écosystèmes et paysages emblématiques des territoires, afin de préserver le cadre de vie des Français, renforcer l'adaptation au changement climatique et atténuer ses effets. Elles reposent notamment sur les opérateurs

---

[517] Voir J-R. Pellas, « Le patrimoine sensoriel, une nouvelle catégorie de patrimoine ? » RDP janv. 2022, p. 131

dont la Direction de l'eau de la biodiversité (DEB) assure la tutelle : les six agences de l'eau, l'Office français de la biodiversité (OFB), les onze parcs nationaux, le Conservatoire du littoral et l'Établissement public du marais poitevin. Il est surprenant que depuis plusieurs années, alors même que le projet annuel de performances pour l'année 2024 souligne la priorité accordée à la préservation de la biodiversité, aucune donnée chiffrée ne soit renseignée au titre des dépenses fiscales, exception faite de l'exonération, sous certaines conditions, de droits de mutation à titre gratuit, à concurrence des trois quarts de leur montant, en faveur des successions et donations intéressant les propriétés non bâties qui ne sont pas de nature de bois et forêts et situées dans les sites Natura 2000, les zones centrales des parcs nationaux, les réserves naturelles, les sites classés et les espaces naturels remarquables du littoral, pour un montant modeste de 10 millions d'euros. Une mission conjointe de l'inspection générale des finances et de l'environnement et du développement durable propose de renforcer la part du financement privé « En complément des financements publics, la mission propose de mobiliser certains leviers jouant sur les incitations des acteurs privés en faveur de la préservation et de la restauration de la biodiversité. Partant du constat que la fiscalité environnementale favorable à la biodiversité est limitée et faiblement incitative, la mission recommande de renforcer le principe pollueur-payeur sans toutefois faire de la fiscalité un outil de rendement et de financement de la stratégie nationale pour la biodiversité. Ainsi, la mission propose de corriger certaines redevances des agences de l'eau dans le sens d'une meilleure prise en compte des comportements néfastes ayant des répercussions sur la biodiversité. Par ailleurs, même si l'atteinte de l'objectif de "zéro artificialisation nette" repose sur une conjonction de leviers réglementaires, budgétaires et fiscaux, la mission propose de mieux considérer la biodiversité dans la fiscalité du foncier et de l'aménagement et en particulier de réformer les taxes sur la cession des terrains nus rendus constructibles »[518]. La fiscalité inhérente au patrimoine culturel immobilier non bâti demeure peu incitative. L'inspection générale recommande de dépasser le cadre actuel : « La fiscalité environnementale en lien avec la biodiversité est limitée à celle portant sur les ressources en eau et les pollutions. Aussi, cette fiscalité est principalement affectée à des opérateurs : elle recouvre les taxes affectées aux agences de l'eau (2,2 Md€ en 2022) comprenant également les redevances cynégétiques reversées à l'office français de la biodiversité et est enrichie du produit de la taxe annuelle sur les engins maritimes à usage personnel (48 M€ en 2022) et

[518] IGF et IGEDD, *Le financement de la stratégie nationale pour la biodiversité pour 2030* , janv.2023, p. 2.

de la taxe sur les passagers maritimes embarqués à destination d'espaces naturels protégés, affectées en partie au conservatoire du littoral »[519].

[519] IGF et IGEDD, *Le financement de la stratégie nationale pour la biodiversité pour 2030* , janv.2023, p. 34

Chapitre I : Une fiscalité du patrimoine culturel non bâti, en demi-teinte

La valse-hésitation du législateur

76— La définition d'une stratégie environnementale pour les pouvoirs publics implique de mobiliser et d'articuler un ensemble de moyens juridiques et économiques en vue de poursuivre l'un des nombreux objectifs qui s'y rattachent. À ce titre, la préservation du patrimoine naturel est une préoccupation majeure des politiques publiques qui s'orientent vers une régulation de la biodiversité. Hormis la fiscalité des forêts et la fiscalité énergétique, les dispositifs fiscaux mobilisés pour préserver les espaces naturels sont nés dans le cadre de politiques sectorielles, sans cohérence d'ensemble. Il s'est agi dans les années soixante, principalement de préserver la ressource en eau et au cours des années soixante-dix de favoriser le patrimoine littoral. Il faut attendre 2 005 pour mettre en œuvre une politique fiscale de protection des espaces naturels. Les pouvoirs publics manifestent, depuis le début des années 2000, une prise de conscience de ce retard dans l'utilisation de l'outil fiscal pour protéger le patrimoine naturel. Ainsi la stratégie nationale du développement durable, en juin 2003, préconise-t-elle la mise en œuvre de nouvelles mesures fiscales à finalité environnementale pour le patrimoine naturel notamment. La loi relative au développement des territoires ruraux du 2 février 2005 marque sur ce point une rupture avec le passé en ce qu'elle consacre l'obligation pour les collectivités territoriales d'organiser la protection de ces espaces, consécration confirmée par la loi du 12 juillet 2010 portant engagement national pour l'environnement. Le Grenelle de l'environnement s'est pour l'essentiel efforcé de mettre en œuvre des mesures fiscales incitatives pour réduire les émissions de gaz à effet de serre. L'article 32 de la loi de finances pour 2014 a introduit une trajectoire de hausse des accises sur plusieurs produits énergétiques fossiles. Cette trajectoire était principalement fondée sur une composante carbone informelle, qui a servi de support à la détermination des tarifs entre 2014 et 2017[520]. Cela étant, les dispositifs fiscaux incitatifs sont progressivement

[520] Le niveau de cette composante carbone informelle était de 7 €/t en 2014, 14,5 €/t en 2015, 22 €/t en 2016, 30,5 €/t en 2017. La loi relative à la transition énergétique pour la croissance verte (LTECV) avait fixé une cible à long terme avec un taux défini à 100 €/tCO2 en 2030.

détricotés. Sans avoir établi un bilan des aides fiscales, le législateur supprime la réduction d'impôt sur le revenu inhérent aux dépenses effectuées en vue du maintien et de la protection du patrimoine naturel. D'autres sont supprimées pour « inefficience », voire dans le meilleur des cas réaménagés. Ainsi, au regard de la taxe départementale pour les espaces naturels, l'inspection générale des finances et le Conseil général de l'environnement et du développement durable constatent une sous-consommation des crédits de l'ordre de 370 millions d'euros pour la période de 2000 à 2009[521]. L'efficacité de l'outil fiscal pour préserver un patrimoine naturel n'apparaît donc pas décisive aux yeux de la mission de contrôle de l'État alors que l'on constate une « mosaïque d'infléchissements à la fiscalité des espaces naturels » selon l'expression de Sylvie Caudal[522]. Le choix de diminuer le recours à l'instrument fiscal pour lui privilégier l'instrument budgétaire pourrait poser la question de la compatibilité d'une telle évolution avec le principe de non-régression en matière de protection de l'environnement, inscrit à l'article L. 110-1 du code de l'environnement depuis 2016[523]. Toutefois, le Conseil constitutionnel, dans sa décision relative à la constitutionnalité du principe de non-régression, a rappelé « qu'il est à tout moment loisible au législateur, statuant dans le domaine de sa compétence, d'adopter, pour la réalisation ou la conciliation d'objectifs de nature constitutionnelle, des modalités nouvelles dont il lui appartient d'apprécier l'opportunité. Il peut également à cette fin modifier des textes antérieurs ou abroger ceux-ci en leur substituant, le cas échéant, d'autres dispositions. »[524]

Section I : L'identification d'une fiscalité du patrimoine culturel non-bâti

§ 1 — Une mosaïque de taxes affectées

77— Aux termes de l'article 2 de la loi organique du 1er août 2001 relative aux lois de finances, « les impositions de toutes natures ne peuvent être directement affectées à un tiers qu'à raison des missions de service public confiées à lui et sous les réserves prévues par les articles 34, 36 et 51 ». Dans sa décision du 25 juillet 2001, interprétant ces dispositions, le Conseil constitutionnel a jugé que « la loi ne peut affecter directement à un tiers des impositions de toutes natures qu'à raison des missions de service public confiées à lui, sous la triple condition que la perception de ces impositions soit autorisée par la loi de finances de l'année, que, lorsque l'imposition concernée a été établie au profit de l'État, ce soit une loi de finances qui procède à cette

[521] IGF et CGEDD, *La fiscalité et la mise en œuvre de la nouvelle stratégie nationale pour la biodiversité* (2010-2020), rapport oct. 2011, p. 3.
[522] S. Caudal, « Quelle fiscalité pour la biodiversité ? », RJE 2008, p. 69 et s
[523] Voir K. Foucher, « Le principe de non-régression devant le Conseil constitutionnel », constitutions, 2016, p. 487.
[524] Décision n° 2016-737 DC du Conseil constitutionnel du 4 août 2016.

affectation et qu'enfin le projet de loi de finances de l'année soit accompagné d'une annexe explicative concernant la liste et l'évaluation de ces impositions »[525]. Contraire au principe d'universalité budgétaire, la démarche de la LOLF est donc d'encadrer ces « affectations » qui devraient être exceptionnelles. Or, le législateur n'a jamais cessé d'opérer des affectations d'impôts au profit de personnes morales autres que les organes de Sécurité sociale et que les collectivités territoriales[526]. L'affectation peut prendre plusieurs formes juridiques et budgétaires, selon qu'elle concerne l'État, en privilégiant une affectation de recette à un compte d'affectation spéciale au sein du budget de l'État ou bien une opération de débudgétisation, en passant sous les Fourches caudines du Parlement. Il s'agit pour l'essentiel de taxes conçues pour produire des recettes destinées à des dépenses de protection de l'environnement, en faisant correspondre l'assiette de la taxe avec son utilisation. Cette logique d'une dépense de préservation d'un patrimoine naturel financée par des impôts affectés autorise une stabilité de la ressource, une maîtrise du circuit de financement par l'organisme bénéficiaire, mais en contrepartie accuse un déficit démocratique, faute d'une décision préalable du Parlement. Ainsi, la politique de gestion de l'eau et de protection de la biodiversité repose encore largement sur le financement des agences de l'eau par le biais des redevances assises sur les pollutions et les prélèvements d'eau. Avant d'examiner les taxes affectées au soutien d'une préservation des espaces naturels au profit du conservatoire du littoral ou bien encore de l'office français de la biodiversité, il importe de déterminer quel contribuable doit financer ces biens communs : l'usager ou le citoyen ?

78— En raison d'une tension entre un désengagement financier de l'État et une demande sociale en expansion qui procède à l'extension d'une rationalité financière dans le domaine culturel, le sacrifice fiscal d'un citoyen doit être mesuré avec prudence. Cette « gouvernementalité néolibérale » se détache toutefois d'un « laisser-faire » historique des doctrines du libéralisme, en ce qu'elle renvoie moins à l'absence d'intervention de l'État dans un marché supposé naturel, qu'à la production d'un art de gouverner selon les principes de l'économie de marché, comme l'a montré Michel Foucault dans Naissance de la biopolitique[527]. Une certaine méfiance à l'égard de l'État, rejaillit sur la conception même de l'impôt qui d'une « contribution-devoir », avec la montée en puissance de l'État providence (re) devient une « contribution-

[525] Cons. const., 25 juill. 2001, déc. n° 2001-448 DC, considérant 10.
[526] Voir J-R. Pellas, « Les impôts affectés, quelle légitimité ? », RFFP sept. 2013, n° 123, p. 115.
[527] M. Foucault, *La naissance de la biopolitique*, Cours au collège de France, 1978-1979, Paris, Seuil, 2004.

contrepartie » dans le cadre d'une société postmoderne[528]. De ce positionnement découle également le renouveau de la redevance comme prix à payer pour l'obtention d'un bien commun. Le recours à ce mode de financement participe de la recherche d'une optimisation économique et sociale pour créer ou consolider des biens communs sur la base d'intérêts catégoriels et non plus sur un fondement universel, consubstantiel à l'impôt. Existe-t-il néanmoins un véritable choix entre l'impôt et la redevance dans la gouvernance des biens communs ? Selon une casuistique bien établie depuis l'affaire du bac d'Eloka[529], il convient de distinguer les services publics administratifs financés pour l'essentiel par l'impôt, des services publics industriels et commerciaux. Pour être industriel ou commercial, le service doit être principalement alimenté par des redevances payées par les usagers et non par des subventions budgétaires ou par l'impôt. On sait que cette typologie est lacunaire[530]. Dans cette constellation d'activités d'intérêt général, les autorités publiques sont partagées entre une logique de solidarité les conduisant à privilégier l'impôt pour financer des biens communs et une logique d'imputation inhérente à un mode de financement par redevance, apte à susciter la responsabilisation des usagers. Traditionnellement, l'impôt renvoie à une obligation fiscale exigée par la puissance publique en raison de l'appartenance du contribuable à une collectivité et en vue de la couverture de charges publiques. Les fondements et les représentations de l'obligation fiscale mettent en exergue les rapports que l'impôt agrège entre l'individu et la communauté sociale et politique à laquelle il appartient. Audrey Rosa a démontré avec force l'imbrication des liens entre l'impôt et les thèses du solidarisme[531]. Une des fonctions de l'impôt, à savoir la redistribution des richesses, cristallise les débats contemporains autour de la notion de justice fiscale. La réduction des inégalités par l'impôt est l'un des objectifs assignés à la consolidation de l'obligation fiscale et partant à l'État, garant de la

---

[528] Tout au long du XIXe siècle, l'idée centrale défendue notamment par JB. Say, mais également par E. de Girardin ou bien encore par P.J. Proudhon, était que la légitimité de l'impôt découlait de contreparties (échange, assurance ou prime). Comme le rappelle A. Rosa, « lorsque le montant de l'impôt était corrélatif au service et à la sécurité assurés par l'État, le système fiscal affichait une certaine neutralité », in *Solidarité et impôt*, Dalloz, 2015, p.75.

[529] TC.22 janvier 1921, Société commerciale de l'Ouest africain, Dalloz 1921, 3-1 concl. Matter. La jurisprudence ne retient pas un critère objectif précis. Elle incline à utiliser un faisceau d'indices dont celui du financement du service. Les services industriels et commerciaux sont en somme ceux qui fonctionnent dans les mêmes conditions que les entreprises industrielles ou commerciales similaires. Voir A-S Mescheriakoff, « L'arrêt bac d'Eloka : légende et réalité de la gestion privée de la puissance publique » in RDP 1988.1059.

[530] Voir N.Foulquier, « Le service public », in P. Gonod, F. Melleray, P. Yolka (dir), traité de droit administratif, Tome 2, Dalloz, 2011 p. 70.

[531] A. Rosa, op.cit, pp. 82 et s.

cohésion sociale. Comme le rappelle le professeur Henri-Michel Crucis « si l'on parle plus volontiers de justice fiscale que de justice tarifaire, c'est parce que l'impôt exprime à lui seul la justice tant dans son principe, la solidarité et le partage, que dans ses modalités, l'égale répartition de la contribution commune énoncée à l'article 13 de la Déclaration des droits de l'homme et du citoyen »[532]. On assiste cependant à une remise en cause de ce présupposé. D'une part, la remise en question de la légitimité de l'impôt a pris ses racines dans les années 1970 avec les théories néolibérales anglo-saxonnes. Selon ces dernières, l'impôt jouerait un rôle négatif sur la croissance économique. De ce constat, découle la nécessité de réduire la sphère d'action publique au profit d'un marché régulateur, plus vertueux et partant d'externaliser des activités d'intérêt général jusque-là sous contrôle étatique. Il s'agit en quelque sorte de scinder les activités d'exploitation qui peuvent être déléguées à des tiers, des activités de contrôle que l'État, devenu stratège, maintient dans ces nouveaux agencements. D'autre part, la couverture des charges publiques par l'impôt rebondit avec acuité. Le lien entre un principe universel de solidarité et l'impôt implique la prééminence d'autorités publiques pour transformer l'individuel en collectif. Or ce choix tient également compte du contexte dans lequel l'impôt se déploie. Les différentes formes d'évitement de l'impôt participent du relâchement de ce lien. Sans qu'il soit nécessaire de rappeler que certaines redevances sont en fait des impositions de toute nature à l'instar des redevances liées à l'eau et recouvrées par les agences de l'eau, la catégorie juridique de redevance pour services rendus était jusqu'à une époque récente résiduelle. L'encadrement jurisprudentiel des redevances demeurait une contrainte pour les collectivités territoriales. Mais les juges administratif et constitutionnel ont assoupli de manière notable son régime. En reprenant les termes d'un arrêt de principe du Conseil d'État selon lequel les redevances pour service rendu ne sont perçues qu'en raison de l'existence d'une « contrepartie directe » entre le paiement et l'utilisation effective du service par l'usager[533] ; le Conseil constitutionnel dans une décision du 6 octobre 1976 devait juger qu'une rémunération de services rendus peut être instituée « en vue de couvrir les charges d'un service public déterminé ou les frais d'établissement ou d'entretien d'un ouvrage public qui trouvent leur contrepartie directe dans des prestations fournies par le service »[534]. De ces décisions, pour établir la juridicité d'une redevance, devaient découler un principe de proportionnalité entre le tarif de la redevance et le coût du service public. Déterminer le coût d'un service public est délicat. La haute juridiction

---

[532] H.M. Crucis, « Liberté et politique tarifaires des collectivités locales », in M. Bouvier, *Réforme des finances publiques, démocratie et bonne gouvernance,* LGDJ 2004.

[533] CE, Ass. 21 novembre 1958, syndicat national des transporteurs aériens, Rec, 1958 p.572.

[534] Cons. Const., 6 Oct.1976 n° 76-92 : Rec. Cons. const. 1976, p. 59

considère qu'il est loisible de facturer aux usagers actuels des dépenses futures[535]. Le Conseil constitutionnel admet, par ailleurs, l'idée selon laquelle une redevance peut être modulée en fonction de motifs d'intérêt général. Quelques années plus tard, le Conseil d'État admet que la redevance pour service rendu doit « correspondre à la valeur de la prestation ou du service » et que si l'objet du paiement demandé est en principe de couvrir les charges du service public, « il n'en résulte pas nécessairement que le montant de la redevance ne peut excéder le coût de la prestation fournie ; qu'il s'ensuit que le respect de la règle d'équivalence entre le tarif d'une redevance et la valeur de la prestation ou du service peut être assuré non seulement en retenant le coût de revient de ce dernier, mais aussi, en fonction des caractéristiques du service, en tenant compte de la valeur économique de la prestation pour son bénéficiaire »[536]. En statuant ainsi, le Conseil d'État admet donc la régularité d'une redevance pour service rendu dont le montant se trouvait donc bien supérieur aux coûts de revient de l'activité pour prendre en compte *in fine* l'utilité du service pour les bénéficiaires. Le desserrement jurisprudentiel des contraintes est ainsi un facteur de renouveau des redevances. Doit-on dès lors financer des biens privés, support d'activité d'intérêt général par l'impôt ? La question mérite d'être posée. Encadrant le destin des choses dans le cadre d'un droit inaliénable de la propriété, le Code civil a fait de distinction entre les personnes et les choses, une règle de répartition qui sépare, en réalité, les personnes et les biens. Faute de définition juridique des biens communs, ce sont les modalités d'appropriation qui en délimitent la notion. Comme le précise Marie Cornu : « le recours à la notion de bien renvoie tout à la fois au droit exercé sur la chose et à la chose elle-même… »[537]. La focale est alors déplacée du cercle des assujettis au profit des catégories de bénéficiaires. Sans chercher à hiérarchiser les catégories de bénéficiaires des biens communs[538] ; une lecture binaire nous conduit à justifier le recours à l'impôt lorsque le service fonctionne au profit du plus grand nombre de citoyens et le recours à la redevance dans le cas contraire. Somme toute, le droit d'accès des ayants droit est ici justifié par le paiement d'une redevance ou d'un impôt[539]. Il est

---

535 CE 30 juill. 2003, Cie générale des eaux : Rec. 2003.p. 680.

536 CE, Ass. 16 juillet 2007, syndicat exercice libéral de la médecine à l'hôpital, n° 293229 et n° 293254, JurisData n° 2007-072200 ; Dr adm. 2007, comm. 128, note M. Bazex et S. Blazy.

537 M.Cornu, Biens communs (approche juridique) in M.Cornu, F.Orsi, J.Rochfeld, *Dictionnaire des biens communs*, PUF, p.102,2017.

538 Une échelle de communalité a été proposée par un groupe de travail J. Rochefeld, M. Cornu et G.J. Martin, Rapport final. *L'échelle de communalité. Propositions de réforme pour intégrer les biens communs en droit.* IRJS, CERSA, GREDEG, Rapport n° 17-34, avril 2021

539 Voir J. Rifkin, *L'âge de l'accès : la nouvelle culture du capitalisme*, trad. M. Saint-Upery, Paris, la Découverte, 2005.

toujours possible d'objecter qu'en ayant recours à l'impôt pour abaisser les tarifs des services ou des biens, on transfère le financement des services ou des biens vers des non-bénéficiaires. Le service des déchets ménagers, lorsqu'il est financé par la taxe, illustre tout à fait cette problématique. Il en va de même du service des transports urbains dont le financement peut être assuré à la fois par une augmentation des tarifs, une augmentation du versement transport et par une prise en charge par le budget général, autrement dit par les contribuables. À privilégier les redevances, une autre dérive a été stigmatisée par la professeure Martine Long « Le développement de logiques de prix s'accompagne d'une fragmentation de l'intérêt général. L'idée n'est plus que la justice sociale et fiscale est rendue par une juste contribution payée par chacun en fonction de ses capacités, mais que chacun doit payer en fonction de l'utilisation de tel ou tel bien ou service »[540].

Sans congédier la grammaire d'une solidarité par l'impôt au profit d'une rhétorique gestionnaire par la redevance, le législateur a opté pour un financement par l'impôt, c'est-à-dire sur la base d'une solidarité nationale, au titre de la préservation des espaces naturels, quand bien même des exonérations fiscales conditionnelles sont instituées.

79— Depuis le 1er janvier 2022, la direction des affaires maritimes, de la pêche et de l'aquaculture est compétente pour collecter une taxe annuelle sur les engins maritimes à usage personnel qui est encadrée par les articles L.423-1 à L.423-37 du code des impositions sur les biens et services (CIBS). Ancêtre du droit annuel de francisation et de navigation, cette taxe est affectée pour partie au conservatoire du littoral et des rivages lacustres, pour un montant annuel, constant ces dernières années, de 39 millions d'euros. Ce financement participe au soutien des missions de l'établissement public[541]. Pour des raisons culturelles, les bateaux classés monuments historiques et les navires ayant obtenu le label bateau d'intérêt patrimonial sont exonérés de cette taxe. En outre, l'établissement public perçoit une taxe sur les passagers maritimes embarqués à destination d'espaces naturels protégés, codifiée à l'article 285 quater du code des douanes. La taxe sur le transport maritime de passagers à destination d'espaces naturels protégés, créée par la loi Barnier pour compenser les atteintes causées par les transports touristiques dans les espaces naturels protégés, poursuit une finalité identique à celle d'une écotaxe à vocation environnementale : la préservation des espaces naturels. Cette taxe est assise sur le nombre de passagers embarqués à destination de certains sites protégés. Aux termes de l'article 285 quater du code des douanes, il est perçu

[540] M.Long, « Quel avenir pour le prix des services publics dans un contexte financier contraint ? » in RFAP n°144 2012, p.958

[541] Cet établissement public administratif, créé en 1975, assure la protection de 200 000 hectares sur plus de 750 sites représentant environ 1 600 km de rivages maritimes, soit 15 % du linéaire côtier.

une taxe due par les entreprises de transport public maritime. Cette taxe est assise sur le nombre de passagers embarqués à destination :

– D'un site naturel classé ou inscrit au titre du chapitre Ier du titre IV du livre III du code de l'environnement ;
– D'un parc national créé en application de l'article L. 331-1 du livre III du code de l'environnement ;
– D'une réserve naturelle créée en application de l'article L. 332-1 du livre III du code de l'environnement ;
– D'un site du domaine relevant du Conservatoire de l'espace littoral et des rivages lacustres ou sur lequel il a instauré une servitude de protection, en application de l'article L. 322-1 du livre III du code de l'environnement ;
– Ou d'un port desservant exclusivement ou principalement un des espaces protégés mentionnés ci-dessus, mais sans y être inclus.

La taxe est perçue au profit de la personne publique qui assure la gestion de l'espace naturel protégé ou, à défaut, de la commune sur le territoire de laquelle se trouve le site et est affectée à sa préservation. Cette taxe est ajoutée au prix demandé aux passagers, son montant étant égal à 6,542 % du prix hors taxe sur la valeur ajoutée du transport entre le lieu d'embarquement et l'espace naturel protégé[542].

80— Créé en 1959 pour préserver des « fenêtres vertes sur le littoral provençal »[543], le concept d'espace naturel sensible a été généralisé à tous les départements à partir de 1968. La loi n° 85-729 du 18 juillet 1985, modifiée par la loi du 2 février 1995, a affirmé la compétence des départements dans l'élaboration et la mise en œuvre d'une politique de protection, de gestion et d'ouverture au public des espaces naturels sensibles. En l'absence d'une définition réglementaire, on entend par espace naturel sensible, un site présentant des qualités certaines, compte tenu de l'intérêt des biotopes présents, ou de ses caractéristiques paysagères ou esthétiques. Il peut s'agir également de terrains sans réelle valeur intrinsèque, mais considérés comme fragiles, parce que soumis à des pressions extérieures, telles que l'urbanisation ou un tourisme intensif. Les espaces ainsi identifiés peuvent être inclus dans des zones de préemption, ou bénéficier de financements au titre de l'ancienne taxe départementale des espaces naturels sensibles (TDENS). Cette contribution est applicable aux constructions, reconstructions et agrandissements de bâtiments ainsi qu'aux installations et travaux divers. La taxe est assise comme pour la taxe locale d'équipement sur la valeur de l'ensemble immobilier forfaitairement déterminée. Le principe d'une

---

542 Voir F. Goliard, « L'intégration par la fiscalité des conséquences environnementales de l'accès aux îles : les taxes spécifiques aux accès terrestres et maritimes » , juris tourisme, 2024, n° 274, p. 30

543 La législation des périmètres sensibles trouve son origine dans un décret n° 59-768 du 29 juin 1959 qui avait pour but de sauvegarder la Côte d'Azur.

imposition affectée est posé sans définir la notion d'espace naturel sensible. Comme le remarque la professeure Cendrine Delivré-Gilg : « l'absence de délimitation des espaces naturels sensibles laisse donc une grande latitude au législateur quant à l'affectation de l'imposition »[544]. La loi n° 2004-809 du 13 août 2004 relative aux libertés et responsabilités locales a-t-elle complété la liste des utilisations possibles par l'acquisition, l'aménagement et la gestion des espaces, sites et itinéraires figurant au plan départemental des espaces, sites et itinéraires relatifs aux sports de nature ainsi que par l'acquisition, la gestion et l'entretien des sites Natura 2 000 et des territoires classés en réserve naturelle. Bien que disparue au 1er mars 2012, l'ancienne taxe départementale renaît de ses cendres par l'affectation de la taxe d'aménagement[545]. Le taux départemental est fixé par délibération du conseil général sans pouvoir excéder 2,5 %. Selon l'article L. 142-2 du Code de l'urbanisme, le taux de la part départementale de la taxe d'aménagement peut être institué pour financer ces espaces naturels sensibles. Outre l'acquisition de parcelles d'espaces naturels, cette ressource peut être mobilisée pour l'aménagement et l'entretien de tous les espaces verts appartenant au département et ouverts au public : des espaces naturels publics ou privés ouverts au public, des espaces naturels sensibles, des sentiers de promenades et de randonnées, des espaces et des sites sur lesquels sont pratiqués les sports de nature et, dans les départements d'outre-mer, des parties naturelles de la zone dite des cinquante pas géométriques, mais également au titre des travaux contribuant à la préservation ou à la remise en bon état des continuités écologiques. Quelles que soient les raisons pour lesquelles un terrain devient espace naturel sensible, l'objectif fondamental affiché par la loi est son ouverture au public, ce qui suppose éventuellement la réalisation de certains aménagements. Selon l'article L.142-10 du code précité, ces aménagements doivent être compatibles avec « *la sauvegarde des sites, des paysages et des milieux naturels* », ce qui autorise seulement des « *équipements légers d'accueil du public ou nécessaires à la gestion des terrains, ou à leur mise en valeur à des fins culturelles ou scientifiques* ». Aux termes de l'article L 331-17 du Code de l'urbanisme, le conseil départemental fixe, au plus tard lors de l'établissement de son budget annuel, les taux de répartition de la part départementale de la taxe d'aménagement entre la protection des espaces naturels sensibles et le fonctionnement des conseils d'architecture, d'urbanisme et d'environnement (CAUE).

---

544 C. Délivré-Gilg, « La taxe départementale des espaces naturels sensibles », RJE 2006, n° 2, p. 139 et s ; voir du même auteur, « Fiscalité, territoires, environnement », RJE 2013, n° 5, p. 53 et s.

545 Décomposée en trois parts (communale, départementale, régionale), elle est versée à l'occasion de la construction ou l'agrandissement de bâtiments et aménagements de toute nature nécessitant une autorisation d'urbanisme.

81— La loi du 8 août 2016 pour la reconquête de la biodiversité, de la nature et des paysages a permis la création de l'Agence française pour la biodiversité à partir du regroupement de quatre organismes publics : l'Office national de l'eau et des milieux aquatiques, les Parcs nationaux de France, l'Agence des aires marines protégées et l'Atelier technique des espaces naturels. L'objectif poursuivi était de rassembler les opérateurs de l'État actifs en matière de biodiversité dans une seule et même entité à des fins de simplification et d'amélioration de la cohérence des actions menées par l'État dans ce domaine. Entrée en vigueur le 1er janvier 2017, la mutualisation des services s'est poursuivie avec la fusion de l'Agence française pour la biodiversité et de l'Office national de la chasse et de la faune sauvage pour donner naissance le 24 juillet 2019 à l'Office français de la biodiversité[546]. À l'instar de l'Agence française pour la biodiversité, l'Office est financé par des prélèvements opérés sur les redevances perçues par les agences financières de bassin[547]. Cela étant, l'office français de la biodiversité est également alimenté, en dehors d'une subvention pour charge, d'un prélèvement assis sur le produit brut d'un jeu de hasard organisé par la Française des jeux. Le « loto de la biodiversité » a été rendu possible par l'article 115 de la loi n° 2022-1 726 du 30 décembre 2022 de finances pour 2023. Son fonctionnement reprend celui du « Loto du patrimoine », dont l'origine contemporaine est l'article 90 de la loi n° 2017-1 775 du 28 décembre 2017 de finances rectificative pour 2017. La multiplication de nouveaux « Lotos » pour financer des objectifs divers risque d'affaiblir la lisibilité et la cohérence de ces dispositifs, tout en donnant l'impression d'un désengagement financier de l'État.

82— Dans ce dédale d'un financement sectoriel par création de taxes affectées, il n'apparaît aucune volonté politique d'encourager, à l'égal du patrimoine culturel bâti, une politique de mécénat. Les organismes de défense de l'environnement naturel sont des organismes d'intérêt général exerçant leur activité dans un ou plusieurs des domaines suivants : lutte contre les pollutions et nuisances, prévention des risques naturels et technologiques, préservation de la faune, de la flore et des sites, préservation des milieux et des équilibres naturels, amélioration du cadre de vie en milieu urbain ou rural. Aux termes des dispositions de l'article 200 du CGI, ouvrent droit à une réduction d'impôt sur le revenu, les dons et versements effectués au profit d'œuvres ou d'organismes d'intérêt général poursuivant l'un des objets limitativement énumérés par ce texte, au nombre desquels figure la défense de

---

[546] Loi n° 2019-773 du 24 juill. 2019, portant création de l'Office français de la biodiversité, modifiant les missions des fédérations des chasseurs et renforçant la police de l'environnement, JO n° 172, 26 juill. 2019

[547] Selon le rapport d'activité de l'office français pour la biodiversité pour 2022, le montant des redevances affectées, s'est élevé à 382 millions d'euros, représentant les 4/5 ème des recettes de l'établissement public.

l'environnement naturel. Cette dernière recouvre, notamment, la protection de la faune et de la flore sauvages et de la biodiversité[548]. Les parcs naturels régionaux (PNR) développent une activité de protection du patrimoine naturel qui répond au caractère de défense de l'environnement naturel visé par l'article 200, 1-b du CGI. Cela étant, ils réalisent d'autres activités, telles que la participation à l'aménagement du territoire, le développement économique et social et le développement touristique, qui ne relèvent pas de l'un de ces caractères. Il s'ensuit que l'activité des parcs naturels régionaux ne se rattache pas, dans sa globalité, à l'un des caractères limitativement énumérés à l'article 200-1 b du CGI[549]. Sur un plan institutionnel, depuis la loi n° 60-708 du 22 juillet 1960 relative à la création de parcs nationaux, chaque parc national est adossé à un établissement public à caractère administratif. Celle-ci permet à l'État d'imposer sur l'ensemble d'un milieu naturel, des contraintes protectrices fortes en faveur de l'environnement, comme il peut le faire sur certaines portions du territoire. Dans le sillage de la DATAR, sont institués à partir de 1967, les parcs naturels régionaux à la jonction d'une fonction de protection du patrimoine local et de développement économique des territoires. Les établissements de parcs nationaux métropolitains sont également gestionnaires de sites « Natura 2 000 »[550]. En vertu de l'article L. 331-1 du Code de l'environnement, un parc national peut être créé « lorsque le milieu naturel… et le patrimoine culturel… présentent un intérêt spécial et qu'il importe d'en assurer la protection en les préservant des dégradations et des atteintes susceptibles d'en altérer la diversité, la composition, l'aspect et l'évolution ». Le patrimoine culturel est ainsi une préoccupation partagée avec les parcs naturels régionaux. Formidable outil de préservation d'un patrimoine naturel, il n'en est pas moins un instrument de mise en valeur du patrimoine culturel. Madame la professeure Marie Cornu souligne la plasticité de cet instrument juridique « Sorte d'ovni juridique loin des standards de l'action publique et des puissants ressorts régaliens à la française, en forme d'anti parc national, le PNR s'inscrit dans une dynamique de projet. Il préside à sa constitution, lors de l'élaboration de la charte. En ce sens, le PNR est un construit social avant d'être un construit juridique. À sa création, le contrat précède la norme. Y sont associés dès 1967 les habitants, usagers, propriétaires avec l'évocation d'un principe de participation. Le projet s'élabore, la formalisation juridique vient

---

548 Réponse ministérielle Lionnel : AN 8 septembre 2009 p. 8539 n° 40987 ; réponse ministérielle "Breton" : AN 23 février 2010 p. 2039 n° 56074 ; BOI-IR-RICI-250-10-20-10 n° 150, 1er octobre 2012.

549 Réponse Ministérielle Demerliat, Sénat 3 mars 2011 p. 520, n° 10272 (non reprise dans le Bofip).

550 Voir J-M. Février, *Les parcs naturels régionaux*, JurisClasseur, environnement et développement durable n°3510, 9/10/2017.

en second temps, nécessitant l'accord des collectivités partenaires »[551]. L'examen des chartes au niveau régional[552], véritable ossature des engagements réciproques des parties, consacre cette implication des parcs naturels régionaux dans la sauvegarde du patrimoine culturel[553].
Les dons et legs affectés tant au conservatoire du littoral qu'à l'office français de la biodiversité demeurent insignifiants.

§2 : Une fiscalité locale support du patrimoine culturel naturel

83— De l'antiquité jusqu'au XIXe siècle, les zones humides ont été considérées comme responsables du développement de maladies infectieuses[554]. Associée à une politique de développement agricole, la maîtrise des zones humides a engendré des opérations d'assèchement. Monsieur Laurent le Corre le rappelle tant dans le cadre des abbayes cisterciennes[555] que selon une politique de destruction des zones humides depuis l'ancien régime[556]. En 1987, un sénateur, Michel Rigou s'inquiétait d'une absence de compensation financière de l'État au profit des communes, au titre d'une exonération temporaire de taxe foncière sur les propriétés non bâties dans le cas de marais desséchés. En réponse, le ministre du Budget appelle une solidarité financière des territoires à la faveur d'une politique nationale : « L'exonération de taxe foncière sur les propriétés non bâties prévue à l'article 1395 (2°) du code général des impôts en faveur des marais desséchés pendant les vingt premières années après le dessèchement s'analyse comme la contrepartie des frais exposés par les propriétaires pour rendre propres à la culture des terrains régulièrement inondés naturellement. Le législateur a estimé légitime d'associer les collectivités locales à cet effort de mise en valeur de surfaces cultivables qui participe à l'amélioration de la

551 M. Cornu, « Propos conclusifs », à propos d'une journée d'étude consacrée aux PNR 1967-2017, le 1er décembre 2017 à l'Université de Reims ; RJE 2/2018 p. 331
552 La charte à proprement parler est composée de trois éléments : un rapport d'orientation, un document graphique et des annexes. L'objet de ces documents est de donner au public « une information complète sur la genèse, la teneur et les conséquences du projet ».
553 Voir L. Touzeau-Mouflard, « Le rôle du juge dans l'évolution du droit des PNR », RJE 2/2018, pp. 263-274.
554 Voir R. Romi, *Les espaces humides. Le droit entre protection et exploitation des territoires*, L'Harmattan, 1992, p. 7 et s
555 Le rôle structurant des abbayes cisterciennes durant l'époque médiévale, en particulier au XIIIe siècle, dans la constitution d'un premier réseau à grande échelle d'assainissement et drainage hydraulique des marais, est connu depuis déjà de nombreuses années
556 L. Le Corre, *Zones humides, protection et gestion.* JurisClasseur rural, fasc. 30, paragraphes 5 et 6, 22 novembre 2022.

matière imposable sur leur territoire. La compensation de cette exonération par l'État serait incompatible avec les contraintes budgétaires actuelles »[557]. Le souci de préservation des marais asséchés est ancien. L'exonération avait été décidée par une loi du 3 frimaire an VIII et a perduré jusqu'au début des années 1990. En 2001, M. Jean-Paul Amoudry attire l'attention de M. le ministre de l'Économie, des Finances et de l'Industrie sur la situation des propriétaires de terrains non bâtis et non constructibles, soit qu'ils servent à l'exploitation agricole, soit qu'ils ne puissent être loués faute de trouver preneur, soit encore qu'ils relèvent des zones naturelles sensibles où toute activité est gelée. Le ministre de l'Économie et des Finances n'entend pas alors exonérer de taxe foncière les espaces naturels sensibles[558]. Les dépenses fiscales en faveur de la protection du patrimoine naturel ont été créées en 2005 et 2006 et s'inspirent des mesures en faveur de la préservation du patrimoine architectural. Ces exonérations de taxe foncière visent à prendre en compte l'absence de revenus tirés des espaces naturels. L'article 127 de la loi du 23 février 2005 relative au développement des territoires ruraux témoigne d'une pratique disruptive et selon monsieur Le Corre, « De la volonté d'affirmer la fin de l'ère des grandes destructions et la prise en compte à la fois de la qualité écologique intrinsèque des zones humides et de leurs contributions aux politiques publiques de protection de l'environnement »[559]. Au soutien de cette politique publique, l'article 137 de la loi n° 2005-157 du 23 février 2005, relative au développement des territoires ruraux, prévoit une exonération à concurrence de 50 % de la part communale et intercommunale de la taxe, qui peut être portée à 100 % lorsque les propriétés sont dans certaines zones naturelles. Les zones humides, objet de cette exonération de taxe foncière, sont des milieux diversifiés et au fonctionnement écologique complexe, ce d'autant plus qu'ils peuvent avoir été modifiés ou dégradés par des activités anthropiques. Elle est subordonnée à la souscription d'un engagement de gestion portant notamment sur la préservation de l'avifaune et le non-retournement des parcelles. Aux termes de l'article 310-00 H de l'annexe II au CGI, l'engagement de gestion porte sur la conservation du caractère humide des parcelles ainsi que sur leur maintien en nature de prairies naturelles, d'herbages, des pâturages, de landes, de pâtis, de bruyères, et de terres vaines et vagues. Les pertes de recettes supportées par les communes et les établissements publics de coopération intercommunale à fiscalité propre font l'objet d'une compensation versée par l'État. Ces zones font au demeurant l'objet d'engagements internationaux de préservation, de restauration et de gestion de manière durable dans le cadre de la convention de Ramsar, et d'obligations communautaires de protection dans le cadre de la

---

[557] Réponse Ministérielle Rigou, Sénat, 3 septembre 1987, p. 1362, n° 06724

[558] Réponse Ministérielle Amoudry, Sénat, 26 juillet 2001, p. 2451, n°

[559] L. Le Corre, *Zones humides, protection et gestion.* JurisClasseur rural, fasc. 30, paragraphe 7, 22 novembre 202

directive sur les habitats d'intérêt communautaire (sites Natura 2 000 notamment). Aux termes de l'article L. 211-1 I-1° du code de l'environnement, « *on entend par zone humide les terrains, exploités ou non, habituellement inondés ou gorgés d'eau douce, salée ou saumâtre de façon permanente ou temporaire ; la végétation, quand elle existe, y est dominée par des plantes hygrophiles pendant au moins une partie de l'année* ». *Afin de* préciser la portée de cette définition légale, le Conseil d'État a considéré dans un arrêt récent « *qu'une zone humide ne peut être caractérisée, lorsque de la végétation y existe, que par la présence simultanée de sols habituellement inondés ou gorgés d'eau et, pendant au moins une partie de l'année, de plantes hygrophiles.* » Il considère en conséquence que les deux critères pédologique et botanique sont, en présence de végétation, « *cumulatifs [...] contrairement d'ailleurs à ce que retient l'arrêté (interministériel) du 24 juin 2008 précisant les critères de définition des zones humides en application des articles L. 214-7-1 et R. 211-108 du code de l'environnement* »[560]. L'article 26 de la loi n° 2013-1 278 du 29 décembre 2013 de finances pour 2014 abroge plusieurs dispositifs fiscaux jugés inefficaces ou tombés en désuétude. La plupart de ces mesures, qui concernent, selon le cas, la fiscalité des entreprises, des particuliers ou les impôts locaux, figuraient dans le rapport du comité d'évaluation des dépenses fiscales et des niches fiscales rendu en juin 2011. C'est sur fond d'inefficience budgétaire que le rapport de 2011 proposait l'abrogation de dispositifs fiscaux incitatifs[561]. L'article 114 de la loi 2016-1087 du 8 août 2016 sur la biodiversité rétablit à l'identique l'exonération de taxe foncière sur les propriétés non bâties en faveur des terrains situés dans les zones humides (ancien article 1395 D du CGI) qui s'était appliquée aux impositions établies au titre des années 2008 à 2013[562]. Compte tenu d'une exonération totale et d'une exonération partielle, il peut y avoir une superposition de dispositifs à clarifier. En cas de coexistence sur une même commune de parcelles pouvant bénéficier de l'exonération de 50 % et de parcelles pouvant bénéficier de l'exonération de 100 %, deux listes correspondant à chacune des exonérations applicables doivent être dressées par le maire[563] sur proposition de la commission communale des impôts directs[564]. L'exonération de taxe foncière sur les

---

[560] CE. 22 février 2017, n° 386325, M. Deffairi, « Retour aux sources de la définition des zones humides », AJDA 2017, p.1460.

[561] H. Guillaume, *Rapport du comité d'évaluation des dépenses fiscales et des niches sociales*, juin 2011, p. 47 et annexe J.

[562] BOI-IF-TFNB-10-50-10-20 n° 360 siècle du 19 juillet 2017

[563] L'exonération s'applique de plein droit sans délibération préalable des communes ou des EPCI. Le maire de la commune doit communiquer à l'administration des impôts avant le 1er septembre de l'année qui précède l'année d'imposition la liste des parcelles bénéficiant de l'exonération ainsi que les modifications qui ont pu y être apportées.

[564] BOI-IF-TFNB-10-50-10-20 n° 420 du 19 juillet 2017

propriétés non bâties prend effet à partir du 1er janvier de l'année qui suit celle de la signature de l'engagement de gestion. L'exonération est de cinq ans, renouvelable selon une durée analogue si le propriétaire souscrit de nouveaux engagements de gestion. Lorsque le contribuable remplit à la fois les conditions requises pour bénéficier de l'exonération partielle ou totale en faveur des propriétés situées dans une zone humide et de l'exonération en faveur des sites Natura 2000, il est fait application de l'exonération de taxe foncière sur les propriétés non bâties en faveur des sites Natura 2 000[565]. Compte tenu des exonérations existantes, lorsque le contribuable remplit à la fois les conditions requises pour bénéficier de l'exonération de 50 % en faveur des propriétés situées dans une zone humide et de l'exonération de 20 % en faveur des terrains agricoles, il est fait application en priorité de l'exonération de 20 % en faveur des terrains agricoles. L'exonération de 50 % en faveur des propriétés situées dans une zone humide s'applique sur une base réduite de l'exonération de 20 % en faveur des terrains agricoles[566].

84— En réponse à la dégradation des habitats naturels et à la menace de disparition pesant sur bon nombre d'espèces sauvages, le principe de la constitution d'un réseau d'aires protégées à l'échelle européenne a été affirmé. Le Conseil des communautés européennes adoptait le 21 mai 1992, la directive « habitats » qui impose la délimitation de zones de conservation des habitats naturels représentatifs d'écosystèmes spécifiques à chaque région biogéographique, mais également la directive « oiseaux » adoptée le 2 avril 1979 qui impose la délimitation de zones destinées à la nidification d'oiseaux sauvages menacés d'extinction. Sous la pression communautaire, l'État a mis en place un dispositif permettant d'assurer la protection des sites[567]. La gestion des sites Natura 2 000[568] doit tenir compte des exigences économiques, sociales et culturelles, ainsi que des particularités régionales et locales[569]. Dans le cadre d'une contractualisation, les objectifs inhérents à chaque site Natura 2 000 sont définis selon des procédures définies à l'article L 414-2 du code de l'environnement. En outre, les contrats Natura 2 000[570] doivent

---

[565] BOI-IF-TFNB-10-50-10-20 n° 560 du 19 juillet 2017

[566] L'exonération de 100% pour les zones humides prévaut sur les exonérations.

[567] CJCE, 6 avril 2000, *Commission c/ France*, Dr env. 2000, p. 15, note L. Le Corre

[568] Le réseau Natura 2000 est formé de l'ensemble des sites de l'Union européenne désignés au titre des directives n° 79/4009/CE du 2 avril 1979 concernant la protection des oiseaux sauvages et n° 92/43/CEE du 21 mai 1992 concernant la conservation des habitats naturels ainsi que la faune et la flore sauvages

[569] Voir L. Le Corre, *Réseau Natura 2000, Constitution, régime de protection*, JurisClasseur rural, fasc. 70, 23/10/2023

[570] Pour l'application du document d'objectifs, un contrat Natura 2000 peut être conclu pour une durée de cinq ans entre le préfet et, selon le cas, soit le titulaire de droits réels ou personnels portant sur des parcelles incluses dans le site, soit un professionnel.

respecter les cahiers des charges annexés au document d'objectifs et œuvrer en faveur des finalités de conservation qu'il détermine[571]. Outre la protection de la faune et de la flore, les sites Natura 2 000 sont objets d'itinéraires culturels et touristiques. Ainsi, le train touristique entre Eymoutiers et Saint-Léonard-de-Noblat, qui, tracté par une locomotive à vapeur des années cinquante, déroule un circuit à travers le site Natura 2 000 de la Haute Vallée de la Vienne. Il en est de même du train jaune qui parcourt le parc naturel des Pyrénées catalanes au départ de Villefranche de Conflent.

85— L'article 146 de la loi précitée de développement des territoires ruraux, codifié à l'article 1395 E du CGI, exonère temporairement de la taxe foncière sur les propriétés non bâties perçue par les communes et les EPCI les terrains situés dans un site Natura 2 000. Cependant, du fait de l'absence d'un réel suivi quantitatif et qualitatif, le dispositif Natura 2 000 est selon la Cour des comptes « peu piloté par l'administration ». Les investigations menées par la Cour des comptes n'ont pas permis de mesurer l'effet des dépenses fiscales sur l'adhésion au réseau Natura 2 000. « Cependant, les éléments portés à la connaissance de la Cour révèlent que la non-compensation progressive par l'État de l'exonération de TFNB n'est pas sans poser de difficultés financières aux petites communes rurales, allant même jusqu'à remettre en cause leurs engagements vis-à-vis de l'animation du réseau Natura 2 000. Par ailleurs, la méconnaissance des bénéficiaires nuit à l'évaluation de l'efficacité des dispositifs »[572]. Selon les données du ministère, le nombre de bénéficiaires de l'exonération de taxe sur le foncier non-bâti au profit d'une parcelle Natura 2 000 a diminué entre 2010 et 2015, passant de 8 100 à 7 400[573]. Ces données ne sont pas cohérentes avec la durée quinquennale de l'exonération conjuguée avec la croissance de sites labellisés sur la même période. Quelles sont les modalités de cette exonération ? Le succès de la mise en œuvre du réseau Natura 2 000 par la voie contractuelle, et non par une voie réglementaire ou coercitive, passe par une adhésion des parties prenantes. Les exonérations de TFNB (ou de droits de mutation), de par leur effet incitatif, ont un effet de levier sur l'étendue du réseau Natura 2 000. L'exonération s'applique de plein droit, sans délibération préalable des communes ou des EPCI. Le bénéfice de l'exonération est accordé aux terrains situés dans un site Natura 2 000. Les sites Natura 2000, définis à l'article L 414-1 du Code de l'environnement, regroupent les sites désignés comme zones spéciales de conservation et zones de protection spéciale par décision de l'autorité

[571] Voir J-M. Février, « La gestion des sites Natura 2000 », AJDA, 2004, p. 1394.
[572] Cour des comptes, *L'inefficience des dépenses fiscales relatives au développement durable*, septembre 2016, p. 85.
[573] Cour des comptes, *L'inefficience des dépenses fiscales relatives au développement durable,* septembre 2016, p. 85.

administrative. Les zones spéciales de conservation[574] sont des sites marins et terrestres à protéger comprenant :

– Soit des habitats naturels menacés de disparition ou réduits à de faibles dimensions ou offrant des exemples remarquables des caractéristiques propres aux régions alpines, atlantique, continentale et méditerranéenne ;
– Soit des habitats abritant des espèces de faune ou de flore sauvages rares ou vulnérables ou menacées de disparition ;
– Soit des espèces de faune ou de flore sauvages dignes d'une attention particulière en raison de la spécificité de leur habitat ou des effets de leur exploitation sur leur état de conservation.

Pour bénéficier de l'exonération de taxe foncière sur les propriétés non bâties, les terrains doivent figurer sur une liste arrêtée par le préfet et faire l'objet d'un engagement de gestion par le propriétaire au regard des dispositions contenues dans le document d'objectifs du site Natura 2 000. La liste des parcelles concernées ainsi que les modifications qui sont apportées à cette liste sont communiquées par le préfet au service des impôts avant le 1er septembre de l'année qui précède l'année d'imposition[575]. L'exonération est temporaire, mais renouvelable en fonction des engagements de gestion du propriétaire privé. L'exonération est subordonnée à un engagement de gestion défini à l'article L 414-3 du Code de l'environnement pour cinq ans, conformément au document d'objectifs en vigueur. Cet engagement de gestion, souscrit par le propriétaire, peut prendre soit la forme de contrats dénommés « Contrats Natura 2 000 », soit la forme d'une adhésion à une charte Natura 2 000. Pour bénéficier de l'exonération de taxe foncière sur les propriétés non bâties, le propriétaire doit respecter les engagements définis soit dans les contrats Natura 2000, soit dans la charte Natura 2 000. Les terrains situés dans un site Natura 2 000 sont exonérés de la taxe foncière sur les propriétés non bâties pour les parts communale et intercommunale. Selon un principe hiérarchique établi dès la création de la loi sur le développement des territoires ruraux, l'exonération de taxe foncière prévue au titre des réserves Natura 2000, prévaut sur l'exonération de taxe foncière au titre des zones humides et subséquemment sur l'exonération de 20 % en faveur des terrains agricoles prévue à l'article 1394 B bis du CGI, mais également sur l'exonération en faveur des terrains plantés en oliviers, prévue à l'article 1394 C du CGI et plus généralement sur les terrains plantés dans le cadre d'exploitations agricoles à l'instar de l'exonération en faveur des terrains boisés présentant un état de

574 BOI-IF-TFNB-10-50-10-20 n° 40 du 19 juillet 2017
575 En vertu de l'article 61 de la loi n° 2022-217 du 21 février 2022, à compter du 1er janvier 2023, pour les sites Natura 2000 exclusivement terrestres, la liste est arrêtée par le Président du Conseil Régional ou, en Corse, par le Président de la collectivité de Corse.

futaie irrégulière en équilibre de régénération prévue au 1° ter de l'article 1395 du Code précité, de l'exonération en faveur des terrains nouvellement plantés en noyers prévue à l'article 1395 A du Code précité ou bien enfin de l'exonération en faveur des terrains plantés en arbres truffiers prévue à l'article 1395 B du Code précité[576]. Si l'exonération de la taxe foncière sur le non-bâti a pu aider à la conclusion d'engagements de gestion dans le cadre de la politique Natura 2000, elle n'en a pas moins fragilisé financièrement certaines petites communes rurales. Le dispositif fiscal accompagne la sanctuarisation des sites Natura 2000, au détriment de ces petites communes rurales.
Somme toute, cette incorporation du vivant dans le patrimoine culturel et naturel transforme progressivement l'ontologie patrimoniale par le prolongement qu'elle implique dans nos représentations du monde.

Section II : Le soutien fiscal à la conservation des parcs et jardins

§ 1 — Les jardins classés

86— Lieu de promenade, de rêveries, le jardin a su conquérir l'héritage intellectuel d'Occident autour de la notion de « nature », intégrant une pluralité de sens, esthétique, bucolique, horticole, mémoriel et littéraire. Le jardin ouvrier ou familial est porteur d'une action sociétale fondée sur des solidarités horticoles, sociales et environnementales[577]. Sur le terrain patrimonial, le jardin irrigue le champ identitaire et la culture française, jusqu'à composer une « figure paysagère de la Nation » lorsque le jardin est associé à un monument historique. Bien plus, « par l'usage du passé dans les présents successifs »[578], la dimension de la mémoire collective transpire par la médiation des paysages. Le paysage mémoriel se déploie à l'instar des jardins du Port-Royal des champs. Monsieur Sylvain Hilaire le précise « La mémoire du lieu est encore largement focalisée sur son rôle dans l'histoire du jansénisme, comme lieu emblématique d'une résistance politique et religieuse à l'absolutisme monarchique aux XVIIe et XVIIIe siècles, et à ce titre, comme l'un des contre-modèles participant à l'expression de la modernité classique »[579]. Le jardin, cette entité hybride entre nature et culture, enracine ainsi les champs du « culturel » dans la matérialité du paysage. Saisi par le

[576] BOI-IF-TFNB-10-50-10-20 n° 320 du 19 juillet 2017
[577] Voir M. Cornu, « Promenade au jardin ». in *un patrimoine vivant, entre nature et culture : liber amicorum en l'honneur de J. Fromageau*, Mare et Martin, 2019, p. 641-659
[578] Voir M. Halbwachs, *La mémoire collective*, Paris, Albin Michel (1950), 1997.
[579] S. Hilaire, « Les jardins collectifs de l'histoire ou comment jardiner la mémoire. L'expérience de Port-Royal des champs », in situ, 2018 n° 37, p. 28.

droit[580], le jardin public ou privé est appréhendé par le droit d'auteur. Pour qualifier de création originale le grand parterre central de broderies du château de Vaux-le-Vicomte, les juges du Tribunal de grande instance de Paris ont invoqué la « touche personnelle » de l'auteur, son « art, son savoir-faire et son imagination créatrice »[581]. La Cour d'appel de Paris, dans son arrêt du 11 février 2004, confirme l'existence de ce droit d'auteur, mais précise que la présomption de paternité attribuée à l'auteur sous le nom de qui l'œuvre est divulguée ne vaut qu'à la condition que l'intervention d'Achille Duchêne puisse être réduite à un simple acte de restauration des parterres d'origine[582]. Le jardin est également partagé, non pas seulement au profit, d'exploitants ou d'usagers, mais d'un public qui aspire à découvrir de nouvelles émotions en dépassant l'artificialité des clivages conceptuels entre culture et nature. Il s'avère que le jardin historique offre de telles occurrences dont la mise en valeur est facilitée par l'outil fiscal[583].

87— Comment définir un jardin historique ? Le Comité international des jardins historiques ICOMOS-IFLA a décidé d'élaborer une charte relative à la sauvegarde des jardins historiques. Adoptée le 15 décembre 1982, cette charte de Florence définit le jardin historique comme « une composition architecturale et végétale qui, du point de vue de l'histoire ou de l'art, présente un intérêt public ». Il s'agit donc d'une composition architecturale fragile et aux termes de l'article 2 : « Son aspect résulte ainsi d'un perpétuel équilibre entre le mouvement cyclique des saisons, du développement et du dépérissement de la nature, et la volonté d'art et d'artifice qui tend à en pérenniser l'état ». Les orientations de conservation et de restauration des jardins historiques demeurent d'actualité, mais le code du patrimoine est attaché à la législation des monuments historiques. Le jardin historique est alors saisi par son classement ou son inscription. Pour Arlette Auduc, l'ordonnancement des jardins à la française a demeuré au cœur des jardins historiques : « En matière de jardins, le modèle reste le jardin ordonnancé, « à la française », plus pure production du génie national, d'où l'importance accordée aux « lignes », aux « proportions », à l'« ordonnance », à la

---

[580] D. Guével, « Le jardin : une invariance au cœur de l'humain », in G. Goffaux Callebaut, C. Aurérin et D. Guével (dir.), *Droit (s) et jardin, de l'humain à l'universel* : Mare & Martin, coll. Libre Droit, 2021, p. 21 à 53.

[581] TGI Paris, 10 mai 2002, D. 2002, Jur. p. 3257, note F. Perbost ; Com. com. électr. 2002, n° 112, obs. Ch. Caron ; Propriétés intellectuelles, oct. 2002, p. 40, obs. A. Lucas ; E. de Roux, Les héritiers Duchêne disputent à Le Nôtre la paternité des jardins de Vaux-le-Vicomte, Le Monde, 9 janv. 2004.

[582] S. Choisy, « Les broderies de Vaux le Vicomte : la réappropriation des jardins de Le Nôtre »,Recueil Dalloz 2004 p.1301

[583] Voir A. Verjat, « Le jardin historique, un OFNI ? ». In *un patrimoine vivant, entre nature et culture : liber amicorum en l'honneur de J. Fromageau,* Mare et Martin, 2019, p. 609-623.

« composition ». Ainsi, le 14 décembre 1923, la Commission se prononce en faveur du classement du château de Sceaux avec « l'ensemble du décor sylvestre et floral du parc ».[584] Sans qu'il soit besoin de revenir sur la fiscalité des monuments historiques, rappelons que les contribuables qui perçoivent des revenus fonciers au titre de l'exploitation d'un monument historique peuvent déduire les frais d'abattage, d'élagage et d'enlèvement d'arbres si ceux-ci sont inclus dans les parties de la propriété où sont admis les visiteurs. En outre, dans le cas où le monument historique n'est pas productif de revenus, conformément à l'article 156, II-1° ter du CGI, ces frais font partie des charges déductibles du revenu global des propriétaires des monuments historiques, s'ils concernent des abords eux-mêmes classés ou inscrits au titre des monuments historiques. Nonobstant cette attractivité de l'édifice monumental, les parcs et jardins ont toujours subi les affres d'un contrôle fiscal exigeant au point d'entretenir une confusion quant à la déductibilité des travaux d'entretien de ces éléments. Bien que non reprise dans la base Bofip, la réponse ministérielle « Lebranchu » expose sommairement cette doctrine fiscale « D'une manière générale, les propriétaires de parcs ou jardins ouverts au public et classés ou inscrits au titre des monuments historiques, qui retirent de leur exploitation des revenus imposables dans la catégorie des revenus fonciers, peuvent déduire de ces revenus les frais d'entretien et de remise en état qu'ils exposent pour la conservation de ces propriétés. Dans le cas où celles-ci ne sont pas habituellement productives de revenus, les propriétaires peuvent déduire de leur revenu global, dans les conditions prévues à l'article 156, II-1° ter du CGI, les charges foncières afférentes aux parties classées ou inscrites, de leurs parcs et jardins, notamment les dépenses d'entretien ou de remise en état de celles-ci. En revanche, les dépenses d'acquisition de matériels (tondeuses, tronçonneuses, etc.) qui constituent des dépenses d'investissement ne sont pas déductibles. Ces dispositions s'appliquent, que les travaux soient réalisés directement par le propriétaire ou par l'intermédiaire d'une entreprise »[585]. Le juge de l'impôt accorde une protection au titre des parcs et jardins qui entourent un monument historique. Dans le cadre d'un contentieux inhérent au jardin de Villandry, le juge admet que les dépenses afférentes à l'acquisition, à l'entretien et au fonctionnement de matériels de travaux d'entretien de jardins ouverts au public ne constituent pas des charges de la propriété au sens des dispositions de l'article 28 du CGI. Mais, ayant pour finalité la conservation du revenu net foncier de la société civile immobilière exploitant lesdits jardins, elles doivent être regardées comme ayant le caractère de dépenses effectuées en vue de l'acquisition et de la conservation du revenu au sens des dispositions de l'article 13, 1 du CGI et

---

[584] A. Auduc, « Paysage, architecture rurale, territoire : de la prise de conscience patrimoniale à la protection », in situ 7/2006, p. 5

[585] Réponse ministérielle, M. Lebranchu, JOAN Q 3 février 2003, n° 6117, p. 780

sont par suite déductibles des revenus bruts fonciers perçus par la société[586]. En effet, l'acquisition de matériel agricole (tondeuses, pelleteuses, tracteurs, plate-forme élévatrice), et les frais de carburant et d'entretien d'un véhicule ne sont pas inclus dans la liste des charges déductibles du revenu foncier énumérées à l'article 31. Mais les requérants soutiennent qu'il s'agit de dépenses participant à l'entretien des jardins ouverts au public et, donc, productifs de revenus. Les frais dont il s'agit, qui contribuent à l'entretien des jardins, sont donc bien exposés en vue de l'acquisition ou de la conservation du revenu au sens de l'article 13, mais ils ne sont déductibles sous réserve de ne pas accroître la valeur de l'actif. Il appartient au contribuable de démontrer que les dépenses exposées sont indispensables à la préservation des parties classées[587]. À ce titre, les dépenses afférentes, d'une part, à des travaux d'enfouissement électrique et de reprise des canalisations reliant le château à la chaudière, située dans l'ancien pigeonnier, d'autre part, des travaux relatifs aux espaces extérieurs et aux jardins, et enfin des salaires versés à leur jardinier, sont déductibles[588]. L'administration fiscale a fini par admettre que « les parcs et jardins des monuments historiques ne soient pas dissociés des éléments bâtis (immeubles proprement dits et constructions accessoires). Ceux-ci doivent être considérés comme dépendances immédiates et nécessaires à moins bien sûr qu'ils ne soient destinés, en fait, à être livrés à la construction.
Cette solution est strictement limitée aux immeubles :
— classés ou inscrits au titre des monuments historiques ;
— Ayant reçu le label délivré par la "Fondation du patrimoine" en application de l'article L 143-2 du Code du patrimoine si ce label a été accordé sur avis favorable du service territorial de l'architecture et du patrimoine »[589].
La mise en valeur des parcs et jardins classés ou inscrits ne se limite pas aux travaux d'entretien, mais concerne également la transmission à titre gratuit du bien et le mécénat des monuments historiques. Il importe d'assurer la cohérence d'ensembles patrimoniaux. Lorsque l'immeuble a été reconnu comme classé ou inscrit en totalité ou « pour l'essentiel » au titre des monuments historiques ou, s'agissant des meubles, comme en constituant le complément historique ou artistique, et qu'ils sont visés par la convention prévue à l'article 795 A du CGI, ces biens bénéficient d'une exonération totale du droit de mutation à titre gratuit. De même, en ce qui concerne les terres, jardins, parcs, bois et forêts qui peuvent entourer les bâtiments protégés au titre des monuments historiques, seuls les parcs et jardins visés dans la convention peuvent bénéficier de l'exonération.

[586] CAA Nantes 13/10/2008, Carvallo,n° 07-911 , RJF 3/09 n° 218
[587] CE 24-6-2015 n° 370049, RJF 10/15 n° 752, concl. M. - A. Nicolazo de Barmon, BDCF 10/154 n° 112
[588] CE 3e ch. 5-5-2017, n° 393255, RJF 9/17 n° 772.
[589] BOI-RFPI-PVI-10-40-10 n° 370, du 19/12/2018

Dans l'hypothèse où seuls les jardins sont classés ou inscrits et donc visés par la convention alors que le monument qu'ils entourent n'est pas protégé « pour l'essentiel », l'immeuble bâti ne bénéficie d'aucune exonération et les parties sont appelées également à ventiler la valeur des biens pour déterminer l'assiette des droits de mutation à titre gratuit[590]. En outre, sous certaines conditions, nous avons examiné la déductibilité admise pour les dons versés en vue de subventionner la réalisation des travaux prévus par les conventions conclues entre la Fondation du patrimoine, ou d'autres institutions agréées et les propriétaires des immeubles (personnes physiques ou sociétés civiles composées uniquement de personnes physiques) qui ont pour objet exclusif la gestion et la location nue des immeubles dont elles sont propriétaires. Les immeubles dont il s'agit peuvent être non seulement des immeubles bâtis, mais également des immeubles non bâtis. Ainsi, les travaux de conservation, de restauration ou d'accessibilité des parcs et jardins dès lors que ces derniers sont classés ou inscrits en qualité de monuments historiques, peuvent être soutenus par des mécènes dans un cadre fiscal favorable.[591]

§2 : Les jardins bénéficiaires d'un label « jardin remarquable »

88— La satellisation de l'action publique locale a conduit l'État à « labelliser » des institutions et des programmes culturels. Comme signe de reconnaissance, il distingue une offre touristique et culturelle. Il publicise certaines qualités d'un territoire rêvé, projeté, perçu et vécu. Ce processus de sélection donne aussi de la valeur et une qualité au label puis au territoire. Ainsi, la labellisation participe de cette communication d'influence qui prescrit une réputation à un bien culturel, mais également par projection à un territoire. La médiatisation du patrimoine culturel par un label autorise en somme la mise en valeur d'un espace culturel, comme d'un bien culturel. Le label jardin remarquable participe de ce mouvement. Créé en 2004 par le ministère de la Culture et de la Communication, avec le concours du Conseil national des parcs et jardins, il vise à reconnaître et valoriser des parcs et jardins ouverts au public et bien entretenus. Il est accordé par l'État pour 5 ans, et est révocable ou renouvelable. Il dépasse le cadre des jardins anciens, protégés ou non au titre des monuments historiques, pour inclure le champ des jardins de création récente. La Cour d'appel de Rouen a ainsi reconnu l'existence de jardins d'art et d'essai : « Attendu qu'il résulte des pièces produites aux débats que Madame Cécile M. a créé un jardin d'art et d'essai dont elle renouvelle régulièrement les structures artistiques ; que cet agencement spatial et temporel de ce site constitue un travail plastique in situ assimilable à une installation au sens d'une œuvre d'art ; qu'il s'agit en effet

---

[590] BOI-ENR-DMTG-10-20-30-60 n° 80, du 25-7-2023

[591] L. n° 2007-1824 du 25 décembre 2007, JO du 28, art. 24, p. 21482.

d'une installation végétale au sein de laquelle le public circule comme il circulerait au sein d'une exposition composée d'installations ; qu'au cours de ce circuit les cinq sens du spectateur sont attirés et mis en éveil par des peintures, des musiques, des vidéogrammes musicaux et des photographies ; que ce jardin d'art et d'essai a reçu du ministère de la Culture le label "jardin remarquable" qui fait naître au profit de celui-ci, selon la circulaire du ministère de l'Économie, des Finances et de l'Industrie du 20 octobre 2004 une présomption d'intérêt historique, artistique ou touristique ».[592]

Ce label engage en contrepartie les propriétaires à :

– Assurer un entretien régulier de leur jardin

– Ouvrir au public au moins 40 jours dans l'année

– Participer à une opération nationale (rendez-vous aux jardins ou journées du patrimoine)

– Mettre une information à disposition du public

– Apposer la plaque figurant le logotype du label.

La construction d'une installation agricole ou industrielle à proximité d'un espace culturel ayant obtenu le label jardin remarquable et qui entoure un monument historique, peut justifier le refus d'un permis de construire. Selon un arrêt de la Cour d'appel de Nantes du 17 mars 2023 : « Ainsi qu'il a été dit au point 4, le projet litigieux consiste en la construction d'un poulailler industriel, pouvant accueillir simultanément jusqu'à vingt-cinq mille volailles, d'une longueur de quatre-vingt-dix mètres, d'une largeur de quinze mètres et d'une hauteur au faîtage de six mètres trente, représentant une surface de plancher de mille trois cent cinquante mètres carrés. Si le terrain d'assiette du projet s'insère dans un secteur naturel de la commune de Bacilly, à vocation agricole, il est, cependant, constant que ce terrain, qui n'est pas construit, se situe à proximité immédiate du domaine de Chantore Mont Saint-Michel, et plus particulièrement de l'accès au parc paysager. Il ressort, en outre, des pièces du dossier que le domaine de Chantore abrite un château édifié au XVIIIe siècle, en très bon état de conservation, se caractérisant par une architecture de style "Néo Louis XIII", peu présente dans le département de la Manche, mais aussi les bâtiments des anciennes écuries ainsi qu'un parc paysager ouvert au public. La commune de Bacilly ne conteste pas que ce domaine, d'une contenance de dix-neuf hectares, présente, d'un point de vue

[592] CA Rouen, 16 mai 2007 n° 06/02902

historique, patrimonial et paysager, un caractère remarquable à l'échelle régionale. L'ensemble des parties composant le domaine de Chantore a d'ailleurs fait l'objet, postérieurement à l'arrêté contesté, d'une inscription au titre des monuments historiques et son parc paysager a bénéficié du label jardin remarquable. Ainsi, la réalisation du projet litigieux est, compte tenu de sa situation, de son architecture et de ses dimensions, de nature à porter atteinte au caractère et à l'intérêt des lieux avoisinants, caractérisée par la présence à proximité immédiate du domaine de Chantore. Par suite, le maire de Bacilly a méconnu les dispositions réglementaires précitées en délivrant à l'EARL La Champagne un permis de construire un poulailler industriel sur ce terrain »[593]. Il est fréquent qu'un monument historique, classé ou inscrit, soit entouré par un jardin ayant obtenu le label « jardin remarquable ». En tant que tel, cet instrument de droit souple n'apporte aucune compensation financière à moins d'obtenir, jadis, un agrément fiscal. En effet, le régime fiscal des monuments historiques s'applique strictement aux parties classées ou inscrites. Dans certains cas, les mesures de protection ne visent pas expressément un élément patrimonial qui contribue pourtant à la cohérence d'un ensemble (protection du château, mais pas du pigeonnier ou des écuries de la même époque, par exemple). L'agrément fiscal permettait dans certaines situations de « rectifier » ces protections. En particulier, les parcs et jardins sont peu visés par les arrêtés de protection. Leur maintien dépend en conséquence de la volonté des propriétaires. Le recours à l'agrément fiscal, jusqu'en 2014, les encourageait à entretenir ces espaces vivants, fragilisés par le temps, et à les rendre accessibles au public. Dans cette veine, afin de prolonger l'incidence fiscale attachée aux « jardins remarquables », et plus généralement de garantir la préservation d'ensembles architecturaux et paysagers, il s'est agi de permettre à la fondation du patrimoine de délivrer le label de l'article 156 du code général des impôts (CGI) aux parcs et jardins. La possibilité de labelliser des immeubles non bâtis ressortait déjà implicitement des dispositions de l'article L 143-2-1 du Code du patrimoine dans sa rédaction issue de l'article 24 de la loi de finances rectificative pour 2007 qui vise les immeubles non bâtis « ayant reçu » le label de la Fondation[594]. L'administration n'a toutefois pas tenu compte de cette évolution législative dans les mises à jour successives de ses commentaires. La modification législative intervenue en 2020 lève le voile et oblige l'administration à admettre une incidence fiscale aux parcs et jardins labellisés. La loi de finances rectificative pour 2020 du 30 juillet 2020 a modifié les conditions d'octroi du label délivré par la Fondation du patrimoine conformément à l'article L. 143-2 du Code du patrimoine[595]. Désormais, le

593 CA Nantes, 17 mars 2023, n° 21 NT01083.

594 Selon les travaux parlementaires, cette modification législative avait d'ailleurs déjà pour objet de faire entrer les parcs et jardins dans le champ du label.

595 Loi de finances 2020, n° 2020-935, 30 juill. 2020, art. 7

label s'applique aux immeubles non protégés au titre des monuments historiques, bâtis ou non bâtis, situés dans les secteurs géographiques suivants : les zones rurales, bourgs et petites villes de moins de 20 000 habitants ; les sites patrimoniaux remarquables ; les sites classés au titre du Code de l'environnement. Les immeubles non habitables caractéristiques du patrimoine rural (pigeonniers, granges, fours à pain, lavoirs…) ne sont pas soumis à ces restrictions géographiques et une majorité des immeubles labellisés chaque année appartient au patrimoine rural. Les parcs et jardins sont à présent éligibles au label. Le coût des travaux réalisés sur les immeubles ayant reçu le label, visibles de la voie publique ou que le propriétaire s'engage dorénavant à rendre accessibles au public, est déductible du revenu global imposable à l'impôt sur le revenu dans les conditions prévues aux articles 156 et 156 bis du CGI, sous réserve que la Fondation du patrimoine octroie, pour leur réalisation, une subvention dont le montant ne peut être inférieur à 2 % de leur coût. La nature des travaux déductibles mérite des éclaircissements. Si l'objectif est de pérenniser un parc ou un jardin, définir la nature des travaux « pérennes » est essentiel. Les dépenses d'investissements et les dépenses d'entretien courant relèvent d'un contentieux assuré. Mais qu'en est-il du remplacement d'espèces végétales ? Doit-on les considérer comme des dépenses d'entretien ou d'amélioration ? Doit-on induire une modification de l'architecture paysagère nécessitant un renouvellement du label ?

Enfin, le décret du 16 février 2023[596] modifie les conditions dérogatoires du label Fondation du patrimoine. Ce dernier aligne les conditions d'ouverture au public des monuments historiques mentionnées dans la convention type prévue par l'article 795 A du CGI sur celles posées en matière d'impôt sur le revenu par l'arrêté prévu par l'article 41 I de l'annexe III au CGI. Il transfère les modalités de déclaration des jours et heures d'ouverture au public auprès de la direction départementale des finances publiques compte tenu de la suppression des missions relatives au tourisme des directions régionales des entreprises, de la concurrence, de la consommation, du travail et de l'emploi (DIRECCTE). En définitive, la « fonctionnalisation » des jardins historiques ou labellisés est à l'œuvre depuis plusieurs décennies : « Les intérêts individuels du propriétaire du jardin ne doivent pas faire fi d'intérêts collectifs existants à partir du bien et de la propriété. Celle-ci comporte une dimension sociale, qui peut être accentuée par la spécificité de certains biens »[597].

---

[596] Décret n° 2023-103 du 16 février 2023, JO 18/2/2023.

[597] F. Dessainjean, « Les jardins privés individuels autonomes : lieux d'équilibres d'intérêts » in revue de droit rural 4/2023, p. 30.

Chapitre II : la politique fiscale de mise en valeur des sites et des paysages

La mise en valeur des paysages culturels

89— La signification du paysage ne va pas de soi, surtout dès lors que le terme « paysage » est devenu un mot-valise : ne parle-t-on pas de paysage politique, audiovisuel ou bien encore sonore ? Le mot « paysage » relève du vocabulaire de l'art. Sous la plume de Montaigne, il désigne, un genre pictural qui artialise la réalité, révèle un lieu qui conduit à la contemplation de la nature. Le concept nomade de paysage est ambivalent. Il oscille entre deux focales sémantiques : le paysage comme nature et le paysage comme image, représentation d'un lieu, d'un monde subsumé. Dans le vocabulaire contemporain coexistent ainsi les deux sens du mot, le paysage réel et le paysage représenté. Georg Simmel exprime avec force cette ambivalence « Quant au paysage, c'est justement sa délimitation, sa saisie dans un rayon visuel momentané ou bien durable qui le définit essentiellement ; sa base matérielle ou ses morceaux isolés peuvent toujours passer pour nature — représenté à titre de paysage, il revendique un être pour-soi éventuellement optique, éventuellement esthétique, éventuellement atmosphérique, bref une singularité, un caractère l'arrachant à cette unité indivisible de la nature, où chaque morceau ne peut être qu'un lieu de passage pour les forces universelles de l'être-là. Regarder un morceau de sol avec ce qu'il y a dessus comme un paysage, c'est considérer un extrait de la nature, à son tour, comme unité ce qui s'éloigne complètement de la notion de nature »[598]. En somme, dans le cadre d'un paysage, la matérialité objective d'un espace sublime la subjectivité du public. À l'orée du XXe siècle, une nouvelle dimension esthétique est associée au paysage, celle d'un espace remarquable sous les traits d'un monument naturel et plus généralement d'un site. Les lois sur les sites, de 1906 puis de 1930, furent les premières à consacrer la protection de la nature sous sa dimension esthétique : ils sont « lieux de beauté » ! Cette

---

[598] G. Simmel, *La Tragédie de la culture et autres essais*, chapitre. : « Philosophie du paysage », traduction de S. Comille et P. Ivernel, © édit. Rivages, Paris et Marseille , 1988.

beauté repose d'abord sur les merveilles de la nature, puisque la loi avait pour fonction de protéger les paysages naturels[599]. Dans le cadre de la décentralisation administrative, l'article 70 de la loi du 7 janvier 1983 introduit un nouveau modèle visant à la protection des paysages. Au soutien de la loi Malraux, il s'agit de la consécration d'une zone de protection du patrimoine architectural et urbain à laquelle sera ajoutée « et paysager » pour préserver l'embellissement des villes (ZPPAUP)[600]. L'article 1er de la loi n° 85-30 du 9 janvier 1985 relative au développement et à la protection de la montagne proclame le lien étroit entre la loi Montagne et la protection des paysages en insistant, comme l'un des objectifs de la loi, sur « la protection des équilibres biologiques et écologiques, la préservation des sites et des paysages, la réhabilitation du bâti existant et la promotion du patrimoine culturel ». Promulguée le 3 janvier 1986, la loi n° 86-2 relative à l'aménagement, la protection et la mise en valeur du Littoral énonce à l'article 1er comme un de ces objectifs « la protection des équilibres biologiques et écologiques, la lutte contre l'érosion, la préservation des sites et paysages et du patrimoine »[601]. Il faut néanmoins attendre la loi n° 93-24 du 8 janvier 1993 sur la protection et la mise en valeur des paysages et l'ajout de l'élément paysager aux zones de protection du patrimoine architectural et urbain ainsi que la création des directives de protection et de mise en valeur des paysages pour que l'objet « paysage culturel » soit saisi en tant que tel, par le droit interne[602]. Le professeur Jérôme Fromageau définit le paysage comme « un ensemble naturel ou urbain harmonieux » à travers, d'une part, « l'application des textes existants » et, d'autre part, « les différents débats parlementaires qui ont précédé l'adoption de la loi n° 93-24 du 8 janvier 1993 »[603]. La notion de paysage culturel irrigue ainsi plusieurs législations. Son rattachement au droit des monuments historiques et des sites en mettant en avant l'aspect culturel du paysage illustre la politique publique suivie depuis plus de 100 ans[604]. Progressivement, le paysage culturel a conquis le droit de l'aménagement du

[599] Voir J. Morand-Deviller, « Environnement et paysage » AJDA 1994, p. 588

[600] Voir Y. Jegouzo, « La protection du patrimoine culturel à travers les procédures de gestion des sols, de l'urbanisme et de l'architecture » in Y. Jegouzo, *Droit du patrimoine culturel immobilier*, Paris, Economica, 1985, p. 82 ; B. Delaunay, « Les zones de protections du patrimoine architectural, urbain et paysager »,in Annuaire des collectivités locales. Tome 15, 1995, pp. 487-501.

[601] Voir H. Coulombié, C. Le Marchand, *Le droit du littoral et de la montagne*, Paris, Lexisnexis,2009

[602] Voir M. Prieur, « La protection juridique des paysages culturels » in, mélanges P. Amselek, Bruylant, 2005, p. 695.

[603] J. Fromageau, « Loi Paysage : Protection et reconquête », Études foncières, n° 60, septembre 1993, p. 23.

[604] Voir notamment, N. Lusson-Lerousseau, « Paysages et législation sur les monuments historiques et les sites », in Annuaire des collectivités locales. Tome 15, 1995, pp. 473-486

territoire et de l'urbanisme qui envisage le paysage dans sa dimension naturelle et culturelle et donne au paysage une valeur en soi, applicable même aux paysages ordinaires considérés comme des éléments de l'aménagement et de l'utilisation du sol et des espaces[605]. Enfin, le paysage culturel est enclin à une approche environnementale en mettant en avant l'aspect naturel du paysage qui envisage ses composantes écologiques et en instituant des espaces naturels protégés du type parcs et réserves[606]. Sous un paradigme nouveau, celui de la biodiversité, le périmètre du paysage culturel s'est étendu. L'article L 110-1 du code de l'environnement dispose ainsi que « Les espaces, ressources et milieux naturels terrestres et marins, les sons et odeurs qui les caractérisent, les sites, les paysages diurnes et nocturnes, la qualité de l'air, la qualité de l'eau, les êtres vivants et la biodiversité font partie du patrimoine commun de la nation ». L'alliance du patrimoine sensoriel et du patrimoine naturel augure ainsi d'une prise de conscience de la vulnérabilité des éléments concernés[607]. Cela étant, le droit des paysages est appuyé dans la loi n° 95-101 du 2 février 1995 relative au renforcement de la protection de l'environnement dite « Barnier » puis dans la loi n° 2016-1 087 du 8 août 2016 pour la reconquête de la biodiversité, de la nature et des paysages. Bien avant la loi de 1993, la notion de paysage culturel est en germe dans les conventions internationales. Selon l'article 2 de la convention de l'UNESCO relative à la protection du patrimoine mondial, du 16 novembre 1972 sont considérés comme éléments du patrimoine naturel : « Les monuments naturels constitués par des formations physiques et biologiques ou par des groupes de telles formations qui ont une valeur universelle exceptionnelle du point de vue esthétique ou scientifique ; — les formations géologiques et physiologiques et les zones strictement délimitées constituant l'habitat d'espèces animales et végétales menacées, qui ont une valeur universelle exceptionnelle du point de vue de la science ou de la conservation ; — les sites naturels ou les zones naturelles strictement délimitées, qui ont une valeur universelle exceptionnelle du point de vue de la science, de la conservation ou de la beauté naturelle. ». Le paysage n'est pas expressément mentionné dans cet article 2 relatif aux biens naturels, mais il est identifié ultérieurement en tant qu'œuvre conjuguée de l'homme et de la nature[608]. L'irruption d'un patrimoine paysager en droit

---

[605] Voir notamment, H. Jacquot, « Paysages et droit de l'urbanisme » in Annuaire des collectivités locales. Tome 15, 1995, pp. 461-472.

[606] Voir notamment M. Bourjol, « Les parcs naturels régionaux » in Annuaire des collectivités locales. Tome 15, 1995, pp. 520-530 ; dossier « Parcs naturels régionaux 1967-2017 » in RJE 2/2018, pp. 243-332.

[607] Voir J-R. Pellas, « Le patrimoine sensoriel : une nouvelle catégorie du patrimoine ? « , in RDP 1/2022, p. 131

[608] Voir P-A. Collot, « Le paysage culturel, œuvre conjuguée de l'homme et de la nature, comme élément de droit français » in F. Garnier, Ph. Delvit, *Des patrimoines et des normes*, presses universitaires de Toulouse capitole, 2015, pp. 255-271.

démontre si besoin est du caractère hybride de ce bien faisant du patrimoine non bâti une composante du patrimoine culturel et symétriquement un élément du patrimoine culturel bâti, un ressort de l'environnement[609].

Section I : La consolidation d'un intérêt public de « préservation des espaces naturels »

§1 — Les missions dévolues au conservatoire de l'espace littoral et des rivages lacustres

90— Les aires de « montagne » ne bénéficient pas d'un dispositif fiscal au soutien des espaces, comparable à ce qui existe au regard du littoral[610]. Initialement concentré sur un objectif de soustraction d'espaces naturels à l'urbanisation, le conservatoire du littoral et des rivages lacustres a été progressivement sollicité pour restaurer des milieux et des paysages, pour aménager et valoriser sur le plan socio-économique des espaces naturels, tout en les protégeant. La loi n° 95-101 du 2 février 1995 relative au renforcement de la protection de l'environnement a instauré une taxe « sur les passages maritimes à destination d'espaces naturels ». Elle est ajoutée au prix payé par les passagers embarqués à destination d'un site naturel classé, d'un parc national, d'une réserve naturelle, d'un site protégé par le Conservatoire du littoral ou d'un port desservant l'un de ces espaces[611]. Cette taxe est perçue au profit de la personne publique qui assure la gestion de l'espace naturel protégé ou, à défaut, de la commune sur laquelle cet espace se trouve[612]. Cette ressource n'est évidemment pas suffisante pour couvrir la politique de préservation des espaces naturels. La naissance du conservatoire de l'espace littoral et des rivages lacustres en 1975 constitue en France la première expression de la prise en compte du littoral par les pouvoirs publics comme étant un espace spécifique (physiquement limité, écologiquement fragile, de plus en plus convoité par des utilisateurs concurrents et soumis à de multiples pressions), appelant une politique d'aménagement et de protection propre. C'est dans ce contexte que l'État commande en 1971 à la Délégation

---

609 Pour le patrimoine culturel bâti, composante de l'environnement, voir TA Cergy-Pontoise, du 24/4/2015, n°1304351.

610 Les objectifs environnementaux de la taxe sur les remontées mécaniques demeurent insuffisants pour justifier d'un authentique soutien fiscal. Voir F. Servoin, « La taxe sur les remontées mécaniques : un échec », in Tourisme et Droit 1998, n°03, p.32.

611 L'arrêté du 11 mars 2022 fixe le tarif et les modalités d'application de la taxe sur le transport maritime de passagers à destination d'espaces naturels protégés (JO 15/4/2022)

612 Le montant de la taxe, instituée par les articles L. 423-47 à L. 423-56 du code des impositions sur les biens et services, est égal à 6,542 pour cent du prix, hors taxe sur la valeur ajoutée, sur le transport entre le lieu d'embarquement et l'espace naturel protégé. Ce montant ne peut excéder la limite de 1,71 € par passager.

interministérielle à l'aménagement du territoire et à l'attractivité régionale (DATAR) une étude sur « les perspectives à long terme d'aménagement du littoral français ». L'idée d'un établissement public administratif remonte au rapport Piquard de novembre 1973[613], et dont la création date de la loi du 10 juillet 1975, il s'agissait, à l'image du National Trust britannique, de parvenir à conserver par des moyens adéquats une portion de plus en plus significative du littoral, en la gardant des excès de l'aménagement tout en la mettant à la disposition du public dans la mesure du possible. Ainsi, le National Trust a lancé en 1965, l'« opération Neptune », visant à acheter des sites naturels remarquables sur les côtes de la Grande-Bretagne. Par mimétisme de pratiques anglo-saxonnes et s'appuyant sur des prérogatives de puissance publique pouvant conduire à des droits de préemption voire de préemption, la préservation du littoral est subordonnée à l'appropriation de terrains, par insertion dans le marché foncier plutôt qu'en adoptant exclusivement une politique de réglementation de ces espaces. En définitive, le conservatoire est un établissement public de l'État à caractère administratif, dont la tutelle est assurée par le ministre chargé de l'environnement. Son directeur est nommé par décret. Il s'agit de soustraire à l'urbanisation et de constituer un patrimoine public de sites naturels définitivement préservés et ouverts à tous. Un objectif ambitieux lui a été fixé : protéger de 20 à 25 % du linéaire côtier d'ici 2050, afin de préserver alors, avec d'autres dispositifs, un « tiers naturel » ou selon l'expression « un tiers sauvage » du littoral[614]. À l'origine, le champ d'application territorial semble délimité « dans les communes riveraines des plans d'eau intérieurs d'une superficie supérieure à 1 000 hectares ». C'est dans ces termes que cette disposition est aujourd'hui codifiée à l'article L. 322-1 du code de l'environnement. L'extension des missions du conservatoire du littoral et des rivages lacustres conduit le législateur à adapter le champ d'application territorial de l'établissement public, au rythme de l'évolution de la loi littorale. La loi Paysages n° 93-24 du 8 janvier 1993 indique que la compétence du conservatoire du littoral peut être étendue par décret en Conseil d'État « à des secteurs géographiques limitrophes des cantons et des communes (de sa zone de compétence) et constituant avec eux une unité écologique et paysagère dont la majorité de la surface est située dans la limite desdits cantons et communes ». La loi Barnier n° 95-101 du 2 février 1995 sur le renforcement de la protection de l'environnement prévoit l'extension de sa compétence aux « communes

---

613 Voir Rapport M. Piquard, *Le littoral français : perspectives pour l'aménagement*, 15 novembre 1973.

614 Voir R. Hostiou, « Protection de l'espace littoral et droit de l'environnement: à propos de la politique d'acquisition foncière du conservatoire *in* les dix ans de la loi littorale , RJE. 1997, n° spécial, p. 83.S. Caudal, « La loi du 27 février 2002 et le conservatoire de l'espace littoral et des rivages lacustres », JCP Adm. déc. 2002, p. 4 s.

riveraines des estuaires et des deltas, lorsque tout ou partie de leurs rives est situé en aval de la limite de salure des eaux » et à « d'autres communes qui participent directement aux équilibres économiques et écologiques littoraux, qui en font la demande auprès du préfet, et qui obtiennent son accord et celui du Conservatoire »[615]. Cette extension d'une protection induite par la loi littorale conduit le juge administratif à s'interroger sur le champ d'application territorial de cette loi. Le 29 octobre 2004, le préfet du Finistère a accordé à la société Neo Plouvien un permis de construire huit éoliennes sur le territoire de la commune de Plouvien. À la demande de l'association France Énergie éolienne, le tribunal administratif de Rennes a, par un jugement du 28 février 2008, annulé le permis de construire pour insuffisance de l'étude d'impact. Le Conseil d'État valide l'application de la loi littorale sur le territoire de la commune de Plouvien et décide que les communes situées à l'embouchure des fleuves et rivières sont considérées comme des communes riveraines des mers et des océans lorsqu'une partie au moins de leur territoire est située en aval de la limite transversale de la mer[616]. L'article 160 de la loi Démocratie de proximité n° 2002-276 du 27 février 2002 autorise le conservatoire du littoral à intervenir sur des portions du domaine public maritime[617] et la loi n° 2005-157 du 23 février 2005 relative au développement des territoires ruraux, étend sa compétence territoriale aux zones humides rétro littorales des départements côtiers[618]. Dans son référé n° 28681 du 2 mai 2001, la Cour des comptes avait souligné que la loi du 10 juillet 1975, qui a créé le Conservatoire dans une situation d'urgence pour enrayer l'urbanisation du littoral, n'avait défini ni la domanialité des sites ni les conventions relatives à leur gestion. La loi du 27 février 2002 a clarifié le régime juridique du domaine propre du Conservatoire et le cadre contractuel de gestion et d'occupation des sites, afin de permettre à l'établissement d'assumer pleinement ses responsabilités de propriétaire, conformément aux préconisations de la Cour. En termes de gestion, le Conservatoire a signé en 2009 une charte de partenariat avec l'Agence des aires marines protégées, dont les domaines d'intervention sont proches, après que la juridiction financière a recommandé « *une coordination efficace* ». En d'autres termes, contraints par des finances publiques en berne

---

[615] La liste de ces communes a été déterminée par le décret n° 2004-311 du 29 mars 2004 fixant la liste des communes riveraines des estuaires et des deltas considérées comme littorales en application de l'article L. 321-2 du code de l'environnement, désormais codifié à l'article R. 321-1 du code de l'environnement.

[616] CE, 14 novembre 2012, Société Neo Plouvien, n° 347778.

[617] La mise à disposition à titre gratuit des dépendances du DPM naturel au profit du Conservatoire du littoral s'effectue par voie conventionnelle et passe soit par un « dispositif d'attribution », soit par un « dispositif d'affectation ».

[618] Voir J.-M. Bécet, « Le Conservatoire de l'espace littoral et des rivages lacustres après la loi du 27 février 2002 », in E. Cadeau (dir.), *Perspectives du droit public, Mélanges offerts à Jean-Claude Hélin : Litec, 2004, p. 23.*

et compte tenu de la crise financière de 2008, des « indicateurs d'efficience » ont été mis en place.

91— La patrimonialisation du littoral ne concerne pas uniquement les espaces naturels, mais également le patrimoine culturel bâti. Depuis près de 50 ans, le Conservatoire préserve et valorise les espaces naturels du littoral en partenariat avec les collectivités locales. Il protège aujourd'hui 218 000 hectares[619]. L'objectif du « Tiers naturel littoral » à l'horizon 2 050 nécessite l'acquisition de 110 000 hectares supplémentaires. Le Contrat d'objectif 2021-2025 de l'établissement prévoit un rythme d'acquisition entre 2 500 et 3 500 ha par an pour atteindre cet objectif. Le Conservatoire a vu ses missions progressivement élargies aux estuaires, au domaine public fluvial et aux lacs à partir de 2009, et à la protection du patrimoine culturel du littoral en 2011[620]. L'aménagement du littoral est au cœur de son activité. Ainsi, le Conservatoire du littoral et ses gestionnaires (PNR de la forêt d'Orient) ont aménagé deux sentiers de découverte : le sentier du Colosse aux pieds d'argile, long de 7 km, et le sentier du Palais du roi Chêne qui forme une boucle de 800 mètres, accessible à tous les publics, inauguré le 12 mai 2023. Mais son activité concerne également la restauration des biens situés sur son territoire d'intervention. En l'absence de mention expresse en ce sens dans l'article L. 322-1 du code de l'environnement, l'intervention du conservatoire en matière de patrimoine culturel est en effet fragilisée et pourrait même être considérée comme contraire au principe de spécialité des établissements publics. C'est d'ailleurs la raison pour laquelle la Cour des comptes, dans son référé du 29 novembre 2012 relatif à la gestion du patrimoine des phares et balises (n° 65129) avait considéré : « qu'une modification législative serait nécessaire pour consolider au plan juridique son intervention [...] tout en préservant le principe de spécialité de l'établissement. Elle étendrait sa mission de politique foncière de sauvegarde de l'espace littoral et de l'équilibre écologique, le cas échéant, au patrimoine culturel des sites sauvegardés lorsqu'il présente un intérêt particulier. »[621]. L'article 47 du projet de loi relatif à la reconquête de la biodiversité de 2016 légalise cette mission. Depuis plusieurs années, le Conservatoire du littoral, propriétaire du Domaine de Certes et Graveyron a entrepris la restauration du château de Certes. En 2023, grâce à une aide financière entreprise dans le plan de relance, mais aussi de la région, de la Fondation du Patrimoine, l'Hôtel de la mer, principal bâtiment d'accueil du public situé à l'entrée du Domaine du Rayol, dans le

[619] Conservatoire de l'espace du littoral et des rivages lacustres, rapport d'activité 2023, p. 2.

[620] Voir N. Boillet, G. Goffaux Callebaut, *Le patrimoine maritime : entre patrimoine culturel et patrimoine naturel*, Éditions Pedone, 2018.

[621] Cour des comptes, *Référé relatif à la gestion de patrimoine des phares et des balises*, n° 65129, 29 novembre 2012, p. 2.

Var, a fait l'objet d'une restauration. Dans la veine du Grenelle de la Mer, le transfert progressif au Conservatoire d'une soixantaine de phares précédemment affectés à l'administration des phares et balises a été annoncé par le président de la République, le 7 juillet 2011, lors d'un déplacement sur un site du Conservatoire du Littoral, sur la presqu'île de Crozon. Après le phare corse de Sénétosa, en 2011, le conseil d'administration a accepté le transfert du phare du Stiff, à Ouessant, pour lequel l'établissement a reçu une subvention ministérielle, et de huit petits phares en excellent état. Après s'être vu affecter les deux bâtiments annexes et l'enceinte du phare du Stiff, le Conservatoire du littoral a mené, entre 2004 et 2008, une campagne de restauration de ces bâtiments, afin de préserver l'unité foncière de ses abords. La restauration du phare a été engagée à compter de 2013. Le transfert d'une soixantaine de phares au profit du conservatoire est prévu à terme. Selon un rapport du Conseil général de l'environnement et du développement durable, plus de la moitié des phares ont fait l'objet à partir de 2009, de mesures de classement ou d'inscription « À partir de 2009, des campagnes annuelles d'inscription et de classement vont être entreprises. En 2009, 10 phares et feux sont inscrits et un phare classé (Gatteville), en Aquitaine et en Basse-Normandie. En 2010, 7 phares du Nord–Pas-de-Calais et de Haute-Normandie sont inscrits. En 2011, 34 phares sont inscrits ou classés. Ils seront 23 en 2012. Si seuls 5 phares ou feux sont protégés entre 2013 et 2014, ils seront 14 de plus en 2015 et 14 à nouveau au début de 2016. Au total, ce sont aujourd'hui 72 phares ou feux qui sont inscrits à l'inventaire des Monuments historiques et 52 qui bénéficient d'un classement, soit 124 édifices protégés dont 100 sont encore en service »[622].

§2 : Les moyens financiers du Conservatoire de l'espace littoral et des rivages lacustres.

92— Le Conservatoire du littoral est confronté à une problématique financière qui conditionne sa capacité à réaliser sa stratégie d'intervention à 2050 : comment préserver ses capacités d'intervention foncière et permettre la poursuite des actions d'aménagement et de gestion de ses terrains, alors même qu'en tant que premier propriétaire sur le littoral, il doit décliner l'ambition des politiques publiques environnementales et les articuler, dans un contexte d'adaptation au changement climatique qui va bouleverser les équilibres et l'aménagement de la bande côtière ? Le budget actuel du Conservatoire du littoral repose sur les recettes de la taxe annuelle sur les engins maritimes à usage personnel (TAEMUP) qui s'est substituée au droit annuel de francisation des navires. Depuis le 1er janvier 2022, la direction des affaires

622 CGEDD, *Valorisation des phares et des maisons-feux* , rapport n° 2016-96 de juin 2016, p. 28

maritimes, de la pêche et de l'aquaculture est compétente pour collecter cette taxe qui est encadrée par les articles L.423-1 à L.423-37 du code des impositions sur les biens et services (CIBS). Cette taxe est due par tout propriétaire, au 1er janvier de l'année de taxation, d'un navire de plaisance répondant à l'une des caractéristiques suivantes :

- Navire de 7 mètres et plus ;
- Navire d'une longueur de coque inférieure à 7 mètres doté d'une motorisation égale ou supérieure à 22 chevaux administratifs ;
- Véhicule nautique à moteur (moto nautique, jet-ski, scooter des mers, etc.), dont la puissance des moteurs est égale ou supérieure à 90 kW.

Des exonérations ont été instituées et sont maintenues dans le cadre de la nouvelle taxe annuelle sur les engins maritimes de plaisance. Il s'agit des embarcations appartenant à des écoles de sports nautiques agréées par le ministre chargé des sports ; des embarcations mues principalement par l'énergie humaine ; des bateaux classés monument historique et des navires ayant obtenu le label bateau d'intérêt patrimonial.

92— La Cour observe en 2008, à propos de l'ancien droit annuel de francisation « que cette taxe affectée se substitue à une subvention de l'État. À ce titre, elle nuit au principe d'unité budgétaire du budget de l'État et obscurcit l'évolution de la norme de dépenses de l'État. Il convient également d'inclure ce financement extrabudgétaire dans le dispositif de contrôle et d'analyse de la performance de la mission "Écologie et développement durable". Par ailleurs, la Cour constate que l'affectation de cette taxe ne constitue pas le gage d'un financement pérenne du Conservatoire puisqu'elle est soumise à l'autorisation annuelle du Parlement »[623]. Il n'en demeure pas moins que l'affectation de cette taxe au profit de l'établissement public a été constante aux environs de 37 millions d'euros. Toutefois, en 2012, dans un contexte de maîtrise des dépenses publiques, la part de la taxe reversée au Conservatoire de l'espace littoral a été plafonnée. Or, selon la Cour des comptes « l'augmentation des revenus d'immobilisation, des dons et legs, du mécénat ou des subventions des collectivités locales ne peut suffire. Pour atteindre l'objectif d'acquisition en 2050 de 200 000 hectares sur le littoral métropolitain et de 70 000 hectares dans les DOM, le Conservatoire devrait voir ses ressources doubler »[624]. La loi de finances rectificatives n° 2011-1 978 du 28 décembre 2011 a augmenté le produit de la taxe, à compter du 1er janvier 2013 en assujettissant des véhicules nautiques à moteur à cette

---

[623] Cour des comptes, *Référé n° 50149 relatif au Conservatoire de l'espace littoral et des rivages lacustres,* 2008, p. 2.

[624] Cour des comptes, *Référé n° 65737 relatif à la gestion du conservatoire de l'espace littoral et des rivages lacustres*, janvier 2013, p. 3.

taxe, afin de dégager des moyens supplémentaires pour l'établissement. Cependant, la loi de finances pour 2012 a plafonné la ressource affectée au Conservatoire de l'espace littoral à 37 M€, relevé à deux reprises, pour être aujourd'hui d'un montant de 40 M€[625]. Compte tenu des frais d'assiette passés de 4 % à 2,5 % en 2019, la ressource réellement disponible s'élève à 39 M€. Néanmoins, la Cour des comptes est demeurée sceptique quant à l'évolution des ressources de l'établissement public. La Cour recommande de réviser la stratégie 2 050 « *afin d'adapter les objectifs d'acquisition foncière aux ressources financières et humaines susceptibles d'être affectées au Conservatoire du littoral* »[626]. Depuis le 1er janvier 2022, la direction des affaires maritimes, de la pêche et de l'aquaculture est compétente pour collecter cette taxe qui est encadrée par les articles L.423-1 à L.423-37 du code des impositions sur les biens et services (CIBS). Nonobstant ce changement d'assiette de la taxe, le plafonnement se traduit par une réduction de la capacité d'investissement du Conservatoire. Dans le cadre d'une réponse ministérielle, l'administration fait le point sur les ressources du Conservatoire en 2023 « En parallèle, des moyens complémentaires sont apportés au conservatoire du littoral pour soutenir des opérations en faveur de la restauration, préservation et valorisation des espaces naturels dans l'atténuation de la dynamique d'érosion côtière et l'adaptation des territoires littoraux au changement climatique. Pour la période 2022-2024, le conservatoire du littoral bénéficie d'un financement de 4 M€ issus du fonds de concours de l'Agence de financement des infrastructures de transport de France (AFITF) pour soutenir des opérations en lien avec la stratégie nationale de gestion intégrée du trait de côte (SNGITC). Le conservatoire du littoral poursuit également la mise en œuvre d'opérations exemplaires de gestion souple du trait de côte en faveur de l'adaptation des territoires littoraux au changement climatique dans le cadre du projet Adapto, soutenu à hauteur de 2 M€ par l'Union européenne au titre du Life "changement climatique" pour la période 2018-2022[627]. Enfin, fin 2022, le conservatoire du littoral a bénéficié de crédits budgétaires supplémentaires, à hauteur de 1,40 M€, afin de participer au financement de travaux sur plusieurs terrains ou bâtiments ravagés par les incendies de l'été. L'ensemble de ces financements démontre l'importance que le gouvernement accorde à la soutenabilité budgétaire des opérations menées par l'établissement. Les recettes de l'établissement sont

---

625 Pour l'année 2024, le projet de loi de finances reconduit le montant (40 M€) du plafond de cette taxe.

626 Cour des comptes, référé n° 65737 relatif à la gestion du conservatoire de l'espace littoral et des rivages lacustres, janvier 2013, p. 3.

627 Le programme LIFE est l'instrument financier de la Commission européenne de soutien aux projets dans les domaines de l'environnement et du climat. Il s'adresse à des porteurs de projets publics et privés et vise à promouvoir et à financer des projets innovants portant par notamment sur la conservation d'espèces et d'habitats.

ainsi passées de 51,70 M€ en 2020, à 60,70 M€ en 2021 et atteignent 69 M€ en 2022 »[628]. Indépendamment des crédits budgétaires et l'existence d'une taxe affectée au Conservatoire, quelles sont les autres sources de financement complémentaires, indispensables à l'accomplissement de ses missions ?

93— En premier lieu, le conservatoire est exonéré des droits de mutation à titre onéreux. Selon l'article L. 322-7 du Code de l'environnement, les acquisitions et échanges d'immeubles situés dans les zones définies de son champ d'application et faites par le Conservatoire sont exonérés du droit de timbre de dimension, des droits d'enregistrement et de la taxe de publicité foncière. En second lieu, réservée initialement au mécénat culturel, la dation en paiement a été étendue au bénéfice du conservatoire de l'espace littoral ainsi qu'aux immeubles en nature de bois et forêts pouvant être incorporés au domaine forestier de l'État[629]. L'article 1716 *bis* du code général des impôts (CGI) dispose que les droits de mutation à titre gratuit et le droit de partage peuvent être acquittés par la remise d'œuvres d'art, de livres, d'objet de collection, de documents, de haute valeur artistique ou historique, ou d'immeubles situés dans les zones d'intervention du Conservatoire du littoral et des rivages lacustres définies à l'article L. 243-1 du code rural dont la situation ainsi que l'intérêt écologique ou paysager justifient la conservation à l'état naturel[630]. À l'instar de l'application de cette procédure s'agissant des immeubles situés dans les zones d'intervention du Conservatoire du littoral et des rivages lacustres, la dation en paiement des droits de succession relatifs à des immeubles en nature de bois, forêts ou espaces naturels est subordonnée à certains critères. Ainsi, la procédure ne s'applique aux immeubles situés dans les zones d'intervention du Conservatoire de l'espace littoral et des rivages lacustres que dans la mesure où leur situation ainsi que leur intérêt écologique ou paysager justifient la conservation à l'état naturel. De même, la procédure ne s'applique qu'aux immeubles en nature de bois, forêts ou espaces naturels pouvant être incorporés au domaine forestier de l'État. Le critère discriminant principal est ici celui de la proximité géographique de ces terrains avec le domaine forestier de l'État. Cette mesure vise à éviter le morcellement forestier en permettant la résorption d'enclaves privées existant dans des forêts domaniales, faisant ainsi bénéficier de la protection du régime forestier des forêts privées pouvant être difficilement acquises par voie amiable. La procédure serait limitée aux bois et forêts offrant une valeur patrimoniale réelle, étant donné leur intérêt écologique ou social, ou n'enduisant pas de charges de gestion importantes du fait de leur localisation. Enfin, dans le souci de développer le mécénat

---

[628] Réponse ministérielle A. Canayer, n° 01790, JO, sénat 12/1/2023, p. 232.
[629] Art. L 322-7 du code de l'environnement
[630] Loi n° 95-1346 du 30 décembre 1995 (JO 31/12/1995) et décret n° 96958 du 31/10/1996 relatif à l'article 384 A bis du CGI (JO 3/11/1996)

scientifique, le législateur, a ouvert le système de la dation en paiement, à la remise de blocs de titres de sociétés destinés à constituer une dotation au profit des organismes de recherche et d'enseignement[631]. Ainsi, la dation en paiement est ouverte notamment aux immeubles situés dans les zones d'intervention du Conservatoire de l'espace littoral et des rivages lacustres définies à l'article L 322-1 du Code de l'environnement dont la situation ainsi que l'intérêt écologique ou paysager justifient la conservation à l'état nature et aux immeubles en nature de bois, forêts ou espaces naturels pouvant être incorporés au domaine forestier de l'État. Jusqu'à l'intervention de l'article 53, X de la loi 2011-1978 du 28 décembre 2011, le paiement des droits pouvait également être effectué par la remise :

– D'immeubles bâtis ou non afin de les céder à une collectivité territoriale et aux organismes publics qui en dépendent ou à un organisme d'habitation à loyer modéré,

– De blocs de titres de sociétés cotées, de titres d'OPCVM investis en titres de sociétés cotées ou en obligations négociables, ainsi que d'obligations négociables, afin de les céder à titre gratuit, en tant que dotation destinée à financer un projet de recherche ou d'enseignement dont l'intérêt est reconnu par le ministre chargé de l'enseignement supérieur et de la recherche, à un établissement public à caractère scientifique, culturel et professionnel, un établissement à caractère scientifique et technologique ou à une fondation de recherche reconnue d'utilité publique ou assimilée. Toutefois, en raison d'une inefficience budgétaire, c'est-à-dire d'une absence de dation en paiement au titre de ces deux catégories de biens, la remise en paiement de ces biens a été abrogée par la loi de finances rectificative pour 2011. En outre, dans un souci de rationalisation administrative et budgétaire, le décret 2016-1310 du 4 octobre 2016[632] a supprimé la commission interministérielle qui intervenait dans la procédure d'agrément des dations en paiement par remise d'immeubles en nature de bois et forêts ou espaces naturels pouvant être incorporés au domaine forestier de l'État. Désormais, le ministre chargé du budget adresse l'offre de dation en paiement, accompagnée d'un avis sur la valeur libératoire proposée, au ministre chargé des forêts. Le ministre chargé des forêts, après consultation de l'Office national des forêts, émet un avis sur l'existence d'un intérêt économique, environnemental ou social du bien offert, sur les conditions de sa gestion, sur la contribution de ce bien à l'enrichissement de l'ensemble foncier auquel il pourrait être, le cas échéant, incorporé ainsi que sur la valeur libératoire proposée. Au vu des avis, le

---

[631] Article 31 Loi n° 2007-1199 du 10 août 2007

[632] Décret n° 2016-1310 du 4 octobre 2016 portant suppression de la commission relative à la procédure de la dation en paiement par remise d'immeubles en nature de bois et forêts ou espaces naturels pouvant être incorporés au domaine forestier de l'État, JO 6 octobre 2016

ministre chargé du budget décide d'agréer ou non l'offre de dation en précisant la valeur libératoire retenue.

En troisième lieu, l'article L. 322-8 du code de l'environnement prévoit que les dons et legs d'immeubles situés dans les zones définies à l'article L. 322-1 sont exonérés des droits de mutation à titre gratuit, lorsqu'ils sont réalisés au profit du conservatoire. L'ancien article 47 du projet de loi relatif à la reconquête de la biodiversité[633] étend le périmètre de l'exonération de droits de mutation à titre gratuit à tous les dons et legs d'immeubles réalisés au profit du conservatoire du littoral. En d'autres termes, la conditionnalité tenant à la situation géographique de ces immeubles est supprimée. La nouvelle rédaction proposée constitue le pendant de la modification opérée en miroir à l'article 795 du code général des impôts. Le conservatoire se trouve bénéficiaire d'un certain nombre de dons et legs, qui subissent avant la loi du 8 août 2016, une taxation très élevée (60 %) s'il s'agit de biens immobiliers situés hors de son domaine de compétence géographique. Une telle taxation exerce un effet dissuasif sur les donateurs potentiels, qui préfèrent souvent renoncer à de telles libéralités. Désormais, l'article 795-12° du CGI exonère les dons et legs d'immeubles établis au profit du Conservatoire de l'espace littoral et des rivages lacustres[634].

En quatrième et dernier lieu, le levier du mécénat a été un ressort de la politique de préservation des espaces naturels. Sans qu'il soit besoin de revenir sur la fiscalité du mécénat des particuliers ou des entreprises, rappelons que les protagonistes bénéficient d'une réduction d'impôt de 60 % pour les entreprises et de 66 % pour les particuliers. Encore faut-il que les bénéficiaires soient considérés comme des organismes d'intérêt général. Les organismes de défense de l'environnement naturel sont des organismes d'intérêt général exerçant leur activité dans un ou plusieurs des domaines suivants : lutte contre les pollutions et nuisances, prévention des risques naturels et technologiques, préservation de la faune, de la flore et des sites, préservation des milieux et des équilibres naturels, amélioration du cadre de vie en milieu urbain ou rural[635]. Le Conservatoire de l'espace littoral et des rivages lacustres, établissement public de l'État à caractère administratif, peut être regardé comme un organisme d'intérêt général de caractère philanthropique au sens des dispositions de l'article 238 bis du CGI[636].

Ainsi, « Le Petit Marseillais », sensible à la protection de la biodiversité, s'est associé au Conservatoire du littoral afin de soutenir des projets de préservation

---

633 Loi n° 2016-1087 du 8 août 2016, pour la reconquête de la biodiversité , article 108, JO 9 août 2016.

634 Pour un texte plus ancien, voir R. Cattin, « Les dons et legs consentis au Conservatoire du littoral », Defrénois, Paris, 1983, 1, art. 33177, p. 1505

635 BOI-IR-RICI-250-10-20-10 n° 150, du 10 mai 2017.

636 Réponse ministérielle J-P. Abelin, JOAN 14 décembre 1979 p. 11824 n° 16333 (non reprise dans Bofip).

de l'environnement en Provence. Redéployer les pollinisateurs sauvages avec l'implantation d'hôtels à insectes et de ruchers pédagogiques sur les sites, préserver l'environnement des déchets avec le nettoyage du canal du Vigueirat en Camargue, participer à la restauration de sites (domaine de la Coudoulière) constitue les axes majeurs de ce partenariat.
La Fondation du patrimoine a participé depuis 2007 au financement de projets pour la sauvegarde de plusieurs édifices ou sites appartenant au Conservatoire du littoral, à la fois par le programme Patrimoine bâti que par le programme Patrimoine naturel.
La Mission Bern (Fondation du patrimoine, Française des jeux) a permis d'apporter des financements complémentaires importants pour la sauvegarde de patrimoines emblématiques tels le Fort Cigogne aux Glenan ou encore les forts, phares et caserne de l'Île aux Moines dans l'archipel des Sept-Îles.

Section II : L'émergence d'intérêts privés soutenus par l'État pour la préservation des espaces naturels

§1 — L'essoufflement de l'incitation fiscale à la préservation du patrimoine naturel.

94— Historiquement, c'est l'article 32 de la loi de finances rectificative pour 2006[637] qui autorise, à compter de l'imposition des revenus de l'année 2007, l'imputation sans limitation de montant des déficits fonciers afférents aux dépenses inhérentes au maintien et à la protection du patrimoine naturel autres que les intérêts d'emprunt. Les travaux dont procédaient ces dépenses devaient recueillir un avis favorable du service de l'État compétent en matière d'environnement et être effectués sur des espaces naturels protégés. L'article 32 de la loi de finances rectificative pour 2006 autorise ainsi, les propriétaires de certains espaces naturels présentant un intérêt écologique ou paysager particulier, à imputer sur leur revenu global, sans limiter cette imputation à 10 700 €, les déficits fonciers, autres que les intérêts d'emprunt, résultant des dépenses nécessaires à la préservation et à l'amélioration de ces espaces, lorsqu'ils ont reçu un avis favorable de la direction régionale de l'environnement (CGI, art. 156, I, 3° modifié)[638]. L'application de la mesure est réservée aux espaces ayant reçu le label de la Fondation du patrimoine. Ce label doit préciser notamment les conditions d'accès au public. À cet égard, la

[637] L. fin. rect. 2006, n° 2006-1771, 30 déc. 2006, art. 32 : Dr fisc. 2007, n° 5, comm. 102

[638] Cette mesure se superpose à celle instituée en 2005, autorisant la déduction des revenus fonciers des travaux de restauration et de gros entretien effectués sur certains espaces naturels (espaces « Natura 2000 », parcs nationaux, réserves naturelles, sites classés et espaces naturels remarquables du littoral) à condition d'avoir reçu l'accord préalable de l'autorité administrative compétente (CGI art. 31, I-2° -c quinquies)

Fondation du patrimoine apprécie s'il peut être fait exception à cette condition lorsque la fragilité du milieu naturel le justifie. Cette mesure donne une portée pratique au dispositif de déduction en place par l'article 106 de la loi de finances rectificative pour 2005 qui en était jusqu'alors dénué dès lors que, depuis le 1er janvier 2006, toutes les dépenses d'amélioration des propriétés rurales non bâties sont admises en déduction du revenu foncier imposable (CGI, art. 31, I, 2°, c quater). Ces dispositions, qui s'appliquent aux déficits fonciers résultant de la location de ces espaces, s'appliquent également lorsque les espaces naturels concernés sont réservés à la jouissance de leur propriétaire[639]. En effet, dans ce dernier cas, les propriétaires d'immeubles non bâtis doivent, en vertu de l'article 30 du CGI, soumettre à l'impôt sur le revenu dans la catégorie des revenus fonciers, le revenu des immeubles ou parties d'immeubles dont ils se réservent la jouissance[640]. Le loyer « fictif » est alors évalué par comparaison avec les immeubles ou parties d'immeubles similaires faisant l'objet d'une location normale ou à défaut, par voie d'appréciation directe. À cette valeur locative, s'ajoutent, si le propriétaire en perçoit effectivement, les revenus accessoires[641]. Ainsi, le Conseil d'État a jugé que, pour évaluer le loyer, et à défaut d'éléments d'appréciation conduisant à en fixer le montant à un chiffre différent, il y a lieu de se référer à la situation qui serait celle du propriétaire exploitant normalement ce droit par voie de location à un tiers et, par conséquent, d'évaluer ce loyer à une somme égale aux frais et charges courants de la propriété, y compris les frais de gestion et d'amortissement[642]. C'est ce dispositif qui fut remplacé par la réduction d'impôt.

a — L'éphémère réduction d'impôt en vue du maintien et de la protection du patrimoine naturel

95— L'article 95 de la loi de finances rectificative pour 2009 n° 2009-1674 du 30 décembre 2009 transforme en réduction d'impôt plafonnée, le régime de déduction sans limitation de montant, des déficits fonciers provenant des dépenses effectuées en vue du maintien et de la protection du patrimoine naturel. Codifiée sous un nouvel article 199 octovies du CGI, la réduction d'impôt est applicable aux dépenses effectuées entre le 1er janvier 2010 et le 31 décembre 2013. Les propriétaires d'espaces naturels ayant

---

639 En ce sens : Inst. 23-3-2007, 5 D-2-07 fiche 2 n° 9 et 10 ; BOI-RFPI-CHAMP-20-10 n° 80, 12-9-2012

640 La mesure n'est pas applicable en revanche lorsque les espaces constituent des terrains en nature de bois et forêts. En effet, dans ce cas, les revenus tirés de ces terrains sont imposables à l'impôt sur le revenu entre les mains du propriétaire non pas dans la catégorie des revenus fonciers, mais dans celle des bénéfices agricoles.

641 Inst. 23-3-2007, 5 D-2-07 fiche 6 n° 47, BOI-RFPI-BASE-10-20 n° 1, du 13/1/2014.

642 CE 3-11-1978 n° 3421 sect., RJF 12/78 n° 543.

obtenu le label de la Fondation du patrimoine ont pu bénéficier d'une réduction d'impôt à raison de certaines dépenses, autres que les intérêts d'emprunt, effectuées entre le 1er janvier 2010 et le 31 décembre 2013 en vue du maintien et de la protection du patrimoine naturel. La réduction d'impôt était égale à 18 % des dépenses effectivement supportées par le propriétaire et restant à sa charge, retenue dans la limite annuelle de 10 000 €. Compte tenu de la possibilité d'imputer l'excédent de la réduction d'impôt par rapport au montant de l'impôt dû au titre de l'année de réalisation des dépenses sur l'impôt dû au titre des années suivantes jusqu'à la sixième inclusivement, une fraction de la réduction d'impôt était encore susceptible d'être intégrée jusqu'à l'imposition des revenus de 2019. Le champ d'application matériel de la réduction d'impôt est identique à celui du dispositif d'imputation des déficits auquel il se substitue.
Sont ainsi concernés :
– les parcs nationaux (Code de l'environnement, art. L 331-2) ;
– les réserves naturelles classées (Code de l'environnement, art. L 332-2) ;
– les sites classés (Code de l'environnement, art. L 341-2) ;
– les espaces concernés par les arrêtés préfectoraux de protection de biotope (Code de l'environnement, art. L 411-1 et L 411-2) ;
– les espaces « Natura 2 000 » (Code de l'environnement, art. L 414-1) ;
– les espaces naturels remarquables du littoral (Code de l'urbanisme, art. L 146-6).

Compte tenu de ces périmètres, ouvrent droit à la réduction d'impôt les dépenses autres que les intérêts d'emprunt effectuées sur des espaces naturels en vue du maintien et de la protection du patrimoine naturel. Ces dépenses doivent avoir reçu un avis favorable du service de l'État compétent en matière d'environnement, c'est-à-dire de la direction régionale de l'environnement. Les dépenses effectuées en vue du maintien et de la protection du patrimoine s'entendent en principe des dépenses d'entretien et de réparation, des dépenses d'amélioration et des travaux de restauration et de gros entretien. Il peut d'agir de dépenses de plantation, de curage de canaux, d'entretien de berges et de réseaux de gestion de l'eau, d'élagage et d'abattage d'arbres ainsi que des dépenses de travaux et aménagements nécessaires à l'ouverture au public tels que le balisage, la mise en place d'une signalétique ou l'aménagement de sentiers…

96— Ces espaces naturels doivent avoir obtenu le label de la « Fondation du patrimoine » en application de l'article L 143-2 du Code du patrimoine. Ce label doit prévoir les conditions de l'accès au public des espaces concernés, sauf exception justifiée par la fragilité du milieu naturel. La « Fondation du patrimoine » a notamment pour mission, au travers de l'octroi de ce label, de contribuer à la sauvegarde des monuments, édifices, ensembles mobiliers ou éléments remarquables des espaces naturels ou paysagers menacés de dégradation, de disparition ou de dispersion. Les travaux ne doivent pas commencer avant l'attribution du label par la « Fondation du patrimoine ». Le label délivré par la « Fondation du patrimoine » prévoit notamment l'ouverture des espaces naturels concernés dans les conditions suivantes :

– Les immeubles non bâtis et non clos sont accessibles au public à partir de voies, sentiers ou appontements, ouverts aux piétons et randonneurs, dans le respect des qualités paysagères et écologiques des lieux. Les immeubles non bâtis et clos sont ouverts au public dans les mêmes conditions que celles prévues par l'article 17 ter de l'annexe IV au CGI.

Des zones dites « réserves intégrales » peuvent être instituées dans le cœur d'un parc national afin d'assurer, dans un but scientifique, une protection plus grande de certains éléments de la faune et de la flore. Les réserves intégrales sont établies en tenant compte de l'occupation humaine et de ses caractères. Dans ce cadre, des sujétions particulières relatives notamment à l'accès du public peuvent être édictées par le décret qui les institue. Certaines activités peuvent être strictement encadrées : « L'acte de classement d'une réserve naturelle nationale peut soumettre à un régime particulier et, le cas échéant, interdire à l'intérieur de la réserve toute action susceptible de nuire au développement naturel de la faune et de la flore et, plus généralement, d'altérer le caractère de ladite réserve, notamment la chasse et la pêche, les activités agricoles, forestières et pastorales, industrielles, minières et commerciales, l'exécution de travaux publics ou privés, l'extraction de matériaux concessibles ou non, l'utilisation des eaux, la circulation du public, quel que soit le moyen employé, la divagation des animaux domestiques et le survol de la réserve. L'acte de classement d'une réserve naturelle régionale ou d'une réserve naturelle de la collectivité territoriale de Corse peut soumettre à un régime particulier ou, le cas échéant, interdire : les activités agricoles, pastorales et forestières, l'exécution de travaux, de constructions et d'installations diverses, la circulation et le stationnement des personnes, des animaux et des véhicules, le jet ou le dépôt de matériaux, résidus et détritus de quelque nature que ce soit pouvant porter atteinte au milieu naturel, les actions de nature à porter atteinte à l'intégrité des animaux non domestiques ou des végétaux non cultivés de la réserve ainsi qu'à l'enlèvement hors de la réserve de ces animaux ou végétaux »[643]. On peut certes regretter la disparition de ce dispositif fiscal inhérent au patrimoine naturel et somme toute éphémère dans le cadre d'une politique publique[644]. Mais comment expliquer, au-delà

[643] BOI-IR-RICI-240-10-20 n° 230, 12 septembre 2012.

[644] Il faut néanmoins souligner à propos des propriétés rurales, l'existence d'une prise en charge par l'impôt de certaines dépenses du patrimoine naturel. Les travaux de restauration et de gros entretien effectués sur certains espaces naturels précités en vue de leur maintien en un bon état écologique et paysager à condition qu'ils aient reçu

de la raréfaction des ressources publiques, un tel retournement[645] ? Le manque d'efficacité de ces dispositifs fiscaux a été souligné par l'inspection générale des finances en 2011[646]. La faible mobilisation de ces dispositifs par les propriétaires privés s'explique selon l'inspection générale des finances par une différence ontologique entre ces deux patrimoines. Du point de vue de « l'être », de leur force symbolique, le patrimoine naturel serait moins emblématique que le patrimoine culturel. Cette assertion peut également être étendue au regard du patrimoine culturel, notamment au titre de l'immobilier non bâti qui ne bénéficie pas du même traitement fiscal de déductibilité des travaux à l'impôt sur le revenu. Cette réticence semble être une ligne de fracture entre le patrimoine bâti et non bâti. Du point de vue de « l'avoir » ensuite, de la ressource induite par ces biens, les investissements réalisés pour la sauvegarde du patrimoine naturel présentent rarement, selon l'inspection générale des finances, « un retour sur investissement ». L'efficacité de l'outil fiscal pour préserver un patrimoine naturel est donc discutée même si l'on constate une « mosaïque d'infléchissements à la fiscalité des espaces naturels » selon l'expression de la professeure Sylvie Caudal[647].

97—b— Les travaux de restauration et de gros entretien de certains espaces naturels protégés.

L'article 106 de la loi 2005-1720 du 30 décembre 2005, complétée par l'article 21 de la loi 2 006-436 du 14 avril 2006, codifiée à l'article 31, I-2° — c quinquies du CGI prévoit la déduction des revenus fonciers des travaux de restauration ou de gros entretien réalisés en vue du maintien en bon état écologique et paysager de certains espaces naturels protégés. Cette disposition est applicable aux dépenses de travaux payées depuis le 1er janvier 2006. Ses modalités d'application ont été précisées par le décret 2006-1191 du 27 septembre 2006[648]. Compte tenu des autres dispositifs existants, le contribuable devait choisir entre la réduction d'impôt prévue en faveur des dépenses effectuées entre le 1er janvier 2010 et le 31 décembre 2013 en vue du maintien et de la protection du patrimoine naturel et celui de la déduction

l'accord préalable de l'autorité administrative compétente (CGI art. 31, I 2° -c quinquies).

[645] Guillaume Sainteny rappelle avant 2005, l'absence de mesures fiscales incitatives au profit du patrimoine naturel et bien au contraire l'existence de mesures fiscales anti environnementales in « Le nouveau statut fiscal du patrimoine naturel : une stratégie à petits pas », courrier de l'environnement de l'INRA n° 59, octobre 2010, p 73 et siècle

[646] IGF, rapport relatif à *La fiscalité et la mise en œuvre de la nouvelle stratégie nationale pour la biodiversité (2010-2020)*, 2011 M-050-01 d'octobre 2011.

[647] Voir S. Caudal, « Quelle fiscalité pour la biodiversité ? » RJE 2008 p 69 et s.

[648] Le décret est codifié à l'article 2 duovicies de l'annexe III au CGI.

des charges du revenu foncier. Initialement réservé aux travaux effectués sur les sites « Natura 2 000 », le dispositif a été étendu aux parcs nationaux, réserves naturelles, sites classés et espaces naturels remarquables du littoral par l'article 21 de la loi 2 006-436 du 14 avril 2006.

La déduction prévue à l'article 31, I-2° — c quinquies du CGI concerne les travaux de restauration et de gros entretien effectués sur certaines propriétés rurales. Au sein des propriétés rurales, seules sont concernées par la mesure :

« - Les espaces naturels mentionnés aux articles L 331-2, L 332-2, L 341-2 du Code de l'environnement. Il s'agit des parcs nationaux mentionnés et définis à l'article L 331-2 du Code de l'environnement ;
— Les réserves naturelles définies à l'article L 332-2 du Code de l'environnement ;
— Les monuments naturels et sites classés définis à l'article L 341-2 du Code de l'environnement ;
— Les espaces concernés par un arrêté de biotope défini à l'article L 411-1 du Code de l'environnement ;
— Les zones spéciales de conservation et les zones de protection spéciale (sites "Natura 2 000") définies à l'article L 414-1 du Code de l'environnement ;
— Les espaces mentionnés à l'article L 146-6 du Code de l'urbanisme. Il s'agit des espaces, terrestres et marins, sites et paysages remarquables ou caractéristiques du patrimoine naturel et culturel du littoral et des milieux nécessaires au maintien des équilibres biologiques »[649].
Quels sont les travaux concernés ?
Les travaux qui ouvrent droit à déduction s'entendent des travaux de restauration et de gros entretien :

« — Les travaux de restauration s'entendent des travaux qui concourent à la remise en état de l'espace naturel concerné, tel qu'il était avant sa dégradation ;
— Les travaux de gros entretien s'entendent des travaux d'importance qui concourent à l'entretien de l'espace naturel. Ils doivent être distingués des travaux répétitifs que requiert l'entretien courant du site selon une fréquence annuelle ou infra-annuelle. Pour les espaces remarquables au sens de l'article L 146-6 du Code de l'urbanisme, les aménagements légers visés à l'article R 146-2, a, b, c et d du Code précité ne peuvent bénéficier de la mesure.
Il s'agit par exemple de travaux lourds de défrichage pour le maintien des écosystèmes ouverts ou de travaux de rétablissement d'un régime naturel des eaux.
Il est précisé que les deux types de travaux (de restauration ou de gros

[649] BOI-RFPI-SPEC-10 n° 290, du 14-2-2014

entretien) sont également éligibles. Le contribuable qui effectue en même temps les deux types de travaux peut ne présenter qu'une seule demande »[650].

Ce dispositif d'incitation fiscale est strictement encadré par l'obtention préalable d'un accord administratif de l'autorité compétente :

« — Pour un parc national : le directeur de l'établissement public du parc national ;
— Pour une réserve naturelle nationale : le préfet ;
— Pour une réserve naturelle régionale : le président du conseil régional ;
— Pour une réserve naturelle de Corse : le président de la collectivité territoriale de Corse ;
— Pour un site classé : soit le préfet pour les travaux hors permis de construire ou assimilés, soit le ministre chargé de l'environnement pour les travaux de niveau permis de construire (procédure non déconcentrée) ;
— Pour un arrêté de biotope : le préfet ;
— Pour un site "Natura 2 000" (zone spéciale de conservation ou zone de protection spéciale) : le préfet ;
— En ce qui concerne les espaces remarquables du littoral au sens de l'article L 121-23 du Code de l'urbanisme, tels qu'ils figurent dans le document d'urbanisme de la commune, devenu définitif et doté d'un règlement conforme aux dispositions de l'article R 121-5 du Code de l'urbanisme : le constat par le préfet de la conformité des travaux aux dispositions de l'article L 121-23 et de l'article R 121-5 du Code de l'urbanisme devra être produit »[651].

98— La déductibilité fiscale de ces travaux s'inscrit dans une démarche concertée entre les propriétaires privés et les autorités administratives locales. Très tôt, le ministre de l'Environnement avait souligné ce processus hybride « Les pratiques favorables à la conservation des habitats naturels et des espèces présentes sur les sites sont définies de manière concertée au sein du Comité de pilotage et figurent dans le document d'objectifs de chaque site. Ces pratiques favorables peuvent faire l'objet soit d'adhésions volontaires à la charte de chaque site, soit le cas échéant de signatures de contrats Natura 2000, permettant de rémunérer les mesures générant un coût pour les propriétaires ou exploitants. Chartes et contrats ouvrent en outre droit pour les propriétaires à une exonération totale de la taxe sur le foncier non bâti. Une déduction des revenus fonciers a en outre été créée en faveur des travaux de restauration et de gros entretien réalisés en vue du maintien en bon état écologique et paysager de certains espaces naturels tels que les sites Natura 2 000. Les acteurs locaux ont donc tout à fait la possibilité de

[650] BOI-RFPI-SPEC-10 n° 300, du 14-2-2014
[651] BOI-RFPI-SPEC-10 n° 310, du 14-2-2014

s'approprier la démarche Natura 2 000 et d'en faire un outil de développement durable local et d'aménagement équilibré du territoire »[652].
La restauration des espaces naturels protégés s'inscrit donc dans une démarche participative soutenue par un dispositif fiscal incitatif non remis en cause depuis sa création. L'inspection générale des finances avait néanmoins constaté une faible mobilisation de ce dispositif[653]. Toutefois, l'inspection générale des finances était plus réticente quant au maintien d'un outil fiscal pour préserver la biodiversité. Il faut néanmoins souligner que l'incitation fiscale vient compenser des contraintes de gestion qui s'imposent aux propriétaires privés. En outre, l'idée que la création d'une aire protégée stimule l'économie locale via une hausse des dépenses des touristes est répandue. Elle provient de la théorie économique, selon laquelle le niveau d'activité économique d'une région dépend des revenus externes. La création d'un espace protégé, en favorisant une hausse des dépenses touristiques, permettrait ainsi d'injecter de nouveaux revenus dans l'économie locale, qui engendrerait, par la suite, des effets positifs sur les autres secteurs économiques locaux. Mais selon madame Chloé Duvivier « Contrairement à l'idée commune, les travaux scientifiques indiquent donc que la création d'aires protégées n'engendre pas mécaniquement de hausse significative de la fréquentation des sites. Plusieurs raisons peuvent en être à l'origine »[654]. À l'instar du label « paysage de reconquête » créé en 1992, la labellisation de productions locales aurait une efficacité supérieure sur le développement local : « En mettant en avant positivement le territoire, l'établissement d'une aire protégée peut faciliter la mise en place d'une labellisation de produits locaux, garantissant leur origine, la durabilité du processus de production, et l'authenticité d'un savoir-faire. Or, le label favorise une meilleure valorisation de la production locale en créant un effet de différenciation »[655]. Si le tourisme ne semble pas, selon cette revue de littérature économique, un facteur de développement local, il est un puissant ressort favorable à une mise à disposition du public, de biens patrimoniaux emblématiques et fragiles. L'outil fiscal participe ainsi à cette mise en valeur du patrimoine naturel et culturel non bâti.

§2 : La consolidation d'une exonération fiscale relative aux donations et successions

---

[652] Réponse ministérielle J-P. Anciaux, JOAN, 15/5/2007, n° 108967, p. 4491.

[653] Inspection générale des finances et CGEDD, *la fiscalité et la mise en œuvre de la nouvelle stratégie nationale pour la biodiversité (2010-2020)*, 2011, p. 10.

[654] C. Duvivier, « La création d'espaces naturels protégés stimule-t-elle le développement local ? », revue d'économie politique, 6/2021 n° 131, p. 864.

[655] C. Duvivier, « La création d'espaces naturels protégés stimule-t-elle le développement local ? », revue d'économie politique, 6/2021 n° 131, p. 867

99— L'article 71 de la loi 2005-1720 du 30 décembre 2005 complété par l'article 22 de la loi 2 006-436 du 14 avril 2006, codifié à l'article 793, 2-7° du CGI, a institué, sous certaines conditions, une exonération de droits de mutation à titre gratuit, à concurrence des trois quarts de leur montant, en faveur des successions et des donations entre vifs, au titre des propriétés non bâties qui ne sont pas en nature de bois et forêts et qui sont incluses dans certains espaces naturels protégés. Cette exonération partielle, dont la structure est calquée sur celle existante en matière de bois et forêts, est soumise à la double condition que l'acte constatant la donation ou la succession soit appuyé d'un certificat délivré par le directeur départemental de l'agriculture et de la forêt attestant que les propriétés concernées par la mutation à titre gratuit font l'objet d'un engagement de gestion conforme aux objectifs de conservation de ces espaces et que l'acte contienne l'engagement des bénéficiaires de la mutation d'appliquer pendant dix-huit ans aux espaces naturels transmis des garanties de gestion conformes aux objectifs de conservation de ces espaces[656].
Le champ d'application du dispositif a été étendu. Initialement, l'exonération partielle, applicable à compter du 1er janvier 2006, concernait exclusivement les propriétés non bâties incluses dans les espaces naturels délimités en application de l'article L 414-1 du Code de l'environnement, c'est-à-dire les terrains inclus dans des « sites Natura 2 000 », à l'exclusion de ceux en nature de bois et forêts. L'article 22 de la loi 2 006-436 du 14 avril 2006 relative aux parcs nationaux, aux parcs naturels marins et aux parcs naturels régionaux[657] a étendu cette exonération aux propriétés non bâties incluses dans les zones suivantes : zones centrales des parcs nationaux[658], réserves naturelles[659], sites classés[660] et espaces naturels remarquables du littoral[661].
Lorsque les conditions sont remplies, l'exonération de droits de mutation à titre gratuit s'applique à concurrence des trois quarts du montant des propriétés non bâties visées par le régime de faveur. Il en résulte que ces propriétés sont passibles des droits de mutation à titre gratuit à concurrence du quart seulement de leur valeur vénale. Par ailleurs, cette exonération n'est pas cumulable avec une autre exonération applicable en matière de droits de mutation à titre gratuit. En cas de rupture de l'engagement pris, l'héritier, le légataire ou le donataire ou leurs ayants cause sont tenus d'acquitter

---

[656] BOI-ENR-DMTG-10-20-30-50 n° 20, du 18-3-2014
[657] Loi 2006-436 du 14 avril 2006 relative aux parcs nationaux, aux parcs naturels marins et aux parcs naturels régionaux (JO 15/4/2006, p. 5682), Voir J-M. Février, aperçu rapide, La Semaine juridique, Administrations et Collectivités territoriales n° 20, 15 mai 2006, act. 399.
[658] C. envir. art. L 331-2
[659] C. envir. art. L 332-2
[660] C. envir. art. L 341-2
[661] C. urb. art. L 146-6

le complément de droit ainsi qu'un droit supplémentaire égal respectivement à 30 % du complément de droits si le manquement est constaté avant l'expiration de la 10e année suivant la transmission, et à 20 % dans le cas contraire en vertu de l'article 1840 G II et III du CGI. Le complément de droit est assorti de l'intérêt de retard au taux prévu à l'article 1727, IV-7 du CGI pour les cinq premières annuités de retard[662]. Ce taux est réduit respectivement d'un cinquième ou d'un quart selon que le manquement est constaté avant ou après l'expiration de la dixième année suivant la transmission.
Toutefois, pour ne pas pénaliser le contribuable et favoriser la constitution d'un patrimoine public, il est prévu qu'en cas de transmission (à titre gratuit ou à titre onéreux) de propriétés non bâties visées par le texte à l'État ou aux collectivités et organismes mentionnés à l'article 1042 du CGI, l'engagement est réputé définitivement satisfait à concurrence d'une fraction de la valeur des biens exonérée déterminée par le rapport entre la superficie des biens objets de la transmission et la superficie totale des biens sur lesquels l'engagement a été souscrit.
Les collectivités ou organismes mentionnés à l'article 1042 du CGI sont notamment les communes, les syndicats de communes, les établissements publics fonciers créés en application des articles L 324-1 et suivants du Code de l'urbanisme, les départements, les régions, les établissements publics communaux, départementaux ou régionaux.
La même règle s'applique aux mutations de jouissance ou de propriété au profit d'établissements ou de sociétés, en vue de la réalisation d'équipements, aménagements ou constructions d'intérêt public, qui pourraient entraîner l'établissement d'une servitude d'utilité publique au titre de ladite mutation.

100— Trois remarques finales s'imposent. La première est relative à l'étendue matérielle de la protection qui ne recouvre pas entièrement les espaces naturels protégés et notamment ceux concernés par les arrêtés préfectoraux de protection de biotope. La seconde est l'articulation de l'exonération des droits de donation ou de succession à la dévolution d'un contrat qui est marquée par un plan de gestion au titre du patrimoine naturel. La singularité de ce patrimoine non bâti est que sa conservation dépend d'une gestion rigoureuse des sols pour en assurer sa préservation dans le temps. La finalité demeure la protection d'un patrimoine et non pas sa valorisation économique. La troisième concerne les libertés communautaires. Doit-on considérer qu'une législation nationale accordant des avantages fiscaux pour la protection des monuments et sites naturels protégés porte atteinte à une liberté

[662] Le complément de droits est assorti de l'intérêt de retard au taux de droit commun de 0,20 % par mois pour les cinq premières annuités. Pour les années suivantes, le taux de l'intérêt de retard est réduit d'un cinquième ou d'un quart selon que le manquement est constaté avant ou après l'expiration de la 10e année suivant la transmission.

communautaire ? Des justifications fondées sur le lien de rattachement avec un État tendent à apparaître dans la jurisprudence récente de la Cour de justice de l'Union européenne. La Cour a ainsi jugé qu'une restriction à l'une des libertés de circulation peut être justifiée par la préservation du patrimoine historique et culturel national. Une disposition accordant un avantage fiscal pourrait restreindre la liberté d'établissement d'un contribuable ? Pour la Cour, la liberté d'établissement ne s'oppose pas à la limitation aux bâtiments situés sur le territoire national d'un avantage fiscal national accordé pour les bâtiments classés occupés par leur propriétaire, lorsque l'objectif à promouvoir est la conservation du patrimoine culturel national : « L'article 49 TFUE doit être interprété en ce sens qu'il ne s'oppose pas à une législation d'un État membre réservant, au nom de la protection du patrimoine culturel et historique national, la déductibilité de dépenses afférentes aux monuments classés aux seuls propriétaires de monuments sis sur son territoire, pour autant que cette possibilité est ouverte aux propriétaires de monuments susceptibles de se rattacher au patrimoine culturel et historique de cet État membre en dépit de leur localisation sur le territoire d'un autre État membre »[663]. Il en est de même pour un domaine rural dont l'espace est protégé par une législation nationale qui accorde un avantage fiscal à des contribuables[664].

---

663 CJUE, 2e ch., 18 déc. 2014, aff. C-87/13, X, JurisData n° 2014-033714
664 CJUE , 2e ch., 18 déc. 2014, aff. C-133/13, Q, JurisData n° 2014-033731

Chapitre III : La gestion dynamique des bois et forêts[665]

La dimension multifonctionnelle des bois et forêts

101— Selon le dernier rapport public de la Cour des comptes, consacré à l'action publique en faveur de l'adaptation au changement climatique, la politique publique relative à la forêt métropolitaine a fait l'objet d'une évaluation critique, en soulignant le caractère obsolète des documents de gestion et la fragilité financière des communes. Selon l'inventaire forestier national, la forêt métropolitaine représente 17,1 millions d'hectares en 2022, soit 31 % du territoire métropolitain, dont 75 % sont détenues par des propriétaires privés[666]. Il n'existe pas de définition juridique des bois et forêts. L'article L 111-2 du code forestier dispose que « Sont considérés comme des bois et forêts au titre du présent code, les plantations d'essences forestières et les reboisements ainsi que les terrains à boiser du fait d'une obligation légale ou conventionnelle ». La distinction de l'arbre et de la forêt est essentielle[667]. L'arbre est certes une composante des forêts, mais selon une jurisprudence judiciaire constante, des arbres épars plantés dans des champs, des arbres formant des haies ou des arbres bordant la voie publique ne sont ni des bois ni des forêts[668]. Selon le juge judiciaire, les arbres constitutifs de hautes futaies forment une forêt[669]. Cela étant, l'identification d'une forêt doit tenir compte de données physiques, mais également d'une destination forestière[670]. Modifié par l'article 30 de la loi n° 2023-580 du 10 juillet 2023, l'article L 312-1 du code forestier délimite les bois et forêts « privés » soumis à un contrôle public : « Doivent être gérés conformément à un plan simple de gestion agréé, sous réserve des dispositions de l'article L. 122-5, les bois et forêts des particuliers constitués soit d'une parcelle forestière d'un seul tenant d'une surface égale ou supérieure à 20 hectares, soit d'un ensemble de parcelles forestières d'une surface totale égale ou supérieure à 20 hectares appartenant à un même propriétaire, situées dans une même zone géographique définie par décret. ». Fiscalement, la dimension économique d'une forêt est déterminée

---

[665] Le mot dynamique vient du grec, « dunamikos ou dunamis qui signifie la force » . Dans les sciences physiques, le mot est utilisé pour désigner l'étude du « mouvement d'un mobile considéré dans ses rapports avec les forces qui en sont les causes ». La dynamique d'un système désigne les « forces orientées vers un progrès, un développement », A. Rey, J. Rey-Debove, *Le Petit Robert, Dictionnaire alphabétique et analogique de la langue française,* Édition Petit Robert, Paris, 2013, p. 796.

[666] Cour des comptes, Rapport annuel 2024, *La gestion durable de la forêt métropolitaine, quelle adaptation au changement climatique ?* p. 9.

[667] Voir J. Saurat, *L'arbre et le droit*, thèse, Montpellier, 2017 ; M. Eude, *Du droit de l'arbre. Pour une protection fonctionnelle*, Thèse Toulouse, 2020.

[668] Voir S. Grandjean, *La forêt et le droit*, l'Harmattan, 2020, p.67.

[669] S. Grandjean, *op. cit.* p.68.

[670] S. Grandjean, *op. cit.* p. 75.

par son mode d'exploitation. Constitue ainsi une parcelle en nature de bois et forêts, le terrain boisé, supportant un peuplement forestier. « Un peuplement forestier est généralement défini comme étant une population d'arbres caractérisée par une structure et une composition homogènes sur un espace déterminé »[671]. Faute de définition juridique, certains auteurs identifient la forêt à partir de textes fiscaux. Ainsi, Marie Eude traite d'une taxe sur les défrichements instituée par la loi du 24 décembre 1969 et qui fut abrogée par l'article 57 de la loi de finances pour 2000 à compter du 1er janvier 2001 « En droit français. Il n'existe que peu de textes qui donnent une définition et une valeur juridiques de la forêt. C'est le cas par exemple de la circulaire de 1971 sur la taxe de défrichement, sans valeur contraignante, qui définit les forêts comme des « formations végétales comprenant des tiges d'arbres d'essences forestières dont les cimes, si elles arrivaient simultanément à maturité, couvriraient la plus grande partie du terrain occupé par la formation, que celle-ci soit au moment de l'enquête à l'état de semis, de rejets sur souches, de fourrés, de gaulis, de perchis ou de futaie »[672]. Il s'agissait d'une taxe dissuasive[673] en corrigeant par voie fiscale les disparités constatées entre la valeur des forêts susceptibles d'être défrichées et celle des autres terrains, disparités qui étaient la cause de la pression des défrichements[674]. En outre, il s'agissait de compenser en partie les conséquences du défrichement en affectant le produit de la taxe à des opérations de boisement et d'aménagement foncier[675]. Cette politique publique de protection de la forêt s'est déployée dans le cadre d'une gestion rigoureuse. Marie Eude rappelle que « Pour ce faire, une double condition doit être remplie : une régulation des coupes qui permet de ne pas excéder la possibilité de renouvellement, et l'assurance du renouvellement grâce à la régénération, qu'elle soit naturelle ou artificielle »[676]. Dans cette veine, la restauration de ces forêts est d'abord menée dans une optique écologique : il s'agit de rétablir des écosystèmes en

---

671 A. Arnaud-Emery, *Le patrimoine fiscal du sylviculteur-personne physique et personne morale*, thèse Bordeaux, 2017, p. 21.

672 M. Eude, *op. cit.* p. 76

673 Selon la circulaire d'application du 18 janvier 1971 : « Le rythme des défrichements est allé sans cesse croissant ces dernières années pour atteindre des proportions préoccupantes. Pour mettre un frein à une telle évolution, l'article 11 de la loi n° 69-1160 du 24 décembre 1969 a institué une taxe sur le défrichement des bois et forêts dont le produit est destiné à assurer le financement d'opérations de boisement ou d'aménagement forestier par l'État, les collectivités locales et les propriétaires forestiers privés ou le financement de l'accroissement du domaine forestier de l'État » JO 25/05/1971.

674 Voir F. Moderne, « Le champ d'application de la taxe sur les défrichements de bois et forêts » RJF 4/78, p. 109

675 Voir J-J. Sueur, « Le régime juridique des défrichements privés ». In Droit et Ville, tome 13, 1982. pp. 123-186.

676 M. Eude, *op. cit.* p. 21.

équilibre, en consolidant ou en réintroduisant dans les peuplements concernés une certaine diversité d'essences adaptées au milieu. Les forêts sont des réservoirs de biodiversité tant par la variété des formes de vie qu'elles hébergent que par la présence d'espèces et d'habitats naturels entièrement inféodés aux milieux forestiers. Au sens de l'article L. 121-1 du Code forestier, la politique forestière « a pour objet d'assurer la gestion durable et la vocation multifonctionnelle, à la fois écologique, sociale et économique, des bois et forêts. Elle concourt au développement de la qualification des emplois en vue de leur pérennisation. Elle vise à favoriser le regroupement technique et économique des propriétaires et l'organisation interprofessionnelle de la filière forestière pour en renforcer la compétitivité. Elle tend à satisfaire les demandes sociales relatives à la forêt ». La forêt landaise est l'archétype de la dimension économique des forêts, mais il faut attendre la loi du 19 juin 1857 relative à l'assainissement et à la mise en culture des Landes de Gascogne pour consolider cette fonction de production[677]. Figure emblématique d'une production agricole de l'espace forestier, le massif forestier des Landes de Gascogne est souvent dénoncé pour cette orientation exclusive engendrant des pratiques sylvicoles intensives. Faute de faire-valoir indirect en matière de gestion forestière, comment inciter les propriétaires privés à prendre en main la gestion de leurs parcelles ? L'outil fiscal est sollicité certes au regard de la fonction économique des forêts, mais également compte tenu des objectifs sociaux et culturels qui conduisent à une mise en valeur du patrimoine forestier.

102— La fonction sociale des bois et forêts est ancienne, mais la dimension sociale n'est pourtant saisie par le droit qu'à la fin du XXe siècle. C'est l'accès au public qui sert de critère d'identification. La loi d'orientation sur la forêt n° 2001-602 du 9 juillet 2001 en est un exemple probant puisque son article 1er précise que la gestion des forêts doit permettre de « satisfaire les demandes sociales relatives à la forêt ». Cette obligation concerne autant les forêts publiques que les forêts privées. Le professeur Patrick Le Louarn retrace les linéaments de cette politique publique orientée vers la « forêt — loisir » selon le rapport de Monsieur Jean-Louis Bianco[678]. Cette politique forestière « du XIXe et du XXe siècle s'inscrit dans un contexte culturel qui est l'origine de notre perception contemporaine et de l'appétence particulière des urbains pour la promenade au bois. Elle souligne la séparation des deux mondes et l'intérêt pour la forêt des classes dirigeantes, forcément urbaines, qui soupçonnent les populations rurales de vandalisme forestier. On peut donc avancer l'hypothèse que la demande sociale est strictement urbaine, corrélative de la désertification

[677] Voir A. Pottier, *La forêt des landes de Gascogne comme patrimoine naturel. Échelles, enjeux, valeurs,* thèse université de Pau, 2012

[678] J-L. Bianco, *La forêt, une chance pour la France* , Rapport remis au Premier ministre, juin 1998.

rurale et de la naissance d'une mythologie urbaine de la nature »[679]. L'attribution des subventions publiques pour les forêts privées tient compte de l'intérêt social que présentent la conservation et la gestion durable des bois et forêts. Mais cette politique forestière met également en exergue un système fiscal incitatif qui conduit Madame Marie Eude à affirmer que « L'État par ce système fiscal incitatif s'engage sur la voie du développement de la fonction sociale des forêts »[680]. Bien plus, la dimension culturelle des forêts vient en surplomb de cette fonction sociale. Madame Marie Eude focalise son analyse sur la forêt légendaire de Brocéliande[681]. La forêt de fontainebleau offre un remarquable terreau à une analyse fonctionnelle des bois et forêts. Sur intervention de l'impératrice Eugénie, l'empereur signe un décret de protection du 13 avril 1861, instaurant la protection de 1097 hectares de vieilles futaies en forêt de Fontainebleau. Il s'agit certes d'une protection isolée, mais qui s'inscrit dans un processus de patrimonialisation de la nature. L'invention des parcs naturels ainsi que la législation sur les réserves naturelles, au XXe siècle, conduit à conforter l'appartenance des bois et forêts au patrimoine commun de la Nation. La forêt constitue un paysage dont il faut conserver et restaurer son agencement et au-delà sa composition végétale. À ce titre, depuis le 8 juin 2022, la futaie régulière de chêne est inscrite à l'inventaire national du Patrimoine culturel immatériel. La fiche d'inventaire précise les objectifs poursuivis « Gérer une chênaie en futaie régulière, c'est assurer, sur un temps très long, la préservation et la vitalité des peuplements forestiers en répondant à plusieurs objectifs indissociables : 1) fournir du bois pour les usages de la société et nourrir une filière nationale unie dans la transmission des savoirs et savoir-faire, source de développement durable et d'emplois locaux non délocalisables ; 2) préserver l'environnement et la biodiversité, essentiels à l'équilibre des écosystèmes ; 3) favoriser l'épanouissement humain, en rendant accessibles, à tous les publics, les forêts appartenant à l'État et aux collectivités locales, et en offrant des espaces de nature et de ressourcement indispensable aux citoyens aujourd'hui de plus en plus concentrés dans les villes. Cette alliance d'objectifs, tous indissociables les uns des autres, s'appelle la gestion durable et multifonctionnelle. À l'heure de l'accélération inédite du changement climatique, ce principe de gestion s'impose comme une nécessité pour répondre aux besoins de vie, et de survie, des générations futures ». Les fonctions économiques, écologiques et sociales de la forêt se fondent ainsi dans un élément du patrimoine culturel. Depuis l'an 2000, il existe un label, sans portée financière, qui permet de préserver les arbres pris dans leur individualité, c'est le label « arbre remarquable » décerné par l'association A.R.B.R.E.S. Des ligneux de diverses espèces,

---

679 P. Le Louarn, « De la bête noire au touriste, le droit confronté à l'ouverture des forêts au public », RJE 3/2012 n° 37, p. 453.
680 M. Eude, *op. cit.* p. 87
681 M. Eude, *op. cit.* p. 88

chênes, hêtres, oliviers, platanes, tilleuls, ifs entre autres sont labellisés « arbres remarquables ». Il s'agit certes d'un label du patrimoine botanique, mais sa fonction symbolique au regard du chêne ou de l'olivier irradie une fonction identitaire de ces biens. Au-delà de formules incantatoires et de principes généraux, comment articuler une politique publique dont les objectifs peuvent être a priori contradictoires puisque l'État doit veiller, d'un côté, au « maintien de l'équilibre et de la diversité biologiques et à l'adaptation des forêts au changement climatique » et, de l'autre dans, le même article L. 121-1 du Code forestier, « au renforcement de la compétitivité et de la durabilité des filières d'utilisation du bois, par la valorisation optimale des ressources forestières nationales et par l'accompagnement en formation des nouveaux métiers du bois » ? L'article L121-3 du Code forestier souligne, s'il en est besoin, cette fonction sociale des forêts : « Les bois et forêts relevant du régime forestier satisfont de manière spécifique à des besoins d'intérêt général soit par l'accomplissement des obligations particulières prévues par ce régime, soit par une promotion d'activités telles que l'accueil du public, la conservation des milieux, la prise en compte de la biodiversité et la recherche scientifique ». Depuis des décennies, le même constat s'impose, le patrimoine forestier est rongé par le morcellement des forêts : comment y faire face tout en sachant que 75 % des forêts appartiennent à des propriétaires privés ? Sur un mode incitatif, l'arsenal fiscal s'inscrit dans des plans de gestion destinés à préserver la biodiversité des forêts et d'éviter son morcellement[682].

Section I : Favoriser la mise en valeur des bois et forêts

§1 : Corriger les inconvénients de la progressivité de l'impôt sur le revenu

103— Le législateur a mis en place un régime spécial applicable à tous les exploitants forestiers, quel que soit le montant de leurs recettes pour les coupes de bois. Aux termes de l'alinéa 2 de l'article 63 du CGI portant définition du bénéfice de l'exploitation agricole, « Ces bénéfices comprennent notamment ceux qui proviennent de la production forestière, même si les propriétaires se bornent à vendre les coupes de bois sur pied ». Par suite, en application de cet article, les revenus de la production forestière sont imposés comme bénéfices agricoles. En effet, aux termes de l'article 76 du CGI, il est précisé « En ce qui concerne les bois, oseraies, aulnaies et saussaies situés en France, le bénéfice agricole imposable provenant des coupes de bois est fixé à une somme égale

682 Voir P. Beltrame, « La fiscalité de la forêt », AJDA mai 1979, p.69 ; S. Caudal, « Fiscalité et forêt », in M. Cornu et J. Fromageau, (dir) *La forêt en France au XXIe siècle, enjeux politiques et juridiques* , L'Harmattan, 2004, p. 170 ; C. Delivré-Gilg, « Réflexions sur la fiscalité forestière », RJE 1/2007, pp. 23-36.

au revenu ayant servi de base à la taxe foncière établie sur ces propriétés au titre de l'année de l'imposition »[683]. Selon le deuxième alinéa du 1 de l'article 76 du CGI, le bénéfice qui provient de la récolte de produits tels que les fruits, l'écorce ou la résine, en vue de la vente desquels les bois sont exploités, ainsi que le bénéfice résultant d'opérations de transformations des bois coupés par le propriétaire lui-même, lorsque ces transformations ne présentent pas un caractère industriel, est imposé selon les régimes distincts[684]. À la suite du décret n° 48-1 986 du 9 décembre 1948 portant réforme fiscale, le nouvel impôt annuel sur le revenu des personnes physiques comprenait deux éléments : une taxe proportionnelle qui, en principe, se substituait à tous les impôts cédulaires et frappait uniformément les revenus et une surtaxe progressive, destinés à : « Ajuster la charge fiscale à la capacité contributive de chacun. La surtaxe frappait le montant total du revenu net global et comportait un barème à neuf tranches de 0 % à 60 %. La progressivité de l'impôt sur le revenu s'inscrivait dans le cadre d'une justice fiscale revisitée. Toutefois, au regard de la production forestière et de son cycle d'exploitation d'une durée variable en fonction des espèces, il convenait d'ajuster l'imposition annuelle des coupes de bois pour favoriser son acceptabilité. Monsieur Marc Gizard en précise les contours « Pour répondre aux vœux des forestiers confrontés après 1949, à un double impôt sur les bois : comme revenu, impôt sur le revenu des personnes physiques, pesant sur chaque accroissement annuel ; comme capital, droit d'enregistrement pesant sur le total des accroissements annuels formant la valeur vénale de l'arbre, et pour tenir compte de la longueur d'attente de revenus »[685] et de poursuivre « Ainsi, depuis 1948, existe un impôt sur le revenu des bois et forêts. Il est calculé selon un mode forfaitaire et appelé tout au long de la vie du peuplement, chaque année, même si les produits ne sont à attendre que plusieurs années plus tard. En contrepartie, aucun impôt n'est dû sur les coupes elles-mêmes et une réduction de base imposable intervient dans les premières années du peuplement pour tenir compte de l'attente de produits commercialisables »[686]. Il s'agit donc d'une mesure de lissage des revenus calculée à partir d'un revenu cadastral. En outre des modalités administratives ont justifié la création d'un forfait collectif. Sa mise en place s'explique en partie par l'absence de comptabilité qui a longtemps caractérisé l'exploitation agricole, et qui rendait impossible toute imposition sur des bénéfices réels. Par ailleurs, il n'était pas inconcevable de procéder à la mise en œuvre d'un forfait individuel. Dans le régime du forfait collectif, le bénéfice agricole de l'exploitant est calculé en fonction de bénéfices unitaires moyens constatés, pour chacun des types de culture et d'exploitation, dans le département ou la région agricole. Le

[683] Voir A. Arnaud-Emery, *op. cit.* pp. 103-123
[684] BOI-BA-SECT-10, n° 10 du 7/09/2016
[685] M. Gizard, *Droit et fiscalité forestiers*, PUF, 1996, p.414
[686] M. Gizard, *Droit et fiscalité forestiers*, PUF, 1996, p.416

bénéfice calculé est supposé tenir compte de l'ensemble des charges et recettes. Pour Alexandra Arnaud-Emery, malgré son caractère impératif, ce mode forfaitaire n'est pas dénué d'avantages fiscaux « Le régime forestier est un régime impératif. Cette règle impérative trouve son fondement dans le fait que l'arbre ne produit de revenu qu'au moment de sa coupe, laquelle est vendue, et que cette coupe impose au préalable que l'arbre atteigne une certaine taille et maturité pour être coupé. Ce régime spécial d'imposition est donc adapté au long cycle de la production forestière. L'impôt est prélevé chaque année au fur et à mesure de l'accroissement des arbres et non d'un seul coup lors de l'abattage. Cette modalité d'imposition vise à atténuer les effets de la progressivité de l'impôt sur le revenu. Il s'agit d'une part, d'une imposition par anticipation qui écarte une imposition massive lors de la réalisation du revenu. Le fait générateur de l'impôt est constitué par la détention des biens en nature de bois et forêts au 1er janvier de l'année et non par l'opération portant vente de la coupe, et d'autre part, d'un mode d'imposition favorable dans la mesure où l'assiette servant de base à l'impôt est constituée par le revenu cadastral, faible par excellence, malgré sa revalorisation annuelle. Cette modalité d'imposition pose néanmoins difficulté lorsque le bien en nature de bois et forêt ainsi détenu ne permet pas ou plus d'aboutir à la production d'un revenu »[687]. Les critiques formulées par la Cour des comptes au miroir du forfait forestier sont restées lettre morte. Depuis plusieurs années, la haute juridiction financière, considère comme infondée l'existence de ces dispositifs dérogatoires, et en particulier celui du forfait : « La Cour a conclu, à l'issue de ses travaux consacrés aux dépenses fiscales et budgétaires que le régime du forfait forestier était un outil déficient (il n'est pas payé par de nombreux redevables, est mal connu et n'est pas contrôlé par l'administration fiscale), qu'il était déconnecté de la valeur économique des forêts et que son maintien ne se justifiait pas dès lors qu'il n'existait pas de modalités techniques permettant d'assurer son recouvrement à un coût acceptable »[688]. Dans le même rapport, la Cour des comptes constat que le forfait forestier n'est pas une dépense fiscale, mais une modalité de détermination de l'impôt dont le coût fiscal est évalué à 70 M€ par an[689]. Dans le cadre d'une politique de transition écologique, l'article 6 de la loi de finances pour 2024 étend le régime du forfait forestier au bénéfice agricole provenant de la captation de carbone réalisée dans le cadre de projets forestiers admis au label « Bas-Carbone » mentionné à l'article L 121-2 du Code forestier et qui sont mis en œuvre pour assurer le boisement ou

[687] A. Arnaud-Emery, *op. cit.* p. 123

[688] Cour des comptes, *Les soutiens à la filière forêt-bois*, novembre 2014 , p. 69.

[689] Cour des comptes, *Les soutiens à la filière forêt-bois,* novembre 2014, p.68.

la reconstitution de peuplements forestiers dégradés[690]. Modifié par la loi portant lutte contre le dérèglement climatique et renforcement de la résilience face à ses effets, l'article L. 121-2 précité prévoit que ces projets sont désormais favorisés par l'attribution potentielle de « crédits carbone ». S'inspirant du « droit à polluer », peu à peu apparu sur la scène internationale, qui vise à limiter les émissions de gaz à effet de serre en attribuant aux entreprises des quotas qu'elles peuvent négocier entre elles au niveau mondial, les crédits carbone trouvent leur déclinaison dans un label « Bas-Carbone » qui cherche à favoriser l'émergence de projets contribuant à la réduction des émissions de gaz à effet de serre sur le territoire français. Le label « Bas-Carbone », créé par le décret 2018-1043 du 28 novembre 2018, cherche à favoriser l'émergence de projets de réduction des émissions de gaz à effet de serre sur le territoire français. Il permet de mettre en relation des porteurs de projets de réduction d'émissions de ces gaz et des acteurs économiques souhaitant participer au financement du projet en achetant des « crédits carbone ». Les sommes perçues lors de l'achat de ces crédits dans le cadre d'un projet forestier labellisé « Bas-Carbone » constituent fiscalement des bénéfices agricoles.

§2 : Assurer le boisement ou la reconstitution de peuplements forestiers dégradés

104— Il importe de lutter contre le morcellement forestier. Divers dispositifs réglementaires sont en lien avec cette politique publique. Le régime juridique des biens vacants et sans maître, codifié à l'article L. 1 123- 1 et suivants du Code général de la propriété des personnes publiques a fait l'objet de modifications par la loi n° 2014-1 170 du 13 octobre 2014. D'une part, les services fiscaux doivent transmettre annuellement aux communes par le préfet une liste des parcelles dont le propriétaire est inconnu et n'ayant pas acquitté de taxe foncière depuis plus de 3 ans. D'autre part, les communes ainsi informées peuvent décider d'incorporer ces biens vacants dans le domaine communal après publication et affichage. À défaut, le bien est attribué à l'État. Par la suite et à l'expiration d'un délai de 5 ans, il relève du régime forestier. L'État s'est également doté d'obligations à la charge des propriétaires privés par des plans de gestion. Il faut attendre la loi n° 63-810 du 6 août 1963 « pour l'amélioration de la production et de la structure foncière des forêts françaises », relative à la gestion des forêts des particuliers, pour étendre l'obligation d'un document d'aménagement, certes sous la forme allégée de « plans simples de gestion », aux bois et forêts des particuliers de plus de 25 hectares d'un seul tenant. Les objectifs de ces plans de gestion concernent

[690] Voir A. Arnaud-Emery, « Extension du champ d'application du forfait forestier aux projets forestiers labellisés « Bas-Carbone », *Droit Fisc.* 3/2024, p. 83, note sous L. n° 2023-1322, 29 déc. 2023, art. 6.

la mise en valeur et la protection des forêts ainsi que leur reboisement, auquel s'agrègent la conservation des ressources génétiques et leur biodiversité, leur contribution à la qualité de l'eau et de l'air, à la fixation des sols et au stockage de carbone. En vue de la mise en œuvre de ces objectifs, les pouvoirs publics doivent « privilégier les mesures incitatives et contractuelles » notamment à l'échelle d'un territoire. L'article 10 de la loi de finances pour 2023 refond entièrement, au sein d'un crédit d'impôt unique, le dispositif d'encouragement fiscal à l'investissement forestier (DEFI Forêt). Initialement, le dispositif d'encouragement fiscal à l'investissement en forêt a été créé en 2001 en vue de lutter contre le morcellement des propriétés forestières privées et d'inciter les propriétaires forestiers à réaliser les actes de gestion et de prévoyance nécessaires à la gestion durable de leurs forêts. Ce dispositif comprenait notamment une réduction d'impôt sur le revenu en faveur de l'investissement forestier, concernant les acquisitions en bois et forêts et un crédit d'impôt sur le revenu portant sur les travaux forestiers. Progressivement, deux autres réductions d'impôt ont été instituées, l'une à la faveur des contrats d'assurances-dommages indispensable pour couvrir certains aléas naturels et l'autre relative à une gestion des contrats, qui faute d'utilisation sera supprimée en 2023. Les quatre mesures du DEFI forêt suivent la logique de l'impôt sur les revenus des particuliers, lequel est assis sur les ressources du foyer fiscal. Il en résulte pour chacune d'elles un plafond de dépenses éligibles différent pour une personne seule ou pour un couple, variant du simple au double. La loi d'orientation sur la forêt du 9 juillet 2001, complétée par la loi d'orientation agricole du 5 janvier 2006, a donc créé une réduction d'impôt au profit des personnes physiques et des groupements forestiers au titre de la réalisation d'opérations forestières entre le 1er janvier 2001 et le 31 décembre 2010. L'article 66 de la loi 2007-1822 du 24 décembre 2007 a apporté une première modification au dispositif, en disposant que la réduction d'impôt s'applique désormais aux acquisitions permettant de constituer une unité de gestion d'au moins 5 hectares (d'un seul tenant hors zone de montagne) ou d'agrandir une unité de gestion pour porter sa superficie à plus de 5 hectares, au lieu de 10 hectares précédemment. Le dispositif, qui était initialement prévu pour s'appliquer aux investissements forestiers réalisés jusqu'au 31 décembre 2010, a été plusieurs fois prorogé. La loi relative au développement des territoires ruraux du 23 février 2005 étend le champ d'application de cette mesure. La réduction d'impôt s'applique également à l'acquisition de terrains en nature de bois et forêts ou de terrains nus à boiser qui permettent, dans les massifs de montagnes tels que définis par la « loi Montagne » du 9 janvier 1985 à accroître les unités de gestion. En contrepartie de ces avantages fiscaux, le propriétaire privé s'engage dans des actions de gestion durable. Lorsque les terrains ouvrant droit à la réduction d'impôt mentionnée à l'article 199 decies H, 2-a) du CGI sont acquis en nature de bois et forêts, le contribuable doit prendre l'engagement de les conserver pendant quinze ans et d'appliquer, pendant la même durée, un plan simple de gestion agréé par le centre régional de la propriété forestière[691]. Le caractère complexe et instable de ces quatre régimes a conduit le législateur à réformer cette incitation fiscale, à la suite du rapport du conseil général de l'alimentation, de l'agriculture et des territoires ruraux pour qui « L'insécurité du dispositif tient à son absence de pérennité et de stabilité. Son impact est particulièrement fort concernant les DEFI acquisition et travaux. En effet, l'engagement en forêt nécessite un temps long tant sur le plan patrimonial, où il est acquis, que sur celui de l'exploitation. Sur ce dernier aspect, force est de constater que l'incertitude qui pèse régulièrement sur la reconduction du DEFI et sur la consistance des mesures ne favorise pas l'investissement actif. La moindre utilisation des DEFI Acquisition et Travaux depuis 2016 est la conséquence directe de ce sentiment d'insécurité qui pèse sur les propriétaires forestiers privés »[692]. Le nouveau dispositif unique de crédit d'impôt sur le revenu, à compter du 1er janvier 2023, ne s'applique qu'aux dépenses relatives aux opérations forestières suivantes : acquisitions de terrains boisés ou à boiser, souscriptions ou acquisitions en numéraire des droits sociaux de groupes forestiers ou de sociétés d'origine forestière, travaux forestiers et cotisations versées à un assureur. L'ancien volet « contrats » du dispositif n'est pas reconduit, en raison de son inefficience, établie par des évaluations budgétaires récentes. Les conditions de surface ont fait l'objet d'assouplissements. Alors que l'acquisition de terrains devait porter sur une superficie de 4 hectares au plus lorsque cette acquisition permet d'agrandir une unité de gestion pour porter sa superficie à plus de 4 hectares, il est désormais prévu que la superficie de l'unité de gestion après acquisition doit être comprise entre 4 et 25 hectares. Cette augmentation vise à inciter au regroupement des parcelles afin d'atteindre la taille critique de surfaces, tout en limitant le risque d'effets d'aubaine pour les grands propriétaires. Par ailleurs, les dépenses de travaux forestiers effectués n'étaient éligibles que si la propriété constituait une unité de gestion d'au moins 10 hectares, toute référence à la condition de surface est désormais supprimée[693]. Le taux de droit commun de l'avantage fiscal, jusqu'à présent fixé à 18 %, est porté à 25 %. Cette majoration de 7 % des taux vise à renforcer l'attractivité du dispositif. Le plafond annuel des dépenses considérées, jusqu'à présent fixé à

[691] Le Code forestier prévoit que ce plan doit comprendre une brève analyse des enjeux économiques, environnementaux et sociaux de la forêt, un programme d'exploitation des coupes, et un programme de travaux de reconstitution après coupes.

[692] Conseil général de l'alimentation, de l'agriculture et des territoires ruraux, *Mesures fiscales, DEFI forêt,* avril 2020, p. 25.

[693] L'article 200 quindecies du CGI avait institué un crédit d'impôt pour les travaux effectués dans une propriété constituant une unité de gestion d'au moins 10 hectares d'un seul tenant. Cette surface était ramenée à 4 hectares si la propriété était regroupée au sein d'une organisation de producteurs et gérée en application d'une garantie de gestion durable prévue aux articles L. 124-1 à L. 124-4 du Code forestier.

5 700 € (personnes célibataires, veuves ou divorcées) et à 11 400 € (personnes soumises à une imposition commune), est rehaussé et aligné sur les plafonds applicables aux travaux forestiers et aux cotisations d'assurance. Il est ainsi désormais égal à 6 250 € pour les personnes seules et à 12 500 € pour les couples. En ce qui concerne le contrat d'assurance-dommages, un assouplissement est également observable. Jusque-là réservé aux cotisations versées dans le cadre d'un contrat d'assurance couvrant le risque tempête, le bénéfice du dispositif est ouvert aux cotisations versées pour la souscription d'un contrat d'assurance couvrant le risque incendie. Le taux spécifique de l'avantage fiscal fixé à 76 % demeure inchangé, mais la limite de prise en compte des dépenses par hectare est portée de 6 € à 15 €. Le plafond des dépenses considérées reste fixé à 6 250 € pour les personnes seules et à 12 500 € pour les couples. Ce dispositif rénové s'applique aux opérations forestières réalisées à compter du 1er janvier 2023 et jusqu'au 31 décembre 2025. La gestion et l'exploitation forestière ne poursuivent pas uniquement un but lucratif, mais poursuivent des objectifs pluriels, environnementaux et sociaux. L'idée qui se profile derrière l'instauration d'un crédit d'impôt apparaît alors clairement : il faut faciliter l'exploitation et l'envisager, grâce à la mise en place d'une gestion durable grâce au plan simple de gestion, sur le long terme. Ce principe de gestion durable est un principe qui infuse l'ensemble de la politique forestière en particulier pour les arbres forestiers relevant du régime forestier qui doivent faire l'objet d'un document d'aménagement présentant des objectifs de gestion durable poursuivis, ainsi que les moyens à mettre en œuvre pour les atteindre.

Section II : L'impératif d'une gestion durable

§1 — Le régime d'exonération fiscale lié à un objectif de durabilité

105— Le paradigme de durabilité permet de répondre aux besoins du présent sans altérer la capacité de la forêt à couvrir les besoins des générations futures. Depuis le 1er janvier 2018, il existe un impôt synthétique sur le capital immobilier, l'impôt sur la fortune immobilière qui se substitue à l'impôt de solidarité sur la fortune. Les bois et forêts sont ici compris comme des actifs immobiliers au sens de l'article 964 du CGI. En effet, il est admis que les arbres sont considérés comme des immeubles, tant qu'ils ne sont pas abattus, en vertu de l'article 521 du Code civil. Indépendamment d'une exonération au titre d'un actif professionnel, il existe pour les propriétaires de bois et forêts une exonération des trois quarts prévue à l'article 976 du CGI, sous réserve d'un engagement de gestion durable pendant 30 ans. Les propriétaires de parcelles en nature de bois et forêts et de parts de groupements forestiers sont exonérés d'impôt sur la fortune immobilière à concurrence des trois quarts de leur valeur (CGI, art. 976). Cette exonération est subordonnée aux mêmes conditions que celles relatives aux exonérations partielles de droits de mutation à titre gratuit[694]. Ainsi, l'exonération partielle des parts de groupements forestiers est limitée à la fraction de la valeur des parts correspondante aux biens liés à l'objet des groupements. Le certificat de garantie de gestion durable datant de moins de six mois est produit lors du dépôt de la première déclaration effectuée au titre de l'impôt sur la fortune immobilière comportant le bénéfice de l'exonération. Il doit être renouvelé tous les 10 ans et produit avec un bilan de la mise en œuvre du document de gestion durable[695]. Selon l'administration fiscale, la jurisprudence de la Cour de cassation selon laquelle, en cas de cession, le non-respect par le nouvel acquéreur de l'engagement pris par le cédant entraîne la remise en cause de l'exonération partielle dont avait bénéficié le cédant en matière d'impôt de solidarité sur la fortune, est transposable à l'impôt sur la fortune immobilière. En effet, dans cette hypothèse, le nouvel acquéreur devient « l'ayant cause » du précédent propriétaire des biens[696]. L'infraction justifiant, aux termes de l'article 1840 G bis, II du CCI, la révocation du régime de faveur prévu en cas d'engagement de gestion durable d'un massif forestier pour trente ans est constituée par le non-respect par l'héritier du bien ou ses ayants cause, de l'engagement de gestion souscrit. La chambre commerciale de la Cour de cassation confirme le manquement de l'héritier, souscripteur initial d'un engagement de gestion durable d'un massif forestier, entraînant la révocation de l'exonération partielle d'ISF dont il avait bénéficié en contrepartie, à raison des coupes d'arbres non conformes au plan de gestion pratiquées par l'acquéreur de son massif forestier[697]. Selon le professeur Jean-Pierre Maublanc, il s'agit « d'une responsabilité fiscale personnelle du fait d'autrui, une déchéance fiscale propre à raison des agissements d'autrui dont le souscripteur de l'engagement s'était porté garant ». L'engagement d'appliquer pendant 30 ans l'une des garanties de gestion durable est pris sur papier libre joint à la déclaration d'impôt sur le revenu. La cession des biens ne remet pas en cause l'exonération, sous réserve que l'acquéreur respecte l'engagement de gestion durable pris par le cédant. La rupture de l'engagement rend exigible l'impôt, majoré d'un droit supplémentaire dégressif et d'un intérêt de retard dégressif dans les mêmes conditions que pour les mutations à titre gratuit. Le droit supplémentaire égal respectivement à 30 %, 20 % et 10 % de la réduction, applicable selon que le manquement est constaté avant l'expiration de la dixième, vingtième ou trentième année en application de l'article 1840 G du CGI[698]. L'intérêt de retard est décompté par mois au taux de droit

---

[694] BOI-PAT-IFI-30-20 n° 20 du 8/06/2018

[695] BOI-PAT-IFI-30-20 n° 50 du 8/06/2018

[696] BOI-PAT-IFI-30-20 n° 80 du 8/06/2018

[697] Cass. com., 11 juin 2013, n° 12-19.890, F-P+B, M. Garelli, note J.-P. Maublanc : JurisData n° 2013-012, *Droit Fisc.* 47/2013, 523.

[698] BOI-PAT-IFI-30-20 n° 80 du 8/06/2018

commun pour les cinq premières annuités de retard puis réduit pour les annuités suivantes respectivement d'un cinquième, d'un quart ou d'un tiers selon que le manquement est constaté avant l'expiration de la dixième, vingtième ou trentième année suivant l'engagement. Si la rupture n'est que partielle, le rappel du complément et du supplément de droit est limité comme en matière de droit de mutation à titre gratuit. Il convient de préciser que ces biens sont totalement exclus de l'assiette de l'impôt sur la fortune immobilière s'ils répondent à la qualification de biens professionnels au sens de cet impôt. Ainsi que le précise Madame Alexandra Arnaud-Emery, « Il est en effet assez rare que le propriétaire soit un exploitant forestier et que cette activité professionnelle constitue son activité principale »[699]. Néanmoins, si tel est le cas, le contribuable professionnel doit remplir les conditions suivantes. Au sens de l'article 975 du CGI, les biens ou droits immobiliers et les parts ou actions de sociétés ou d'organismes représentatives de ces mêmes biens ou droits s'entendent de ceux appartenant à des personnes qui exercent à titre principal, sous la forme individuelle, une profession industrielle, commerciale, artisanale, agricole ou libérale et qui sont nécessaires à l'exercice de cette activité professionnelle. L'exonération des biens entrant dans cette catégorie est subordonnée aux quatre conditions suivantes : les biens doivent être utilisés dans le cadre d'une profession industrielle, commerciale, artisanale, agricole ou libérale ; l'activité professionnelle doit être exercée par le propriétaire des biens ou par son conjoint ; l'activité professionnelle doit être exercée à titre principal par le propriétaire des biens et les biens doivent être nécessaires à l'exercice de la profession[700]. À la différence de l'impôt de solidarité sur la fortune, la notion de « profession » est absente de l'article 975 du CGI[701]. « L'activité principale », condition nécessaire à la qualification de bien professionnel, est plus complexe à appréhender. Pour l'administration fiscale « En règle générale, l'appréciation de cette condition, qui résulte essentiellement des circonstances dans lesquelles la profession est exercée, ne présente pas de difficulté. Lorsque l'exploitant exerce simultanément plusieurs professions, l'activité principale s'entend normalement de celle qui constitue pour le redevable l'essentiel de ses activités économiques, même si elle ne dégage pas la plus grande part de ses revenus (cas de l'entreprise déficitaire). Dans l'hypothèse où un tel critère ne peut être retenu (par exemple lorsque les diverses activités professionnelles sont d'égale importance), il convient de considérer que l'activité principale est celle qui procure à l'intéressé la plus grande part de ses revenus »[702]. L'essentiel des activités économiques du redevable, exercées à titre principal,

[699] A. Arnaud-Emery, *op.cit.* p. 178
[700] BOI-PAT-IFI-30-10-10 n° 10 du 8/06/2018
[701] Voir N. Rondeau, « Bois et forêts et impôt sur la fortune immobilière », Droit Rural, n°472 /2019, étude 9.
[702] BOI-PAT-IFI-30-10-10-30 n° 10 du 8/06/2018

ne peut être déterminé que par un faisceau d'indices, au titre duquel, dans l'hypothèse de l'exercice simultané de plusieurs activités, le critère du revenu prépondérant est essentiel. Pour déterminer, ce revenu prépondérant, l'administration fiscale fait abstraction des revenus non professionnels[703]. L'économie de ce dispositif a été vivement critiquée par la Cour des comptes en 2020 « l'objectif de gestion durable ayant présidé à son instauration est désormais assuré par d'autres outils, dont les documents de gestion durable, affaiblissant sa justification initiale… Son bénéfice n'étant conditionné qu'à l'engagement du propriétaire de mettre en œuvre dans un délai de trois ans une garantie de gestion durable au sens du code forestier, il n'incite pas à adopter une telle démarche en amont des successions. Les contrôles sont par ailleurs peu dissuasifs, les services déconcentrés recevant peu de retours des DDFIP lorsqu'ils les saisissent de manquements des propriétaires »[704]. En dehors du dispositif d'acquisition des bois et forêts modifié dans la loi de finances pour 2023, les exonérations fiscales liées à la détention du patrimoine privé n'ont jamais fait l'objet de modifications ni sous l'empire de l'impôt de solidarité sur la fortune ni lors de l'adoption de l'impôt sur la fortune immobilière. La Cour des comptes a dressé le constat, dans son rapport portant sur les dépenses fiscales et budgétaires relatives à la forêt que le système fiscal forestier n'impose aucune condition de gestion active au propriétaire, mais oblige uniquement à disposer d'un document de gestion durable[705]. De ce fait, la Cour des comptes s'interroge sur le maintien de ce dispositif. « Les dispositifs fiscaux n'ont donc aucun effet sur le remembrement ou la mobilisation de la ressource en bois. Étant donné leur absence d'effet incitatif pour les plus gros propriétaires, et le faible taux de recours chez les propriétaires de forêts de moins de 25 hectares, il est légitime de s'interroger sur le maintien de ces mesures »[706]. Ces dispositifs dérogatoires ont une orientation « patrimoniale », faisant passer au second plan, l'équilibre écologique des forêts. Madame la professeure Cendrine Delivré Gilg le constate en ces termes « La protection de la fonction écologique et paysagère de la forêt apparaît comme un but secondaire de l'interventionnisme fiscal forestier. Si de rares mesures existent aux fins d'inciter à la sauvegarde de la forêt en tant qu'élément d'un patrimoine naturel, des insuffisances peuvent

703 BOI-PAT-IFI-30-10-10-30 n° 30 du 8/06/2018

704 Cour des comptes, *La structuration de la filière forêt-bois, ses performances économiques et environnementales*, mai 2020, p. 86

705 Cour des comptes, *L'inefficience des dépenses fiscales relatives au développement durable,* septembre 2016, p. 173.

706 Cour des comptes, *L'inefficience des dépenses fiscales relatives au développement durable,* septembre 2016, p. 173.

être déplorées, notamment par comparaison avec les mesures fiscales existant en faveur du patrimoine culturel »[707].

§2 : L'encouragement fiscal pour limiter le morcellement des bois et forêts

106— Le morcellement de la forêt privée française est souvent accusé d'être un obstacle à une bonne gestion de la ressource naturelle que constitue la forêt. Les origines du groupement forestier sont anciennes : le recours aux techniques sociétaires en vue de la gestion d'un domaine forestier familial remonte à l'après-guerre. Créé par la pratique, le groupement forestier est consacré par le législateur en 1954. En vue de favoriser le reboisement, l'amélioration et la conservation des massifs forestiers, le décret 54-1 302 du 30 décembre 1954, modifié par la loi 63-810 du 6 août 1963 et celle 95-95 du 1er février 1995, a donné aux propriétaires de bois ou de terrains à reboiser la possibilité de constituer entre eux, pour une durée maximum de quatre-vingt-dix-neuf ans, des groupements forestiers. Ces groupements doivent avoir un objet exclusivement civil, à l'exclusion de toutes opérations telles que la transformation des produits forestiers qui ne constitueraient pas un prolongement normal de l'activité agricole. L'article L. 331-1 du Code forestier précise : « Un groupement forestier est une société civile créée en vue de la constitution, l'amélioration, l'équipement, la conservation ou la gestion d'un ou plusieurs massifs forestiers ainsi que de l'acquisition de bois et forêts. ». Le groupement forestier est un groupement de personnes bénéficiant de la souplesse des sociétés civiles, mais dans lequel les associés sont tenus indéfiniment et conjointement aux dettes sociales (comme dans toute société civile) et à la contribution aux pertes. Leurs statuts sont donc ceux d'une société régie par les articles 1832 et suivants du Code civil. Leur capital n'est pas représenté par des titres négociables, mais des parts d'intérêt qui ne peuvent être cédées que dans les conditions prévues à l'article 1690 du Code civil ou, si les statuts le stipulent, par transfert sur les registres de la société. En outre, ces parts ne peuvent être cédées à des tiers étrangers au groupement qu'après autorisation dans les conditions fixées par les statuts[708]. Le groupement forestier peut en outre être créé par apport de bien indivis en vue de mettre fin à une indivision, régime impropre à assurer une gestion efficace de la propriété forestière. L article L. 331-8 du Code forestier permet aux indivisaires de provoquer l'apport des biens indivis à un groupement forestier. Son engagement doit recevoir l'approbation de l'autorité administrative et garantir le respect des droits des coïndivisaires. Bien que la mise en œuvre de la procédure de constitution relève de la seule initiative des propriétaires, l'Administration intervient pour délivrer un certificat attestant que l'immeuble

---

[707] C. Delivré-Gilg, « Réflexions sur la fiscalité forestière dérogatoire », RJE 1/2007 p. 34

[708] BOI-IR-RICI-60-10 n° 170, du 4-7-2018

est soit une forêt susceptible de présenter une des garanties de gestion durable, soit un terrain pouvant être opportunément boisé. Pour faciliter la constitution des groupements forestiers, les apports à titre pur et simple sont exonérés de droits d'enregistrement en vertu de l'article 810 bis, al. 1 du CGI. Lors d'une augmentation de capital, les apports à titre pur et simple donnent lieu au paiement d'un droit fixe de 375 €. Ce droit fixe est porté à 500 € pour les sociétés ayant un capital d'au moins 225 000 € après l'apport. Par exception, conformément à l'article 810 ter du CGI, les apports de bois et forêts ou de terrains nus à boiser, d'une surface inférieure à cinq hectares et d'un montant inférieur à 7 623 €, sont exonérés de droits d'enregistrement. Le régime fiscal des groupements forestiers tient compte d'une translucidité fiscale comparable à celle existante au titre de l'article 8 du CGI. Aux termes de l'article 238 ter du CGI, les groupements forestiers constitués dans les conditions prévues par les articles L 331-1 à 331-15 du Code forestier — ne sont pas assujettis à l'impôt sur les sociétés. Toutefois, chacun de leurs membres est personnellement passible, pour la part des bénéfices sociaux correspondant à ses droits dans le groupement, soit de l'impôt sur le revenu, déterminé d'après les règles prévues pour la catégorie de revenus à laquelle ces bénéfices se rattachent, soit de l'impôt sur les sociétés, s'il s'agit de personnes morales assujetties à cet impôt. Dans cette constitution de personnes morales dédiées aux bois et forêts, le législateur a prévu l'exonération d'impôt sur la fortune immobilière comparable à celle existante pour une détention en nom propre. Entre ainsi dans l'assiette de l'impôt sur la fortune immobilière, la valeur nette, au 1er janvier de l'année d'imposition, des parts ou actions des sociétés et organismes établis en France ou hors de France appartenant aux personnes composant le foyer fiscal, à hauteur de la fraction représentative de biens ou droits immobiliers détenus par la société ou l'organisme. Seule la valeur nette des parts ou actions entre donc dans l'assiette de l'impôt et non pas la valeur des biens détenus par la personne morale. Compte tenu de ce principe d'imposition, des exonérations sont prévues. Tout d'abord sont exonérées les parts ou actions représentatives de ces bois et forêts, lorsque ceux-ci sont affectés à l'activité principale agricole du redevable, consistant spécialement en la production forestière. Mais ouvrent également droit à l'exonération les bois et forêts affectés à l'activité agricole, comprise comme la production forestière, des sociétés de personnes soumises à l'impôt sur le revenu dans lesquelles les redevables exercent leur activité principale. Enfin, lorsque le redevable n'exerce pas d'activité principale, il peut bénéficier d'une exonération de ses parts de groupement forestier, à concurrence des trois quarts de la fraction de leur valeur nette correspondant aux bois et forêts, aux friches et landes et aux terrains pastoraux appartenant au groupement. Plusieurs conditions doivent être remplies. En premier lieu « Les parts doivent, au 1er janvier de l'année d'imposition, être détenues depuis plus de deux ans par le redevable lorsqu'elles ont été acquises à titre onéreux. Cette condition n'est pas exigée lorsque les parts ont été souscrites lors de la constitution du groupement ou à l'occasion d'une augmentation de capital »[709]. En second lieu, « Comme pour l'exonération partielle des biens en nature de bois et forêts, le certificat ou l'attestation délivrée par le directeur départemental des territoires ou le directeur départemental des territoires et de la mer est produit lors du dépôt de la déclaration souscrite au titre de l'IFI comportant des parts de groupement forestier et pour lesquelles le bénéfice de l'exonération est demandé pour la première fois »[710]. Ce certificat a pour objet d'attester que les bois et forêts du groupement sont susceptibles de présenter une garantie de gestion durable, y compris au titre des friches et landes susceptibles de reboisement et présentent une vocation forestière. De manière analogue à une détention des bois et forêts en nom propre, la rupture des engagements pris par le groupement entraîne l'exigibilité de l'impôt sur la fortune immobilière, majoré de droits complémentaires et de pénalités de retard.[711]

Section III : Préserver une unité foncière dans le cadre des transmissions de bois et forêts

§ 1 — Le régime dérogatoire des plus-values immobilières.

107— Lors de la cession des bois et forêts, le législateur a prévu des mesures dérogatoires au droit commun. La mutation à titre onéreux de bois et forêts ou de parts de sociétés forestières rend exigibles les éventuelles plus-values. La nature de la plus-value diffère selon la qualité du cédant : particulier ou sylviculteur professionnel. En d'autres termes, il s'agit d'identifier la cession d'un actif professionnel ou non professionnel. En vertu de l'article 155 IV du CGI, l'exercice à titre professionnel implique la participation personnelle, directe et continue aux actes nécessaires à l'activité. La qualité « professionnelle » est également reconnue aux sociétés ou groupements exerçant une activité notamment agricole. En raison d'une plus-value professionnelle, il existe des exonérations de principe. En premier lieu, l'article 151 septies du CGI subordonne l'exonération totale ou partielle à deux conditions tenant à la durée d'activité et au montant des recettes réalisées[712]. Pour les cessions intervenues à compter du 1er janvier 2023, le montant de recettes réalisé par le vendeur doit être apprécié par rapport au seuil de 350 000 € pour une exonération totale, en moyenne au cours des deux

---

709 BOI-PAT-IFI-30-20 n° 100, du 8/06/2018.

710 BOI-PAT-IFI-30-20 n° 130, du 8/06/2018

711 BOI-PAT-IFI-30-20 n° 160, du 8/06/2018

712 Les plus-values réalisées par les groupements forestiers à l'occasion de la cession d'éléments de leur actif immobilisé peuvent également bénéficier du régime d'exonération prévu à l'article 151 septies du CGI lorsque les conditions d'application de ce dispositif sont remplies. Ces conditions sont appréciées au niveau des associés exploitants et non au niveau du groupement.

exercices civils précédant la cession[713]. L'exonération est partielle lorsque les recettes annuelles sont comprises entre 350 000 € et 450 000 €[714]. Au cas particulier, les recettes perçues par un sylviculteur sont calculées eu égard au régime forestier forfaitaire. Il en résulte donc que sous réserve que l'activité ait été exercée pendant cinq années, l'exonération sera acquise, le seuil de 350 000 € étant forcément respecté. En second lieu, l'article 151 septies B du CGI dispose au titre de la plus-value à long terme, d'un abattement pour délai de détention correspondant à 10 % par année au-delà de la cinquième année de détention. Par suite, au terme de 15 ans, la plus-value de cession relative à des parcelles boisées est exonérée d'impôt. Ce régime impose que les parcelles soient des éléments d'actif immobilisé de l'entreprise, ce qui est par principe est le cas lorsque l'activité exercée est de nature professionnelle. À défaut de bénéficier d'une exonération au titre de l'activité professionnelle, la plus-value relative à la cession des parcelles boisées est soumise à l'impôt de plus-value au taux de 12,8 % depuis 2018, majoré des prélèvements sociaux au taux de 17,2 %. Toutefois, en l'absence de diligences régulières ou continues, l'activité de la société n'est pas professionnelle. L'article 76 A du CGI [715]prévoit que les plus-values résultant de la cession de terrains boisés relèvent du régime des plus-values des particuliers lorsque l'activité d'exploitation ou de gestion de ces terres n'est pas exercée à titre professionnel par le cédant. S'agissant d'une cession immobilière, la plus-value est en principe soumise à l'impôt sur le revenu au taux de 19 % majoré de 17,2 % au titre des prélèvements sociaux, après le calcul des abattements en fonction de la durée de détention des biens. Toutefois, en application des dispositions de l'article 150 VF, III du CGI, l'impôt dû sur la plus-value est diminué d'un abattement supplémentaire de 10 € par année de détention et par hectare cédé, supposé correspondre au montant de l'impôt forfaitaire sur les revenus forestiers prévu par l'article 76 du CGI. Cet abattement supplémentaire a entraîné un récent contentieux. L'abattement spécifique a pour objet d'éviter que la plus-value soit imposée deux fois, puisque pendant la durée de détention le propriétaire a été imposé, au titre de l'impôt sur le revenu, sur le revenu ayant servi de base à la taxe foncière (article 76 du CGI), cette imposition prenant notamment en compte la croissance du peuplement. Mais

---

[713] Article 94 I-B de la loi n° 2023-1322 du 29 décembre 2023, de finances pour 2024, BOI-BA-BASE-20-20-30-20, du 12/06/2024.

[714] Le montant des recettes annuelles s'entend de la moyenne des recettes hors taxes acquises ou encaissées au cours des exercices clos (ramenés le cas échéant à 12 mois) au cours des deux années civiles qui précèdent l'exercice ou l'année de réalisation des plus-values.

[715] Aux termes de l'article 76 A du CGI, « Les plus-values réalisées lors de la cession de terres à usage forestier ou de peuplements forestiers sont passibles de l'impôt sur le revenu dans les conditions prévues aux articles 150 U à 150 VH lorsque l'activité d'exploitation ou de gestion de ces terres et peuplements n'est pas exercée à titre professionnel par le cédant au sens du IV de l'article 155 »

selon une interprétation du Conseil d'État, dès lors qu'aucune plus-value n'est imposable, l'abattement spécifique de 10 € par année de détention et par hectare, imputable sur l'impôt sur le revenu correspondant à la plus-value réalisée, ne peut être imputé sur la plus-value totale lorsque la plus-value immobilière a été exonérée par l'effet du temps sur une fraction des parts détenues (323 parts d'un groupement forestier sur les 650 qui ont fait l'objet de la cession)[716]. Le délai de détention est calculé par période de douze mois depuis la date d'acquisition jusqu'à la date de cession du terrain à usage forestier. Par simplification, l'administration fiscale admet que l'abattement s'applique à l'ensemble de la plus-value, sans distinguer la partie afférente au terrain de celle afférente aux arbres plantés[717]. Dans le cadre des groupements forestiers, la cession de parts relève de l'impôt sur le revenu à raison d'une prépondérance immobilière du groupement[718]. Limité à l'activité forestière, l'actif des groupements forestiers et des sociétés d'épargne forestière est majoritairement constitué de bois et forêts. Ainsi, les cessions occasionnelles de parts de ces sociétés relevant de l'impôt sur le revenu sont soumises au régime de la plus-value immobilière. L'associé cédant est imposable au titre de la plus-value immobilière. Le délai de détention est décompté à partir de la date d'acquisition ou de souscription des parts. Le contribuable ne bénéficie pas de l'exonération lorsque le prix de cession est inférieur ou égal à 15 000 €. L'abattement spécifique de 10 € par année de détention et par hectare profite à l'associé cédant en proportion des parts cédées. En cas de vente en bloc de tout ou partie des parts d'une même société à un ou plusieurs acquéreurs, les moins-values réduites de l'abattement pour durée de détention s'imputent sur les plus-values réalisées sur les autres parts.

108— L'acquéreur doit supporter des droits d'enregistrement lors de l'acquisition des bois et forêts. Convaincu que la législation fiscale favorise le déboisement, le législateur, par l'adoption d'une loi du 16 avril 1930 (dite « loi Serot »), réduit des trois quarts les droits de mutation à titre onéreux. Les économistes considéraient que « les taxes frappant les mutations étaient un obstacle à la mise en valeur de la propriété forestière et ralentissaient sa productivité »[719]. Codifié à l'article 703 du CGI, ce texte sera abrogé à compter du 1er janvier 1999. Cette abrogation était justifiée par l'abaissement du droit d'enregistrement au taux cumulé de 4,80 %. En dehors des

---

[716] CE 3e-8e ch. 26-1-2021 n° 429576, RJF 4/21 n° 376, Concl. L. Cytermann, © 376.

[717] BOI-RFPI-PVI-30-30-10 n° 60 du 6/08/2013

[718] En vertu de l'article 150 UB du CGI, la prépondérance immobilière de la société est retenue lorsque son actif est, à la clôture des trois exercices précédant la cession, constitué pour plus de 50 % de sa valeur réelle par des immeubles ou de droits immobiliers non affectés à l'exploitation industrielle, commerciale, agricole ou à l'exercice d'une profession non commerciale de la société

[719] P. Astie, « L'impôt de la protection de la nature. L'exemple du régime de faveur des mutations forestières », RJE n° 1/1978, p. 49.

acquisitions et des apports effectués au profit des groupements forestiers, il ne subsiste de régime de faveur que les mutations à titre onéreux de bois et forêts entrant dans le champ d'application de l'aménagement foncier agricole et forestier au sens de l'article L. 121-5-1 du Code rural.

§2 : L'exonération partielle des droits de donation ou de succession

109— En raison d'un morcellement très marqué des forêts, le législateur a très tôt souhaité maintenir une unité foncière dans le cadre des transmissions transgénérationnelles. Indépendamment de cet objectif d'intérêt général, le dispositif s'est mû en un outil d'optimisation fiscale. La politique d'incitation fiscale en contrepartie d'un engagement de gestion durable concerne les mutations à titre gratuit de bois et forêts. L'article 793 du CGI, issu de la loi de finances pour 1960 du 28 décembre 1959 (amendement Monichon), accorde une réduction des trois quarts de l'assiette des droits de mutation aux successions et donations. En contrepartie de cette exonération partielle, l'acquéreur doit prendre un engagement de bonne gestion forestière[720]. Les successions et donations de parcelles de bois et forêts bénéficient de l'exonération qui ne profite pas aux terrains destinés à être reboisés. Comme en matière d'impôt sur la fortune, l'exonération est subordonnée à deux conditions en vertu de l'article 793, 2, 2° du CGI : la délivrance d'un certificat attestant que les bois et forêts présentent une des garanties de gestion durable prévues par le Code forestier et l'engagement pris par les héritiers, donataires ou légataires d'appliquer l'une des garanties de gestion durable aux bois et forêts reçus pendant 30 ans[721]. Cet engagement est pris pour eux-mêmes et pour leurs ayants cause. Si aucune garantie de gestion durable n'est appliquée lors de la mutation, l'engagement porte sur la présentation d'une telle garantie au plus tard dans les 3 ans et sur son application pendant 30 ans à compter de sa délivrance. En outre, « L'article 281 H bis de l'annexe III au CGI prévoit que le bénéficiaire de l'exonération partielle doit produire tous les dix ans, à compter du jour de la signature de l'acte de donation ou de la déclaration de succession, un bilan de la mise en œuvre du document de gestion durable mentionné à l'article L. 122-3 du code forestier, répondant au modèle fixé par arrêté du ministre chargé de la forêt »[722]. Enfin, les cessions à titre gratuit de parts de groupements forestiers sont également exonérées à concurrence des trois quarts de leur valeur vénale, sous réserve de trois conditions adaptées à l'intermédiation d'une personne morale. D'une part, le groupement forestier doit produire un certificat de garantie de gestion durable. D'autre part,

[720] Voir C. Gourgues, « L'incitation fiscale au service de la transmission des bois et forêts », JCP N n° 49, 8 décembre 2017, pp. 48-51 ; C. Le Guyader et M-L. Treffot, « De l'acquisition à la cession de la forêt : quelle fiscalité ? » JCP. N . n° 20, 18 mai 2018, pp. 57-65.

[721] BOI-ENR-DMTG-10-20-30-10 n° 20 du 2/05/2019

[722] BOI-ENR-DMTG-10-20-30-10 n° 40 du 2/05/2019

l'engagement du groupement forestier d'appliquer une garantie de gestion durable aux bois et forêts pendant 30 ans, de reboiser ses friches et landes dans un délai de 5 ans, et de soumettre pendant 30 ans ses terrains pastoraux à un régime d'exploitation normale ou de les reboiser. La dernière condition concerne le défunt ou le donateur qui doit détenir depuis plus de 2 ans les parts du groupement forestier acquises à titre onéreux. Cette condition ne s'applique pas aux parts souscrites lors de la constitution du groupement ou reçues lors d'une augmentation de capital. En cas de mutations à titre gratuit successives, un nouveau délai de 30 ans court sans pour autant mettre fin à l'engagement pris par le précédent propriétaire et qui ne serait pas arrivé à son terme[723].

110— La portée de ce dispositif fiscal est critiquée par la Cour des comptes. Selon le rapport de la Cour des comptes relatif à la filière Forêt-bois « Le dispositif historique d'exonération partielle de droits de succession et d'impôt sur la fortune immobilière, dit "régime Sérot — Monichon" (chiffré à 84 M€ de dépense fiscale en 2018 selon le PLF 2 020), vise à éviter que les propriétaires gèrent leur forêt en fonction de critères liés à la fiscalité — notamment, en procédant à des coupes excessives afin de minorer les droits de succession. Il permet de ne retenir dans la valeur imposable que la valeur foncière des parcelles (estimée à 25 % par convention) et d'exclure les stocks de bois sur pied »[724]. En 2014, la Cour avait déjà relevé des justifications obsolètes « Deux justifications majeures sont à l'origine de l'exonération au titre des droits de mutation à titre gratuit, sur laquelle a été calquée ensuite l'exonération au titre de l'ISF : d'une part le temps long qui caractérise la production forestière et le faible rendement de la forêt, d'autre part le fait d'éviter que, pour payer les droits de succession, il soit procédé à des coupes de bois abusives en forêt, contrevenant au principe de gestion durable. S'agissant de l'ISF en particulier, l'exonération fait partie des rares exceptions à la règle de prise en compte de l'ensemble du patrimoine dans l'assiette. La notion de revenu issu de la forêt ne devrait pas, en tout état de cause, être envisagée, étant étrangère à la logique de cet impôt patrimonial. L'exonération repose sur une évaluation forfaitaire historique moyenne de décomposition de la valeur des forêts entre ¼ pour le terrain portant la forêt (sol), qui est comptabilisée dans le patrimoine, et ¾ pour les arbres sur pied (peuplement), qui sont assimilés à un revenu différé et que l'on exonère à ce titre des impôts relatifs au patrimoine. Cette distinction ne peut exister en théorie que dans la mesure où la forêt est exploitée et dégage effectivement un revenu. Or dans la plupart des cas, la forêt privée ne dégage aucun revenu et n'est pas gérée dans un souci de mise en valeur et de rentabilité économique, comme le montre par exemple l'enquête réalisée en 2011 par le Centre de recherche pour l'étude et

[723] BOI-ENR-DMTG-10-20-30-10 n° 10 du 2/05/2019

[724] Cour des comptes , *La structuration de la filière forêt-bois, ses performances économiques et environnementales*, mai 2020, p. 86

l'observation des conditions de vie (CREDOC) auprès des propriétaires forestiers. Aucune étude n'a eu par ailleurs pour objet de vérifier si cette valeur forfaitaire, non documentée à l'origine (en 1959), correspondait à une réalité économique. Compte tenu du mode de détermination de la valeur d'une forêt et des données existantes, la Cour estime que le caractère réaliste, en moyenne, de cette exonération n'est ni démontré ni démontrable. »[725]. Bien plus, la justification initiale a perdu de son autorité dans la mesure où « ces mesures patrimoniales sont déconnectées des problèmes auxquels se heurte la politique forestière : le morcellement forestier, la baisse des investissements en forêt et la sous-exploitation de la forêt qui en est le corollaire »[726]. Sous la focale économique, la Cour des comptes considère implicitement que la filière bois-forêt est insuffisamment mobilisée par des mesures fiscales inadaptées. Un récent rapport d'information du Sénat, sur le financement public de la filière forêt-bois, confirme ces craintes. « Le morcellement a même tendance à augmenter du fait des transmissions successives par voie successorale qui contribuent à diviser le foncier entre plusieurs héritiers et parce que la forêt progresse avec le boisement de terres agricoles abandonnées sur un parcellaire plus morcelé que la moyenne. En 1999, les propriétaires de plus de 25 ha représentaient 6,7 % des propriétaires (pour 55 % de la surface forestière), en 2012 ils ne sont plus que 5 % (pour 50 % de la surface) pour une moyenne inférieure à 4 ha. Toutefois, cette réalité masque des disparités très importantes. Parmi les 3 millions de propriétaires forestiers privés, 5 % détiennent 50 % de la surface privée. Cohabitent donc de très grandes propriétés forestières et une multitude de très petites parcelles. Toutefois, les propriétaires de ces petites parcelles ne sont absolument pas enclins à les céder en raison de leur attachement viscéral à la forêt et au sol, plus marqué encore en France qu'ailleurs. Un grand nombre de propriétaires a souligné le lien parfois irrationnel que les Français entretiennent avec la forêt. Jusqu'à présent, l'État s'est refusé à utiliser les quelques leviers incitatifs dont ils disposent, notamment fiscaux, pour remédier réellement à cette situation qui devient problématique en raison de la corrélation entre la taille de la parcelle et le degré effectif d'entretien et de gestion. »[727]. En somme, les dépenses fiscales liées à la transmission des bois et forêts « sont d'abord motivées par une vision patrimoniale, les dispositifs visant à dynamiser l'exploitation forestière restant marginale »[728]. Cela étant, l'exonération partielle de ¾ de la valeur des forêts à la fois dans le dispositif de l'impôt sur la fortune immobilière et dans celui des successions et donations n'a d'autre finalité que de ne pas taxer plusieurs

---

[725] Cour des comptes, *Les soutiens à la filière forêt-bois,* novembre 2014 , p. 68.

[726] Cour des comptes, *Les soutiens à la filière forêt-bois,* novembre 2014 , p. 69.

[727] Senat, Rapport d'information n° 636, *Sur le financement public de la filière forêt-bois*, mai 2024, p. 56

[728] Cour des comptes, *La structuration de la filière forêt-bois, ses performances économiques et environnementales*, mai 2020, p. 85.

fois au cours du même cycle de production cette part de revenu capitalisé dans les peuplements et de ne considérer que la valeur du fonds.

111— Cette instrumentalisation fiscale d'un dispositif supposé déconnecté des objectifs de lutte contre le morcellement des forêts suscite des interrogations. Le dispositif Dutreil codifié aux articles 787 B et C du CGI illustre les ambiguïtés d'une optimisation fiscale, mais en même temps est justifié par des impératifs économiques. Dans le cadre d'une activité industrielle, commerciale, artisanale, agricole ou libérale ou de biens affectés à l'exploitation d'une telle entreprise, le dispositif de faveur dit « Dutreil », autorise une exonération d'assiette de 75 % en cas de transmission de droits sociaux d'une telle société, sous réserve de respecter plusieurs conditions relatives à la fonction de direction et à des engagements de conservation. Les associés d'une société doivent s'engager à conserver les droits sociaux pendant un délai de 2 ans, sous réserve de l'existence d'une période réputé acquis[729]. Lors de la transmission à titre gratuit, les bénéficiaires des droits sociaux s'engagent à les conserver pendant au moins 4 ans. La question qui s'est posée en pratique est de savoir s'il est possible de cumuler ce dispositif Dutreil avec le régime Sérot-Monichon[730], qui permet quant à lui une exonération d'assiette de 75 % dès lors que le bénéficiaire prend l'engagement de soumettre les biens forestiers — détenus directement ou par l'intermédiaire d'un groupement forestier — à une garantie de gestion durable pendant trente ans[731] ? Une première réponse ministérielle apportée à la question du député Jacques Bobe en date du 28 décembre 2004 admet le cumul des deux régimes sous réserve, bien évidemment, que les conditions du dispositif Dutreil soient réunies[732]. Une seconde réponse ministérielle à madame la députée Marie-Hélène des Esgaulx confirme un tel cumul dans le cas des groupements forestiers si « l'un des bénéficiaires de la transmission exerce son activité

---

[729] En application de l'alinéa 4 du b de l'article 787 B du CGI, « L'engagement collectif de conservation est réputé acquis lorsque les parts ou actions détenues depuis deux ans au moins par une personne physique seule ou avec son conjoint ou le partenaire avec lequel elle est liée par un pacte civil de solidarité atteignent les seuils prévus au premier alinéa, sous réserve que cette personne ou son conjoint ou son partenaire lié par un pacte civil de solidarité exerce depuis plus de deux ans au moins dans la société concernée son activité professionnelle principale ou l'une des fonctions énumérées au 1° de l'article 885 O bis lorsque la société est soumise à l'impôt sur les sociétés ».

[730] Voir les développements pratiques de madame Alexandra Arnaud-Emery sur le cumul de ces dispositifs et de ses conséquences patrimoniales et fiscales, *op. cit.* pp. 336-338 ; 364-372 et 424-429.

[731] Voir S. Pézard, « Cumul des dispositifs de faveur : la forêt est-elle une oasis fiscale ? », JCP N n° 4, 29 janvier 2016, pp. 57-59.

[732] Réponse ministérielle J. Bobe n° 46956 : JOAN Q, 28 déc. 2004, p. 10461.

principale au sein du groupement »[733]. Il ne fait aucun doute que le dispositif Dutreil a été institué pour maintenir en l'état des entreprises de proximité c'est-à-dire de soutenir un tissu économique de nature à dynamiser les territoires afin d'éviter un démantèlement de ces activités. Dans cette perspective, le soutien à une activité forestière répond à cet objectif économique, mais demeure éloigné de celui d'une gestion durable des peuplements forestiers. En favorisant la transmission à titre gratuit d'une activité forestière (régime Dutreil), cela évite sans doute de diviser la propriété foncière entre plusieurs héritiers et de manière indirecte, de limiter le morcellement des forêts. Cette optimisation fiscale qui autorise un cumul de dispositifs fiscaux conduisant à une quasi-exonération totale des bois et forêts mériterait une évaluation *ex post.* Bien plus, l'optimisation patrimoniale peut encore être soulignée à partir du démembrement de propriété qui détermine en fonction de l'âge de l'usufruitier au moment de la transmission, l'assiette des droits de mutation compte tenu d'un barème fiscal codifié à l'article 669 du CGI. Madame Alexandra Arnaud-Emery constate qu'« Il convient de remarquer que ni la base Bofip ni la jurisprudence ne déterminent l'objet des mutations pouvant être placées sous le bénéfice de l'article 793, 2-2° du CGI. En d'autres termes, il n'est pas expressément précisé si la mutation bénéficiant de l'exonération partielle des droits de mutation à titre gratuit doit porter sur la pleine propriété des parcelles en nature de bois et forêts ou si elle peut porter uniquement sur l'usufruit ou la nue-propriété des terrains en nature de bois et forêts. Les textes n'interdisent pas expressément que les démembrements de propriété portant sur des bois soient exclus du bénéfice de l'article 793, 2-2° du CGI. En outre, la base Bofip précise qu'en cas de démembrement des biens, objet de la libéralité, l'usufruitier et le nu-propriétaire doivent souscrire chacun l'engagement requis. Il en résulte donc qu'à chaque transmission à titre gratuit en démembrement un engagement conjoint des usufruitiers et nus-propriétaires doit être souscrit »[734]. Il convient de distinguer une donation avec réserve d'usufruit de la donation avec réserve de coupe dont le régime Sérot-Monichon est refusé au décès du donateur faute d'avoir réalisé les coupes de bois, objet de la réserve[735].

§3 : La financiarisation des bois et forêts par l'institution des comptes d'investissement forestier et d'assurance (Cifa)

112— Le compte d'investissement forestier et d'assurance institué par l'article 32 de la loi n° 2013-1 279 du 29 décembre 2013 de finances rectificative pour 2013 remplace le compte épargne d'assurance pour la forêt

---

733 Réponse ministérielle M-L. des Esgaulx n° 10587 : JOAN Q, 18 mars 2008, p. 2322.

734 A. Arnaud-Emery, *op. cit.* p. 266.

735 Voir M. Gizard, *op. cit.* p. 132 et A. Arnaud-Emery, *op. cit.*, pp. 266-269.

qui avait été introduit par l'article 68 de la loi n° 2010-874 du 27 juillet 2010. Il est régi par les articles L. 352-1 à L. 352-6 du Code forestier. Ces instruments financiers favorisent la mobilisation du bois et la création d'une épargne permettant de faire face aux éventuels sinistres naturels et à la réalisation de travaux de prévention afin de les éviter. Le principe de cette incitation à la constitution d'une épargne tient aux avantages fiscaux qui y sont associés. Aux termes de l'article 793,3 du CGI, les transmissions à titre gratuit des sommes déposées sur un compte d'investissement forestier et d'assurance sont exonérées de droits de mutation à titre gratuit, à concurrence des trois quarts de leur montant, lorsque certaines conditions sont réunies. Cette mesure est entrée en vigueur le 31 décembre 2013. Conformément à l'article L 352-1 du Code forestier, le Cifa peut être ouvert par une personne physique, un groupement forestier ou une société d'épargne forestière, respectivement domiciliée ou établie en France, dans un autre État membre de l'Union européenne ou dans un État ou un territoire ayant conclu avec la France une convention d'assistance administrative en vue de lutter contre la fraude et l'évasion fiscales[736]. L'ouverture d'un Cifa est subordonnée aux conditions suivantes :

– Être propriétaire de bois et forêts et s'engager à y appliquer l'une des garanties de gestion durable mentionnées à l'article L 124-1 du Code forestier ;
– Avoir souscrit, pour tout ou partie de la surface forestière détenue, une assurance couvrant notamment le risque de tempête. L'article 61 de la loi n° 2023-580 du 10 juillet 2023 élargit la possibilité d'ouvrir un Cifa aux propriétaires de bois et forêts ayant souscrit une assurance couvrant notamment le risque d'incendie.

113-L'article L 352-2 du Code forestier prévoit que le montant des dépôts autorisés sur un Cifa est égal à 2 500 € par hectare de forêt assuré conformément à l'article L 352-1, 2° du Code forestier. L'article 61 de la loi n° 2023-580 du 10 juillet 2023 porte à 5 000 € (au lieu de 2 500 €) par hectare de forêt ainsi assuré le plafond des sommes pouvant être versées sur le Cifa lorsque celui-ci est ouvert depuis au moins cinq ans. Le titulaire du compte justifie chaque année auprès du teneur de compte du nombre d'hectares de surface forestière pour lesquels la condition prévue à l'article L 352-1, 2° du Code forestier est remplie. Par ailleurs, à l'exception du premier dépôt plafonné à 2 000 €, le compte ne peut être alimenté que par des produits de coupe issus de l'exploitation des parcelles en nature de bois et forêts dont le titulaire du compte est propriétaire. Celui-ci devait démontrer, lors de chaque dépôt, que les sommes qu'il dépose proviennent uniquement des parcelles en nature de bois et forêts dont il est propriétaire. L'article 38 de

[736] BOI-ENR-DMTG-10-20-30-10 n° 162, du 18 mars 2014.

la loi n° 2016-1 918 du 29-12-2 016 aménage le régime juridique du compte d'investissement forestier et d'assurance (Cifa). Il autorise les propriétaires de bois et forêts qui se sont engagés à appliquer la garantie de gestion durable mentionnée à l'article L 124-3 du Code forestier à ouvrir un Cifa (C. for. art. L 352-1, 1° modifié). Il s'agit des bois et forêts localisables dans un site Natura 2 000 pour lequel un document d'objectifs a été approuvé par l'autorité administrative, qui a soit adhéré à une charte Natura 2 000 ou conclu un contrat Natura 2000, soit disposent d'un document de gestion établi dans certaines conditions. Il substitue à l'obligation du titulaire du compte de justifier annuellement de la souscription d'une assurance tempête pour tout ou partie de la surface forestière détenue, l'obligation de fournir, à l'ouverture du compte, cette attestation ainsi qu'une attestation justifiant que la condition de la propriété de bois et forêts en gestion durable est remplie. Il supprime l'obligation pour le titulaire du compte de démontrer, lors de chaque dépôt, que les fonds déposés sur le compte proviennent uniquement des parcelles en nature de bois et forêts dont il est propriétaire. L'emploi des sommes déposées sur le Cifa est encadré.
Conformément à l'article L 352-3 du Code forestier, les sommes déposées sur le Cifa sont employées pour financer les travaux de reconstitution forestière à la suite de la survenance d'un sinistre naturel d'origine sanitaire, climatologique, météorologique ou lié à l'incendie, ou les travaux de prévention d'un tel sinistre. Elles peuvent également être utilisées au titre d'une année, dans la limite de 30 % des sommes déposées sur le compte, pour procéder à des travaux forestiers de nature différente. Il ne s'agit donc pas d'un produit d'épargne disponible à tout moment. La clôture d'un Cifa est strictement réglementée. L'article L 352-5 du Code forestier prévoit la clôture d'un Cifa dans les cas suivants :
– La cessation totale ou partielle de la souscription de l'assurance mentionnée à l'article L 352-1, 2° du Code forestier ayant pour effet que les sommes déposées sur le compte excèdent le plafond de dépôt, exprimé en proportion du nombre d'hectares assurés contre le risque de tempête, mentionné au premier alinéa de l'article L 352-2 du code forestier ;
– Les sommes retirées du compte ne sont pas employées pour financer les travaux mentionnés à l'article L 352-3 du Code forestier ;
– Le titulaire du compte cède l'intégralité de la surface de bois et forêts dont il est propriétaire.

114— L'article 793, 3 du CGI exonère des droits de mutation à titre gratuit, à concurrence des trois quarts de leur montant, les sommes déposées sur un compte d'investissement forestier et d'assurance (Cifa) mentionné aux articles L 352-1 à L 352-5 du Code forestier. L'application de ce régime de faveur est subordonnée à la double condition :
– Que l'acte constatant la donation ou la déclaration de succession soit appuyé d'un certificat délivré par le directeur départemental des territoires ou le

directeur départemental des territoires et de la mer attestant que les bois et forêts du titulaire du compte sont susceptibles de présenter une des garanties de gestion durable prévues à l'article L 124-1 du Code forestier ;
– Que cet acte contienne l'engagement par l'héritier, le légataire ou le donataire, pris pour lui et ses ayants cause, d'employer les sommes objets de la mutation pendant trente ans, conformément à l'article L 352-3 du Code forestier et à l'article L 352-4 du Code forestier, pour financer des travaux de reconstruction forestière à la suite de la survenance d'un sinistre naturel d'origine sanitaire, climatologique, météorologique ou lié à l'incendie, ou des travaux de prévention d'un tel sinistre ou, au titre d'une année, et dans la limite de 30 % des sommes déposées sur le compte, pour procéder à des travaux forestiers de nature différente.
En cas de mutation par décès, cet engagement doit être pris dans la déclaration de succession ou dans un document qui lui est indivisiblement annexé[737]. En vertu des dispositions de l'article 1840 G, II bis du CGI, en cas de manquement à l'engagement prévu à l'article 793, 3-b du CGI pris par l'héritier, le donataire ou le légataire d'employer les sommes objets de la mutation conformément aux dispositions des articles L 352-3 et L 352-4 du Code forestier pendant trente ans, les héritiers, donataires ou légataires ou leurs ayants cause sont tenus d'acquitter à première réquisition :
– Le complément de droit d'enregistrement ;
– Et un supplément de droit égal, respectivement, à 30 %, 20 % et 10 % de la réduction consentie selon que le manquement est constaté avant l'expiration de la dixième, vingtième ou trentième année[738].
L'intérêt de souscrire à un tel instrument financier pour une personne physique se déduit des avantages fiscaux qui y sont associés. Mais existe-t-il une raison spécifique pour justifier la souscription de ce Cifa par un groupement forestier ? Madame Alexandra Arnaud-Emery est dubitative quant à l'intérêt patrimonial d'une telle souscription. « Il convient de s'interroger sur l'intérêt du Cifa pour un associé de groupement forestier qui entend transmettre ses parts sociales. Ce Cifa est une fausse bonne idée en présence d'une détention indirecte au travers d'un groupement forestier ou d'une société d'épargne foncière… Toutefois, une analyse de l'impact des "carottes fiscales" souligne l'inutilité de l'ouverture du nouveau compte au groupement forestier et société d'épargne forestière »[739]. À juste raison, l'auteure précise que la transmission à titre gratuit des parts d'un groupement forestier « ne peut adosser la transmission d'un Cifa et bénéficier d'une exonération partielle à raison de ce compte dans la mesure où il n'en est pas le titulaire. Il peut bien évidemment en détenir un, personnellement, s'il est aussi propriétaire personnellement et directement de bois et forêts assurés. Dans ce dernier cas, il est plus logique

[737] BOI-ENR-DMTG-10-20-30-10 n° 164, 18 mars 2014.
[738] BOI-ENR-DMTG-10-20-30-10 n° 166, 18 mars 2014.
[739] A. Arnaud-Emery, *op. cit.* p. 380.

d'adosser la transmission des parcelles en nature de bois et forêts avec le Cifa afférent aux biens transmis »[740]. S'agissant d'une valeur mobilière, la souscription de cet instrument par le groupement forestier, conduit lors de la transmission à titre gratuit des droits sociaux à l'exclure de l'exonération prévue à l'article 793-3 du CGI dans la mesure où cet actif sociétaire n'a pas la nature de bois et forêts.

Section IV : Favoriser la régénération des bois et forêts.

§1 : Les exonérations liées à des impôts de production

115— Les exonérations fiscales sont liées à la valeur productive des sols. La contribution économique territoriale (CET) a été instituée, à compter des impositions établies au titre de 2010, par l'article 2 de la loi de finances pour 2009 n° 2009-1 673 du 30 décembre 2009, en remplacement de l'ancienne taxe professionnelle. Aux termes de l'article 1447-0 du CGI, elle est composée d'une cotisation foncière des entreprises et d'une cotisation sur la valeur ajoutée des entreprises. La cotisation foncière des entreprises reprend l'essentiel des caractéristiques de l'ancienne taxe professionnelle. À la différence de la taxe professionnelle, elle est assise sur les seuls éléments fonciers, les équipements mobiliers n'étant plus taxés. Plus précisément, cette composante de la contribution économique territoriale est assise sur la valeur locative des biens immobiliers passibles d'une taxe foncière et utilisés par l'entreprise pour les besoins de son activité professionnelle. Toutefois, selon l'article 1450 du Code général des impôts, les exploitants agricoles, y compris les propriétaires ou les fermiers, sont exonérés de la cotisation foncière des entreprises. L'exonération prévue en faveur des exploitants agricoles s'applique aux sylviculteurs exploitants soit des bois proprement dits, soit notamment des aulnaies, oseraies, saussaies ou se contentant de vendre des coupes de bois sur pied. Il est toutefois précisé selon l'administration que « seules les personnes dont l'activité couvre l'ensemble du cycle biologique forestier, depuis la plantation jusqu'à la coupe du bois sur pied, sont considérées comme exerçant une activité agricole. En revanche, les exploitants forestiers, dont l'activité consiste à acheter des arbres sur pied pour en revendre les bois coupés, sont considérés comme exerçant une activité de nature commerciale »[741]. La frontière avec les autres catégories de revenus est parfois ténue. Ainsi, une activité qui présente un caractère agricole doit être exonérée en application des dispositions de l'article 1450 du CGI même si cette activité, regardée comme le prolongement d'une activité industrielle et commerciale, est, en application des dispositions de l'article 155 du CGI, soumise à l'impôt sur le revenu dans la catégorie des

---

740 A. Arnaud-Emery, *op. cit.* p. 380.

741 BOI-IF-CFE-10-30-10-20 n° 40, du 3-10-2018

bénéfices industriels et commerciaux. [742] L'exonération de CFE s'étend aux opérations accessoires ou qui sont le prolongement direct de l'activité agricole,
mais non pas aux activités exercées par des sylviculteurs qui présentent un caractère industriel ou commercial, lorsque ces opérations ne peuvent être considérées comme le prolongement direct de l'activité agricole. La deuxième composante de la contribution économique territoriale est relative à la cotisation sur la valeur ajoutée des entreprises, à tout le moins jusqu'en 2027, date envisagée pour sa suppression définitive[743]. Le champ d'application de la cotisation sur la valeur ajoutée des entreprises est le même que celui de la CFE. Sont actuellement redevables de cette cotisation les entreprises ou personnes exerçant une activité professionnelle non-salariée et générant un chiffre d'affaires (CA) annuel hors taxe supérieure à 500 000 €.

§2 : Les exonérations permanentes et temporaires de taxe foncière sur les propriétés non bâties.

116— Au titre des impôts locaux, l'incitation passe par le mécanisme des dégrèvements et des exonérations pour la taxe sur les propriétés non bâties. En matière d'imposition du capital, la taxe foncière demeure en France, en volume budgétaire, le principal impôt analytique « sur la fortune ». Toutefois au regard des bois et forêts, la taxe foncière sur les propriétés non bâties supporte des dérogations au droit commun. Ce mode de calcul, à partir d'une valeur cadastrale déconnectée de la valeur locative réelle des biens, permet de limiter l'imposition pesant sur le propriétaire qui ne peut jouir de façon immédiate de son capital forestier. La taxe foncière sur les propriétés non bâties est établie d'après la valeur locative cadastrale de ces propriétés, sous déduction de 20 % de son montant (CGI, art. 1 396). Le revenu cadastral est déterminé dans chaque commune par l'administration des finances publiques en considération : dc la nomenclature des différentes natures de culture ou de propriété (les bois et forêts relèvent de la cinquième catégorie du classement, à savoir : bois, aulnaies, saussaies, oseraies) ; du sous-groupe de nature de bois (peupleraies, futaies feuillues, futaies résineuses) ; de la classe dont relève la parcelle (il est tenu compte de la fertilité du sol, de la situation topographique des propriétés et de la valeur des produits). En outre, en vertu de l'article 1395 du CGI, pour les parcelles d'une densité suffisante ayant fait l'objet de semis ou plantations effectuées après le 11 juillet 2001, un régime d'exonération totale temporaire est prévu en fonction de l'essence plantée : les peupliers

[742] TA Dijon 15-2-1994 n° 91-1327, Sté Bouchard père et fils, RJF 10/94 n° 1080
[743] Initialement prévue en 2024, la suppression de la contribution sur la valeur ajoutée des entreprises devrait avoir lieu au 1er janvier 2027. De plus, il n'est plus possible de bénéficier d'une exonération facultative de CVAE ou d'un abattement facultatif depuis le 1er janvier 2024.

bénéficient d'une exonération totale pendant 10 ans, les résineux pendant 30 ans et les feuillus autres que peupliers durant 50 ans. Il faut souligner avec Madame Jessica Saurat que « Le législateur a ainsi souhaité considérer la spécificité de la durée de maturité de l'arbre qui est de quatre-vingt-dix ans pour un résineux, cent cinquante ans pour un feuillu et trente ans pour un peuplier. Cette disposition présente l'avantage de prendre en compte le caractère vivant et donc la vitesse de croissance différente des arbres, mais favorise également une nouvelle fois le développement du couvert forestier en incitant à leur plantation »[744]. Cependant, des situations particulières ont été prises en compte. Tout d'abord, « la situation des enrésinements (plantations d'espèces résineuses dans un peuplement feuillu en vue de son enrichissement ou de sa conversion) au regard de l'exonération de taxe foncière sur les propriétés non bâties dépend de l'importance de ces derniers, lesquels doivent être considérés successivement, par rapport aux parcelles sur lesquelles ils sont effectués ; et, en eux-mêmes, abstraction faite du restant des parcelles »[745]. Ensuite, les bois sinistrés qui sont ensemencés, plantés ou replantés en bois bénéficient dans les mêmes conditions que ci-dessus, de l'exonération temporaire de taxe foncière. « Toutefois, cette exonération n'est pas acquise aux bois partiellement incendiés qui se reconstituent naturellement et à raison desquels les propriétaires sont en droit de réclamer une réduction d'imposition pour pertes de récoltes »[746]. Enfin, « en application des dispositions des articles L. 126-3 et R. 126-36 du code rural et de la pêche maritime, les boisements linéaires, haies et plantations d'alignement nouvellement plantés ou replantés ainsi que ceux existants, qui ont été déclarés protégés par le préfet peuvent, sous certaines conditions, bénéficier du régime fiscal attaché aux bois et forêts »[747].

117-L'exonération en faveur de certaines régénérations naturelles. Les terrains boisés en nature de futaies ou de taillis sous futaie, autres que des peupleraies[748], ayant fait l'objet d'une régénération naturelle, sont totalement exonérés de TFPNB (CGI, art. 1395, 1° bis). La réussite de la régénération naturelle est constatée par un certificat de l'administration chargée des forêts ou d'un agent de l'Office national des forêts. L'article 3 du décret n° 2002-

---

744 J. Saurat, *op.cit.* p. 287.

745 BOI-IF-TFNB-10-50-10-10 n° 30 à 50 du 12 septembre 2012

746 BOI-IF-TFNB-10-50-10-10 n° 70 du 12 septembre 2012

747 BOI-IF-TFNB-10-50-10-10 n° 100 du 12 septembre 2012

748 L'administration définit les futaies et taillis comme suit « La futaie est un peuplement forestier où tous les arbres sont issus de graines. Le taillis est composé d'arbres de faible dimension issus de souches d'arbres coupés au ras du sol à intervalles réguliers. Le taillis sous futaie est une forêt mixte composée à la fois de taillis en sous-étage et d'une futaie peu dense à l'étage dominant ». BOI-IF-TFNB-10-50-10-10 n° 160 du 12 septembre 2012

1003 du 12 juillet 2002 détermine les conditions de délivrance du certificat : « Ainsi, peuvent bénéficier du certificat les parcelles qui étaient boisées en nature de futaie ou de taillis sous futaie avant les coupes de régénération et qui portent des semis naturels, éventuellement complétés par des plantations, remplissant les conditions suivantes :

— Être d'essences forestières inscrites sur la liste régionale des essences éligibles aux aides-forestières de l'État ;

— Avoir une hauteur comprise entre 1,5 mètres et 3 mètres ;

— Avoir une densité minimale de 1 100 tiges par hectare s'il s'agit de frênes, de merisiers ou d'érables sycomores ou de 2 000 tiges par hectare s'il s'agit d'une autre essence ;

— Être également répartis sur au moins 70 % de la surface de la parcelle mise en lumière par les travaux de régénération naturelle »[749].

Le certificat est établi entre le début de la troisième année et la fin de la dixième année suivant celle de l'achèvement de la coupe définitive. Il est déposé à l'administration fiscale par le propriétaire ou l'Office national des forêts avec la demande d'exonération. Cette exonération s'applique pendant trente ans pour les résineux et 50 ans pour les feuillus et autres bois, à compter du 1er janvier de l'année suivant la réussite de la régénération.

118— Conformément au 1° ter de l'article 1395 du CGI, les terrains boisés présentant un état de futaie irrégulière en équilibre de régénération sont également exonérés de la taxe foncière sur les propriétés non bâties, à concurrence de 25 %, pendant les quinze années suivant la constatation de cet état. La futaie irrégulière en équilibre de régénération se caractérise par « un mélange, sur une même parcelle, d'arbres de tous âges avec un équilibre entre petits, moyens et gros bois. Dans ce cas, le renouvellement s'effectue au moyen de petites trouées sur toute la parcelle. La futaie irrégulière est également connue sous le nom de futaie "jardinée" qui n'en est en fait qu'une modalité particulière »[750]. Les peupleraies ne bénéficient pas de cette exonération[751]. L'équilibre de la régénération est constaté par un certificat de l'administration chargée des forêts ou d'un agent de l'Office national des forêts. Aux termes de l'article 4 du décret n° 2002-1 003 du 12 juillet 2002

---

749 BOI-IF-TFNB-10-50-10-10 n° 250 du 12 septembre 2012

750 BOI-IF-TFNB-10-50-10-10 n° 430 du 12 septembre 2012

751 BOI-IF-TFNB-10-50-10-10 n° 440 du 12 septembre 2012

« Ainsi, peuvent bénéficier du certificat les parcelles comportant au moins 100 tiges de franc pied à l'hectare, répondant aux conditions suivantes :

— être d'essences forestières inscrites sur la liste régionale des essences éligibles aux aides-forestières de l'État ;

— Avoir une hauteur comprise entre 3 et 10 mètres ;

— Être réparties sur au moins le quart de la parcelle ;

— Présenter une répartition spatiale cohérente avec la structure des classes de diamètre ou classes d'âge du peuplement »[752].

Dans l'année de sa délivrance, il est déposé à l'administration des finances publiques par le propriétaire ou auprès de l'Office national des forêts avec la demande d'exonération. Cette exonération s'applique pendant 15 ans à compter du 1er janvier suivant la demande de l'exonération. Elle est renouvelable, sous réserve du dépôt d'une nouvelle demande accompagnée d'un nouveau certificat. Cette exonération s'applique après l'exonération permanente en faveur des propriétés non bâties agricoles (CGI, art. 1 394 B bis, II, al. 2).

119— L'article L. 1 394 B bis du CGI, prévoit, à titre permanent, une exonération de 20 % pour différentes catégories de propriétés listées à l'article 18 de l'instruction ministérielle du 31 décembre 1908, telle que les prés et prairies naturelles pouvant inclure des arbres ruraux non agricoles, les vergers et cultures fruitières d'arbres, les vignes, et les jardins autres que les jardins d'agrément pouvant inclure des arbres urbains. Cela devrait inciter à la protection par le maintien d'un certain nombre d'espaces verts. Cependant, cette exonération est parfois exclusive d'autres exonérations permanentes ou temporaires. Sont notamment exclus de l'exonération prévue par l'article 1394 B bis du CGI, « les parcelles qui bénéficient de l'exonération permanente totale des propriétés non bâties en Corse (CGI, art. 1394 B) ; de l'exonération totale accordée, sur délibération des conseils municipaux et des organes délibérants des EPCI à fiscalité propre, des terrains, agricoles ou non, plantée en oliviers (CGI, art. 1394 C) ; de l'exonération totale de dix, vingt ou cinquante ans accordées aux terrains ensemencés, plantés ou replantés en bois (CGI, article 1395, 1°) ; de l'exonération totale pendant trente ou cinquante ans des terrains boisés en nature de futaies ou de taillis sous futaie, autres que des peupleraies, qui ont fait l'objet d'une régénération naturelle (CGI, art. 1395, 1° bis) ; de l'exonération totale de cinq ans dont peut bénéficier une

---

[752] BOI-IF-TFNB-10-50-10-10 n° 480 du 12 septembre 2012.

partie des terrains situés en zones humides (CGI, art. 1395 B bis) ; de l'exonération totale de cinq ans des terres agricoles situées dans les sites Natura 2 000 (CGI, art. 1395 E) »[753]. La forêt est ainsi appréhendée, *ut singuli*, en qualité d'arbres dont la régénération est essentielle à sa valeur productive, mais également à la protection d'un écosystème. Ces incitations fiscales confirment s'il en est besoin l'analyse des forêts en qualité de biens « un bien qui est, comme toute chose, susceptible d'appropriation, privée ou publique, mais ce bien a toujours occupé et occupe encore aujourd'hui, une place très particulière dans la société, en raison de sa triple fonction écologique, sociale et surtout économique »[754].

[753] BOI-IF-TFNB-10-40-50 n° 150 du 20 décembre 2021.
[754] B. Le Meignen, *La forêt objet du droit administratif*, thèse Aix-Marseille, 2009 p. 41.

Conclusion : L'incitation fiscale au soutien de la dimension sociale du patrimoine culturel et naturel

120— L'institution patrimoniale a pour mission de conserver les biens culturels et de garantir leur accessibilité, puis leur transmission aux générations à venir[755]. À la lumière des travaux de Françoise Choay[756], de Jean-Michel Léniaud[757] ou bien encore de Dominique Poulot[758], nous saisissons de nouvelles figures de l'objet patrimonial[759]. Catégorie d'État, l'objet patrimonial est également une revendication juridique dont la substance est d'identifier le processus de patrimonialisation selon les professeurs Marie Cornu et Noé Wagener : « La loi du 31 décembre 1913 sur les monuments historiques, celle du 27 septembre 1941 sur les fouilles archéologiques, celle du 3 janvier 1979 sur les archives ou celle du 31 décembre 1992 sur la circulation des biens culturels (autant de textes qui structurent aujourd'hui le Code du patrimoine et l'action du ministère de la Culture) partagent une même caractéristique, en effet : elles fixent d'abord et avant tout qui, en droit, peut, et selon quelles procédures, décider de garder, de jeter, de transformer ou encore d'exporter les choses qui entrent dans le fin maillage des catégories juridiques qu'elles établissent (le "monument historique", l'"archive", le "vestige archéologique", le "trésor national", etc.) »[760]. La patrimonialisation contribue à structurer des identités, voire à les fabriquer par une sorte d'invention d'un passé légitimant, en les ouvrant, par la transmission, à un futur. En se soumettant au régime de la patrimonialité, les objets quittent en somme la sphère de l'utilité pratique et de la soumission à l'usure, pour entrer dans celle de la culture où ils acquièrent un statut qui les soustrait à l'obsolescence, pour devenir ce que Krysztof Pomian appelle des sémiophores[761]. Ils gagnent en valeur ce qu'ils perdent en usage. Ils se voient attribuer une signification dont l'origine est dans l'invisible qu'ils représentent. L'objet patrimonialisé enregistre la dénégation de sa valeur

---

755 Voir M. Cornu, *Entre-temps : le bien culturel et le droit*, Dalloz, 2023.

756 F. Choay, *L'allégorie du patrimoine*, seuil, 1996 ; *le patrimoine en questions. Anthologie pour un combat*, seuil 2009.

757 J-M. Leniaud, *Les archipels du passé*, fayard, 2002 ; *Historicisme et modernité du patrimoine européen, reconstruction, restauration, mise en valeur aux XIX e et XX e siècles*, L' Harmattan, 2007

758 D. Poulot, *Musée, nation, patrimoine, 1789-1815*, NRF, Gallimard, 1997 ; *Une histoire du patrimoine en occident XVIIIe - XXIé siècle, du patrimoine aux valeurs*, PUF, 2006.

759 M. Cornu, N. Wagener, « L'objet patrimoine, une construction juridique et politique », XX e siècle , 1/2018, n° 137, pp. 33-47.

760 M. Cornu, N. Wagener, *op. cit.* p. 38.

761 K. Pomian, *Collectionneurs, amateurs et curieux, Paris, Venise : XVIe – XVIIIe siècle*, Paris, Gallimard, 1987, voir en particulier les pages 15 à 69.

d'usage et de sa valeur marchande sous l'effet de sa valorisation symbolique. Cette approche conduit à rappeler que le patrimoine peut être un captal hérité, mais il est également une construction symbolique dont il faut sonder les rouages, y compris quand il s'agit d'un patrimoine naturel dont la valeur n'apparaît que sous l'effet de mobilisations et de luttes pour leur reconnaissance. Depuis Aloïs Riegel, la vulgate répète que les œuvres ont une double historicité, la première marquée par l'époque de leur origine et la seconde par celle de leur transmission, puis de leur conservation. L'objet patrimonialisé existe donc sous ce double registre, le régime de l'ancien et de la tradition, et celui du futur et de la modernité. Le patrimoine est vecteur d'une mémoire, mais lui-même n'est pas mémoire, il est simplement présence pour des générations futures. Outre les instruments régaliens de protection du patrimoine, le droit du patrimoine est articulé autour des opérations de conservation mises en relief par des dispositifs fiscaux. Conserver va supposer d'accompagner le vieillissement afin que l'individualité étroite de l'œuvre persiste. La conservation suppose souvent d'intervenir préventivement pour garantir la persistance d'une propriété qualitative qu'on craindrait de voir disparaître. Cette logique de patrimonialisation à but conservatoire se retrouve à l'œuvre dans la défense de sites naturels. Le patrimoine naturel s'impose comme une somme de ressources économiques, culturelles, sociales et biologiques, mais également comme l'objet de possibles prédations ou dégradations qu'il s'agit d'endiguer. Les instruments de conservation et de protection de la nature renvoient de manière récurrente aux modalités de patrimonialisation de la nature. En France, l'inventaire national du patrimoine géologique est officiellement lancé en 2007. Il s'inscrit dans la loi du 27 février 2002 relative à la démocratie de proximité. Celle-ci précise que « l'État […] assure la conception, l'animation et l'évaluation de l'inventaire du patrimoine naturel qui comprend les richesses écologiques, faunistiques, floristiques, géologiques, minéralogiques et paléontologiques ». L'inventaire du patrimoine naturel de l'ensemble du territoire français a ainsi pour objectif d'identifier l'ensemble des sites et objets d'intérêt, *in situ* et *ex-situ*, de collecter et saisir leurs caractéristiques sur des fiches appropriées, de hiérarchiser et valider les sites à vocation patrimoniale et d'évaluer leur vulnérabilité et les besoins en matière de protection. Désormais, selon l'article L. 411-1 A du code de l'environnement, il existe un instrument d'identification du patrimoine naturel : l'inventaire du patrimoine naturel, permettant d'identifier les richesses remarquables du territoire national, terrestre, fluvial et marin[762]. L'intégration des éléments dits « naturels » dans la « sphère » patrimoniale constitue une des évolutions les plus marquantes de ces dernières décennies. Bien qu'historiquement l'intérêt pour les sites naturels, les « monuments naturels », soit aussi ancien que le

[762] K. Galy, « L'imprégnation du droit de la protection des espaces naturels par le mécanisme de l'inventaire du patrimoine naturel », RJE 1/2018, pp. 111-130

bâti, il faut attendre les années 1960 pour que le terme apparaisse dans un document officiel. C'est en effet en 1967, en France, que le décret instituant les Parcs Naturels Régionaux précise qu'un territoire peut être classé dans cette catégorie en raison de « la qualité de son patrimoine naturel et culturel ». Toutefois, nous avons montré l'imbrication des patrimoines culturels et naturels au point de brouiller leur frontière à partir notamment des paysages culturels ou bien encore des grottes ornées par des peintures rupestres. La qualité patrimoniale n'est plus l'apanage des éléments naturels institutionnellement conservés : « On est passé d'une nature artistique et monumentale à des considérations écologiques d'éléments "remarquables" pour aborder aujourd'hui l'idée de la protection de la nature ordinaire »[763]. Cette incorporation du vivant dans la sphère du patrimoine culturel a en définitive modifié, notre ontologie du patrimoine au point de le réinterpréter à la lumière des communs. Le caractère patrimonial désigne ainsi des ressources naturelles, des territoires, mais peut intégrer aussi des notions de savoir-faire et de culture. Le patrimoine n'est plus seulement le capital hérité, il sert à valoriser des objectifs de gestion des ressources naturelles et de milieux, gestion qui doit être organisée dans le but de conserver pour les générations futures. Cette référence aux générations futures permet au demeurant de justifier l'ingérence collective dans la gestion privée des ressources naturelles comme dans le cadre des monuments historiques[764]. Madame la professeure Jacqueline Morand-Deviller rappelait à juste titre que certains sites protégés ont des interactions avec des éléments du patrimoine bâti[765]. C'est en somme à travers des caractéristiques topographiques et identitaires que certains monuments et sites sont devenus des marqueurs patrimoniaux. Dans cette veine, l'arbre, monument naturel lorsqu'il est protégé est sanctuarisé : il incarne la régénération de la nature grâce à sa production de semences ou de rejets. Arbre de vie, il peut faire l'objet d'un label décerné par une institution privée. En définitive, le narratif patrimonial est élaboré autour de trois dimensions. La première, *rétrospective*, permet à une société de s'appuyer sur des éléments hérités du passé pour saisir des lieux ou des objets ayant acquis un statut symbolique. La deuxième est *introspective* dans la mesure où la construction patrimoniale interroge un présent en fonction de la relation au temps passé. Cette nouvelle charge de sens apportée par la société forge à titre

---

[763] C. Barrere et all, *Réinventer le patrimoine, de la culture à l'économie, une nouvelle pensée du patrimoine*, L'Harmattan, 2005, p. 17.

[764] Voir J. Morand-Deviller, *Droit de l'environnement*, PUF, 2019, en particulier la protection de l'environnement patrimonial, rural et urbain, pp. 71-85.

[765] J. Morand-Deviller, « À la recherche d'une définition de site protégé », Tourisme et droit, 2007 n° 89 p 14. Elle précise en effet que « La présence d'un site protégé a une forte influence sur d'autres protections. Il en est ainsi de l'atteinte portée à la fois à un monument historique et à un site par des travaux sur un immeuble situé aux « abords » (par exemple, le Marché Saint-Germain à Paris) »

prospectif, troisième dimension, des éléments identitaires d'une nation. L'institution patrimoniale est désormais traversée par une approche économique qui privilégie les rationalités financières non pas au détriment, mais en surplomb des objectifs d'intérêt général. L'intérêt financier des personnes publiques est un objet d'étude tentaculaire[766]. Il s'est agi dans un premier temps de rationaliser les subventions et crédits attribués aux protagonistes, publics comme privés, de la conservation, de la restauration et de la mise en valeur des patrimoines protégés. Dans un second temps, des indicateurs de performance sont dégagés pour « flécher » ces subventions et crédits, depuis le budget de l'État dans le cadre de la LOLF jusqu'aux agences et opérateurs de l'État. L'infiltration des indicateurs de performance irradie les politiques publiques et supports des dépenses fiscales. De proche en proche, les éléments du patrimoine culturel comme ceux du patrimoine naturel ne sont pas uniquement appréciés sur la base d'un intérêt public suffisant « d'art et d'histoire » ou « environnemental « mais à la lumière également d'un intérêt public « financier ». Compte tenu des difficultés financières auxquelles elles se trouvent confrontées, les personnes publiques sont de plus en plus incitées à rationaliser les dépenses pour « assainir » les finances publiques. Après des critiques répétées de la Cour des comptes sur l'insuffisance du contrôle de gestion, le conservatoire de l'espace littoral et des rivages lacustres a introduit en 2009 des indicateurs d'efficience portant sur le prix moyen à l'hectare du foncier acquis, le coût moyen de l'élaboration d'un document de gestion ou encore de celui des travaux de restauration. Au-delà d'une approche normative qui intègre aux motifs d'intérêt général, « l'intérêt public financier »[767], il apparaît que le législateur supprime, après une évaluation ex post, des dépenses fiscales jugées inefficientes[768]. Ainsi, dans ses notes d'analyse de l'exécution budgétaire des dépenses fiscales, la Cour invite l'administration à évaluer l'opportunité du maintien de dépenses fiscales de faible montant et concernant peu de bénéficiaires. Depuis plusieurs années, cette invitation est suivie d'effets dans les lois de finances. Il ne s'agit plus uniquement d'apprécier la rationalité financière, a priori, dans le processus de création des normes, mais également a posteriori pour tenir compte des marges

---

[766] Voir F. Alhama, *L'intérêt financier dans l'action des personnes publiques*, thèse, Paris I, 2016.

[767] Voir C. Teitgen-Colly, *La légalité de l'intérêt financier dans l'action administrative*, thèse Paris I, préf. P. Lavigne, Economica, 1981.

[768] Voir notamment, Inspection générale des finances, Rapport relatif à *la fiscalité et la mise en œuvre de la nouvelle stratégie nationale pour la biodiversité (2010-2020)*, 2011 M-050-01 d'octobre 2011.

de manœuvre financières de l'État, c'est-à-dire d'une certaine soutenabilité des finances publiques[769].

121— Bien qu'elles obéissent à des temporalités distinctes, les mesures fiscales de protection du patrimoine culturel et naturel empruntent des voies similaires. Cependant la similitude des moyens mis en œuvre ne doit dissimuler ni la prééminence des dispositifs fiscaux liés au patrimoine culturel ni le manque de cohésion dont pâtit cette politique publique. La similitude est observable dans les instruments mis en œuvre pour enrichir le patrimoine culturel et naturel. Si les dépenses fiscales irradient l'ensemble des politiques publiques en incitant les contribuables à modifier leur comportement, il existe un procédé original propre au patrimoine culturel et naturel ; celui de la dation en paiement. La procédure de paiement des droits par remise de certains biens est une procédure exceptionnelle subordonnée à l'octroi d'un agrément[770]. À cela il faut ajouter les exonérations fiscales au titre des legs et des dons qui concernent à la fois le patrimoine culturel et le patrimoine naturel. Dans le cadre du patrimoine culturel, ces exonérations sont subordonnées à la souscription par les héritiers, donataires ou légataires d'une convention à durée indéterminée, conclue avec les ministres de la Culture et des Finances. À ce titre, cette convention prévoit notamment les modalités d'accès du public. En ce qui concerne le patrimoine naturel, l'article 71 de la loi 2005-1720 du 30 décembre 2005, complété par l'article 22 de la loi 2 006-436 du 14 avril 2006, codifiés à l'article 793, 2-7° du CGI, a institué, sous certaines conditions, une exonération de droits de mutation à titre gratuit, à concurrence des trois quarts de leur montant, en faveur des successions et des donations entre vifs et intéressant les propriétés non bâties qui ne sont pas en nature de bois et forêts et qui sont incluses dans certains espaces naturels protégés. Les bois et forêts bénéficiaient déjà d'une telle exonération dans le cadre de l'amendement « Monichon ». Cette exonération est soumise à un engagement pour un plan de gestion d'une durée de 30 ans, pour assurer la préservation de ces espaces. Le rapprochement des législations se déduit également des procédures de financement des activités liées au patrimoine culturel comme

---

[769] Voir M. Bouvier, « La soutenabilité des finances publiques en déficit de projet politique », RFFP 2012 n° 118, p. 5

[770] Les conditions d'agrément sont prévues par les articles 384 A à 384 A ter du CGI tel qu'elles ont été aménagées par le décret n° 2012-1241 du 7 novembre 2012 et modifiées par le décret n°2016-1310 du 4 octobre 2016. En effet, le décret 2016-1310 du 4 octobre 2016 (JO du 6 texte n° 30) a supprimé la commission interministérielle qui intervenait dans la procédure d'agrément des dations en paiement par remise d'immeubles en nature de bois et forêts ou espaces naturels pouvant être incorporés au domaine forestier de l'État (CGI ann. II art. 384 A ter modifié). Désormais, le ministre chargé du budget adresse l'offre de dation en paiement, accompagnée d'un avis sur la valeur libératoire proposée, au ministre chargé des forêts.

au patrimoine naturel avec la création de taxes affectées à des opérateurs ou agences en charge de missions propres aux secteurs concernés (archéologie préventive d'un côté avec la création d'une taxe d'archéologie préventive en 2001 affectée à l'INRAP et désormais rebudgétisée[771], actions menées par le conservatoire de l'espace du littoral et des rivages lacustres de l'autre, dont le budget est alimenté notamment par une taxe annuelle sur les engins maritimes à usage personnel). Au-delà de ces similitudes, il y a des divergences qui tiennent notamment au soutien financier et fiscal de l'État. En ce qui concerne le patrimoine culturel immobilier non bâti, les dépenses fiscales sont regroupées dans le cadre du programme budgétaire n° 149 « Compétitivité et durabilité de l'agriculture, de l'agroalimentaire, de la forêt, de la pêche et de l'aquaculture ». Selon la présentation stratégique du rapport annuel de performance, « Le programme 149 contribue à la "Compétitivité et à la durabilité de l'agriculture, de l'agroalimentaire, de la forêt, de la pêche et de l'aquaculture". Ces secteurs constituent ensemble un plan stratégique, d'une part de la souveraineté française en sécurisant la chaîne alimentaire et son approvisionnement, et d'autre part de l'économie française en contribuant au développement de l'emploi et de l'activité économique dans les territoires et en contribuant positivement à la balance commerciale et au rayonnement de la France dans le monde »[772]. Pour le secteur forêt-bois, les actions financées par le programme 149 s'inscrivent dans le programme national de la forêt et du bois (PNFB) qui vise à assurer un développement équilibré, dynamique et durable de la filière forêt-bois. Dans le cadre de la loi de finances pour 2024, l'exonération partielle des bois et forêts, des parts de groupement forestier, des biens ruraux loués par bail à long terme et des parts de groupement foncier agricole (GFA) représente 48 M€, tandis que l'exonération partielle de droits de mutation des bois et forêts, des sommes déposées sur un compte d'investissement forestier et d'assurance (CIFA), des parts d'intérêts détenues dans un groupement forestier, des biens ruraux loués par bail à long terme, des parts de GFA et de la fraction des parts de groupements forestiers ruraux représentative de biens de nature forestière et celle représentative de biens de nature agricole est évaluée à 50 M€. En dehors des bois et forêts, l'exonération, sous certaines conditions, de droits de mutation à titre gratuit, à concurrence des trois quarts de leur montant, en faveur des successions et donations intéressant les propriétés non bâties qui ne sont pas de nature de bois et forêts et situées dans les sites NATURA 2000, les zones centrales des parcs nationaux, les réserves naturelles, les sites classés et les espaces naturels remarquables du littoral, est chiffrée pour 2024 à 10 M€[773]. Ces statistiques appellent trois remarques. D'une part, les

[771] Voir J-R. Pellas, *Fiscalité du patrimoine culturel mobilier, op. cit.*, p. 133-143.
[772] PLF 2024, *Projet annuel de performances, Présentation stratégique de la mission Agriculture, alimentation, forêt et affaires rurales*, p. 10.
[773] PLF 2024, *Évaluation des voies et moyens, Tome II, Les dépenses fiscales,* p. 218.

exonérations fiscales relatives aux bois et forêts sont intégrées dans un chiffrage global qui intègre les groupements fonciers agricoles. Si l'on s'en tient exclusivement aux bois et forêts, le montant des dépenses fiscales serait de l'ordre de 40 M€. D'autre part, les espaces naturels autres que les bois et forêts sont faiblement mobilisés dans le cadre de ces incitations fiscales. Enfin, l'évaluation des dépenses fiscales du patrimoine monumental par rapport à l'ensemble des dépenses fiscales du patrimoine non bâti, y compris au titre des exonérations d'impôts locaux, semble prédominante. Une telle prééminence du soutien fiscal de l'État au profit du patrimoine monumental peut s'expliquer, d'un côté par l'articulation de dispositifs fiscaux homogènes dédiés à la conservation et à la mise en valeur des monuments historiques et de ceux labellisés et de l'autre par des dispositifs hétérogènes au profit d'un millefeuille juridique composé de sites, de réserves, de bois et forêts, rendant peu lisible l'incitation fiscale au profit de la seule mise en valeur du patrimoine naturel. Cette politique fiscale pusillanime au miroir du patrimoine culturel non bâti interpelle et ce d'autant que la Cour des comptes considère que celle-ci est davantage orientée à la faveur d'une fiscalité patrimoniale. En définitive, le décloisonnement des champs du patrimoine naturel et du patrimoine culturel n'ont pas produit malgré leur similitude de moyens, une « hybridation » des dispositifs fiscaux permettant d'assurer une protection égale entre ces deux patrimoines. Pourtant un principe de responsabilité dégagé par Hans Jonas[774] devrait innerver la dimension fiscale de la protection du patrimoine, celui d'un principe axiologique fondé sur des valeurs communes et éthiques au soutien des politiques fiscales. Pour tenir compte des objectifs d'intérêt général et des contraintes imposées à un propriétaire privé, notamment au titre de l'accès du public à ces lieux ou édifices, une compensation financière devrait être érigée en principe fondamental tant pour le patrimoine culturel que pour le patrimoine naturel. En définitive, le substrat commun à ces patrimoines est relatif à la fonction sociale de ces biens.

122— Archiver le présent pour préserver le futur conduit à (re)penser le patrimoine non plus seulement comme un « avoir » dont une personne est titulaire, mais comme un « devoir » dans le cadre d'interactions sociales, c'est-à-dire une charge fiduciaire dont le propriétaire est redevable, non seulement au profit des générations futures, mais également de la collectivité. Dès la fin du XIXe siècle de nouvelles réflexions surgissent qui « s'inscrivent alors dans un contexte plus général d'émergence des théories du "droit social" et, s'agissant plus spécifiquement de la propriété, de reconnaissance d'une "fonction sociale de la propriété" qui ne saurait être ramenée au seul pouvoir souverain du propriétaire sur sa chose »[775]. Léon Duguit distinguait la

[774] H. Jonas, *Le principe de responsabilité. Une éthique pour la civilisation technologique*, Paris, Les Éditions du Cerf, 1990, rééd. Champs – Flammarion, 1998.
[775] M. Cornu et N. Wagener, *op.cit.* p. 46.

propriété-droit de la propriété fonction, lorsqu'il en invoquait son utilité sociale, impliquant « pour tout détenteur d'une richesse le devoir, l'obligation d'ordre objectif, d'employer la richesse qu'il détient, de maintenir et d'accroître l'interdépendance sociale »[776]. Duguit entend simplement dévoiler la dimension intrinsèquement collective de la propriété, laquelle n'est pas, selon lui, un droit individuel « inviolable et sacré » (dans les termes de la Déclaration de 1789), mais au contraire une « fonction sociale ». Pour Léon Duguit, le propriétaire n'est plus assis sur un droit, il est chargé d'une fonction. Il ne jouit pas de sa propriété en tant qu'il en a le droit, il en dispose en tant qu'utilité sociale[777]. Il se doit donc de la diriger vers l'utilité sociale, en l'exploitant de son mieux : « Le propriétaire d'un capital n'a pas le droit de le laisser improductif »[778]. La théorie de la « fonction sociale » de la propriété conditionne l'exercice du droit subjectif à sa fonction culturelle, mais également à « sa fonction environnementale »[779]. La présentation individualiste et absolutiste du droit de propriété apparaît de plus en plus, avec la force de l'évidence, comme un voile diaphane qui n'a jamais cessé de s'adapter aux enjeux contemporains, en articulant les besoins de la communauté humaine avec ceux des propriétaires privés[780]. Une nouvelle conception du droit de propriété ou du moins de sa fonction sociale est apparue au XXe siècle : dans les nouveaux cadres de l'échange économique, le droit de propriété devient d'abord un droit d'administrer les accès aux ressources. Certes, cette fonction ne découle pas du marché, mais bien d'obligations contractualisées entre l'État et le propriétaire privé pour organiser un accès public à des monuments historiques ou à des biens environnementaux. Le droit de propriété est alors contraint par un droit de jouissance dont le public est collectivement détenteur. « Le droit de propriété pensé comme droit de gérer les accès aux biens, relève d'une logique instrumentale : le bien dont les accès sont gérés est pris comme vecteur de la réalisation des fins de celui qui en a le contrôle, ces fins engageant des relations sociales dont le bien est le lieu »[781]. Dans l'articulation des figures de la propriété privée et de la destination

---

[776] L. Duguit, *Les considérations générales du droit privé depuis le code Napoléon*, F. Alcan, 1912, p. 158

[777] Voir A. Mestre, « Remarques sur la notion de propriété d'après Duguit », Archives de philosophie du droit, 1932, pp. 163-173

[778] L. Duguit, *Traité de droit constitutionnel, tome III, la théorie générale de l'État*, 2e édition, Paris, De Boccard, 1923. p. 542.

[779] B. Grimonprez, « La fonction environnementale de la propriété », RTD Civ. 2015, pp. 539-550.

[780] Voir F. Zenati-Castaing, « Le crépuscule de la propriété moderne, essai de synthèse des modèles propriétaires », Actes du colloque international organisé par le CECOJI à la Faculté de Droit et des Sciences sociales de l'Université de Poitiers 10 et 11 décembre 2009 sur le thème les modèles propriétaires au XXIe siècle. Actes publiés, LGDJ, 2012, pp. 225-254.

[781] P. Crétois, « La propriété repensée par l'accès », RIDE 3/2014, pp. 319-334

collective, la professeure Judith Rochefeld, proposait un modèle hybride « Une troisième voie tient au maintien de la propriété privée, matinée d'accès de tiers à certaines des utilités d'un bien : peu importe qui en est le propriétaire, car le fait qu'un bien soit approprié n'empêcherait pas de le considérer comme "destiné" et qu'un certain nombre de personnes en bénéficient au titre de cette finalité collective. Une communauté, diffuse, existerait ainsi autour de ce type de biens : sans être constituée en propriétaire, cette communauté s'imposerait comme une légitime utilisatrice ou comme une bénéficiaire de la conservation et de la transmission de la ressource concernée (certes, en raison de ce caractère diffus, le terme de "communauté" peut paraître fort). Dans cette configuration, le propriétaire se trouverait, lui, en partie saisi comme un "dépositaire" du bien, de sorte que son utilité individuelle pourrait parfois se trouver transcendée par l'utilité collective : au-delà de la jouissance individuelle des utilités de son bien, il aurait à supporter des "charges" permettant l'accès de tiers à ces utilités ; aux côtés d'un droit traditionnel et exclusif qui lui reviendrait, un groupe d'individus serait reconnu légitime à bénéficier de prérogatives leur permettant de jouir de certaines utilités ou de plaider pour la conservation de la ressource »[782]. Il s'agit en somme de mettre l'accent sur la propriété-fiduciaire. Comment favoriser cet accès du public à des propriétés privées ?

123— Selon le professeur Jean-Marie Pontier, « Le régalien sous-entend, de manière plus ou moins explicite, d'une part, que ce qui est fait par l'État ne peut être fait que par lui, d'autre part, qu'il existe une mission irrécusable de l'État dans un domaine, ici celui de la culture »[783]. En d'autres termes, la question posée est celle du monopole de l'État en matière d'interventions culturelles. S'agissant du patrimoine culturel, le monopole d'État est révélé non seulement par une succession de lois, mais aussi par les procédés de patrimonialisation. Mais quel sens attribuer à un tel monopole d'État ? Selon le professeur Noé Wagener « à proprement parler, l'État ne "protège" pas le patrimoine culturel ; premièrement, il choisit d'interposer sa puissance souveraine — son pouvoir de dire le dernier mot — pour imposer ses propres choix de patrimonialisation et, deuxièmement, il justifie ses choix en les présentant comme protecteurs du patrimoine culturel »[784]. Cependant en matière de patrimoine culturel comme dans le champ des activités culturelles, cette exclusivité d'action de l'État est érodée sous la pression d'instances infra-étatiques dans le cadre d'une décentralisation culturelle,[785] mais

---

[782] J. Rochefeld, « Penser autrement la propriété : la propriété s'oppose-t-elle aux communs ? », RIDE 3/2014, pp. 351-369.

[783] J-M. Pontier, « Le régalien dans le culturel », AJDA 2012, p 1673.

[784] N. Wagener, *les prestations publiques en faveur du patrimoine culturel*, thèse Paris Saclay, 2014 p.19.

[785] Voir J-M. Pontier, *La décentralisation culturelle*, LGDJ, collec. Systèmes, 2018, page 43

également d'organisations supranationales comme l'UNESCO[786] ou bien encore de revendications catégorielles liées à l'émergence d'un droit à la culture[787]. Cette remise en question du régalien semblait caractériser, selon Jean-Michel Leniaud, un refus d'exercice par l'État de ses fonctions régaliennes à la fin du XXe siècle[788]. L'adjectif, qui vient de « royal », ne dit-il pas assez la suspicion que stigmatisent ces prérogatives ? Dans l'exercice de ses prérogatives régaliennes, la puissance de l'État n'est jugée légitime que lorsque sont entreprises des actions de protection des activités culturelles. Comment traiter d'un exercice régalien du pouvoir dans le culturel, manifestation par excellence d'un pouvoir de contrainte alors que la création artistique est transcendée par un principe de liberté ? L'État s'est efforcé de surmonter ces antagonismes au moyen notamment de conventions, de partenariats avec des instances publiques, comme les collectivités territoriales et leurs établissements publics, mais également d'institutions de droit privé reposant pour l'essentiel sur des organismes « d'intérêt général »[789]. Soutien de la création artistique et gardien d'un patrimoine « commun », l'État a ainsi multiplié ses interventions culturelles au point de « publiciser » une sphère considérée comme privée et en retour de « privatiser » ses modes d'intervention par le recours à des méthodes managériales. L'hybridation du droit applicable à l'action publique culturelle profite en dernière instance à une nouvelle posture de l'État stratège qui se cantonne à des activités normatives en laissant le soin à des satellites publics ou privés de gérer les activités culturelles. Comment canaliser l'activité des personnes privées en vue d'objectifs déterminés par l'État pour la sauvegarde d'un patrimoine digne d'intérêt, afin de satisfaire à des motifs d'intérêt général et en dernière instance de jouissance du public ? Sous couvert d'exonérations fiscales liées pour l'essentiel aux impôts patrimoniaux, c'est-à-dire à des droits de donation ou de succession, le législateur a soumis à l'agrément ministériel des conventions de mises à disposition du public au titre des monuments historiques, ou bien encore à des engagements de plans simples de gestion au titre des espaces naturels protégés, y compris de bois et forêts dont l'accès au public est organisé[790]. Il s'agit donc de normes fiscales incitatives par nature

---

786 Voir C. Bories, *Le patrimoine culturel en droit international*, éditions Pedone, 2011

787 Voir J-R. Pellas, *Droit de la culture*, LGDJ, Systèmes, 2015

788 J-M Leniaud, *L'utopie française, essai sur le patrimoine*, éditions menges, 1992, p.115.

789 Voir K-H Voizard, *L'État culturel et le droit, Approche juridique des interventions culturelles de l'État en France*, thèse Paris II, 2011.

790 L'engagement soit d'appliquer pendant 30 ans aux bois et forêts objet de la mutation l'une des garanties de gestion durable prévues par le Code forestier (art. L. 124-1 à L. 124-4 : plan simple de gestion, règlement type de gestion ou code de bonnes pratiques sylvicoles selon les superficies boisées concernées), soit, si, au moment de la mutation, aucune garantie de gestion durable n'est appliquée aux bois et forêts en cause, de présenter dans le délai de 3 ans à compter de la date de mutation et

contractuelles. Dans le champ doctrinal du droit souple, on peut hésiter entre plusieurs catégories de normes, permissives[791], facultatives [792]ou incitatives. En effet, Monsieur le professeur Cedric Groulier définit la norme permissive comme : « toute norme juridique [accordant] une faculté d'action à son destinataire, qui bénéficie d'une liberté de détermination »[793]. Cependant, il englobe les normes incitatives dans celles qui sont permissives, comme suit : « Il faut toutefois mettre à part les règles incitatives ; à l'évidence, une incitation ouvre bien une faculté, en ce qu'elle subordonne le bénéfice d'un avantage à un certain comportement du destinataire de la norme. Il s'agit en quelque sorte d'un encouragement. Mais, même si le propre d'une règle incitative est d'être orientée, finalisée, il ne faut pas perdre de vue qu'elle ouvre une simple faculté, et se trouve ainsi régie par le concept d'indifférence, nul ne pouvant être tenu de suivre une incitation. À ce titre, il est parfaitement concevable que les incitations entrent dans la catégorie des normes permissives. »[794]. Poursuivant l'analyse ontologique de la normativité, Martin Emane Mayo considère que « la norme facultative ouvre une faculté qui correspond à une opportunité normative, à la différence de la norme permissive qui accorde une faculté de façon autoritaire, c'est-à-dire qui accorde une permission de faire »[795]. En d'autres termes, les incitations peuvent relever de la norme facultative en raison d'un « lien normatif obligationnel » subséquent à l'adhésion des destinataires[796]. Néanmoins les normes incitatives et celles facultatives sont distinctes. Le professeur François Brunet précise « Par l'incitation, l'auteur de la norme recherche positivement l'usage de la norme qu'il espère et qu'il peut favoriser en entourant l'édiction de la norme de certaines attentions alors que la norme facultative ne porte aucune préférence explicite, de la part de son auteur, quant à son usage. Ainsi, la norme incitative sous-tend toujours que son auteur incline à ce que la norme serve comme modèle et référence »[797]. Ces incitations fiscales, plus ou moins suivies d'effet, visent à promouvoir des activités d'intérêt général en marge d'un droit de propriété privé, dont la vision prédictive et séquentielle, ou

---

d'appliquer jusqu'à l'expiration du délai de 30 ans une telle garantie. Le bénéficiaire doit prendre, en outre, l'engagement d'appliquer aux bois et forêts le régime d'exploitation normale prévu au décret du 28 juin 1930 pendant le délai nécessaire à la présentation de l'une des garanties de gestion durable.

[791] Voir la thèse de C. Groulier, *Norme permissive et droit public*, sous la direction d'Hélène Pauliat, Limoges, 2006

[792] Voir la thèse de M. E. Meyo, *La norme facultative*, sous la direction de C. Thibierge, Orléans, 2016

[793] C. Groulier, *op.cit*, p. 99.

[794] C. Groulier, *op. cit.* p. 95.

[795] M. E. Mayo, *op.cit.* p. 284

[796] M. E. Mayo, op. cit., p. 325.

[797] F. Brunet, *La normativité en droit*, Bibliothèque des thèses , ed. Mare et martin, 2012. p. 245.

supposée comme telle, interdisait à l'administration toute agilité dans sa prise en charge ou plus exactement réduisaient les sources d'incertitudes au miroir d'un modèle managérial. En définitive, cette contractualisation des rapports entre l'État et le propriétaire privé repose sur des avantages fiscaux, ressort d'un nouveau modèle managérial. « Promouvoir la civilisation du contrat »[798], c'est en ces termes que le Conseil d'État s'exprimait dans son rapport public de 2008 consacré au contrat comme mode d'action publique et de production de normes. Dès lors, le recours aux procédés contractuels traduit nécessairement un changement de paradigme[799]. Dans un contexte marqué par une défiance à l'égard des normes imposées, recourir au contrat permet d'associer les destinataires de la norme à leur production, en déplaçant les frontières du public et du privé, du contenu de la norme vers son processus d'élaboration. Le professeur Jacques Chevallier soulignait l'instrumentalisation du contrat « La contractualisation constitue donc un instrument privilégié de formalisation de la gouvernance : elle donne une traduction juridique à l'approche pluraliste et consensuelle de l'action publique qui est au principe de la gouvernance. La contractualisation implique en effet des relations juridiques fondées, non plus sur l'unilatéralité et la contrainte, mais sur un accord de volontés : elle présuppose que soit considérée l'existence d'acteurs autonomes dont il s'agit d'obtenir la coopération ; et elle passe par un processus de négociation visant à tracer les contours et à définir les termes d'une action commune »[800]. Sur le terreau d'un patrimoine culturel et d'un patrimoine naturel, la contractualisation est un instrument de pilotage pour atteindre des objectifs par une norme incitative[801]. « Par la contractualisation, l'État va chercher à amener ses interlocuteurs à orienter leur activité conformément aux objectifs qu'il a fixés : il ne s'agit plus pour lui d'imposer unilatéralement sa volonté, par la contrainte et sous la menace de sanctions, mais de convenir avec les intéressés des termes et des formes de leur contribution… Le choix de la voie contractuelle vise à éliminer les comportements de passivité ou de refus, en incitant les intéressés à adopter le comportement souhaité »[802]. Associée, à des avantages fiscaux au titre notamment d'une exonération des droits de mutation à titre gratuit, la contractualisation gagne la sphère des activités régaliennes où elle était en principe exclue[803]. Expression d'une raison aussi bien transcendante qu'immanente, la norme fiscale était dotée d'une puissance normative

---

[798] Conseil d'État, Rapport public 2008, *Le contrat, mode d'action publique et de production de normes*, Doc. fr., 2008, p. 229.

[799] Voir S. Chassagnard-Pinet, D. Hiez, *La contractualisation de la production normative*, Dalloz, 2008.

[800] J. Chevallier, « Contractualisation et action publique », RFDA 2018, p. 209.

[801] Voir J-M. Pontier, « Contrat et culture », RFDA 2014. 641

[802] J. Chevallier, « Contractualisation et action publique », RFDA 2018, p. 209.

[803] Voir A. Rosa, « La contractualisation et le contribuable », RFDA 2018, p. 236.

intrinsèque qui s'est désagrégée sous l'effet des transformations de l'État moderne ou postmoderne. La cohérence de la norme fiscale dépend désormais du consensus dont elle est entourée[804]. Le propriétaire privé doit donc s'engager à entretenir un monument historique pour préserver son intégrité physique, rendre accessible au public un monument historique, ou bien encore s'engager dans un plan de gestion simple permettant de maintenir dans le temps long, une gestion durable des espaces protégés et d'éviter autant que possible un morcellement des bois et forêts. En contrepartie de ces engagements contractualisés, des exonérations des droits de mutation à titre gratuit sont instituées, voire de l'impôt sur la fortune immobilière au titre du patrimoine culturel immobilier non bâti. Négociée *à postériori*, la norme fiscale est mieux acceptée par le contribuable[805]. Mais la collaboration de celui-ci à des objectifs de restauration, de préservation et de mise en valeur d'un patrimoine emblématique n'est pas en soi suffisante, bien que nécessaire ; encore faut-il que la décision fiscale soit compréhensible et stable. Sans qu'il soit besoin de revenir sur les difficultés d'une gestion temporelle des normes fiscales, encore faut-il assurer un suivi régulier de ces incitations fiscales.

---

[804] Voir M-C. Esclassan, « L'essor de la contractualisation en droit fiscal français », in J-C. Nabais et M. Lavouras, *Desafios ao estado fiscal*, faculdade de direito universidad de Coimbra, 2023, pp. 285-302.
[805] Voir M. Bouvier, *L'impôt sans le citoyen*, LGDJ, 2019

Annexe : Tableau synthétique du régime dérogatoire applicable aux propriétaires d'immeubles classés ou inscrits au titre des monuments historiques et d'immeubles labellisés Fondation du patrimoine (BOI-ANNX-000093 du 19 décembre 2018)

Catégorie d'immeubles	Revenus fonciers	Revenu global
I-Immeuble procurant des recettes et non occupé par son propriétaire.		
Immeuble classé, inscrit ou « labellisé » qui entraîne la perception de recettes accessoires (ouvert à la visite payante et non occupé par le propriétaire).	Déduction à 100 % des charges de la propriété (charges réelles) + Abattement forfaitaire de 2 290 € ou 1 525 € selon que l'immeuble classé ou inscrit comprend ou non un parc ou jardin ouvert au public.	Déficit foncier imputable sans limitation sur le revenu global. L'excédent éventuel constitue un déficit global, reportable sur les revenus globaux des années suivantes jusqu'à la sixième année inclusivement.
Immeuble classé, inscrit ou « labellisé » entièrement donné en location (donc non ouvert à la visite).	Déduction des charges réelles de la propriété (règle de droit commun des revenus fonciers).	Déficit foncier imputable sans limitation sur le revenu global. L'excédent éventuel constitue un déficit global, reportable sur les revenus globaux des années suivantes jusqu'à la sixième année inclusivement.
II-Immeuble ne procurant pas de recettes.		
Immeuble classé ou inscrit ne procurant pas de recettes (ouvert gratuitement à la visite ou non ouvert au public).	Néant	Déduction sur le revenu global égale, à 100 % du montant des travaux de réparation ou d'entretien subventionnés (net de la subvention). Pour les autres dépenses, déduction de 100 % lorsque l'immeuble est ouvert au public et de 50 % dans le cas contraire.

		En cas d'excédent, pas de report sur les revenus des années suivantes.
Immeuble « labellisé » ne procurant pas de recettes, n'étant pas ouvert au public.	Néant	Déduction limitée à 50 % du montant des dépenses d'entretien et de réparation non subventionnées (portée à 100 % lorsque les dépenses sont subventionnées à hauteur de 20 % au moins de leur montant). En cas d'excédent, pas de report sur les revenus des années suivantes.
Immeuble procurant des recettes et occupé par son propriétaire.		
Immeuble classé ou inscrit procurant des recettes (ouvert à la visite payante) et occupé par son propriétaire.	Déduction à 100 % des charges liées au droit de visite ou dues à l'ouverture partielle, ainsi que du montant des travaux de réparation ou d'entretien subventionnés (net de la subvention). Les autres charges foncières ne peuvent être déduites que dans la mesure où elles se rapportent aux locaux auxquels le public a accès (75 % des charges). + Abattement forfaitaire de 2 290 € ou 1 525 € selon que l'immeuble classé ou inscrit comprend ou non un parc ou jardin ouvert au public.	Déduction sur le revenu global des charges foncières qui se rapportent à la partie de l'immeuble dont le propriétaire se réserve la jouissance (à titre de règle pratique, 25 % des charges). Déficit foncier imputable sans limitation sur le revenu global. L'excédent éventuel constitue un déficit global, reportable sur les revenus globaux des années suivantes jusqu'à la sixième année inclusivement.
Immeuble « labellisé » ouvert à la visite payante,	Déduction à 100 % des charges liées au droit de	Déficit foncier imputable sans limitation sur le

occupé par son propriétaire.	visite ou dues à l'ouverture partielle. Les autres charges foncières ne peuvent être déduites que dans la mesure où elles se rapportent aux locaux auxquels le public a accès (à titre de règle pratique, le prorata est déterminé en fonction de la surface des locaux auxquels le public a accès par rapport à la surface totale).	revenu global. L'excédent éventuel constitue un déficit global, reportable sur les revenus globaux des années suivantes jusqu'à la sixième année inclusivement. Déduction sur le revenu global des dépenses d'entretien et de réparation qui se rapportent à la partie de l'immeuble dont le propriétaire se réserve la jouissance (à titre de règle pratique, le prorata est déterminé en fonction de la surface des locaux auxquels le public a accès par rapport à la surface totale) pour la moitié de leur montant (ou pour la totalité lorsque les travaux sont subventionnés à hauteur de 20 % au moins de leur montant).
Immeuble « labellisé » pour partie donné à la location et occupé par son propriétaire.	Déduction des charges réelles de la propriété (règle de droit commun des revenus fonciers) qui se rapportent aux locaux loués (à titre de règle pratique, le prorata est déterminé en fonction de la surface des locaux loués par rapport à la surface totale).	Déficit foncier imputable sans limitation sur le revenu global. L'excédent éventuel constitue un déficit global, reportable sur les revenus globaux des années suivantes jusqu'à la sixième année inclusivement. Déduction sur le revenu global des dépenses d'entretien et de réparation qui se rapportent à la partie de l'immeuble dont le propriétaire se réserve la jouissance (à titre de règle pratique, le prorata est déterminé en fonction de la surface des locaux

		loués par rapport à la surface totale) pour la moitié de leur montant lorsque les travaux sont subventionnés à hauteur de 20 % au moins de leur montant).

Exemple relatif à un monument historique établi par l'administration des finances publiques

Le propriétaire d'un immeuble classé monument historique a payé, au cours de l'année N, les dépenses suivantes.

Charges résultant de l'ouverture au public : 29 000 €.

Autres charges foncières : 160 000 €.

La déduction des dépenses est fonction de l'affectation donnée à l'immeuble.

Si l'immeuble est ouvert au public et non occupé par le propriétaire :

Le revenu imposable est déterminé selon les règles applicables aux revenus fonciers.

Il s'établit ainsi en supposant que les droits de visite s'élèvent à 120 000 €.

Recettes : 120 000 €.

Charges déductibles :

– Charges résultant de l'ouverture au public : 29 000 € ;

– Autres charges foncières : 160 000 €.

Total : 189 000 €.

Déficit : - 69 000 €.

Ce déficit foncier peut s'imputer sur le revenu global de l'année considérée ou, à défaut, sur celui des années ultérieures jusqu'à la sixième inclusivement.

Si l'immeuble n'est pas ouvert à la visite :

En application du régime spécial prévu au 1° ter du II de l'article 156 du CGI, une fraction des charges foncières est admise en déduction du revenu global. L'immeuble n'étant pas ouvert au public, les charges foncières sont admises en déduction du revenu global à concurrence de 50 %, soit :

160 000 € x 50 % = 80 000 €.

Si l'immeuble est ouvert au public et que le propriétaire l'occupe en partie :

Dans ce cas, une partie des dépenses est prise en compte pour la détermination du revenu net foncier. Le surplus s'impute partiellement sur le revenu global.

1° Détermination du revenu foncier :

Le propriétaire peut déduire de ses recettes (droits de visite) :

– Les charges spéciales résultant de l'ouverture au public ;

– Une quote-part des autres charges foncières.

Le propriétaire utilise la tolérance administrative selon laquelle les trois quarts des locaux sont réputés ouverts au public.

Le revenu foncier s'établit ainsi :

Recettes (droits de visite) : 120 000 €.

Charges déductibles :

– Charges résultant de l'ouverture au public : 29 000 € ;

– Autres charges foncières : 160 000 € x 75 % = 120 000 €.

Total : 149 000 €.

Déficit : - 29 000 €.

Ce déficit foncier peut s'imputer sur le revenu global du contribuable et, en cas d'insuffisance, sur celui des années ultérieures jusqu'à la sixième inclusivement.

2° Charges déductibles du revenu global :

Montant des dépenses autres que celles résultant de l'ouverture au public : 160 000 €.

De cette somme, le propriétaire a déduit au titre des revenus fonciers : 120 000 €.

Le solde : 40 000 € est déductible du revenu global pour la totalité, puisqu'il s'agit d'un immeuble classé monument historique et ouvert au public.

Le montant des sommes déductibles du revenu global s'établit à 40 000 €.

Bibliographie sélective

Ouvrages, thèses et mémoires

ALHAMA F., L'intérêt financier dans l'action des personnes publiques, thèse, Paris I, 2 016.

ALLINE J-P. et CARRIER R. (dir), La culture au risque du marché : Le mécénat face à ses acteurs, Paris, l'Harmattan 2010,

AMBLARD C., Fonds de dotation, une révolution dans le monde des institutions sans but lucratif, 2é édition, Wolters Kluwer, collection Lamy Axe droit, novembre 2015.

ARNAUD-EMERY A., Le patrimoine fiscal du sylviculteur personne physique et personne morale, thèse, Bordeaux, 2 017.

AUBY J-F., Le droit public de la culture, Berger Levrault, Paris, 2 016

AUDUC A. Quand les monuments construisaient la nation. Le service des monuments historiques de 1830 à 1940, Paris, Comité d'histoire du ministère de la Culture, 2 008.

BADY J-P., Les monuments historiques en France, PUF, 1 998.

BADY J.— P., CORNU M., FROMAGEAU J., LENIAUD J-M. et NEGRI V. (dir) 1913, Genèse d'une loi sur les monuments historiques, Travaux et documents/Comité d'Histoire du ministère de la Culture et de la Communication, Paris, Documentation française, 2 013.

BADY J.-P., CORNU M., FROMAGEAU J., LENIAUD J-M. et NEGRI V. (dir) De 1913 au Code du patrimoine : une loi en évolution sur les monuments historiques, Travaux et documents/Comité d'Histoire du ministère de la Culture et de la Communication, Paris, Documentation française 2 018.

BARRERE C. et all, Réinventer le patrimoine, de la culture à l'économie, une nouvelle pensée du patrimoine, L'Harmattan, 2005,

BECQUET E. Le bail emphytéotique. De la rédaction des coutumes à la loi du 25 juin 1902, Thèse Paris II, 2 023.

BENHAMOU F., L'économie de la culture, 8e éd. Paris, La Découverte, coll. Repères, 2 017.

BENHAMOU F., CORNU M., Le patrimoine culturel au risque de l'immatériel, L'Harmattan, Paris, 2 010.

BETTIO, N. et COLLOT, P.-A. (dir), Le Financement privé du patrimoine culturel, Droit du patrimoine culturel et naturel, Paris, L'Harmattan, 2 018.

BEZES P., DESCAMPS F., KOTT S., TALLINEAU L. (dir) L'invention de la gestion des finances publiques. Élaborations et pratiques du droit budgétaire et comptable au XIXe siècle (1815-1914), comité pour l'histoire économique et financière de la France, 2010,

BEZES P., Réinventer l'État, les réformes de l'administration française. 1962-2008, PUF, 2 009

BOILLET N., GOFFAUX CALLEBAUT G. (dir), Le patrimoine maritime : entre patrimoine culturel et patrimoine naturel, Éditions Pedone, 2 018

BORIES C., Le patrimoine culturel en droit international, éditions Pedone, 2 011

BOUVIER M., L'impôt sans le citoyen, LGDJ, 2 019

BOUVIER M., ESCLASSAN M-C., LASSALE J-P., Manuel de finances publiques, LGDJ, 23e éd., 2 023.

BRETEL R, L'appréhension juridique du marché de l'art : entre jeu de marché et enjeux patrimoniaux, thèse Paris-Saclay, 2 023.

BROUANT J-P. Le régime domanial à l'épreuve de la valorisation économique, thèse, Paris I, 1 995.

BRUNET F., La normativité en droit, Bibliothèque des thèses, éd. Mare et Martin, 2 012

CARPENTIER-VANHAVERBEKE V, La vie des monuments de l'État : histoire de la Caisse nationale des monuments historiques (1912-1978), thèse EPHE 2 014

CASTORIADIS C., L'institution imaginaire de la société, Paris, Seuil, 1 974

CHASSAGNARD-PINET S., HIEZ D., La contractualisation de la production normative, Dalloz, 2 008.

CHASTEL, A. et BABELON, J.-P., La notion de patrimoine, 2e éd., Paris, Liana Levi, 1 994.

CHEVALLIER J., L'État postmoderne, Droit et société, n° 35, Paris, Librairie générale de droit et de jurisprudence, 2 004.

CHOAY F., L'Allégorie du patrimoine, Paris, Seuil, 1 999.

CHOAY F., Le patrimoine en question. Anthologie pour un combat, seuil 2 009.

CLIPPELE de M-S., A qui incombe la charge ? La responsabilité partagée du patrimoine culturel, une propriété revisitée, thèse Université de Saint-Louis Bruxelles et ENS Paris Saclay, CORNU M. et OST F. (Dir), 23 avril 2019.

CORNU M., Le droit culturel des biens : l'intérêt culturel juridiquement protégé, Bruxelles, Bruylant, 1 996

CORNU M., Entre-temps : le bien culturel et le droit, Dalloz, 2 023

CORNU M., FROMAGEAU, J. et WALLAERT, C. (dir), Dictionnaire comparé du droit du patrimoine culturel, Paris, CNRS Éditions, 2 012.

CORNU M., FROMAGEAU J., La forêt en France au XXIe siècle, enjeux politiques et juridiques, Paris, Collection Droit du patrimoine culturel et naturel, L'Harmattan, 2 004.

CORNU M. et NEGRI, V., Code du patrimoine : annoté & commenté, 1re éd., Dalloz, 2 017.

CORNU M., ORSI, F. et ROCHFELD, J. (dir), Dictionnaire des biens communs, Quadrige, Paris, Presses universitaires de France, 2 017.

COSSON E., Le label du patrimoine culturel, mémoire, master 2 droit du patrimoine culturel, 2021-2022, Université de Paris-Saclay.

COULOMBIE H., Le MARCHAND C., Le droit du littoral et de la montagne, Paris, Lexisnexis, 2 009.

DARDOT P., LAVAL C., La nouvelle Raison du monde. Essai sur la société néolibérale, Paris, La Découverte, 2 009

DARDOT P., LAVAL C., Ce cauchemar qui n'en finit pas. Comment le néolibéralisme détruit la démocratie, Paris, La Découverte, 2 016

DEAU R., Les actes administratifs négociés, thèse Angers 2 006

DELIVRE-GILG C., Finances publiques et protection du patrimoine culturel, thèse Lyon III, 2 004

DESCOLA P., Par-delà nature et culture, Ed. Gallimard, 2 005

DESCOLA P. (dir), Les natures en question, Ed. Odile Jacob, 2 018

DEVIC L., Fonds de dotation, Création, Gestion, Évolution, 2e édition, Juris éditions, 2 014.

DUGUIT L., Les considérations générales du droit privé depuis le Code Napoléon, F. Alcan, 1 912.

DUGUIT L., Traité de droit constitutionnel, tome III, la théorie générale de l'État, 2e édition, Paris, De Boccard, 1 923.

DURUPTY M., L'État et les Beaux-arts, Thèse Bordeaux 1 964

DUTHEIL Ph-H., Juris corpus des associations et des fondations, Dalloz 2 016.

ELIAS N., La Société de cour, Paris, Flammarion, « Champs », 1 985

EUDE M., Du droit de l'arbre. Pour une protection fonctionnelle, Thèse Toulouse Capitole, 2 020.

FEVRIER-J-M., Les parcs naturels régionaux, JurisClasseur Environnement et développement durable, n° 3510, 9 octobre 2017.

FORNEROD A., Le régime juridique du patrimoine religieux, Paris, Collection Droit du patrimoine culturel et naturel, L'Harmattan, 2 013.

FOUCAULT M., La naissance de la biopolitique, Cours au Collège de France, 1978-1979, Paris, Seuil, 2 004.

FRIER P-L., Droit du patrimoine culturel, Collection droit fondamental, PUF, Paris, 1 997.

FRIER P-L., L'art et le droit, Écrits en hommage à Pierre-Laurent Frier, Maryse Deguergue (Dir), Paris, Publications de la Sorbonne, 2 010.

FROMAGEAU J., Mélange, un patrimoine vivant, entre nature et culture, L. Fonbaustier et G. Goffaux Callebaut (Dir), Mare et Martin, 2 019.

GAUDEMET Y., Traité de droit administratif, t. 2, Droit administratif des biens, 15e éd., LGDJ, 2 015

GENET-DELACROIX M-C., Art et État sous la IIIe République. Le système des beaux-arts : 1870-1940, Paris, éd. La Sorbonne, 1 992

GIZARD M., Droit et fiscalité forestiers, PUF, 1 996.

GOFFAUX CALLEBAUT G., AURERIN C., GUEVEL D. (dir) Droit (s) et jardin, de l'humain à l'universel : Mare & Martin, coll. Libre Droit, 2 021

GOFFAUX CALLEBAUT G.,VERJAT A., (dir) Bail emphytéotique et monuments historiques, Collection Droit du patrimoine culturel et naturel, L'harmattan, 2 024

GOFFAUX CALLEBAUT G., VERJAT A., (Dir), Transmettre les monuments historiques, enjeux, outils et perspectives, Collection Droit du patrimoine culturel et naturel, L'Harmattan, 2 024

GRANDJEAN S., La forêt et le droit, Paris, L'Harmattan, coll. Droit du patrimoine culturel et naturel, 2 020.

GREFFE X., Lvaleur économique du patrimoine. Paris : Anthropos, 1 990 ; la valorisation économique du patrimoine. Paris : La Documentation française, 2 003

GROULIER C., Norme permissive et droit public, sous la direction d'Hélène Pauliat, Limoges, 2 006

HALBWACHS M., La mémoire collective, Paris, Albin Michel, (1 950), 1 997

HAROUEL J-L., L'embellissement des villes. L'urbanisme français au XVIIIe siècle, Paris, picard, 1 993.

HARTOG F., Régimes d'historicité. Présentéisme et expériences du temps. Paris, Seuil, 2 003.

HEINICH N., La fabrique du patrimoine : de la cathédrale à la petite cuillère, Ethnologie de la France, n° 31, Paris, Maison des sciences de l'homme, 2 009.

HEINICH N., Des valeurs. Une approche sociologique, Gallimard, Paris, 2 017

HÉRITIER A., Genèse de la notion juridique de patrimoine culturel, 1750-1816, préf. Nicole Dockès, Paris, L'Harmattan, coll. Droit du patrimoine culturel et naturel, 2 003

JAMESON F., Le postmodernisme ou la logique culturelle du capitalisme tardif, éditions des beaux-arts, 2 007

JEGOUZO Y., Droit du patrimoine culturel immobilier, Paris, Economica, 1 985

JONAS H., Le principe de responsabilité. Une éthique pour la civilisation technologique, Paris, Les Éditions du Cerf, 1990, rééd. Champs — Flammarion, 1 998.

JULIE L., La fiscalité de la culture, PUAM 2 005

KESSENTINI I., La prévention et le règlement non juridictionnel des litiges fiscaux, Thèse Paris II, 2 019.

KORNPROBST E., « Agréments fiscaux — procédure et contentieux », Jurisclasseur procédures fiscales, fasc 770.

LA PORTE DES VAUX de, La valorisation des biens publics mobiliers, thèse Paris-Saclay, 2 022

LE CORRE L., Protection des monuments et des sites, JurisClasseur Environnement et développement durable, fasc n° 3540, 24 nov. 2 012.

LE CORRE L., Zones humides, protection et gestion. JurisClasseur rural, fasc. 30, 22 novembre 2022.

LE CORRE L., Réseau Natura 2000, Constitution, régime de protection, JurisClasseur rural, fasc. 70, 23 octobre 2023

LEGENDRE P., Leçons IV. L'inestimable objet de la transmission. Étude sur le principe généalogique en Occident, Fayard, 1 985

LEGENDRE P., Leçons VI. Les enfants du Texte. Étude sur la fonction parentale des États, p. Fayard, 1 992.

LEGENDRE P., Leçons III. Dieu au miroir. Étude sur l'institution des images, Fayard, 1 994.

LEGENDRE P., Leçons VII. Le désir politique de Dieu, Étude sur les montages de l'État du droit, Fayard, 1 988.

LEGENDRE P., Leçon I, la 901e conclusion, Étude sur le théâtre de la raison, Fayard, 1 998.

LEGENDRE P., De la société comme un texte. Linéaments pour une anthropologie dogmatique, Fayard, 2 001

LEGENDRE P., Leçons IX. L'autre bible de l'Occident : le monument romano canonique. Étude sur l'architecture dogmatique des sociétés, Fayard, 2 009.

LEGENDRE P., Fantômes de l'État en France, éditions Fayard, collection « Les Quarante Piliers », 2 015.

LE MEIGNEN B., La forêt objet du droit administratif, thèse Aix-Marseille, 2 009

LENIAUD J-M., L'utopie française. Essai sur le patrimoine, préf. Marc Fumaroli, Paris, Mengès, 1 992.

LENIAUD J-M., Les archipels du passé, fayard, 2 002

LENIAUD J-M., Historicisme et modernité du patrimoine européen, reconstruction, restauration, mise en valeur aux XIXe et XXe siècles, L'Harmattan, 2 007.

LE ROUX M. (dir), Crise et patrimoine monumental, Paris, L'Harmattan, coll. Droit du patrimoine culturel et naturel, 2 015

LE ROUX M., La reconversion du patrimoine public monumental, Paris, L'Harmattan, coll. Droit du patrimoine culturel et naturel, 2 020.

MARGUENEAU J-P., VIAL ., Droits des êtres humains et droits des autres entités : une nouvelle frontière ? Paris, Mare et Martin, 2 021.

MAKOWIAK J., Esthétique et droit, LGDJ, 2 004

MASSON R., La valorisation des biens publics, thèse université Paris-Nanterre, 2 018.

MEYO M-E., La norme facultative, sous la direction de Catherine Thibierge, thèse Orléans, 2 016

MILLET L., Contribution à l'étude des fonctions sociale et écologique du droit de propriété : enquête sur le caractère sacré de ce droit énoncé dans la Déclaration des droits de l'homme et du citoyen du 26 août 1789, Thèse, Université Paris Sorbonne, 2 015

MOON K., Le droit du paysage en France et en Corée. Étude comparée, Thèse Paris I, 2 018.

MORAND-DEVILLER J., Droit de l'environnement, PUF, 2 019.

MORAND-DEVILLER J., Fascicule 35-1, Patrimoine architectural et urbain, Monuments historiques, régime des travaux, JurisClasseur construction, urbanisme, 25 oct. 2 022

MORAND-DEVILLER J., BOURDON P., POULET F., Droit administratif des biens 12e édition, LGDJ, 2 022.

NORA P., Présent, Nation, Mémoire, Gallimard, 2 011.

ORSONI G., Le financement de la culture, Economica, 2 007

ORSONI G., L'interventionnisme fiscal, PUF, 1 995.

PANOFSKY E., Architecture gothique et pensée scolastique, Édition de Minuit, 1 967

PELLAS J-R., La fiscalité du patrimoine culturel, LGDJ, Paris, 2 003

PELLAS J-R., Droit de la culture, LGDJ, Paris, 2 015.

PELLAS J-R., Le patrimoine culturel immatériel. Enjeux juridiques et fiscaux, LGDJ, Paris 2 020

PELLAS J-R., Fiscalité du patrimoine culturel mobilier. Contribution à une étude de la doctrine fiscale relative aux biens culturels, Paris, L'Harmattan, coll. Droit du patrimoine culturel et naturel, 2 024.

POMIAN K., Collectionneur, amateurs et curieux. Paris, Venise : XVIè-XVIIIe siècle, Gallimard, 1 987

PONTIER J-M., La protection du patrimoine culturel, L'Harmattan, 2 019

PONTIER J-M., La décentralisation culturelle, LGDJ, collec. Systèmes, 2 018

POTTIER A., La forêt des landes de Gascogne comme patrimoine naturel. Échelles, enjeux, valeurs, thèse université de Pau, 2 012

POULET A-J, L'action de mécénat au profit des personnes publiques, Thèse Paris Dauphine, 2 020

POULOT D., Musée, nation, patrimoine, *1789-1815*, NRF, Gallimard, 1 997

POULOT D., Une histoire du patrimoine en occident XVIIIe siècle — XXIe siècle, du patrimoine aux valeurs, PUF, 2 006.

RANGEON F. L'idéologie de l'intérêt général, Economica, 1 986

RIEGL A., Le culte moderne des monuments, son essence et sa genèse, Vienne, 1903, Paris, Seuil, 1 984.

RIFKIN J., L'âge de l'accès : la nouvelle culture du capitalisme, trad. M. Saint-Upery, Paris, la Découverte, 2 005.

ROCHFELD J., CORNU M., MARTIN G.J., Léchelle de communalité, Propositions de réforme pour intégrer les biens communs en droit, IRJS, CERSA, GREDEG, avril 2021.

ROMI R., Les espaces humides. Le droit entre protection et exploitation des territoires, L'Harmattan, 1 992

ROSA A., Solidarité et impôt, recherche sur les fondements de l'impôt moderne, la nouvelle bibliothèque des thèses, Dalloz, 2 015.

SAURAT J., L'arbre et le droit, thèse Montpellier, 2 017

SOUSSE M., Dispositions particulières au littoral, JurisClasseur Environnement et développement durable, fasc n° 3420, 30 nov. 2 018.

STOURM R., Cours de finances. Le budget, Paris, Félix Alcan, 6e éd., 1 909

SUPIOT A., La gouvernance par les nombres. Cours au Collège de France (2012-2014), éd. Fayard, collection « Poids et mesures du Monde », 2 015

TANCHOUX Ph. et PRIET F., Les labels dans le domaine du patrimoine culturel et naturel, PUR, 2 020.

TEITGEN-COLLY C., La légalité de l'intérêt financier dans l'action administrative, thèse Paris I, préf. P. Lavigne, Economica, 1 981.

TOURNIE G., Les agréments fiscaux, Pedone, 1 970.

TOUZEAU L., Architecture contemporaine et patrimoine : intérêt public et propriété en droit de la culture, Thèse paris Sud, 2 009.

VERJAT A., Préservation et mise en valeur des monuments historiques privés. La fiscalité de l'impôt sur le revenu, préf. Jérôme Fromageau, Paris, L'Harmattan, coll. Droit du patrimoine culturel et naturel, 2 011

VERJAT A. et TOUZEAU L., La protection des monuments historiques, 2e édition, Dalloz, 2 018.

VOIZARD K-H., L'État culturel et le droit. Approche juridique des interventions culturelles de l'État en France, thèse de droit public (Dir. Jacques Caillosse), Université Paris II, 2 011.

WAGENER, N., Les prestations publiques en faveur de la protection du patrimoine culturel, Thèse de doctorat, Université de Paris Saclay, 2 014.

Articles de revues

AMSELEK P., « Le droit, technique de direction publique des conduites humaines », Droits, n° 10, 1989, p. 10.

ARNAUD-EMERY A., « Extension du champ d'application du forfait forestier aux projets forestiers labellisés "Bas-Carbone", Dr Fisc. 3/2024, p. 83

ASTIE P., « L'impôt de la protection de la nature. L'exemple du régime de faveur des mutations forestières », RJE n° 1/1978, p. 49

AUDUC A., « Le budget des monuments historiques 1830-1920 : les moyens d'une politique de protection », Livraisons d'histoire de l'architecture, n° 3, 1er semestre 2002, pp. 75-102

AUDUC A., « L'héritage du XIXe siècle dans la conservation des monuments historiques », in Bady J.-P., Cornu M., Fromageau J., Leniaud J.— M., Negri V., *1913,* Genèse d'une loi sur les monuments historiques, Doc. fr, 2013, p. 32.

AUDUC A., « Paysage, architecture rurale, territoire : de la prise de conscience patrimoniale à la protection », in situ 7/2006, p. 5

AUDUC A., CORNU M., « Bilan critique de la loi du 30 mars 1887 » in Bady J.-P., Cornu M., Fromageau J., Leniaud J.-M., Negri V., *1913, Genèse d'une loi sur les monuments historiques*, Doc. fr, 2013, p. 47.

BAHOUGNE L. « Le principe selon lequel l'État est son propre assureur » RFDA 2014, p. 1167.

BARRERE C., « Les quatre temps du patrimoine », Économie appliquée : archives de l'Institut de science économique appliquée, Institut des sciences mathématiques et économiques appliquées — ISMEA, 2014, p. 21.

BECET J.— M., « Le Conservatoire de l'espace littoral et des rivages lacustres après la loi du 27 février 2002" , in E. Cadeau (dir.), Perspectives du droit public, Mélanges offerts à Jean-Claude Hélin, Litec, 2004, p. 23

BELLAMY-BIARD A-S., « Quelle structure juridique pour détenir ou exploiter un monument ? », la demeure historique n° 200, mars 2016.

BELLAMY-BIARD A-S., « Gérer un monument historique via une structure commerciale », la demeure historique n° 201, juin 2016.

BELTRAME P., « la fiscalité de la forêt », AJDA mai 1979, p. 69.

BETAILLE J., « Des droits pour la nature, un nouveau mirage juridique », Revue méditerranéenne de droit public, vol. 10, n° spécial "L'arbre, l'homme et le (s) droit (s)", 2019, p. 78

BEZES Ph., « Pour une histoire de la régulation des finances publiques. Le regard d'un politiste » in Philippe Bezes, Florence Descamps, Sébastien Kott et Lucile Tallineau (Dir) *L'invention de la gestion des finances publiques. Élaborations et pratiques du droit budgétaire et comptable au XIXe siècle (1815-1914)*, comité pour l'histoire économique et financière de la France, 2010, pp. 3-46

BLANC F., « Les formes juridiques du mécénat », RDP 2 020 N° 2, p. 369.

BOUGLE F., « Art et transmission patrimoniale », Revue juridique de l'Ouest, 1 999-2 pp. 47 -80 et 131-173.

BOURJOL M., « Les parcs naturels régionaux » in Annuaire des collectivités locales. Tome XV, 1995, pp. 520-530

BOUVIER M., « Utopie technicienne et cybernétique financière publique », RFFP n° 129, 2 015

BOUVIER M., quelle légitimité de l'impôt, quelle légitimité de l'État fiscal ? in J-C. Nabais et M. Lavouras, *Desafios ao estado fiscal*, faculdade de direito universidad de Coimbra, 2023, pp. 1-25.

BRETON J-M., « Les labels du tourisme, instruments de valorisation patrimoniale ? » in Ph. Tanchoux et F. Priet (Dir), les labels dans le domaine du patrimoine culturel et naturel, PUR 2020, pp. 71-87

CAILLOSSE J., « Faire du droit administratif à l'heure du néolibéralisme » in Jus politicum n° 27/2022, pp. 199-223

CAMELO-CASSAN P., « De l'optimisation à l'abus de droit : le partage des mots, l'exemple des usufruits temporaires » in Droit fiscal 7 février 017 N° 154.

CAUDAL S., « Quelle fiscalité pour la biodiversité ? », RJE 2008, p. 69 et s

CAUDAL S., « La loi du 27 février 2002 et le conservatoire de l'espace littoral et des rivages lacustres », JCP Adm déc. 2002, p. 4 s.

CAUDAL S., « Fiscalité et forêt », in M. Cornu et J. Fromageau, (dir) la forêt en France au XXIe siècle, enjeux politiques et juridiques, L'Harmattan, 2004, p. 170.

CHEVALLIER J. « Contractualisation et action publique », RFDA 2018, p. 209.

CHOISY S., « Les broderies de Vaux le Vicomte : la réappropriation des jardins de Le Nôtre », Recueil Dalloz 2 004 p. 1301

CLIPPELE de M., « Du bien culturel à la marchandise et de l'économie au droit », RIEJ 2018, pp. 167-205.

COLLET M., « La fiscalité du mécénat », RDP 2 020 N° 2, p. 417.

COLLOT P-A., « Le paysage culturel, œuvre conjuguée de l'homme et de la nature, comme élément de droit français » in F. Garnier, Ph. Delvit, Des patrimoines et des normes, PU Toulouse Capitole, 2015, pp. 255-271.

CORNU M., « Le législateur culturel et les chantiers de la création, de l'architecture et du patrimoine », CCE mars 2017.

CORNU M. « À propos de l'adoption du code du patrimoine, quelques réflexions sur les notions partagées », in Dalloz, 2 005 p. 1452.

CORNU M., « La notion de bien culturel, un double héritage privatiste et publiciste » in Revue Lamy droit civil n° 165, 1er décembre 2018.

CORNU M., « Notions juridiques du patrimoine et de la création : les entrelacs », Revue générale de droit, 2008, p. 295.

CORNU M., « La propriété et la dimension collective du patrimoine archéologique », in Le patrimoine archéologique et son droit. Vincent Negri (dir.), Bruylant, 2015, p. 157

CORNU M., « Le législateur culturel et les chantiers de la création, de l'architecture et du patrimoine », communication, commerce électronique, mars 2017.

CORNU M., « Promenade au jardin ». in un patrimoine vivant, entre nature et culture, mélanges en l'honneur de Jerôme Fromageau, Mare et Martin, 2019, pp. 641-659

CORNU M., « Propos conclusifs », RJF 2/2018, pp. 329-332

CORNU M., CORNU-THENARD N., « Notre-Dame de Paris : discussion avec Marie Cornu », Thibonien 2 019 N° 3, pp. 78-93

CORNU M., « Biens communs (approche juridique) » in M.Cornu, F.Orsi, J.Rochfeld, Dictionnaire des biens communs, PUF, 2017, p. 102.

CORNU M., FRIGO M., « L'accord portant création du Louvre Abou Dabi, musée universel : une double invention culturelle et juridique », Annuaire français de droit international, 2009, vol. 55, n° 1, p. 111.

CORNU M., LENIAUD J-M., « La notion de monument historique », in Bady J.-P., Cornu M., Fromageau J., Leniaud J.-M., Negri V., *1913, Genèse d'une loi sur les monuments historiques*, Doc. fr, 2013, p. 158.

CORNU M., WAGENER N., « L'objet patrimoine, une construction juridique et politique », XXe siècle, 2 018/1 N° 137, pp.33 à 47.

COSSON B., « Donation d'usufruit temporaire et fonds de dotation : la bonne combinaison » in BPAT 6 février 013 p. 208

CRETOIS P., « la propriété repensée par l'accès », RIDE 3/2014, pp. 319-334

CRUVELIER E., « L'emphytéose en droit fiscal », Droit fiscal, décembre 2012 n° 49 - 543

CRUVELIER E., « Le prêt à usage ou commodat en droit fiscal », La Semaine juridique notariale et immobilière n° 28, 13 juillet 2012, 1 298.

CRUVELIER E., « Incidences fiscales du commodat immobilier », Loyers et copropriété, n° 7-8, août 2023, étude n° 7.

DEFFAIRI M., « Retour aux sources de la définition des zones humides », AJDA 2017, p. 1460.

DELAUNAY B., « Les zones de protections du patrimoine architectural, urbain et paysager », in Annuaire des collectivités locales. Tome XV, 1995, pp. 487-501.

DELIVRE-GILG C., « La taxe départementale des espaces naturels sensibles », RJE 2006, n° 2, p. 139 et s.

DELIVRE-GILG C., « Fiscalité, territoires, environnement », RJE 2013, n° 5, p. 53 et s.

DELIVRE-GILG C., « Réflexions sur la fiscalité forestière », RJE 1/2007, pp. 23-36

DEPADT-SEBAG V., « L'usufruit temporaire des personnes physiques » in RTDC 2 010 p. 667.

DERUY L., MANDELKERN D., GAUDEMET Y., « Valorisation des propriétés publiques », LPA, 23 juill. 2004, p. 44

DESSAINJEAN F., « Les jardins privés individuels autonomes : lieux d'équilibres d'intérêts », in revue de droit rural 4/2023, p. 30.

DESURVIRE D., « La Fondation du patrimoine au secours de la restauration monumentale », AJDI 1997, p. 1044.

DREYFUS J-D., « Privatisation du patrimoine et des monuments historiques : l'exemple de l'Hôtel de la Marine », AJCT, 2013, p. 405

DUVIVIER C., « La création d'espaces naturels protégés stimule-t-elle le développement local ? », revue d'économie politique, 6 février 021 N° 131, p. 864.

ESCLASSAN M-C., « L'essor de la contractualisation en droit fiscal français », in J-C. Nabais et M. Lavouras, *Desafios ao estado fiscal*, faculdade de direito universidad de Coimbra, 2023, pp. 285-302.

FARINETTI A., « La protection des continuités écologiques fluviales : nature contre culture ? » in mélanges en l'honneur de Jérôme Fromageau, un patrimoine vivant entre nature et culture, mare et Martin, 2019, p. 679.

FATOME E., RAUNET M., « Naissance d'un nouveau bail emphytéotique administratif : le BÉA de valorisation », AJDA 2 010. 2 475

FÉVRIER J-M., « La gestion des sites Natura 2 000 », AJDA 2004, p. 1394.

FOUCHER K., « Le principe de non-régression devant le Conseil constitutionnel, constitutions, 2016, p. 487.

FOULQUIER N., « Le service public », in P. Gonod, F. Melleray, P. Yolka (Dir), traité de droit administratif, tome II, Dalloz, 2 011 p. 70.

FRANC-VALLUET F.-P., « De la règle "L'État est son propre assureur" », RGAT 1 978,596.

FORNEROD A., « Les prémices d'une réforme de la protection des monuments historiques : la loi du 9 décembre 1905 » in Bady J.-P., Cornu M., Fromageau J., Leniaud J.-M., Negri V., *1913, Genèse d'une loi sur les monuments historiques*, Doc. fr, 2013, p. 70.

FROMAGEAU J., « Loi Paysage : Protection et reconquête », Études foncières, n° 60, septembre 1993, p. 23.

GALY K., K. « L'imprégnation du droit de la protection des espaces naturels par le mécanisme de l'inventaire du patrimoine naturel », RJE 1/2018, pp. 111-130

GAUDEMET Y., « À propos de la valorisation économique des propriétés publiques », RDP 5/2012, p. 1223.

GENET-DELACROIX M-C., « État et patrimoine sous la IIIe République » in D.J. Gange et D. Poulot (dir) *L'esprit des lieux. Le patrimoine et la cité*, PUG, 2 013.

GOLIARD F., « L'intégration par la fiscalité des conséquences environnementales de l'accès aux îles : les taxes spécifiques aux accès terrestres et maritimes », juris tourisme, 2024, n° 274, p. 30

GOFFAUX CALLEBAUT G., « La juridicité des labels dans le domaine du patrimoine culturel et naturel, regards de droit privé », in Philippe Tanchoux et François Priet, les labels dans le domaine du patrimoine culturel et naturel, PUR, 2 020 p. 205.

GRIMONPREZ B., « La fonction environnementale de la propriété », RTD Civ. 2015, pp. 539-550.

GRIMONPREZ B., « Réparer le vivant : éthique de la compensation », RJE 4/2017, volume 42, pp. 681 - 691.

GUEVEL D., « Le jardin : une invariance au cœur de l'humain », in G. Goffaux Callebaut (dir), C. Aurérin et D. Guével (coord.), *Droit (s) et jardin, de l'humain à l'universel* : Mare & Martin, coll. Libre Droit, 2021, pp. 21-53.

GUGLIELMI G-J., « L'émergence d'une rationalité gestionnaire dans les théories du droit administratif au début du XIXe siècle » in Philippe Bezes, Florence Descamps, Sébastien Kott et Lucile Tallineau (Dir) *L'invention de la gestion des finances publiques. Élaborations et pratiques du droit budgétaire et comptable au XIXe siècle (1815-1914),* comité pour l'histoire économique et financière de la France, 2010, pp. 253-271.

GREFFE X., « L'hébergement, levier de développement des sites patrimoniaux », juris, tourisme, 2015, p. 20.

HASTINGS-MARCHADIER A., « Incitation fiscale et politique du patrimoine », RFFP 1995, pp. 189-210

HERITIER A., « Le rôle des sociétés savantes » in Bady J.-P., Cornu M., Fromageau J., Leniaud J.— M., Negri V., *1913,* Genèse d'une loi sur les monuments historiques, Doc. fr, 2013, p. 147.

HERMITTE M-A., « Quel type de personnalité juridique pour les entités naturelles », in Jean-Pierre Marguénaud et Claire Vial (dir.), Droits des êtres humains et droits des autres entités : une nouvelle frontière ? Paris, Mare et Martin, 2021, p. 101.

HILAIRE S., « Les jardins collectifs de l'histoire ou comment jardiner la mémoire. L'expérience de Port-Royal des champs », in situ, 2 018 N° 37, p. 28.

HOSTIOU R., « Protection de l'espace littoral et droit de l'environnement : à propos de la politique d'acquisition foncière du conservatoire *in* les dix ans de la loi littorale, RJE. 1997, n° spécial, p. 83.

HOTTIN C., « Genèse, implantation et remise en question du label patrimoine du XXe siècle », XXe siècle, 2018, n° 137 p. 99.

JAMET M., MEYNET W., « La vampirisation de l'intérêt général par le droit fiscal » in JA 2 019 N° 600 p. 19.

JACQUOT H. « Paysages et droit de l'urbanisme » in Annuaire des collectivités locales. Tome XV, 1995, pp. 461-472.

JEGOUZO Y., « La protection du patrimoine culturel à travers les procédures de gestion des sols, de l'urbanisme et de l'architecture » in Y. Jegouzo, Droit du patrimoine culturel immobilier, Paris, Economica, 1985, p. 82.

GOURGUES C., « L'incitation fiscale au service de la transmission des bois et forêts », JCP notarial et immobilier. n° 49, 8 décembre 2017, pp. 48-51

LAJARTRE de A., « Les sites patrimoniaux remarquables : une vraie-fausse simplification du droit des espaces protégés », juris tourisme, 2 017 N° 193, p. 26

LENIAUD J-M., « La décentralisation du patrimoine : enjeux et limites », commentaire 2/2002,n° 98, pp. 341-350.

LE LOUARN P., « De la bête noire au touriste, le droit confronté à l'ouverture des forêts au public », RJE 3 février 2012 N° 37, p. 453.

LE ROUX M., « Le paysage contemporain de la reconversion du patrimoine public monumental en France », in M. Le Roux (Dir), la reconversion du patrimoine public monumental, L'Harmattan, 2021, pp. 37-38.

LE ROUX M., « Le volet “patrimoine” de la loi du 7 juillet 2016 relative à la liberté de création, à l’architecture et au patrimoine », Droit administratif, mars 2017, étude 5.

LEROYER A-M., « Réforme des successions et des libéralités. Loi n° 2006-728 du 23 juin 2006 », RTD civ. 2 006. 612.

LONG M., « Quel avenir pour le prix des services publics dans un contexte financier contraint ? » in RFAP n° 144, 2012, p.958.

LUSSON-LEROUSSEAU N., « Paysages et législation sur les monuments historiques et les sites », in Annuaire des collectivités locales. Tome XV, 1995, pp. 473-486

MAIA J., « L’agrément fiscal, instrument d’intervention économique ou de sécurité juridique », RJF 2 janvier, Chron. pp. 99-105.

MASCLET de BARBARIN M., « Libres propos sur la notion de charges somptuaires » in Mélanges en l’honneur de Patrick Serlooten, Écrits de droit de l’entreprise, Dalloz, 2015, pp. 593-610.

MAYAUX L., « Notre-Dame et l’assurance », JCP édition générale, 2019, p. 853

MESCHERIAKOFF A-S., « L’arrêt bac d’Eloka : légende et réalité de la gestion privée de la puissance publique » in RDP 1 988,1059.

MESTRE A., « Remarques sur la notion de propriété d’après Duguit », Archives de philosophie du droit, 1932, pp. 163-173

MEYNET W., « Les fonds de dotation » in juris corpus Droit des associations et fondations, Philippe-Henri Dutheil (Dir), Dalloz, 2016, étude n° 69.

MODERNE F., « Le champ d’application de la taxe sur les défrichements de bois et forêts » RJF 4/78, p. 109.

MORAND-DEVILLER J., « Esthétique et patrimoine », AJDA 1993, p. 89

MORAND-DEVILLER J., « Protection du patrimoine architectural : le débat esthétique n’aura pas lieu », RFDA 1994, p. 310

MORAND-DEVILLER J., « La valorisation économique du patrimoine public », in Mélanges R. Drago, Economica, 1996, p. 27

MORAND-DEVILLER J., « L’identification des sites protégés », AJDA 2006, p. 1986

MORAND-DEVILLER J., « Environnement et paysage » AJDA 1994, p. 588

MORAND-DEVILLER J., « À la recherche d'une définition de site protégé », Tourisme et droit, 2 007 N° 89, p. 14.

NAPOLI P., « Pour une histoire juridique de la gestion » in Philippe Bezes, Florence Descamps, Sébastien Kott et Lucile Tallineau (Dir) *L'invention de la gestion des finances publiques. Élaborations et pratiques du droit budgétaire et comptable au XIXe siècle (1815-1914),* comité pour l'histoire économique et financière de la France, 2010, pp. 273-299.

NEGRI V., « L'inscription sur l'inventaire » in Bady J.-P., Cornu M., Fromageau J., Leniaud J.— M., Negri V., *1913,* Genèse d'une loi sur les monuments historiques, Doc. fr, 2013, p. 241.

NEGRI V., « Entre patrimoine naturel et patrimoine culturel, sinuosités du droit », mélange en l'honneur de Jérôme Fromageau, un patrimoine vivant entre nature et culture, Mare et Martin, 2019, p. 755.

NEGRI V., « Entre nature et culture, la diversité comme lieu d'internormativité. Les approches intégrées de la protection des ressources culturelles et naturelles en droit national et international », Université Laval à Québec, Sept. 2 019

ORSINI G., « La doctrine des finances publiques en France à la fin du XIXe et au début du XXe siècle » in Philippe Bezes, Florence Descamps, Sébastien Kott et Lucile Tallineau (Dir) *L'invention de la gestion des finances publiques. Élaborations et pratiques du droit budgétaire et comptable au XIXe siècle (1815-1914),* comité pour l'histoire économique et financière de la France, 2010, pp. 241-252

PALMA-AMALRIC V., « Fiscalité et financement privé du patrimoine culturel », in N. Bettio et P.A. Collot, le financement privé du patrimoine culturel, L'Harmattan, collection Droit du patrimoine culturel et naturel, 2018, p. 43.

PELLAS J-R., « Les impôts affectés : quelle légitimité ? » in RFFP n° 123/2013, p. 115

PELLAS J-R., « Le mot patrimoine et le code général des impôts : une relation fiduciaire » in Droit et cultures n° 81, dossier les mots du patrimoine, Vincent Négri et Isabelle Schulte-Tenckhoff (Dir), 2 021

PELLAS J-R., « les qualifications civiles attachées aux monuments historiques », RDP n° 1/2023, p. 119

PELLAS J-R., « Le mécénat culturel, un objet fiscal non identifié », RFFP 2 020 N° 152 p. 183.

PELLAS J-R., « Monuments historiques et logiques fiscales », RFFP 2 012 N° 119, p. 175

PELLAS J-R., « Le label « Musée de France », instrument de pilotage du service public muséal » , in Marie Cornu, Jerôme Fromageau et Dominique Poulot, *2002, Genèse d'une loi sur les musées*, la documentation française, 2022, p. 289.

PELLAS J-R., « Le patrimoine sensoriel, une nouvelle catégorie de patrimoine ? » RDP janv. 2022, p. 131

PELLAS J-R., « Approche fiscale du patrimoine culturel et naturel », mélanges en l'honneur de Jérôme Fromageau, un patrimoine vivant entre nature et culture, Mare et Martin, 2019, pp. 765-782

PELLAS J-R., « Les aspects fiscaux du bail emphytéotique au miroir des monuments historique*s »* in GOFFAUX CALLEBAUT G., VERJAT A., (Dir) Bail emphytéotique et monuments historiques, Collection droit du patrimoine culturel et naturel, L'Harmattan, 2 024,p.111

PELLAS J-R, « Lecture juridique et fiscale de l'article 795 A du code général des impôts » GOFFAUX CALLEBAUT G., VERJAT A., (Dir), Transmettre les monuments historiques, enjeux, outils et perspectives, Collection Droit du patrimoine culturel et naturel, L'Harmattan, 2 024, p.165

PERREAU E-H., « De la maxime "L'État est son propre assureur" », RGAT 1 932. 981

PERROT X., « L'administration législateur. Le cas de l'administration des beaux-arts et de la production normative patrimoniale et culturelle (1907-1944) », Revue d'histoire des facultés de droit et de la science juridique, 2011, pp. 269-386

PERROT X., « La production normative de l'administration des Beaux-Arts durant l'entre-deux-guerres. Vers une « administrativisation » des règles de droit », Droit et société 2 011/3 (n° 79), pp. 591-609.

PEZARD S., « Cumul des dispositifs de faveur : la forêt est-elle une oasis fiscale ? », JCP notarial et immobilier n° 4, 29 janvier 2016, pp. 57-59.

PLANCHET P., « Une nouvelle gouvernance pour la gestion du patrimoine architectural et paysager français : des ZPPAUP aux AVAP du Grenelle II » -

Université d'Angers - Faculté de droit (Centre Jean Bodin) - 10 et 11 février 2011.

PLANCHET P., « La rénovation du cadre de la protection patrimoniale : une réforme sous le signe du compromis », RDI, 2 017,59

POMIAN K., « Patrimoine et identité nationale » in le débat 2 010/2 N° 159

PONTIER J-M., « La politique de labellisation » in AJDA 2 017 p. 1700

PONTIER J-M., « Le régalien dans le culturel », AJDA 2012, p 1 673.

PONTIER J-M., « Contrat et culture », RFDA 2 014. 641

PRIET F., « Les labels en matière patrimoniale : essai d'identification juridique » in Philippe Tanchoux et François Priet, les labels dans le domaine du patrimoine culturel et naturel, PUR, 2020, pp. 185-204

PRIEUR M., « La protection juridique des paysages culturels » in Mélanges Paul Amselek, Bruylant, 2005, p. 695.

RAPPIN B., « Monument romano-canonique et nouveau management public : racines théologiques et enjeux anthropologiques d'une rencontre », École Nationale d'Administration, *Revue française d'Administration publique*, 2 018/2 N°166, p. 388.

ROCHFELD J., « Penser autrement la propriété : la propriété s'oppose-t-elle aux communs ? », RIDE 3/2014, pp. 351-369.

ROCHEFELD J., FONBAUSTIER L., « Le Conseil constitutionnel et les intérêts des générations futures » JCP G, 11 décembre 2023, n° 49 p. 2156.

RONDEAU N., « Bois et forêts et impôt sur la fortune immobilière », Droit rural, n° 472 /2019, étude 9.

ROSA A., « La contractualisation et le contribuable », RFDA 2018, p. 236.

SAINT-PULGENT de M., « Sujétions et privilèges de l'État collectionneur. De la loi de 1913 sur les monuments historiques à la loi de 1992 sur la circulation des biens culturels », Revue de l'art, 1 993 N° 101, p. 63.

SAOUDI M., « Le mécénat culturel. Vers la fin de l'exception culturelle française ? » GFP 2/2 018 p. 87

SUEUR J-J., « Le régime juridique des défrichements privés ». In Droit et Ville, tome XIII, 1982, pp. 123-186.

TANCHOUX P. « Le monument historique, modèle étalon de la politique patrimoniale française du XIXe siècle ? », AJDA 2013, p. 2076

TARLET F., « Les finalités ambivalentes du mécénat » RDP n° 2/2020, p. 395

THOMAS Y., « Res, chose et patrimoine. Note sur le rapport sujet objet en droit romain », in APD n° 25, 1 980.

TIMSIT G., « Les contrats fiscaux », Dalloz, 1964, chron. p. 115

TOUZEAU-MOUFLARD L., « Le rôle du juge dans l'évolution du droit des PNR », RJE 2/2018, pp. 263-274

VERJAT A., « fondations d'utilité publique », étude n° 63 in Philippe-Henri Dutheil (Dir) juris, corpus des associations et des fondations, Dalloz, 2 016.

VERJAT A., « Mécénat » in juris, corpus Droit des associations et fondations, Philippe Henri Dutheil (Dir), Dalloz, 2016, n° 28-03.

VERJAT A., « L'appel au mécénat des monuments historiques privés », juris, associations 2013, n° 488, p. 42.

VERJAT A., « Transmettre un monument historique à une fondation ? », juris, associations 2007, n° 353, p. 30.

VERJAT A., « Financement privé du patrimoine monumental » in N. Bettio et P-A. Collot, le financement privé du patrimoine culturel, l'Harmattan 2018, p. 234.

VERJAT A., « Fiscalité et activité d'hébergement dans un monument historique », juris tourisme, 2015, n° 180, p. 28.

VERJAT A., « Le jardin historique, un OFNI ? », in un patrimoine vivant, entre nature et culture, mélanges en l'honneur de Jérôme Fromageau, Mare et Martin, 2019, pp. 609-623.

VOIZARD K-H., « l'inscription au titre des monuments historiques : remarques sur une évolution, Droit administratif 2 014 N° 3 étude 5

YOLKA Ph., « Les ventes immobilières de l'État », RDP 2009, p. 1037

YOLKA Ph., « reconversion de l'hôtel de la marine. Le bateau ivre », AJDA 2011p. 429.

YOLKA Ph., « Un État sans domaine ? », AJDA 2003, p. 1017

ZENATI-CASTAING F., « Le crépuscule de la propriété moderne, essai de synthèse des modèles propriétaires » in les modèles propriétaires au XXIe siècle, en hommage au professeur Henri-Jacques Lucas, LGDJ, 2 012.

WAGENER N., « Quelles histoires nous raconte le patrimoine ? », Mélange en l'honneur de J. Fromageau, *Un patrimoine vivant entre nature et culture,* Mare et Martin, 2019, p. 783.

Rapports (ordre chronologique)

Sénat, Rapport n° 214, *proposition tendant à la création d'une caisse nationale des monuments historiques,* documents parlementaires, annexé au procès-verbal de la séance du 17 juin 1913, JO 17 juin 1913.

M. Piquard, *Rapport sur le littoral français : perspectives pour l'aménagement*, 15 novembre 1973

O. Debains, *Rapport Mission immobilier public,* 1er décembre 2003, la documentation française.

Rapport Sénat, *Projet de loi portant réforme des successions et des libéralités,* n° 343, M. Henri de Richemont, 10 mai 2006.

Cour des comptes, *Référé n° 50149 relatif au Conservatoire de l'espace littoral et des rivages lacustres,* 2 008.

Rapport d'information de la commission des finances de l'Assemblée nationale n° 946 du 5 juin 2008 *relatif aux niches fiscales.*

Conseil d'État, Rapport public 2008, *Le contrat, mode d'action publique et de production de normes*, Documentation française, 2 008.

Cour des comptes, Rapport public annuel *Les cessions de biens immobiliers de prestige par France Domaine*, 2 009

H. Guillaume, Rapport du *comité d'évaluation des dépenses fiscales et des niches sociales,* juin 2011

Inspection générale des finances et CGEDD, *La fiscalité et la mise en œuvre de la nouvelle stratégie nationale pour la biodiversité (2010-2020),* Rapport oct. 2 011.

Conseil d'analyse économique, F. Benhamou et D. Thesmar, *Valoriser le patrimoine culturel de la France,* 2011.

Conseil d'État, *La valorisation économique des propriétés des personnes publiques*, La Documentation française, Droits et débats, 2 012.

Cour des comptes, *Référé relatif à la gestion de patrimoine des phares et des balises,* n° 65129, 29 novembre 2012.

Cour des comptes, Référé n° 65737 *relatif à la gestion du conservatoire de l'espace littoral et des rivages lacustres,* janvier 2013.

Cour des comptes, *Rapport, les soutiens à la filière forêt-bois*, novembre 2014

Conseil général de l'environnement et du développement durable (CGEDD), *Valorisation des phares et des maisons-feux,* Rapport n° 2016-96 de juin 2016.

Cour des comptes, *L'inefficience des dépenses fiscales relatives au développement durable,* septembre 2016.

Assemblée Nationale, communication de Madame Sophie Mette et de Monsieur Michel Larive, *Mission flash sur une première évaluation du loto du patrimoine*, 2 019.

Inspection générale des finances et inspection générale des affaires culturelles, *Modernisation de la notion fiscale d'ouverture au public pour les propriétaires privés de monuments*, février 2020.

Conseil général de l'alimentation, de l'agriculture et des territoires ruraux, Mesures fiscales, DEFI forêt, avril 2020.

Cour des comptes, *La structuration de la filière forêt-bois, ses performances économiques et environnementales*, mai 2020.

Cour des comptes, *La conservation et la restauration de la cathédrale Notre-Dame de Paris*, premier bilan, septembre 2020.

Avis n° 2021-01 du Conseil de l'immobilier de l'État, Rapport d'activité 2020-2021 p. 121.

Cour des comptes, *La politique de l'État en faveur du patrimoine monumental*, juin 2022.

Cour des comptes *Le chantier de la cathédrale de Paris, deuxième bilan,* octobre 2022,

Inspection générale des finances et IGEDD, *Le financement de la stratégie nationale pour la biodiversité pour 2030*, Rapport janv.2023.

Cour des comptes, *Piloter et évaluer les dépenses fiscales*, juillet 2023

L'observatoire de la philanthropie, *Les fondations et fonds de dotation en France, 6e édition*, 2 023.

Assemblée Nationale, Rapport n° 1745, annexe au PLF 2024, *Gestion du patrimoine immobilier de l'État.*

Cour des comptes, Rapport annuel 2024, *La gestion durable de la forêt métropolitaine, quelle adaptation au changement climatique ?*

Cour des comptes, *Analyse de l'exécution budgétaire 2 023. Dépenses fiscales,* avril 2024

Index des matières

(Numéros des paragraphes)

Table des matières.

Structures éditoriales du groupe L'Harmattan

L'Harmattan Italie
Via degli Artisti, 15
10124 Torino
harmattan.italia@gmail.com

L'Harmattan Hongrie
Kossuth l. u. 14-16.
1053 Budapest
harmattan@harmattan.hu

L'Harmattan Sénégal
10 VDN SICAP AMITIE 3
BP 45034 Dakar-Fann
direction@senharmattan.com

L'Harmattan Cameroun
Tsinga/Derrière polyclinique FECAFOOT
BP 11486 Yaoundé
Jacques.koukam@harmattan.fr

L'Harmattan Burkina Faso
Villa 281, secteur 23 623, rue 14.32
Ouagadougou
zagbie@outlook.fr

L'Harmattan Guinée
Almamya, rue KA 028 OKB Agency
BP 3470 Conakry
harmattanguinee@yahoo.fr

L'Harmattan RDC
185, avenue Nyangwe
Commune de Lingwala – Kinshasa
matangilamusadila@yahoo.fr

L'Harmattan Congo
219, avenue Nelson Mandela
BP 2874 Brazzaville
deunovmikhael@gmail.com

L'Harmattan Mali
Immeuble Mgr Jean Marie Cissé
Aci Hamadallaye
BP 145 Bamako
syllaka@yahoo.fr

L'Harmattan Togo
Djidjole – Maison Amela
face EPP BATOME
02 BP 20680 Lomé
didieramela11@gmail.com

L'Harmattan Côte d'Ivoire
Résidence Karl – Cité des Arts
Abidjan-Cocody
03 BP 1588 Abidjan
harmattan.ivoire@gmail.com

L'Harmattan Bénin
Rue 604, (Immeuble à l'entrée
de la rue UCAO- Cite de Saint-Jean)
Cotonou
stepcorpus@gmail.com

Nos librairies en France

Librairie internationale
16, rue des Écoles
75005 Paris
librairie.internationale@harmattan.fr
01 40 46 79 11
www.librairieharmattan.com

Librairie des savoirs
21, rue des Écoles
75005 Paris
librairie.sh@harmattan.fr
01 46 34 13 71
www.librairieharmattansh.com

www.ingramcontent.com/pod-product-compliance
Lightning Source LLC
LaVergne TN
LVHW011250061026
849535LV00005B/1210